Brigitte Enzner-Probst/Elisabeth Moltmann-Wendel (Hg.)

Im Einklang mit dem Kosmos

Schöpfungsspiritualität lehren, lernen und leben

Theologische Aspekte – Praktische Impulse

Matthias Grünewald Verlag

VERLAGSGRUPPE PATMOS

PATMOS
ESCHBACH
GRÜNEWALD
THORBECKE
SCHWABEN

Die Verlagsgruppe
mit Sinn für das Leben

Für die Schwabenverlag AG ist Nachhaltigkeit ein wichtiger Maßstab ihres Handelns. Wir achten daher auf den Einsatz umweltschonender Ressourcen und Materialien. Dieses Buch wurde auf FSC®-zertifiziertem Papier gedruckt. FSC (Forest Stewardship Council®) ist eine nicht staatliche, gemeinnützige Organisation, die sich für eine ökologische und sozial verantwortliche Nutzung der Wälder unserer Erde einsetzt.

Bibliografische Information der Deutschen Nationalbibliothek
Die Deutsche Nationalbibliothek verzeichnet diese Publikation in der Deutschen Nationalbibliografie; detaillierte bibliografische Daten sind im Internet über http://dnb.d-nb.de abrufbar.

Alle Rechte vorbehalten
©2013 Matthias Grünewald Verlag der Schwabenverlag AG, Ostfildern
www.gruenewaldverlag.de

Umschlaggestaltung: Finken & Bumiller, Stuttgart
Druck: CPI – Ebner & Spiegel, Ulm
Hergestellt in Deutschland
ISBN 978-3-7867-2971-6

Inhalt

Vorwort 9

Teil I: Schöpfungsspiritualität lehren

ELISABETH MOLTMANN-WENDEL
Hannah Arendts Konzept von Natalität
Schöpfungsspiritualität mit gesellschaftlichen Konsequenzen 13

BRIGITTE ENZNER-PROBST
Kreative Erlösung
Eine Perspektive auf Schöpfungstheologie und Christologie aus der liturgischen Praxis von Frauen 22

HERMANN M. PROBST
Kosmos und Christus
Kosmologie und Christologie als untrennbare Perspektiven christlichen Glaubens 43

JÜRGEN MOLTMANN
Kosmische Demut
Bemerkungen zu einem gelungenen ökologischen Begriff 60

CHRISTINA AUS DER AU
Achtsames Wahrnehmen
Eine pneumatologische Perspektive auf unsere Wirklichkeit 68

MARTIN GEORGE
»Alles, was Gott geschaffen hat, ist gut«
Schöpfungsspiritualität in orthodoxer Tradition 85

SUSAN K. ROLL
Time and the Cosmic Rhythms in Transition
A perspective from feminist creation theology 100

Teil II: Schöpfungsspiritualität lernen

GINA SCHIBLER
Jona und der Wal
Umkehren und schwanger sein mit Leben   119

HANNA STRACK
Mitschöpferin sein
Geburt als schöpferischer Prozess und ihre Bedeutung für eine Neukonzeption von Schöpfungsspiritualität   124

ANDREA BIELER
The Peace of Wild Things
Wasser als sakramentale Gabe   143

CHRISTOPH MÜLLER
Taufe als Vergegenwärtigung des Schöpfungsgeschehens
Feier des Schöpfungsglanzes und Abschied von lebensfeindlichen Tauftraditionen   152

ANDREAS MARTI
Die neue Erde, den neuen Himmel besingen
Elemente von Schöpfungsspiritualität in Liedern der reformierten Tradition   166

ANGELA BERLIS
Kleine Gebetsétude zum Wettersegen   176

KARIN TSCHANZ COOKE
Übergänge bewältigen
Erfahrungen aus der Begleitung Sterbender und ihre Bedeutung für die Bewältigung gegenwärtiger Wandlungsaufgaben   182

BRIGITTE ENZNER-PROBST
Kosmische Erziehung
Über die Möglichkeit, Schöpfungsspiritualität zu lehren angesichts der ökologischen Krise   197

MARION KÜSTENMACHER
Erleuchtete Augen des Herzens
Ein Psalm zu den Farben der Schöpfung   215

Teil III: Schöpfungsspiritualität leben

MARION KÜSTENMACHER
Perlen der Schöpfung
Eine Litanei des Herzens 220

BRIGITTE ENZNER-PROBST
Herz-Meditation
Sich mit Erde und Himmel verbinden 224

HERMANN PROBST
Kosmische Liturgie
Auf dem Altar der ganzen Schöpfung 227

WERKSTATT ÖKUMENE MÜNCHEN
BrunnenpilgerInnenweg
Auf dem Weg zu einer gastfreundlichen Kirche 230

GINA SCHIBLER
Alpen-Messe
Oder: Eine etwas andere Bergpredigt 239

JOACHIM VOBBE
Schöpfungslied
In deiner Schöpfung birgt sich dein Gesicht 244

BRIGITTE ENZNER-PROBST
Feuer, Erde, Wasser, Luft – Elemente des Lebens feiern
Eine Schöpfungs-Frauenliturgie 245

BRIGITTE ENZNER-PROBST
Das aramäische Vaterunser
Ein kosmisches Gebet 251

CHARTA OECUMENICA
»Schöpfungszeit«
Die neue Kirchenjahreszeit 253

MARIE LUISE STIEFEL
Zukunftswerkstatt Schloss Tempelhof
Lebensgemeinschaft und Ökologie des Herzens   255

MARTIN ENZNER
»Die Wüste soll blühen ...« (Jes 35,1–2)
Die Lebens- und Wirtschaftsgemeinschaft Sekem in Ägypten   265

»NETZWERK OEKU«
Kirche und Umwelt e. V. in der Schweiz   270

KIRCHENGEMEINDE UTTENREUTH
Der GRÜNE GOCKEL in einer bayerischen Kirchengemeinde
Kirchliches Umweltmanagement (EMAS) erfolgreich umgesetzt   271

»AKTION KIRCHE UND TIERE« (AKUT)
Mitgefühl für Mitgeschöpfe   274

ANTON ROTZETTER
Schöpfungstheologie und Lebensstil   274

EVANGELISCHE KIRCHE IN DEUTSCHLAND
10 Schritte zum schöpfungsgerechten Handeln
Für Gottes Schöpfung eintreten   276

DIE GLOBAL MARSHALL PLAN INITIATIVE
Impulse für eine Welt in Balance   280

DIE ERD-CHARTA
Leitlinien für eine globale Partnerschaft   282

Die Herausgeberinnen   285

Die Autorinnen und Autoren   285

Textnachweis   288

Vorwort

Unsere Erde bietet Raum für Leben in staunenswerter Fülle. Für uns Menschen und für unsere Mitlebewesen ist sie Lebensraum, ein Mutterplanet, inmitten unvorstellbar großer, lebensfeindlicher interstellarer Räume. Durch uns Menschen aber wird dieser Lebensraum immer mehr gefährdet. Wir haben vergessen, dass wir ein Teil des großen Ganzen sind. Denkmuster der Spaltung von Materie und Geist, über Jahrhunderte hinweg eingeübt, haben in den industrialisierten Nationen dieses Wissen um unsere wechselseitige Bezogenheit auf »Natur« oder »Schöpfung« vergessen lassen. Der instrumentelle Zugriff technischer Intelligenz und seine industrielle Umsetzung zerstören mittlerweile sichtbar und spürbar die Grundlagen des gesamten Lebenszusammenhangs auf der Erde. Damit auch zukünftige Generationen die Fülle des Lebens erfahren können, muss ein umfassendes Umdenken, eine kreative Transformation einsetzen. Diese Wandlung betrifft das Bewusstsein und Denken, aber vor allem unsere Vorstellungen, Visionen und Bilder für ein gelingendes Miteinander, für zukunftsfähige Wirtschaftsformen und Handlungsmaximen, die mit der Erde und nicht gegen sie wirtschaften. Nur so lässt sich der Lebensraum Erde bewahren und weiterentwickeln.

Eine Schöpfungsspiritualität, die sich »im Einklang mit dem Kosmos« weiß, wird deshalb neu die Werte von Achtsamkeit, Respekt und Dankbarkeit der Natur gegenüber und damit eine neue Beziehung zum großen Lebenszusammenhang einüben. Uns Menschen als dem zuletzt hinzugekommenen Teil dieser solidarischen Schöpfungsgemeinschaft steht es gut an, Demut zu lernen. Dabei hilft die kosmische Perspektive, die uns aus der Enge der androzentrischen und anthropozentrischen Selbstbezogenheit hinausführt in die Weite des Universums und uns unsere Würde und Verantwortung als mitwirkender, mitschöpferischer Teil der Schöpfung erkennen lässt.

Für eine christlich fundierte Schöpfungsspiritualität ist zu fragen, wie sich diese mit dem Zentrum des christlichen Glaubens, der Beziehung zu Christus, verbinden lässt. Christus als »Schöpfungswort« (Joh 1,1) vor dem Anfang aller Zeit und als »Erstgeborener« einer erneuerten, verwandelten Schöpfung überspannt das Woher und Wohin der Schöpfungs-Performance. Dies zu vermitteln, ist Aufgabe einer Didaktik der Schöpfungsspiritualität. Es ist das Anliegen dieses Buches, eine von biblischer, christlicher Tradition gespeiste und die kosmische Perspektive stärkende Schöpfungsspiritualität zu beschreiben. In den Facetten der unterschiedlichen theologischen Disziplinen, in den Erfahrungsberichten, in den liturgischen Elementen, Liedern und poetischen Texten werden wir gewahr, wie zukunftsfähige Schöpfungsspiritualität zu entdecken, zu lehren, zu lernen und zu leben ist. Wir sind herausgefordert, eine gemeinschaftliche und tragfähige Vision zu entwickeln, wie gutes Leben gemeinsam und friedlich auf einer enger werdenden Erde möglich sein kann. Nicht mehr im Widerstreit gegen die Erde, sondern im Einklang mit ihr und dem gesamten Kosmos diese Schöpfung weiterzuentwickeln, muss oberstes Ziel auch des theologischen Denkens werden.

Im ersten Teil kommen Theologinnen und Theologen zu Wort, die aus ihrem Fachgebiet Wesentliches über eine zukunftsfähige, erneuerte Schöpfungsspiritualität zu sagen haben. Aus verschiedenen Richtungen wird die eigene Tradition, werden Denkansätze, Vorstellungen und Texte daraufhin beleuchtet, was und wie sie zu dieser neuen, spirituell und theologisch begründeten Beziehung zur Schöpfung beitragen können.

In einem zweiten Abschnitt folgen Beiträge, die stärker das Lehren, die Didaktik, das Vermitteln und Weitergeben von Schöpfungsspiritualität auf der Erfahrungs- und Handlungsebene thematisieren.

Im letzten Teil sind Berichte, praktische Anregungen, liturgische Elemente, Lieder und grundlegende Manifeste enthalten, die uns ermutigen, jetzt schon in Gottesdiensten und Unterrichtsstunden, in der Erwachsenenbildung und in der Meditationsanleitung eine neue, spirituell begründete Beziehung zur Schöpfung zu erproben und zu leben.

Dieses Buch erscheint zum Abschluss meiner akademischen Tätigkeit in Bern. Ich danke Elisabeth Moltmann-Wendel, die sich mit mir auf das Wagnis der Herausgabe dieses Buches eingelassen hat. Ihr danke ich für viele anregende Gespräche. Ich bedanke mich beim Matthias Grünewald Verlag und seinen engagierten Mitarbeiterinnen, dass sie dieses Buch möglich gemacht haben.

Ich bedanke mich bei allen, die sich bereit erklärt haben, zu diesem Thema beizutragen. Die Jahre der Lehre und Forschung an der Theologischen Fakultät in Bern waren intensiv und herausfordernd. Ich bedanke mich bei den Theologiestudierenden, die im Seminar durch ihr Nachfragen mein Forschen und Lehren angeregt haben. Auch möchte ich mich für Begegnungen inner- und außerhalb der Fakultät bedanken. Ich danke für erfahrene FreundInnenschaft, die mir mein Von-außen-dazu-Kommen erleichtert haben. Inhaltlich ist mir neben der Ausarbeitung liturgisch-poimenischer Fragestellungen in den letzten Jahren das Thema der Schöpfungsspiritualität zugewachsen. Es wird mein theologisches Arbeiten weiter begleiten. Der Pfingstruf der Kirche »Sende aus deinen Geist und das Antlitz der Erde wird neu!«, ein Zitat aus Psalm 104, will uns alle zum Lehren, Lernen und Leben einer erneuerten Schöpfungsspiritualität motivieren. Wir als Menschheit sind das Antlitz der Erde!

Bern, im Dezember 2012
Brigitte Enzner-Probst

Teil I: Schöpfungsspiritualität lehren

Wir befinden uns nicht nur, wie ich es im Vorwort beschrieben habe, mitten in einer ökologischen Krise, die einen gewaltigen kollektiven Wandlungsprozess erforderlich macht. Auch das theologische Nachdenken steckt gegenwärtig in einer Krise. Im Gespräch mit den Humanwissenschaften wird die Vielschichtigkeit menschlichen Lebens, werden ihre Abgründe, ihre neurophysiologischen und -psychologischen Bedingungen immer deutlicher. Und zugleich wird die anthropozentrische Engführung westlicher Theologie als einer der Gründe für die gegenwärtige ökologische Krise immer greifbarer.

Wie also muss sich theologisches Nachdenken heute ändern, wo neu ansetzen?

Vergessene Traditionen der *Denkens vom Anfang* her, die Möglichkeiten einer *Kosmischen Christologie und Soteriologie*, die Mahnung zur *Kosmischen Demut*, zur *Achtsamkeit*, der Beitrag *orthodoxer Schöpfungsspiritualität*, der auf die Herzdimension als Sitz eines neuen weisheitlichen Denkens verweist sowie eine neue Sicht auf Konstanten wie *Zeit und Raum* – sie alle zeichnen Facetten einer neuen schöpfungsspirituellen Beziehung zur Erde und zum Kosmos nach. Die hier zu Wort kommenden Beiträge wollen diese kosmische Weite des theologischen Nachdenkens nicht abschließend definieren, sondern so, wie sie miteinander in ein spannendes Gespräch eintreten, dies auch bei den Lesenden bewirken.

Elisabeth Moltmann-Wendel

Hannah Arendts Konzept von Natalität
Schöpfungsspiritualität mit gesellschaftlichen Konsequenzen

Hannah Arendts »Denken ohne Geländer«

Auf der Suche nach zeitgeschichtlichen Zeugen und Deutern unserer jüngsten Vergangenheit stieß ich vor mehreren Jahren auf Hannah Arendt. Mich interessierte ihre Perspektive als Kennerin Amerikas, als kritische Deutsche, Jüdin, Ostpreußin sowie als Soziologin und Politologin. Aber dabei stieß ich auf etwas, was mich noch mehr interessierte und in Staunen versetzte: auf theologische Sichtweisen, ja auf eine eigenwillige Theologie, wie sie mir bis dahin nicht begegnet war und deren Zentrum von Arendt als »Natalität« – »Geburtlichkeit« beschrieben wurde.[1] Zwar war das Thema »Geburt« seit 2000 Jahren Christentum ein zentrales Thema gewesen: Es stand am Anfang der Evangelien und war die Grundlage der Christologie. So hatte es sich aber auch konfliktreich über die Jahrhunderte mit vermeintlich negativen Aspekten wie Unreinheit, Weiblichkeit auseinandersetzen und letztlich mit »Wiedergeburt« davon absetzen müssen. Der christlichen Kultur und Kunst hat es trotzdem einen besonderen, ja faszinierenden Akzent verliehen: den Eintritt neuen Lebens in eine alte Religion. Das Bild von der Krippe, Krippenspiele, Krippenlieder, eine ganze Weihnachtskultur entwickelte sich um das Geburtsgeschehen und gestaltete das romantischste Fest der Christenheit.

Doch sieht man näher hin, so fragt man sich, welche Bedeutung eigentlich der Geburt in der klassischen Theologie zukommt. Ist sie nicht liturgisch, romantisch, weihnachtlich überlagert? Tauft man nicht allzu schnell das Geborene, um es vor einem Tod in Sünde zu bewahren? Hat man je die Lust des Geborenseins nachempfunden, die Faszination solchen Neuanfangs näher erlebt?

Mit Recht fragt Horst Eberhard Richter aus der Sicht eines Psychoanalytikers, »ob wir nicht ewig gegen unsere Sündigkeit ankämpfen müssen statt an unser primäres Gutsein zu glauben.«[2] Ein Gutsein, das wir in unserer Geburt, mit unserer Schöpfung bekommen, die – wie es in der Schöpfungsgeschichte heißt – von Gott als »gut« angesehen worden war.

---

[1] Vgl. Elisabeth Moltmann-Wendel, Natalität und die Liebe zur Welt. Hannah Arendts Beitrag zu einer immanenten Transzendenz, in: EvTh 58,4 (1998), 283–295.
[2] Horst E. Richter, in: Publik Forum Nr. 22 (1996) 12.

Hannah Arendt ließ sich auf ihrem neu eingeschlagenen politischen Weg durch Traditionen nicht irritieren. Nach wilhelminischer Starre und faschistischem Terror kam es darauf an, Lebensorientierungen für das politische aber auch für das private Leben wiederzufinden. Das gab Religion einen neuen Stellenwert. Das ließ die klassisch gewordenen Traditionen durch eine neue Linse sehen. Diese neue Linse war für sie »Natalität«. Was Theologie bis dahin hauptsächlich geprägt hatte, waren Leben, Kreuz, Tod und Auferstehung Jesu. Jetzt erlebte die Geburt Jesu, die z. B. für Paulus kaum eine Bedeutung gehabt hatte, eine neue Brisanz. In der mystischen Theologie des Mittelalters, aber ebenso in der Feministischen Theologie der Gegenwart hat Geburt zwar eine besondere Bedeutung, doch Arendts Ansatz reicht weiter in die Gesellschaft hinein:

»Weil jeder Mensch auf Grund des Geborenseins ein initium, ein Anfang und ein Neuankömmling in der Welt ist, können Menschen Initiative ergreifen, Anfänger werden und Neues in Bewegung setzen.«[3]

Der Anstoß zum Handeln kommt nicht von außen, sondern liegt eben in uns selbst, in unserem Geborensein. Mit dieser hoffnungsvollen Perspektive begleitete Arendt ihre politische Weltsicht und machte daraus ein Stück Pastoraltheologie. Zwar war sie nicht blauäugig, sah »das Verderben« als Keim, der im Lauf der Welt sitzt,[4] dass aber jeder Mensch als etwas Einzigartiges in dieser Welt erscheint und einen neuen Anfang machen kann, wurde für sie die Grundlage ihres politisch-theologischen Denkens, einer – wie wir heute sagen würden – Schöpfungsspiritualität mit gesellschaftlichen Konsequenzen.

Doch wurden solche Gedanken in den Jahren politischer, befreiungstheologischer und feministischer Aufbrüche weitergedacht? Die Verbindung existenzieller und gesellschaftlicher Fragen, die Arendt – auch aus persönlicher Betroffenheit – meisterlich verband, hat sich aufgelöst, die Fragen sind fachspezifisch geworden. Die Leidenschaft eines ganzheitlichen Ansatzes ist selten geworden. Umso interessanter ist es, noch einmal Arendts Vorstellungen, Bilder und Denkmuster zu betrachten, in denen es gelang, Individuelles und Gesellschaftliches zusammen zu sehen und darin auch Hoffnung und Vertrauen zu vermitteln. Ein persönlicher Zuspruch innerhalb einer klassischen Politologie. Ein individuelles Moment mitten in einer gesellschaftlichen Analyse. Ein Aufbruch in einer auseinanderstrebenden Welt. Für mich war es auch Jahre später faszinierend, Arendts Alleingänge jenseits zeitgeschichtlicher Strömungen noch einmal zu beobachten. Weder matristische, noch femi-

---

3 | Vgl. Hannah Arendt, Vita activa oder vom tätigen Leben, München 1960, 166.
4 | Vgl. ebd., 243.

nistische, noch sozialpolitische oder ähnliche Einflüsse haben sie begleitet. Arendt war eine unkonventionelle, einfallsreiche Alleingängerin, die herkömmliches Verstehen hinter sich ließ und eigene Wege erprobte. Vielleicht Wege einer Frau in einem bis dahin unbekannten Niemandsland? Sie selbst nannte ihr Denken ein »Denken ohne Geländer«, das auch Zeitgenossen auffiel, und für das diese verschiedene Bilder benötigten: ein »Denken zwischen den Stühlen«[5], so Kurt Sontheimer, ein Denken, »das aus der Peripherie kommt.«[6] Für Agnes Heller lebte Arendt in einem »kleinen Eckladen des Denkens«[7], den sie querab von der Zeit betrieb. Sie selbst sah sich – nach einem Schillergedicht – als »Mädchen aus der Fremde«[8].

In der Eichmann-Kontroverse beschrieb sie ihre Position gegenüber Gershom Sholem so:

»Was Sie verwirrt, ist, dass meine Argumente und meine Denkweise nicht vorgesehen sind. Oder mit anderen Worten, dass ich unabhängig bin. Und damit meine ich einerseits, dass ich keiner Organisation angehöre und immer nur im eigenen Namen spreche, und andererseits, dass es darauf ankommt, selbst zu denken, und dass, was immer Sie gegen die Resultate einzuwenden haben, sie selbige nicht verstehen werden, wenn Ihnen nicht klar ist, dass sie die meinigen sind und niemandes sonst.«[9]

Arendt gelang es, innerhalb der Wissenschaften, innerhalb der zeitbedingten Diskussionen einen eigenen Weg zu gehen, eigen und eigentümlich auch in der Sprache und in den Bildern, die sie für ihre »Theologie«, besser ihre »Lebenskunst«, benutzte. Ein Bruch mit traditionellem Vokabular wie Heilung, Befreiung, Erlösung, Nächstenliebe, auch aber der Versuch einer Alltagssprache, die aufhorchen und neue Dimensionen ahnen ließ. Ohne auf dem Boden christlicher Theologie zu stehen, ohne von deren Vokabular Gebrauch zu machen, obwohl sie es kannte, hat sie einer Religiosität Ausdruck verliehen, die Selbstsein und Freiheit zum Inhalt hatte. Wie sah diese Religiosität, diese Spiritualität, diese Lebenskunst aus, die sie sich durch Faschismus, Aufklärung, dialektische Theologie, jüdische Spiritualität und die verschiedensten religiösen Zeitströmungen hindurch bewahrte?

An einzelnen Vorstellungen, die Arendt oft gebrauchte, soll dies gezeigt werden. Zum Teil haben sie eine religiöse Tradition, die Arendt aber aufbrach, teilweise kommen sie ohne Tradition einher, was ihre Bedeutsamkeit erhöht. Sie werfen ein Bild auf ihr »Denken ohne Geländer«, auf einen Aufbruch aus gesicherten Normen in ein Neuland, das noch offen und unerschlossen dalag.

5 | Kurt Sontheimer, Hannah Arendt, München 2005, 10.
6 | Ebd., 11.
7 | Der Spiegel 38/2004, 142–144.
8 | Friedrich von Schiller, Werke, Bd. I, Berlin 1981, 118.
9 | Hannah Arendt, Ich will verstehen, München 1996, 35.

Als ein »neues Denken« hat auch Arendts Freundin Mary McCarthy dieses Denken erlebt und nun ein ganz ungewohntes Bild dafür gebraucht:

»Denken war für sie eine Art Hauswirtschaften, eine Humanisierung der Wildnis der Erfahrungen – Häuser bauen, Pfade und Straßen anlegen, Flüsse eindämmen, Hecken pflanzen – (...) und wenn dies schließlich erreicht war, das Denken nach innen zu lenken, auf sich selbst und seine ihm eigenen besonderen Prozesse.«[10]

Das Konzept von »Geburtlichkeit«

Anfang – Anfangen

Im Zentrum des Arendt'schen Denkens steht »der Anfang« oder das »Anfangen«, eine Vorstellung, die zunächst einmal aus ihrer Lebensgeschichte zu erklären ist. Als Jüdin, als Deutsche und wohl auch als Frau musste sie mit ihrer ganzen Existenz stets selbst etwas Neues beginnen. Aber zugleich hat dieses Anfangen auch einen wichtigen biblischen Hintergrund:

»Am Anfang schuf Gott Himmel und Erde«. »Im Anfang war das Wort«. Das eigene oft mühselige und dann doch beglückende Anfangen steht im Licht und auch im Schatten des biblischen Beginnens. In ihm lagen Hoffnung und Verheißung. Und noch ein dritter Anfang wird wichtig: die Erschaffung des Menschen:

»Damit erschien das Prinzip des Anfangs, das bei der Schöpfung der Welt noch gleichsam in der Hand Gottes und damit außerhalb der Welt verblieb, in der Welt selbst und wird ihr immanent bleiben, solange es Menschen gibt.«[11]

So erscheint der Mensch neben dem Schöpfer und wird ermächtigt, selbst tätig zu sein. Vor dem Hintergrund der grundsätzlichen christlichen Aussagen vom Menschen als Sünder ist dies eine andere herausfordernde Perspektive, das Programm einer anderen theologischen Weltsicht. Im Bild der Geburt des Kindes Jesu überhöht sich dieser Kreis des Anfangens noch einmal.

Das Neue

Mit Leidenschaft hat sich Arendt stets dem »Neuen« zugewandt. Mit jeder Geburt kommt ein Neubeginn in die Welt. Doch der kann sich nur zur Geltung bringen, »weil dem Neuankömmling die Fähigkeit zukommt, selbst einen neuen Anfang zu machen«, und das heißt für Arendt »zu handeln«. »Wir werden nicht geboren, um zu sterben«, heißt es an anderer Stelle, »son-

---

10 | Hannah Arendt/Mary McCarthy, Im Vertrauen. Briefwechsel, München 1997, 19.
11 | Arendt, Vita activa, 166.

dern um etwas Neues anzufangen«[12] – solange der Lebensprozess uns nicht zerrieben hat. Bei so viel Engagement für das Neue schrieb der Philosoph Jaspers ihr schließlich sorgenvoll:

[Ich frage mich, o]b Sie das Neue, das Sie in der Tat erblicken und glänzend konstruieren, nicht in einer Übersteigerung sehen, die Sie veranlasst, gegen alles in der Geschichte etwa Gleichbleibende, gegen die Kontinuität sich auszusprechen.«[13]

Arendts Interesse galt dem Eintritt eines neuen Geschöpfes, das »als etwas völlig Neues in der Welt erschienen ist.«[14] Damit knüpfte sie an eine biblische Tradition an, die von einem neuen Himmel und einer neuen Erde weiß, die Gott einen neuen Bund mit den Menschen schließen lässt, in der es heißt: »Siehe, ich mache alles neu« (Offb 21,5). Doch Arendt geht anders mit dieser Tradition um: Das Neue beginnt in dem neuen Geschöpf und ist nicht die Sache eines Schöpfers. Ihre theologische Philosophie ist auf der Erde angekommen, und das Neue muss sich in den Kindern dieser Erde, in dieser Gesellschaft, verwirklichen.

Das Wunder

Auch Wunder sind aus dieser Sicht heraus nicht mehr auf Heilungs- und Auferstehungsgeschichten beschränkt, sondern geschehen in persönlichen und politischen Prozessen. Das Wort »Wunder« wird aber auch als »Überraschung«, als »Unvorhersehbares« verstanden und verliert damit seinen mirakulösen Charakter. Es entzieht sich jeglicher Prognose, ist nicht voraussehbar, ist aber etwas, das »den Lauf der Welt und den Gang menschlicher Dinge immer wieder unterbricht und vor dem Verderben rettet, das als Keim in ihm sitzt.«[15] Es gibt für Arendt eine »diesseitige Fähigkeit, Wunder zu vollbringen.«[16] Sie liegt in der Kraft zu verzeihen, die – nach Jesus – mit der Machtbefugnis dessen verglichen werden kann, der Wunder vollbringt.[17] Beides sind Möglichkeiten, die dem diesseitigen Wesen zukommen. Letzten Endes besteht das Wunder darin, dass überhaupt Menschen geboren werden und mit ihnen ein »Neuanfang« gegeben ist, den sie handelnd verwirklichen können. Geborenwerden – Handeln – Verzeihen – das sind die Wege, Wunder zu vollbringen, zu erleben und den Weg des Verderbens aufzuhalten. Arendts Men-

---

12 | Ebd., 242.
13 | Hannah Arendt/Karl Jaspers, Briefwechsel, München 1993, 244.
14 | Arendt, Vita activa, 167.
15 | Ebd., 243.
16 | Ebd.
17 | Vgl. ebd.

schenbild ist erfüllt von Hoffnung, die – angesichts der Welt, die sie erlebte – mit Staunen erfüllt.

Das Verzeihen

Verzeihen und Vergeben siedeln wir zumeist im religiösen Bereich an. Gott vergibt: »Gottes Gnad' und Jesu Blut macht ja allen Schaden gut.« Arendt dreht diesen hierarchischen Zusammenhang um und macht uns auf die gottgegebenen Fähigkeiten des Menschen aufmerksam. Nach Jesu Sicht und nach den Evangelien vergibt Gott uns zwar die Schuld – aber »wie wir vergeben unsern Schuldigern.«[18] Wir schaffen uns selbst eine Welt, in der Vergebung erfahrbar ist. Nur durch dauerndes alltägliches Vergeben und Verzeihen, ein Sich-entlasten und Entbinden, kann das Leben weitergehen. Arendt befreit unsere hierarchische Weltsicht, in der jegliche Macht von oben nach unten geht, durch eine demokratische, horizontale, mitmenschliche Sichtweise, in der auch andere Prozesse denkbar sind. Auch die Machtlosen können Macht ausüben, eine Macht, die heilend sein kann. Auch die Mächtigen können befreit werden, auch ihnen kann verziehen werden, auch sie brauchen Vergebung.

Im Arendt'schen Denken stoßen wir auf eine bis dahin ungewohnte Patriarchatskritik, die die neuen Dimensionen von Unterdrückung und Herrschaft freilegt und zu tieferen Schichten der Freiheit führt.

Dankbarkeit

Auf eine andere im christlichen Raum wichtige Vorstellung stößt uns Arendt mit dem Begriff »Dankbarkeit« und dreht sie ebenfalls in erfrischender Weise um. Dankbarkeit sollte man den Eltern, den Lehrern, den Obrigkeiten erweisen. Dankbar hatte der macht- und einflussarme Untertan zu sein. Gott sollte man Dank erweisen, wie es in unzähligen Kirchenliedern heißt. Man dankte für die Mahlzeit, für den Tag, für alles, was nicht zerstörte.

Diese abhängige Dankbarkeit unterwandert Arendt, indem sie Dankbarkeit mit dem Geborensein verbindet: »die Dankbarkeit dafür, dass man überhaupt geboren wurde.«[19] Ein Gegenüber, dem man Dankbarkeit schuldet, gibt es für sie nicht. Eher ist Dankbarkeit eine Lebenshaltung, die keines Gegenübers bedarf, die sich zurückzunehmen lehrt, Beobachtungen schärft, und sich anzunehmen weiß, um das zu sein, was man ist. Hinter ihr steckt eine leidenschaftliche Beziehung zum Diesseits. Aus ihr kann eine innerweltliche Frömmigkeit entstehen, die lehrt, das Leben, das Dasein neu zu bejahen, die unentdeckte Quellen des Lebens auftut und Glück entstehen lässt.

---

18 | Ebd., 234.
19 | Arendt/Jaspers, Briefwechsel, 637.

Häufig verbindet Arendt sie auch mit Erinnerung, die ebenfalls leicht zu vergessende Spuren der eigenen Existenz aufhebt und bewahrt.

Wer sich erinnert, wer Erlebnisse und Erfahrungen zurückruft, kann dankbar sein und sich der Vielfalt des gelebten Lebens erneut bewusst werden. Dankbarkeit macht nicht abhängig. Sie intensiviert das eigene bewusste Erleben. Arendts Ratschlag ist:

»Sei dankbar, so sein zu wollen, wie du bist, auf dass du von dem befreit werden kannst, was du nicht sein willst. Denn du willst ja sein und willst nicht unglücklich sein.«[20]

Die Perspektive auf Jesus

In diese an Leben und Alltag orientierte Weltsicht gehört auch Jesus. Im Unterschied zur kirchlich-christlichen Tradition ist er für sie nicht der Gekreuzigte, Gestorbene und Auferstandene, sondern der »Geborene«. Eine Aussage, die in der christlichen Fest- und Alltagskultur stets lebendig geblieben ist, ohne dass seine »Geburtlichkeit« – wie Arendt sie sah – in einen dogmatischen Mittelpunkt rückte.

Jesus als Geborenen zu sehen, verdankt Arendt vermutlich dem alemannischen Dichter Johann Peter Hebel, der auch den Christus, »der vom Himmel herabschaut und unsere Wege beobachtet«[21], den »Geborenen«[22] nennen konnte »und zwar deswegen, weil er nur als Geborener lebt.«[23] Damit hat Arendt einen herausfordernden theologischen Akzent gesetzt, der aller Weihnachts- und Krippenkultur nicht gelang. Denn ihr Geborener macht auch uns zu Geborenen, die nicht geboren werden, um zu sterben, sondern »um etwas Neues anzufangen«. Was das Christentum an solchen Aussagen hinderte, war die Barriere des Sündenfalls, die bei Arendt jedoch zurücktritt. Ein seine menschlichen Fähigkeiten voll ausnutzender Jesus durchbricht die gesetzmäßigen Regeln, er vollbringt »Wunder«, indem er die Macht des Verzeihens praktiziert und zeigt, dass es dabei nicht um göttliche Fähigkeiten, sondern um durchaus diesseitige Fähigkeiten geht. »Vergebung« wird dadurch zu einem zwischenmenschlichen Akt, ein Wunder, das den Lauf der Welt vor dem Verderben rettet, das als Keim in ihm sitzt. Jesu Einsicht in das Wesen des Handelns, das zu solchen Wundern führt, nennt sie »so unvergleichlich tief

---

20 | Elisabeth Young-Bruehl, Hannah Arendt, Frankfurt 1991, 655.
21 | Arendt, Vita activa, 243.
22 | Ebd.
23 | Ebd.

und ursprünglich«[24], wie sonst nur »Sokrates Einsichten in die Möglichkeiten des Denkens«[25] waren.

Hier öffnet sich ein neuer Weg hin zu Vertrauen und Hoffnung für die Welt. Wunder sind auch in unser Vermögen gelegt. Mit der Inkarnation ist eine neue Orientierung aufgezeigt. »Uns ist ein Kind geboren« könnte auch an unsere eigene Inkarnation erinnern und befreiende Kräfte lösen. Das Wunder liegt bei uns. Das Wunder sind wir selbst. Arendts Jesus, der Geborene, öffnet ein Weltverständnis, das über traditionelle Religionsgrenzen hinausgeht.

Konsequenzen für eine Perspektive auf Zukünftigkeit?

Jede Theologie endet mit einer Eschatologie, der Lehre von den letzten Dingen. Auch wenn man Arendts Weltsicht nicht eine »Theologie« nennen möchte, fragt man sich letztlich doch, wie sie sich ein Ende vorstellte. Doch Arendt verweigert sich solchen Gedanken. Alles ist scheinbar bei ihr vom Anfang und vom Anfangen überstrahlt. Eine Vorstellung, die ab und zu bei ihr auftaucht, deutet jedoch auf eine transpersonale Vision: das »Gewebe«[26], das »Lebensgeflecht«[27], das »Bezugsgewebe«[28]. In ihm sieht Arendt menschliches Handeln sich entfalten: ein »Spinnen von Fäden«[29], die in vorgewebte Muster geschlagen werden. Es ist ein aus dem Handwerk gewonnenes Bild, das auch biologische Anklänge hat. Es scheint mir aber auch ein Bild aus weiblicher Lebenswelt zu sein. Erst viele Fäden machen ein Stück Stoff aus und nur die Verknüpfung der einzelnen Fäden bringt ein Gewebe zusammen, das schön und nutzbar ist. Das setzt Eigenständigkeit voraus, aber auch ein schon vorhandenes Lebensmuster, das mit Leben erfüllt werden kann.

Handeln, so heißt es bei ihr, besteht darin, »den eigenen Faden in ein Gewebe zu schlagen, das man nicht selbst gemacht hat.«[30] Und an anderer Stelle: Der Neuanfang, den das Handeln setzt, sei wie Fäden,

»die in ein bereits vorgewebtes Muster geschlagen werden und das Gewebe so verändern, wie sie ihrerseits alle Lebensfäden, mit denen sie innerhalb des Gewebes in Berührung kommen, auf einmalige Weise affizieren.«[31]

---

24 | Ebd.
25 | Ebd.
26 | Ebd., 174.
27 | Ebd.
28 | Ebd.
29 | Ebd.
30 | Ebd.
31 | Ebd.

Hier wird der Einzelne und die Einzigartige in einem sozialen Gefüge gesehen und in eine die Menschen verbindenden Geschichte eingeordnet. Hier ist der Fremdling, der Einsame aufgenommen in eine lebendige Gemeinschaft. Dies ist kein »ewiges Leben«, aber es ist eine zu realisierende Vision, die zugleich über den Alltag hinausreicht und das Dasein schon jetzt mit Sinn erfüllt.

Arendt war keine Theologin, wollte es auch nicht sein, war aber leidenschaftlich am Leben interessiert. So zeigen ihre theologischen Erkenntnisse und Formulierungen, die am Rande ihrer politisch-sozialen Texte auftauchen, eine Faszination von neuem Denken und Leben, die auch religiöse und theologische Themen betreffen. Wie sie mit ihnen umging, sie zuweilen drehte und wendete und ihnen einen überraschend neuen Sinn verlieh, ist ermutigend für ein Denken »ohne Geländer«, auch in der Theologie, auch für eine Schöpfung, die uns täglich vor neue Herausforderungen stellt und deren politisch-sozialen Rahmen Arendt uns neu zu sehen lehrte. Ihrer eigenen kreativen Weltsicht, die wir heute entdecken, war sie sich bewusst, als sie schrieb:

»Männer wollen immer furchtbar gern wirken, aber ich sehe das gewissermaßen von außen. Ich selber wirken? Nein, ich will verstehen. Und wenn andere Menschen verstehen – im selben Sinne wie ich verstanden habe –, dann gibt mir das eine Befriedigung wie ein Heimatgefühl.«[32]

Eine Weltsicht, fantasievoll und zukunftsoffen, die es lohnt, weiterzudenken.

Anfangen können
Immer neu
sich nicht entmutigen lassen
von den gescheiterten Versuchen
darum werden jeden Tag
die Kinder geboren
weil sie noch voller Lust
anfangen mögen
ausprobieren
in den Mund nehmen
betasten fühlen schmecken
anfangen können
möge dein Anfang heute Morgen
gesegnet sein!
BRIGITTE ENZNER-PROBST

---

32 | Hannah Arendt, Mut zum Politischen, in: »Du«, Tagesanzeiger Zürich, Oktober 2000, 44.

Brigitte Enzner-Probst

Kreative Erlösung
Eine Perspektive auf Schöpfungstheologie und Christologie aus der liturgischen Praxis von Frauen[1]

Schöpfung contra Erlösung?

Es war am Ende der Ersten Internationalen Konferenz des Netzwerks »Women's Ordination Worldwide« 2001 in Dublin, Irland. Mehrere Tage lang hatten wir uns zur Frage der Ordination von Frauen in der römisch-katholischen Kirche ausgetauscht, suchten nach möglichen Schritten, um den schmerzenden Ausschluss der Frauen aus der Zeitung ihrer kirche zu beenden. Am Sonntagmorgen versammelten sich mehr als zweihundert Frauen und Männer im festlich geschmückten Plenarsaal der Universität, um mit einer Schöpfungsliturgie den Abschluss der Konferenz zu feiern.

Zu Beginn der Liturgie gingen die großen Saaltüren auf. Riesige Fahnen wurden hereingetragen, bemalt mit den Symbolen der Schöpfungselemente. Es zog das Banner der Erde ein und wurde in die Ecke getragen, wo mit verschiedenen Symbolen von Erdhaftigkeit ein Stationsaltar aufgebaut war. Dann zog das Banner des Wassers ein, die Wasser-Symbole wurden in einer weiteren Ecke platziert. Dann kam die Luft. Dann das Feuer. Eine eigentümliche Präsenz herrschte im Saal. Es war, als würden mächtige Wesenheiten ihn erfüllen. Ihr Protest, ihr Zorn über die Ungerechtigkeit war spürbar und teilte sich mit.

Dies war ein Kontrast, der größer nicht zu denken war. Hier der Kampf um Gerechtigkeit, dort die Liturgie der Schöpfung.[2] Was hatten sie miteinander zu tun? Hier die Frauen, die um die Teilhabe im Amt der Gemeindeleitung rangen, die ihnen mit dem Hinweis auf die Männlichkeit Jesu, auf geschöpf-

---

[1] Überarbeitete und gekürzte Fassung meines gleichnamigen Aufsatzes in: Elisabeth Moltmann-Wendel/Renate Kirchhoff (Hg.), Christologie im Lebensbezug, Göttingen 2005, 103–109.

[2] Ich verwende im Folgenden durchgehend den Begriff »Schöpfung«. Im philosophischen Diskurs wird weitgehend von »Natur« gesprochen. Vgl. zum Naturbegriff Gregor Schiemann (Hg.): Was ist Natur? Klassische Texte zur Naturphilosophie, München 1996. Zur genderspezifischen Interpretation des Naturbegriffs vgl. Barbara Orland/Elvira Scheich, Das Geschlecht der Natur, Frankfurt a.M. 1995. Zum Gaia-Konzept als einer alternativen Konzeption vgl. James Lovelock, Das Gaia-Prinzip. Die Biographie unseres Planeten, Zürich/München 1991. Rosemary R. Ruether greift diesen Ansatz auf in ihrem Buch »Gaia und Gott«. Eine ökofeministische Theologie der Heilung der Erde, Luzern 1994. Zur Unterscheidung der Begriffe von »Kosmos« und »Schöpfung« vgl. Elmar Gruber, Im Haus des Lebens. Eine Theologie der Schöpfung, Regensburg 2001. »Schöpfung« wird im Folgenden im Sinn des allgemeinen Lebenszusammenhangs verwendet, in dem auch menschliches Handeln als ein mitschöpferisches Teilelement eingebettet ist.

liche Grenzen also, verweigert wurde, dort die Elemente der Schöpfung, die sich im Vollzug der Liturgie solidarisch in diesen Kampf einbrachten.

Die Verknüpfung der Frage nach Gerechtigkeit mit dem Bezug auf die Schöpfung lässt sich in der liturgischen Praxis von Frauen generell feststellen. Frauen begründen ihre liturgische Praxis wie ihr ethisches Handeln immer wieder durch den Bezug auf die Schöpfung als »großen Lebenszusammenhang«.[3] Die Schöpfung ist, wie die Dubliner Liturgie gezeigt hatte, die große »Bündnispartnerin« der Frauen im Kampf um Gerechtigkeit.

Dagegen bleibt in vielen Liturgien der Frauenliturgiebewegung der Bezug auf Christologie seltsam blass.[4] Es zeigt sich hier ein Ungleichgewicht, eine Verschiebung von Wertigkeiten. Insofern feministische Liturgiewissenschaft das Feiern von Ritualen und Liturgien als einen Ort impliziter Theologie versteht, als Manifestation des Zusammenhangs von lex orandi und lex credendi, wird sie nach dem Verhältnis von Schöpfungstheologie und Christologie fragen müssen.[5] Letztlich hängt an einer befriedigenden Antwort auf diese Frage auch die Identifizierbarkeit liturgischer Praxis von Frauen als einer genuin christlichen.[6] Wie also können, so die Fragestellung der folgenden Überlegungen, Soteriologie und Christologie ihre befreiungstheologische Relevanz im Kampf von Frauen gegen Ungerechtigkeit und Ausschluss beweisen? Nur wenn dies gelingt, werden sie erneut eine wichtige Rolle in der liturgischen Praxis von Frauen einnehmen.

Die Schöpfung – Bündnispartnerin im Kampf gegen Ungerechtigkeit

In der Liturgie von Dublin brachte sich die Schöpfung selbst in eindrücklicher Weise als Bündnispartnerin im Kampf gegen Ungerechtigkeit ein.[7] Sie pran-

---

3 | Vgl. die Schöpfungs-Frauenliturgie »Die Elemente des Lebens feiern« in Teil III dieses Buches.
4 | Zur Frauenliturgiebewegung vgl. Brigitte Enzner-Probst, Frauenliturgien als Performance. Die Bedeutung von Corporealität in der liturgischen Praxis von Frauen, Neukirchen 2008; dies., Leib Christi und Leib der Frauen. Überlegungen zur ekklesiologischen Relevanz von Corporealität in der rituellen Praxis von Frauen, in: Susan K. Roll/Annette Esser/Brigitte Enzner-Probst (Hg.), Ritual und Liturgie von Frauen (Jahrbuch der ESWTR 9) Leuven 2001, 79–102.
5 | Vgl. Kevin W. Irwin, Context and Text. Method in Liturgical Theology, Collegeville 1994.
6 | Aufgrund der Betonung von Schöpfungsspiritualität löst sich die Grenze zwischen christlich verorteten Frauenliturgien und Frauenritualen im Kontext von »Woman Spirit« mehr und mehr auf. Zur Unterscheidung von »Woman Spirit« und »Woman Church« vgl. die empirische Studie von Miriam Th. Winter/Adair Lummis/Alison Stokes (Hg.), Defecting in Place. Women Claiming Responsibility for Their Own Spiritual Lives, New York 1994.
7 | Zur Eigenständigkeit und Integrität der Schöpfung vgl. Elisabeth Gerle, In Search of a Global Ethics. Theological, Political and Feminist Perspectives, based on a critical Analysis of JPIC and WOMP, Lund 1995, bes. Kapitel C »The Integrity of Creation« (117f): »Talking about the integrity of creation is a way of affirming that nature, or creation to use a biblical terminology, has a life independent of human beings and is there also for its own sake.«

gerte den Ausschluss von Frauen an, sie forderte zum aktiven Einstehen für Gerechtigkeit auf.

Schon Hildegard von Bingen hatte die Klage der Elemente über ihre Verwüstung und Verpestung als Stimme Gottes interpretiert.[8] In Dublin aber verstärkte und erweiterte sich dies. Hier wurde der Zorn der Schöpfung über Ungerechtigkeit laut, die Frauen angetan wurde. Der Zorn der Elemente galt der Diskriminierung von Frauen durch eine patriarchale Kirchenstruktur. Mit mächtiger Stimme forderten sie die Teilnehmenden heraus, sich in den Kampf für Gerechtigkeit senden zu lassen. Schöpfung und die Sehnsucht nach Befreiung, nach Erlösung waren keine getrennten Kategorien mehr. Schöpfungstheologie und Soteriologie brachten den einen göttlichen Willen nach Gerechtigkeit, Heil-Sein und Ganz-Sein zum Ausdruck.

So sang die Erde: »I, the God of earth and sky, I have heard my people cry. All who dwell in dark and fear, my hand will save.«[9]

Das Feuer-Element und die Erde sangen als Inkarnation des göttlichen Heilswillens gemeinsam: »I who made the stars of night, I who make their darkness bright, who will bear my light to them, whom shall I send?«[10]

Das Wasser-Element sang: »I the God of snow and rain, I have heard my people's pain. I have wept for love of them; some turn away.«[11]

Und zum Schluss Luft und Feuer gemeinsam: »I the God of breath and life women I will send who strive. I will set a feast for you who bake and bless, finest bread I will provide.«[12]

Zu den gewohnten vier Elementen kam überraschenderweise noch ein fünftes Element hinzu, für den Kampf der Frauen jedoch unabdingbar notwendig. Es war »Space«, der lebendige und schöpferische Gestaltungsraum, das Element, in dem sich die anderen Elemente überhaupt erst entfalten konnten und zur Wirkung kamen. »Space« verbündete sich mit den anwesenden Frauen, kritisierte die kirchlichen Denkgewohnheiten, die Frauen den Raum der priesterlichen Mitgestaltung der Kirche verwehrten.[13]

---

8 | Vgl. Ingrid Riedel, Hildegard von Bingen. Prophetin der kosmischen Weisheit, Stuttgart 1994.
9 | Der Text stammt aus dem Lied »I am the Lord of sea and sky« und findet sich z. B. abgedruckt in »With One Voice«, A Lutheran Resource for Worship, Minneapolis 1995, Nr. 752. Text und Musik: Daniel Schutte, 1981. Er nimmt die Tradition der Schöpfungspsalmen auf. Diese betonten in der Zeit des Exils, in einer Situation politischer Ohnmacht die Macht Gottes in der Schöpfung.
10 | Ebd.
11 | Ebd.
12 | Ebd.
13 | Die Liturgie schloss diese Vorstellung der Elemente deshalb auch mit ein: »This is the purpose of our being here. We question this theology. Let us stand here, strong and resolute as part of the Space, which is the fifth element.« Wie ein Blick in die Kirchengeschichte des vierten Jahrhunderts zeigt, verschwindet der Raum, in dem Frauen Kirche, Gottesdienst und Theologie mitgestalten konnten, im Lauf der Jahrhunderte immer mehr. Zum Rede-, Sing- und Lachverbot für Frauen in den Predigten der Kirchenväter vgl. Teresa Berger, Sei gesegnet meine Schwester.

Alle Elemente der Schöpfung standen den Frauen in ihrem Kampf um gleichberechtigte Teilhabe in der Kirche, um Lösung ungerechter Strukturen, um »Erlösung« bei. Deshalb waren Erde, Wasser, Luft und Feuer in diesem Abschlussgottesdienst einer kirchenpolitischen Tagung derart wichtig. Als Repräsentantinnen einer umfassenden Schöpfungswirklichkeit forderten sie die Teilnehmenden auf, nun ihrerseits aktiv und solidarisch für Gerechtigkeit einzutreten, sich nicht entmutigen zu lassen, sondern ihrer Berufung gemäß zu handeln.[14]

Diese Auffassung eines solidarischen Eintretens der »Erde« für Gerechtigkeit lässt sich anhand von biblischen Texten belegen. Die Schöpfung und der Kampf für Gerechtigkeit haben nach biblischem Zeugnis etwas miteinander zu tun.[15]

So wird etwa der prophetische Zorn über ungerechtes Handeln von Menschen und Völkern, wie er sich bei den ersttestamentlichen Prophetinnen und Propheten findet, von der Schöpfung sekundiert.[16] Die Schöpfung bereitet den Boten Gottes den Weg, blüht auf, wo Gerechtigkeit geschieht, verdorrt, wo sich Unrecht und Gewalttat breitmachen.[17] Die Erde als Repräsentantin der Schöpfung erinnert Gewalttat und Mord und nimmt diese nicht einfach hin. Sie verbirgt das Blut der Erschlagenen nicht mehr (Jes 26,1). Sie tritt für die Opfer ein, wie die Geschichte von Abels Ermordung zeigt (Gen 4, 9–12). Sie widerspricht der zynischen Frage: »Soll ich meines Bruders Hüter sein?«, weil sie selbst Hüterin eines Lebenszusammenhangs ist, in dem jede und jeder für das Ganze verantwortlich ist.

Frauen feiern Liturgie. Würzburg 1999; diess., Die gottesdienstlichen Lebenswirklichkeiten der Frauen – ein neues Forschungsgebiet, in: ThQ 177 (1997) 256–270.

14 | Diese Herausforderung war analog der Berufungsvision des Jesaja (Jes 6,8) formuliert: »Whom shall I send?« »Wen soll ich senden?«

15 | Diese Perspektive findet sich klar bei Elisabeth Moltmann-Wendel, Wach auf, meine Freundin. Die Wiederkehr der Gottesfreundschaft, Stuttgart 2000, besonders im Kapitel »Freundschaft mit der Erde«, 135–146: »Die schöpferische Erde ist immer auch parteilich. Die für Gerechtigkeit eintretende Erde ergreift Partei für den ermordeten Abel, dessen Blut zum Himmel schreit. Diese Verbindung von Schöpfung und Eintreten für Gerechtigkeit sieht Moltmann-Wendel auch in der Gethsemane-Szene gegeben (Lk 22,44). Die helfende Erde, die verwandelnde Erdkraft ist es schließlich, die aus dem Alten, Todgeweihten erneuertes Leben schafft. Es gilt deshalb, die Eigenwürde der Erde wiederzuerkennen und zu respektieren. Es gibt eine ›heilige Materialität‹ alles Geschaffenen.«

16 | Vgl. Mt 21,12ff.

17 | Vgl. Jer 23,10: »Denn das Land ist voller Ehebrecher, und wegen des Fluches vertrocknet das Land und die Weideplätze in der Steppe verdorren.« Jes 24,4–6: »Das Land verdorrt und verwelkt, der Erdkreis verschmachtet und verwelkt, die Höchsten des Volks auf Erden verschmachten. Die Erde ist entweiht von ihren Bewohnern; denn sie übertreten das Gesetz und ändern die Gebote und brechen den ewigen Bund. Darum frisst der Fluch die Erde, und büßen müssen es, die darauf wohnen.« Jes 24,19: »Es wird die Erde mit Krachen zerbrechen, zerbersten und zerfallen. Die Erde wird taumeln wie ein Trunkener und wird hin und her geworfen wie eine schwankende Hütte; denn ihre (der Menschen) Missetat drückt sie, dass sie fallen muss und nicht wieder aufstehen kann.«

Diese Solidarität der Erde mit denen, die Unrecht leiden, hat in den prophetischen Schriften eine deutlich messianische Komponente. Die Adventslieder greifen die prophetischen Visionen eines neuen Himmels, einer neuen Erde auf und singen von einer Schöpfung, die mithilft, den Heiland, den Messias »hervorzubringen«.

In einem altkirchlichen Hymnus heißt es in Anlehnung an diese prophetischen Stimmen:

»O Heiland reiß die Himmel auf, herab, herab vom Himmel lauf (...). Reiß ab vom Himmel Tor und Tür, reiß ab, wo Schloss und Riegel für! O Erd', schlag aus, schlag aus o Erd', dass Berg und Tal grün alles werd. O Erd', hervor dies Blümlein bring, o Heiland, aus der Erden spring.«[18]

Die Friedensverheißungen des Jesaja, die darin aufgenommen werden, beschreiben die Schöpfung als eine erneuerte verwandelte Lebensgemeinschaft. Der Riss, der durch sie hindurchgeht und die Gewalt, die in ihr herrscht, werden aufgehoben. Löwe und Lamm werden durch das Kommen des Messias miteinander versöhnt. Ein Kind wird die Hand in das Loch der Otter strecken (Jes 11,6ff). Diese Perspektive hält sich gesamtbiblisch durch bis zum Buch der Offenbarung, in dem von einem »neuen Himmel und einer neuen Erde« gesprochen wird, »in denen Gerechtigkeit wohnt« (Apk 21,1–5).

Dass Schöpfung, Gerechtigkeit und Messias eng verbunden sind, entspricht demnach einer gesamtbiblischen Tradition, die sich vom Beginn bis zum Ende der Bibel hindurchzieht. Befreiungstheologie und Schöpfungstheologie sind voneinander nicht zu trennen. Dies hat Konsequenzen auf unsere Sicht der Schöpfung sowie auf die schöpfungstheologische Bezogenheit christologischer Rede.

Wir sind ein Teil der Schöpfung

Die Bündnispartnerinnenschaft von Schöpfung und Gerechtigkeit beruht darauf, dass alles, auch alles menschliche Leben und Handeln, in einem umfassenden Seinszusammenhang aufgehoben ist, der unser einzelnes Bewusstsein, unsere Reflexion und Einsicht übersteigt. Dieser Zusammenhang, den wir Schöpfung nennen, ist ein mächtiges Gegenüber, nach Spinoza ein »alter ego«, das wir nicht ungestraft vernachlässigen können. Schöpfung hat

---

18 | EK Nr. 7 mit Bezug auf Jes 64,1; 45,8 und 11,1. Dieses Lied stammt von Friedrich von Spee, dem Vorkämpfer gegen den Hexenwahn seiner Zeit. Auch für ihn war das Eintreten für Gerechtigkeit nicht zuletzt schöpfungstheologisch begründet; vgl. Balthasar Fischer, Friedrich Spee als Erzieher zur Schöpfungsfrömmigkeit, Paderborn 1991.

eine eigene Stimme und Sprache.[19] Sie hat ihre eigene Schönheit, ihre eigenen Gesetze, die nicht ungestraft übertreten werden. Sie ist die Verkörperung der göttlichen Fantasie,[20] Inkarnation von Gottes lebendiger Ruach[21], seines Geisthauchs, ihrer Schöpferinnenkraft. Sie will gewürdigt und geachtet werden, ist kein Objektbereich, über den wir einfach herrschen könnten.

Wir als Menschen sind darin eingebettet, damit verbunden, so eng, wie dies nur ein Kind mit seiner Mutter sein kann. Dorothee Sölle hat dies auf dem Frankfurter Kirchentag in ihrer Bibelarbeit zu Kol 1,15–23 betont: »Die Schöpfung ist nicht einfach ›da‹, wie ein Haufen Material, sondern erwartet, gewünscht, geboren aus Gott, unserer Mutter.«[22] Die Verbindung von Gott und Schöpfung wird hier mit Bildern aus der Erfahrungswelt von Frauen beschrieben. Dagegen wird im ersten wie zweiten Schöpfungsbericht der Bibel die Tendenz deutlich, das schöpferische Tun Gottes als ein »Machen« und nicht als ein Geborenwerden zu deuten, nach Ruether ein Reflex der Abwehr von Gottesvorstellungen der umgebenden Religionen.[23] Nur in Bezug auf das Volk Israel oder den König als dessen Repräsentanten kann von einem Sohn-Verhältnis gesprochen werden (Jer 31,9). Ruether schlägt deshalb vor, diese Abwehrhaltung hinter sich zu lassen und stattdessen das Geburtsmotiv als theologisch sinnvolle Rede wiederzugewinnen.[24]

Dies führt zu einer zweiten Erkenntnis. Wie so oft entsprechen sich Theologie und Anthropologie. Wird das Geburtsmotiv als eine mögliche Verbindung zwischen göttlich-schöpferischem Handeln und Schöpfung angesehen, dann hat dies auch Konsequenzen auf die Vorstellung, wie menschliches Handeln auf den gemeinsamen Lebenszusammenhang zu beziehen ist. Die Verbindung von »Erdlingen« zur »Erde« kann dann keine bloß instrumentelle mehr sein. Sie lässt sich nicht auf ein bloßes »Machen« oder »Herstellen« zurückführen. Wir selbst können uns nicht ungestraft von diesem übergreifenden Lebenszusammenhang absentieren. Die Schöpfung ist auch in uns

---

19 | Vgl. Oswald Bayer, Schöpfung als Anrede, Tübingen ²1990, vor allem Kap. II Seufzen, 177–184. Gegen Spinoza und Goethe betont Bayer jedoch die »archontische und kritische Würde des Menschen« (Ebd., 26).
20 | Vgl. Sallie McFague, The Body of God. An Ecological Theology, Minneapolis 1993.
21 | Vgl. Helen Schüngel-Straumann, Ruah (Geist-, Lebenskraft) im Alten Testament, in: Maria Kassel (Hg.), Feministische Theologie. Perspektiven zur Orientierung, Stuttgart 1988, 59–73; Silvia Schroer, Die Weisheit hat ihr Haus gebaut. Studien zur Gestalt der Sophia in den biblischen Schriften, Mainz 1996.
22 | Vgl. Dorothee Sölle, Mystik und Widerstand. Bibelarbeit zu Kolosser 1, 15–23, in: Dorothee Sölle, Luise Schottroff, Die Erde gehört Gott, Frankfurt a. M. 1985, 106–118; Diese Bibelarbeit wurde auf dem Frankfurter Kirchentag 1985 gehalten.
23 | Zum Verb »bara« vgl. Gen 1,1.21.27. Es wird wieder in Jes 65,17 verwendet, wo von der neuen Schöpfung die Rede ist. Das Schöpfungswerk Gottes insgesamt wird mit »assah«, »machen« bezeichnet.
24 | Vgl. Ruether, Gaia und Gott, besonders 259–265.

selbst präsent. Sie bestimmt unsere menschliche Wirklichkeit, unser Da-sein und So-sein, in jeder Lebensphase, in Krankheit und Glück, in Liebe und Leid. Die kartesianische Trennung in res cogitans und res extensae, die die Schöpfung auf »geistlose Materie« reduzierte und sie als Material menschlicher Ausbeutung erniedrigte, muss deshalb revidiert werden.[25] Dies bedeutet, dass wir als erstes unsere Corporealität, d. h. die leiblich verfasste Form unserer Existenz als eine theologisch relevante Größe würdigen sollten.[26] Unsere Sinne als Fenster zur Welt, unser ganzer Leib und sein Begreifen als Teil der Schöpfung und zugleich als Medium unseres Dialogs wollen mit ihr gewürdigt werden. Für solch eine sinnlich verankerte Theologie sind Liturgie und Ritual unverzichtbar als leiblich gestaltete Formen, in denen sich unser Glaube wie unsere Erkenntnis, unsere Spiritualität wie unsere Theologie verdichten und Gestalt gewinnen. Frauenliturgien sind nicht zuletzt deshalb wichtige Erfahrungs- und Praxisorte für eine implizite und inklusive Theologie, für den unaufgebbaren Zusammenhang von lex orandi und lex credendi, an denen Schöpfungstheologie und Christologie zusammengebracht werden wollen.

Jesus Christus – auf der Seite der Amtskirche?

Dieser Erkenntnis versperrt sich jedoch die traditionelle christologische Rede. Indem etwa in der römisch-katholischen Amtstheologie mit dem Rekurs auf die Männlichkeit Christi der Ausschluss von Frauen legitimiert wird, werden Schöpfung und Erlösung, Schöpfungstheologie und Befreiungstheologie auseinanderdividiert. Für viele Frauen erhebt sich die Frage, ob dieser Christus, wie er kirchlich gelehrt wird, überhaupt auf der Seite der Frauen steht. Legitimiert er nicht eher die Autorität der amtskirchlich-androzentrischen Perspektive? Das »christologische Verstummen« in der liturgischen Praxis von Frauen zeigt die Ratlosigkeit gegenüber diesem Sachverhalt.[27]

Nun hat die Frage nach der Einheit von Schöpfung und Erlösung das Denken christlicher Theologinnen und Theologen von Anfang an herausgefordert. Sie kann als eine der Haupttriebfedern trinitarischer Dogmenentwick-

---

25 | Vgl. René Descartes, Meditationen über die Erste Philosophie, Ditzingen 1986.
26 | Vgl. zu diesem Neologismus die Habilitationsschrift von Enzner-Probst, Frauenliturgien als Performance, Anmerkung 3.
27 | Im Umkehrschluss wird, wenn Frauen ihre Christusbeziehung erläutern, der Schöpfungsbezug ausgeblendet. Vgl. Roselies Taube/Claudia Tietz-Buck/Christiane Klinger, Frauen und Jesus Christus. Die Bedeutung von Christologie im Leben protestantischer Frauen, Stuttgart 1995; Jesus ist der »ethische Jesus« (ebd., 33–48) oder der »Grund für Gemeinschaftserfahrungen« (ebd., 124–125).

lung bezeichnet werden.[28] Gegen dualistische Tendenzen der frühkirchlichen Gnosis wurde die Einheit von Gott als Schöpfer und Erlöser betont. Dies wurde in verschiedenen Denktraditionen ausgearbeitet.

In der *Logos-Christologie* etwa wird das kreative Wirken Gottes mit der Präexistenz des göttlichen Wortes verbunden (Joh 1). Dieses hat sich in Jesus inkarniert. Jesus ist das Wort Gottes, das in die zerfallene Schöpfung gesandt wird. Nicht-hören auf dieses Wort, Unge-hor-sam ist damit die größte Entgegensetzung, der Inbegriff der Sünde. Der Prozess des Heilwerdens vollzieht sich dagegen im Hören, im vertrauenden Sich-einlassen, im Glauben (Röm 10,17).

Sophianisch-weisheitliche Theologie verknüpft Gottes schöpferisches mit seinem erlösenden Handeln, indem seine Botinnen und Boten auf diese Ordnung immer wieder hinweisen.[29] Sophia repräsentiert einerseits die weisheitliche Ordnung der Schöpfung und andererseits das Gesetz des guten, ethischen Handelns.[30] Elisabeth Schüssler Fiorenza interpretiert Jesus in dieser Perspektive als »Sophia's Prophet«[31]. Sünde ist die Übertretung der der Schöpfung eingestifteten Struktur. Heilwerden ist die Wiederherstellung des ursprünglichen Schalom Gottes. Jesus ist der Gesandte im Auftrag von Sophia, der zur Umkehr ruft.

Allerdings dominiert in diesen Ansätzen feministischer Christologie und Soteriologie der ethische Akzent. Zudem eignet diesem Denken eine gewisse Starrheit. Das eschatologische Moment der Erfüllung von etwas noch Ausstehendem, noch nicht Existierendem tritt darin zurück. Auch die Aspekte von Entwicklung, Prozess und das Entstehen von Neuem sind damit nicht angemessen beschrieben.

Ich möchte deshalb versuchen, diese weisheitlichen Ansätze aufzunehmen, sie jedoch prozessual zu deuten. Die Erfahrungen von Schwangerschaft und Geburt eignen sich dafür in besonderer Weise. Damit wird einerseits das Unabgeschlossene im Prozess von Schöpfung und Erlösung betont, andererseits wird damit die Erfahrungswelt von Frauen explizit thematisiert.

---

28 | Einen Blick aus feministischer Sicht gibt Elizabeth A. Johnson, Ich bin, die ich bin. Wenn Frauen Gott sagen, Düsseldorf 1994.
29 | Vgl. Elizabeth A. Johnson, Wisdom Was Made Flesh and Pitched Her Tent Among Us, in: Maryanne Stevens (Hg.), Reconstructing the Christ Symbol, New York 1993.
30 | Vgl. zum ersttestamentlichen Zusammenhang Gerlinde Baumann, Wer mich findet, hat Leben gefunden. Traditionsgeschichtliche und theologische Studien zur Weisheitsgestalt in Proverbien 1–9, Tübingen 1996. Matthew Fox dagegen sieht die Inkarnation der immanenten Weisheit der Schöpfung nicht nur in Christus, sondern überall da, wo Menschen sich am Ursegen der Schöpfung orientieren. Vgl. Matthew Fox, Schöpfungsspiritualität. Heilung und Befreiung für die Erste Welt, Stuttgart 1993.
31 | Elisabeth Schüssler Fiorenza, Jesus-Miriam's Child, Sophias's Prophet. Critical Issues in Feminist Christology, New York 1994.

Wie Elizabeth Johnson deutlich macht, finden sich Elemente einer solchen Geburtssprache als Bezeichnung der Verbindung von Gott und Schöpfung durchgängig in der Bibel.[32] Zwar sind weibliche Symbole für Gott im biblischen Zeugnis nicht auf die Mutterbeziehung und Mutterrolle begrenzt, insofern diese jedoch eine einzigartige Aufgabe von Frauen darstellt, kreisen viele biblischen Symbole für Gott

»um die Erfahrung von Frauen beim Austragen, Gebären und Stillen neuer Lebewesen. In Texten, die überall in der Hebräischen Schrift breit gestreut sind, werden verschiedene Aspekte des Mutterseins – Empfängnis, Schwangerschaft, Wehen, Entbindung, Geburtshilfe, Stillen, Tragen, Aufziehen – zu Metaphern, die auf Gottes Verhältnis zur Welt hinweisen.«[33]

Dies wird deutlich im achten Kapitel des Römerbriefs und darin besonders in den Versen 22–39.

Eine Schöpfung, die in Wehen liegt (Röm 8,19–39)

Das Geburtsmotiv findet sich an einer zentralen Stelle christologischer Argumentation bei Paulus. Im achten Kapitel des Römerbriefs beschreibt er das Heilswirken Gottes in Jesus als einen kosmischen Geburtszusammenhang. Die ganze Schöpfung, Christus selbst und die ihm Nachfolgenden sind an diesem Heilsplan mitbeteiligt. Die Schöpfung und das Schicksal der Kinder Gottes sind miteinander verknüpft. Anders als bei Sölle wird dabei die Schöpfung selbst als Gebärende vorgestellt, die auf das Offenbarwerden und endgültige Erscheinen der Kinder Gottes wartet. Das Leiden der gegenwärtigen Zeit bindet die menschliche wie nichtmenschliche Welt zusammen im Warten auf eine heilvolle Zukunft.

Paulus verwendet damit Bilder aus der Erfahrungswelt von Frauen. Das Warten auf die Stunde der Geburt, die Hoffnung, die die Wehen ertragen lässt um des neuen Lebens willen –, dies alles sind Erfahrungen einer Schwangeren. Gerade am Schluss der Schwangerschaft sehnt sie den Augenblick der Geburt herbei, damit sie »ent-bunden«, erlöst wird, damit das Neue, das sie in sich trägt, sich zeigt.

»Denn das ängstliche Harren der Kreatur wartet darauf, dass die Kinder Gottes offenbar werden. Die Schöpfung ist ja unterworfen der Vergänglichkeit – ohne ihren Willen, sondern durch den, der sie unterworfen hat – doch auf Hoffnung; denn auch die Schöpfung wird frei werden von der Knechtschaft der Vergänglichkeit zu der herrlichen Freiheit der

---

32 | Johnson, Ich bin, 141–144.
33 | Johnson, Ich bin, 141. Johnson verweist dabei auf Stellen wie Numeri 11,12f, Jes 42,14, wo die Schmerzen einer in Wehen liegenden Frau auf Gott bezogen werden. Ebenso wird in Jes 66,13; 49,15 oder Psalm 22,2.10f die Gottesbeziehung durch die Geburtserfahrung von Frauen gedeutet.

Kinder Gottes. Denn wir wissen, dass die ganze Schöpfung bis zu diesem Augenblick mit uns seufzt und sich ängstet« (Röm 8,19–22).

Diese Erfahrung von Frauen überträgt nun Paulus auf die Christusbeziehung. Das Ziel des schmerzvollen kosmischen Prozesses, dem alle unterworfen sind, ist die »erlösende Geburt« der Töchter und Söhne Gottes. Ihre »Entbindung« bedeutet zugleich die Offenbarung der »Herrlichkeit« Gottes.

Interessant ist, dass von den meisten (durchweg männlichen) Kommentatoren des Römerbriefs das Seufzen der Schöpfung auf Leiden aller Art bezogen wird, keineswegs jedoch, wie es der Text eindeutig besagt, auf den Geburtsprozess und das Seufzen einer Gebärenden.[34] Vorherrschend ist die dualistische Gegenüberstellung der gegenwärtigen Welt der Bedrängnis gegenüber dem kommenden Äon. Zwischen den beiden gibt es keine fruchtbare, geschweige denn corporeale Verbindung. Die heilvolle Zukunft wird allein von Gott und durch Gottes Handeln herbeigeführt, der als außerhalb gedacht wird. Ein aktives Mitbeteiligtsein ist nicht möglich. Allein das passive Warten ist der wahre Glaube.[35] Nur von wenigen Kommentatoren wird die von Paulus beschriebene Geburtserfahrung als theologisch relevant interpretiert.

Heinrich Schlier etwa meint in seinem Römerbriefkommentar, dass die von Paulus genannten Leiden nach apokalyptischer Tradition als Wehen der neuen, messianischen Zeit zu verstehen sind (vgl. Mk 13,18; Mt 24,8; 1 Thess 5,3; Apg 2,24; Apk 12,2).[36] Die Kreatur »liegt gemeinsam in Wehen. Der Jammer der Kreatur ist Schmerz der Gebärenden.«[37] Gerade weil das Jetzt eine Zeit des Wartens ist, bis der Kairos (8,18) gekommen ist, ist dieses Leiden auch ein Zeichen der Hoffnung. »Aller Schmerz der Kreatur in aller Welt – das wagt der Apostel zu sagen – ist nicht Verkündigung und Anbruch des Todes, sondern des Heils.«[38] Doch wird das Geburtsmotiv nicht weiter entfaltet. Auch

---

34 | Vgl. Otto Michel, Der Brief an die Römer (KEK 4), Göttingen ¹⁴1978, 270f. Michel verwendet Metaphern wie Enthüllung, Offenbarung, Ernte. Von Geburt ist nicht die Rede.
35 | Vgl. Paul Althaus, Der Brief an die Römer (NTD 6), Göttingen ¹⁰1966, 95. Die verbindende Metapher ist für Althaus die Erwählung durch Gott. Der Erfahrungskontext von Geburt spielt keine Rolle.
36 | Vgl. 1. Henoch 62,4: »Dann wird Schmerz über sie kommen wie über ein Weib, das in Wehen liegt und dem das Gebären schwer wird (…) und das Schmerzen beim Gebären hat.« Oder 1QH III,7ff: »Ich war in Bedrängnis wie ein Weib, das seinen Erstgeborenen gebiert; denn schnell kommen (ihre) Wehen, und schlimmer Schmerz kommt über ihren Muttermund, Leben hervorzurufen im Schoß der Schwangeren.«
37 | Heinrich Schlier, Der Römerbrief (HThK 6), Freiburg/Basel/Wien ²1979, 257. Schlier stellt das Warten auf die verheißene doxa in den Mittelpunkt seiner Auslegung. Damit streift er zumindest vom Wortfeld her die »gute Hoffnung« oder das »In-Erwartung-Sein«, mit der eine Schwangerschaft beschrieben wird. Schlier, Römerbrief, 262f: »Wer darum weiß, erkennt die Verantwortung, die die Christen nicht nur für sich selbst haben, sondern auch für das rein Kreatürliche; aber nicht in der Form einer angeblichen Weltoffenheit (…) sondern in der Weise, dass sie die Freiheit der eschatologischen doxa für sich gewinnen, damit in ihr auch die Kreatur zu ihrer letzten Freiheit entbunden werde.«
38 | Ebd., 264.

Ulrich Wilckens betont,[39] dass mit der Verwendung der Geburts-Metapher die Natur/Schöpfung nicht mehr als »Objektbereich«, sondern als ein »Geschehenszusammenhang« verstanden werden muss. Dennoch wird der Erfahrungszusammenhang von Schwangerschaft und Geburt nicht weiter thematisiert.[40] Ebenso nennt Jürgen Moltmann in der Auslegung dieser Stelle zwar den Erfahrungszusammenhang von Schwangerschaft und Geburt, bezieht sich jedoch in seiner weiteren schöpfungstheologischen Argumentation nicht mehr darauf.[41]

Insgesamt zeigt sich, dass das paulinische Reden von »Wehen«, von »Seufzen« und den Schmerzen einer Geburt von allen Kommentatoren als Metapher angesehen wird. Sobald der Sinn erfasst ist, kann die Metapher verlassen werden. Dies geht jedoch m. E. an dem, was Paulus verdeutlichen möchte, vorbei. Luthers Auslegung des Römerbriefs nimmt zum Beispiel die Erfahrung eines Geburtsprozesses ernst. Für Luther ist dies keine bildliche Sprache, sondern ein tatsächlicher, konkreter Erfahrungszusammenhang, der alles verbindet. Er wird von allen leiblich erfahrbar erlebt.[42] Die Schöpfung ist eine real Schwangere, die trotz aller Leiden und Schmerzen »Herrlichkeit gebären«[43] wird. Sie seufzt und fleht und wartet auf die Stunde ihrer erlösenden Entbindung. Dieses Ziel allein ist wichtig und nicht die metaphysische Diskussion um die Einzelheiten der Schwangerschaft.

»Und achte hier darauf, was für ein großes Bitten beständig für die Gerechten und gegen die Ungerechten aufsteigt, dass die ganze Kreatur für die Befreiung seufzend fleht und eben damit gegen die Ungerechtigkeit schreit.«[44]

In diesem Seufzen und Warten der Schöpfung auf die erlösende Geburt der Kinder Gottes ist das Seufzen der Menschen eingeschlossen. Es wird unterstützt durch das Seufzen des Geistes.

Paulus interpretiert die noch ausstehende christliche Hoffnung demnach durch die Erfahrung von schwangeren und gebärenden Frauen. Ausgerechnet der Körper von Frauen also, ausgerechnet das, was in einer androzentri-

---

39 | Vgl. Ulrich Wilckens, Der Brief an die Römer (EKK 6/2), Zürich/Einsiedeln/Köln/Neukirchen, 169; vgl. auch Horst Balz, Römerbrief, in: TRE 29 (1998) 291–311.
40 | Viel stärker sind die Kommentatoren offensichtlich an der durch das Sohnesrecht geregelten Erbfolge der »Kinder Gottes« interessiert, wenn die Länge ihrer Ausführungen als ein Parameter dafür genommen wird.
41 | Vgl. Jürgen Moltmann, Gott in der Schöpfung, München 1985.
42 | Vgl. Martin Luther, Vorlesung über den Römerbrief, 1919/19, übertragen von Eduard Ellwein, München ²1928, 300: Die Schöpfung, »die beständig auf die zukünftige Herrlichkeit zubereitet wird, wird von den Narren nur in ihrer Zubereitung als solcher angeschaut, aber nicht unter dem Gesichtspunkte ihres schließlichen Zieles.«
43 | Ebd.
44 | Ebd.

schen Amtskirche zum Ausschlusskriterium für Frauen wurde – so die Klage der Dubliner Liturgie –, wird der Erfahrungsbereich, aus dem heraus das schöpferische und erlösende Heilshandeln Gottes in Christus gedeutet werden kann.[45] Auch die, die Christus nachfolgen, warten auf die Verwandlung ihres Leibes, durch den sie mitbeteiligt sind am Projekt der Erlösung (1 Kor 15,15).

Und selbst der Geist, der Christinnen und Christen gegeben ist, seufzt in ihnen. Wie eine Hebamme mit der Gebärenden mitatmet, sie in ihrer Geburtsarbeit unterstützt, so seufzt der Geist mit der Schöpfung und denen, die Christus nachfolgen.[46] Dieser Geist ist der Beistand, die Wehmutter, die der Gebärenden in ihrer Geburtsarbeit beisteht. Sowohl das Warten und Seufzen als auch das Hinleben und Hoffen auf die noch ausstehende Geburt prägten die Daseinsform der Schöpfung. Sie ist auf Erneuerung und Verwandlung ausgerichtet. Sie ist nicht nur eine Wiederholung des immer Gleichen, keine bloße Abfolge von »Stirb und Werde«, sondern hat ein Ziel. Dieses Ziel wird einen deutlichen Mehrwert gegenüber der jetzigen Situation bringen. Im Kontext der Geburtserfahrungen gesprochen: Jedes geborene Kind bedeutet den Anfang einer möglichen neuen Zukunft, eines neuen Lebens.[47]

Diese exegetische Einsicht gilt es nun christologisch und soteriologisch weiter zu entfalten. Luther betont ausdrücklich, dass die Schöpfung sich gegen die Ungerechtigkeit wehrt, gegen die Ungerechtigkeit schreit. Das Gebären von verwandelter, erneuerter Schöpfung ist zugleich ein Schrei gegen

---

45 | Dies wird z. B. von Hildegard von Bingen immer wieder betont. Für sie sind Leib, Seele und Geist zusammen die Imago Dei. Vgl. Elisabeth Gössmann, Sinne, Seele, Geist. Zur makro-mikrokosmischen Anthropologie Hildegards von Bingen, in: Herlinde Pissarek-Hudelist/Luise Schottroff (Hg.), Mit allen Sinnen glauben. Feministische Theologie unterwegs, Gütersloh 1991, 115–123, 122. »Die den Kosmos-Uterus umarmende divina Caritas (...) ist eines der schönsten Zeugnisse für die Vereinbarung von göttlicher Immanenz und Transzendenz im Mittelalter und nicht zuletzt auch aus der Opposition gegen die materieverachtende neumanichäische Tendenz in mittelalterlichen Häresien hervorgegangen.« Gössmann zitiert hier Hildegard, für die sich die göttliche Liebe, identisch mit der Weisheit, als schöpferische »Wurzel-Kraft« einbringt: »Ich bin die höchste feurige Kraft, die ich alle lebenden Funken angezündet und nichts Sterbliches ausgehaucht habe, sondern alles unterscheide, damit es sei. (...) Ich bin auch die feurige Lebenskraft der Substanz der Gottheit, schicke meine Röte über die Schönheit der Felder, leuchte in den Gewässern, brenne in Sonne, Mond und Sternen. Mit dem luftigen Wind treibe ich alles lebensvoll hoch, durch eine unsichtbare Lebenskraft, die alles erhält. Die Luft nämlich lebt in der Grünkraft und den Blüten, die Gewässer fluten, als ob sie lebten, auch der Sonnenball lebt in seinem Licht, und wenn die Mondsichel abnimmt, wird sie vom Sonnenlicht wieder entzündet, dass sie gleichsam von neuem lebt. Alles lebt in seiner Wesenheit und wird nicht für tot befunden, weil ich die Lebenskraft bin, die unversehrte, die nicht von den Steinen abgehauen, noch aus den Zweigen ausgeschlagen ist, in der männlichen Kraft nicht verwurzelt. Vielmehr ist alles Lebende in mir verwurzelt, denn die Weisheit ist die Wurzel, das brausende Wort aber blüht in ihr.«
46 | Vgl. Verena Wodtke-Werner, Geh hin, frag die Schwangere. Schwangerschaft, Geburt und Stillen im religiösen Brauchtum und in der Theologie, in: Regina Ammicht-Quinn/Aurelia Spendel (Hg.), Kraftfelder. Sakramente in der Lebenswirklichkeit von Frauen, Regensburg 1998, 155–178.
47 | Vgl. zur Bedeutung des immer neuen Anfangs den Beitrag von Elisabeth Moltmann-Wendel in diesem Buch, der diese besondere Perspektive Hannah Arendts aufnimmt und vertieft.

die Ungerechtigkeit, die sich innerhalb der jetzigen Zeit breitmacht! Ruether verdeutlicht dies in ihrer schöpfungstheologisch-ethischen Begründung:

»Wir brauchen die Vision einer Quelle des Lebens, die ›mehr‹ ist als das, was bisher existiert, und kontinuierlich neues Leben, aber auch neue Visionen von einem gerechteren, achtsameren Leben hervorbringt. Die menschliche Fähigkeit zu ethischem Denken hat ihre Wurzeln auch im Universum, drückt diese tiefere Quelle des Lebens aber in etwas aus, das das Biologische ›übersteigt‹.«[48]

»Kreative Erlösung«

Daraus ergeben sich neue Perspektiven für das Verstehen des Heilshandelns Gottes in Christus und damit für unsere christologische und soteriologische Rede. Und zugleich wird Schöpfungstheologie in einer Weise mit Christologie zusammengedacht, wie dies bisher, so meine ich, noch nicht erfolgt ist. Ich möchte unter dem Thema »Kreative Erlösung« einige Stichworte dazu ausführen.

Christus der »Erstgeborene«

Paulus nennt Christus im Kontext dieser kosmischen Schwangerschaftserfahrung einen »Erstgeborenen« (Röm 8,30). In dieser Bezeichnung wiederholt sich die Geburtsthematik, klingt das Credo »geboren von der Jungfrau Maria« an. Zugleich greift Paulus auf Elemente der Passahliturgie wie auf jüdisch-hellenistische und apokalyptische Traditionen zurück.[49]

Die Rede vom »Erstling« oder »Erstgeborenen« meint zunächst die Erstlingsgabe, die von allem Lebenden Gott darzubringen ist, als Zeichen, dass alles Leben eigentlich Gott gehört. Jeweils der erste Ertrag von Früchten (Getreide, Öl, Wein; Ex 23,19), von erstgeborenen männlichen Tieren (Ex 13,2) musste als Opfer gegeben werden. Der erstgeborene Sohn allerdings wurde durch ein Tieropfer ausgelöst (Ex 13,13), das einem Priester zu geben war.[50] Das allen Erstgeborenen gemeinsame Merkmal war, dass sie als Erste »den Mutterschoß durchbrachen«[51]. Die Erstgeborenen stehen deshalb für den Anfang einer neuen Generation, den Anfang neuen Lebens, den Anfang einer neuen

---

48 | Ruether, Gaia und Gott, 15; vgl. Claudia Rehberger, Humanisierung des Menschen und die Wiederversöhnung mit der Erde. Die Befreiungstheologie Rosemary Ruethers, Frankfurt 1996, Tübingen 1993.
49 | Vgl. Althaus, Brief, 92–96; Michel, Brief, 264–274.
50 | Vgl. Lawrence A. Hoffman, Rituals of Birth in Judaism, in: Paul F. Bradshaw/Lawrence A. Hoffman (Hg.), Life Cycles in Jewish and Christian Worship, Notre Dame 1996, 13–31. Lawrence beschreibt den Brauch, den erstgeborenen Sohn zu »erlösen«, d. h. durch eine Geldgabe auszulösen. Diese Lösegabe heißt »Erlösung«.
51 | Vgl. Num 3,12: »für alle Erstgeburt, welche die Mutter bricht«, gemeint ist »die Gebärmutter durchbricht, den Mutterschoß durchbricht.«

Zeit. Gerade sie nun gehören Gott. Insofern die Erstgeburt Gott gehörte, eignete dem Begriff »Erstgeborener« im weitesten Sinn die Bedeutung des »Gottgeweihten«.

Diese Bezeichnung wurde dann zunächst auf das gesamte Volk Israel übertragen.[52] Hier wie in der Bezeichnung »Sohn« klingt, wie gesagt, das Geburtsmotiv ebenfalls mit.[53]

Durch die Exodus-Geschichte wird dies noch einmal verstärkt, wenn auch unter umgekehrten Vorzeichen. Alle »Erstgeburt« im Lande Ägypten sollte sterben, als Zeichen das Volk Israel aus der Sklaverei ziehen zu lassen (Ex 12,29–39). Nur das Bestreichen der Türpfosten konnte den Tod des erstgeborenen Sohnes in den betreffenden Familien verhindern. Der Begriff »Erstgeborener« erweiterte sich damit um die Bedeutung des »Verschonten«, dessen Leben eigentlich mit dem aller anderen Erstgeborenen verwirkt ist, durch Gottes heilsames und rettendes Handeln jedoch erlöst und gerettet wird. Diese soteriologische Komponente ist im Folgenden zu beachten.

In jüdisch-hellenistischer und apokalyptischer Tradition wurde die Rede vom »Erstgeborenen« schließlich zu einem Würdetitel, der auf den Messias übertragen wurde. Er war der Auserwählte, der eigentliche Sohn, der Erstgeborene.[54] Im Lied vom leidenden Gottesknecht wird dabei das Motiv der Verschonung aufgegriffen, aber im Sinn der Stellvertretung verwendet. Weil der Gottesknecht in sein Leiden einwilligt, werden statt seiner »die Vielen« verschont (Jes 53,4–12). Im apokalyptischen Verständnis des Messias wird das Geburtsmotiv weiter verstärkt.[55] Die ganze Schöpfung ist daran beteiligt. In den Messiaswehen, in den Geburtswehen der endgültigen Erlösung und Befreiung wird der Messias geboren. Zugleich wird auch die Schöpfung erlöst von ihren Geburtsschmerzen.[56] Sie, die am messianischen Geburtsprozess beteiligt ist, wird dann zu ihrem eigentlichen Ziel gekommen sein. Zugleich haben diejenigen, die dem Messias folgen, daran Anteil.

Paulus bezieht diesen Vorstellungszusammenhang nun auf Leben und Wirken, auf Sterben und Auferstehen Jesu Christi.

Jesus hat sich durch seine Auferstehung gezeigt als der Erstgeborene der ersehnten neuen Schöpfung. Dabei bildet der messianische Würdetitel »Erstgeborener« das eigentliche christologische Scharnier dieses Abschnitts, das

---

52 | Vgl. etwa Ex 4,22: »Israel ist mein erstgeborener Sohn.«
53 | Vgl. Jer 31,9: »Ephraim ist mein erstgeborener Sohn.«
54 | Vgl. Apk 12 mit der Vision der gebärenden Frau auf der Mondsichel; vgl. ebenso Balz, Römerbrief 303, der das »Seufzen« als apokalyptisches Motiv beschreibt. Es wird in diesem Abschnitt dreimal verwendet (8,22.23.26). Vgl. auch 2 Kor 5,2.4.
55 | Vgl. Rehmann, Geh, frage die Gebärerin!
56 | Vgl. im Adventslied »O Heiland reiß die Himmel auf« die Bitte, es möge der Heiland »aus der Erde springen«; vgl. Anm. 18.

sowohl das Schicksal Christi als auch das der Christus Nachfolgenden und der ganzen Schöpfung miteinander verbindet.

Indem Christus als Erstgeborener bezeichnet wird, wird das Hineingeborensein Jesu in den materiell-leiblichen Schöpfungszusammenhang betont, seine Fleischwerdung. Mit dem Nicänum wird gerade die Fleischlichkeit der Inkarnation Christi betont, seine Teilhabe an der Materialität der Schöpfung.[57] Diese Fleischlichkeit ist nach Hildegard von Bingen die Schwäche Christi, seine Weiblichkeit. »Gott selbst hatte auch den Mann stark und die Frau schwach erschaffen, deren Schwäche die Welt (d.h. die Menschheit) gebar. So ist die Gottheit stark, das Fleisch des Sohnes Gottes aber schwach, durch welches die Welt in das ursprüngliche Leben zurückgebracht wird.«[58] Die Schöpfung, Materie, »Fleischlichkeit« wird als Frau aufgefasst, die das neue Leben gebiert.[59]

In dieser analogen Deuterichtung muss es heute darum gehen, den grundsätzlichen und alles umfassenden Lebenszusammenhang, die Lebens-Zentrierung christologischer Rede, wie Chung Hyung Kyung sagt, wiederzugewinnen, statt sie sofort anthropozentrisch zu verengen.[60] Auch Hanna Arendt plädiert dafür, die »Gebürtlichkeit« Christi in ihrer theologischen Bedeutung zu verstehen.[61] Natalität ist die Fähigkeit, einen Anfang machen zu können. Präexistent gewendet ist Christus selbst der »erste Anfang« (Kol 1,18) der

---

[57] Vgl. dazu Duncan Reid, Enfleshing the Human, in: Denis Edwards (Hg.), Earth Revealing, Earth Healing. Ecology and Christian Theology, Collegeville 2001, 71.
»Christology has continued to emphasize the humanity of Christ, Christ's relationship with us human beings, rather than the fleshliness or the embodiedness of Christ. This tendency obscures Christ's prior relationship with all flesh and indeed with all created things.«

[58] Elisabeth Gössmann, Der Glaube der Heiligen ist wie ein Mutterschoß. Zur theologischen Bedeutung der Mutterschaftssymbolik bei Hildegard von Bingen, in: Elisabeth Gössmann (Hg.), Hildegard von Bingen. Versuche einer Annäherung, Archiv für philosophie- und theologiegeschichtliche Frauenforschung (Sonderband), München 1995, 203–224, 207. Gössmann zitiert aus dem »Liber vitae meritorum« der Hildegard und verweist auf die darin verwendete analogia proportionalitatis. »Das tertium comparationis ist hier, dass in der naturhaften Mutterschaft wie in der gnadenhaften Mutterschaft der Erlösung jeweils das Starke aus dem Schwachen hervorgeht.« Doch bleibt dieses Denken noch ganz im Dualismus Mann – Frau verhaftet, auch wenn die gesellschaftlich gebräuchlichen Zuschreibungen durch die christologische Deutung durchkreuzt werden.

[59] Die mataiotes, von der Paulus spricht, der die Schöpfung unterworfen ist, könnte von daher evtl. auch anders als mit »Nichtigkeit« übersetzt werden. Es geht um den Zustand, der vom Ziel der Fülle/Erfüllung her nur als Leere, Noch-Nicht-Sein zu interpretieren ist, als etwas, das im Gegensatz zum geborenen Kind noch nicht greifbar oder sichtbar da ist. Luther bezieht sie interessanterweise auf die Menschen selbst. Sie machen in ihrem ungerechten und unsinnigen Denken und Handeln zunichte, was in der Schöpfung eigentlich von Gott her »sehr gut« gemacht war. »Nichtigkeit« bedeutet hier »Verkehrtheit« der Menschen. Vgl. Luther, Vorlesung, 303.

[60] Vgl. Chung Hyung Kyung, Christin im Kopf, Schamanin im Bauch. Frauen Asiens im Aufbruch, Stuttgart 1992, 36. Für Kyung ist »Leben« der hermeneutische Schlüssel der Theologie, wobei im Begriff »Leben« auch die sozialen Dimensionen integriert sind, ohne die wir nicht lebensfähig wären.

[61] Vgl. den von Hanna Arendt geprägten Begriff der »Gebürtlichkeit«. Hannah Arendt, Vita activa oder Vom tätigen Leben, Stuttgart, München [10]1998. Vgl. dazu Elisabeth Moltmann-Wendel, Na-

Schöpfung. Er ist das »Ebenbild des unsichtbaren Gottes, der Erstgeborene vor aller Schöpfung« (Kol 1,15–16). In ihm hat das ganze All seinen Bestand. Seine Kraft, anfangen zu können, ist von umfassender Natur, bedeutet eine Qualität, die nicht von Raum und Zeit begrenzt wird.

Auf der anderen Seite ist Christus durch sein Sterben und Auferstehen hindurch zu einem Erstgeborenen in einem noch weiter gefassten Geburtsprozess geworden. Er hat ein Ziel erreicht und dies in seinen Erscheinungen als Auferstandener offenbar und anschaulich gemacht, worauf alle Menschen und die ganze Schöpfung noch warten. Der von den Toten Auferweckte ist der Erstgeborene einer erneuerten, verwandelten Schöpfung.[62] Christus hat es an sich selbst geschehen lassen, was dieses Geborenwerden bedeutet, hat in seinem Sterben und Auferstehen den Durchbruch in diese neue Schöpfung hinein ermöglicht, so, wie ein erstgeborenes Kind die Gebärende als Mutter qualifiziert.[63]

Leib Christi als Raum (Space) befreiender und gerechter Liturgie[64]

Christus ist als Erstgeborener einer neuen Schöpfung der Erstling einer ganzen Gemeinschaft, der Anführer der Glaubenden, die ihm auf diesem Weg folgen. In der Teilhabe an Christus, an seinem Sterben und Auferstehen, sind die Christusnachfolgenden an sein Schicksal gebunden.[65] Auch sie richten ihre Hoffnung auf einen »neuen Himmel und eine neue Erde, in denen Gerechtigkeit wohnt« (2 Petr 3,13). Deshalb ist die Rede von Christus als dem Erstgeborenen oder Erstling, ebenso wie die großen Christushymnen, in denen Schöpfung und Heil verknüpft und besungen werden, zugleich taufliturgische Texte (Kol 1,15–18; Phil 2,6–11). Die Taufe wird zur Initiation in den mystischen Leib Christi. Taufe ist Wiedergeburt, ist ein Geborenwerden nicht nur im ethischen, sondern auch im ekklesiologischen Sinn.[66] Die Gemein-

---

talität und die Liebe zur Welt. Hannah Arendts Beitrag zu einer immanenten Transzendenz, in: EvTh 58,4 (2000) 283–295; ebenso ihr Beitrag in diesem Buch.

62 | Der Unterschied in der Begrifflichkeit von Auferweckung und Auferstehung ließe sich im Zusammenhang der Geburtserfahrung als Differenz der Perspektiven interpretieren. »Auferweckung« beschreibt Gottes Heilshandeln in der Perspektive der Hebamme, die das Kind ans »Licht der Welt« holt. »Auferstehung« betont die Perspektive des Kindes, das zur Welt kommt, wenn es an der Zeit ist.

63 | Vgl. Gössmann, Glaube, 204. Hildegard nennt als einen weiteren »Mutterschoß«, den Christus durchbricht, den der Unterwelt. In einem Gebet für eine Gebärende heißt es: »Öffnet euch, Wege und Pforten (...), so wie Christus als Gott und Mensch die Riegel der Unterwelt geöffnet hat.«

64 | Dass die Liturgien von Frauen ein Akt der Gerechtigkeit sein wollen und sollen, betont Janet Walton, Feminist Liturgy. A Matter of Justice, Collegeville 2000.

65 | Vgl. Hebr 12,23: »die Gemeinde der Erstgeborenen«.

66 | Die Taufaspirantinnen und -aspiranten mussten sich ausziehen und wurden untergetaucht. Anschließend bekamen sie weiße Kleider, vergleichbar mit dem Anlegen der ersten Kleider nach der Geburt des Säuglings. Ebenso wurde Milch und Honig vor der Eucharistie gereicht als Anspielung auf die erste Nahrung von Kindern. Vgl. Teresa Berger, Lebenswirklichkeiten, 256–270. In der Li-

schaft der Glaubenden schafft den Raum, in dem die Visionen der Gerechtigkeit zur Welt kommen können.

Damit wird die Bedeutung von Space betont, die in der eingangs geschilderten Liturgie und in der Frauenliturgiebewegung eine große Rolle spielt. Schwangerschaft wie auch Geburt hat es mit Lebensräumen, mit Space oder deren Verweigerung zu tun. Eine Schwangere räumt einem Kind Raum ein, solange es wächst. Dieses beansprucht Raum und drängt bereits im Geschehen der Geburt hin zu seinem eigenen Lebens-Raum.[67] Übertragen auf die Gemeinschaft der Glaubenden, die ekklesia, ließe sich sagen, dass diese der Raum befreiender Gotteserfahrung sein sollte, in dem Frauen und Männer ihre je eigenen Gottes- und Christuserfahrungen ins Wort, in die symbolische Zeigehandlung hinein gebären können. Es ist immer der lebendige, in der Gemeinschaft von Menschen kreierte Bewegungs- und Lebensraum, der diese Möglichkeiten schafft. Der performative Aspekt in der liturgischen Praxis von Frauen ist gegenüber einer an agendarischer Form orientierter Liturgie nicht zu übersehen.[68] Leben mit Christus und in Christus ist deshalb ein Vorgeschmack auf diesen neuen Lebenszusammenhang einer verwandelten Schöpfung.

Kreative Erlösung

Wie bei einer Geburt die Gebärende und das Kind schicksalhaft miteinander verbunden sind, ist auch die geplagte, in Wehen seufzende Schöpfung unlösbar mit dem Schicksal der Kinder Gottes verbunden. So werden bei Hildegard von Bingen die »Geburtsschmerzen der Frau [zu einem] Gleichbild der Umgestaltung der Erde am Ende der Zeiten.«[69] Erlösung wird hier also nicht mehr an die Erfahrung oder den Begriff Sünde rückgekoppelt, sondern ist eine Entbindung, die zu mehr und neuem Leben verhilft. Erlösung ist, trotz aller gegenwärtigen Schmerzen und Leiden, eine hoffnungsvolle Perspektive. Erlösung durch Christus ist eine der ganzen Schöpfung eingestiftete, hoffnungsvolle Ausrichtung.[70]

---

turgie der Re-Imagining-Conference in Minneapolis 1994 wurde zum Abendmahl ebenfalls Milch und Honig gereicht. Vgl. Enzner-Probst, Frauenliturgien als Performance, 85.

67 | Dieses Ineinander von transzendentem und immanentem Lebensraum wurde in kabbalistischer Lehre als »zimzum« bezeichnet, als die aktive Selbstbeschränkung Gottes, um damit Raum für die menschliche Entfaltung zu geben. Vgl. Johnson, Ich, 315. Die Parallelität mit der Erfahrung von Schwangeren liegt auf der Hand. Ich verdanke diesen Hinweis Elisabeth Moltmann-Wendel.

68 | Vgl. Johnson, Ich bin, 316: Schöpfung entsteht durch »Einräumen«, Sich-zurücknehmen. Der weibliche Körper und die Gebärfähigkeit von Frauen sind äußerst geeignete Metaphern für das Göttliche.

69 | Gössmann, Hildegard, 204.

70 | »Heilsgeschichte« ist deshalb nicht etwas Sekundäres gegenüber der Schöpfung. Vgl. Mk 7,37: Gott »hat alles schön gemacht«, in seinem heilvollen Handeln wird die Schöpfungsgeschichte zu einem guten Ende (telos) geführt, gerade angesichts von Bedrohung.

Wie gesagt, handelt es sich dabei nicht um eine bloß metaphorische Redeweise. Jede Schwangerschaft und Geburt ist tatsächliches, konkretes Mitwirken an Schöpfung und ist als solches zugleich ein entbindender, (er)lösender Akt.[71] Nicht nur *wie* eine Frau in Wehen darauf wartet, das Wesen zu begrüßen, das sie so lange in sich wachsen spürte, sondern ganz real wartet die Schöpfung als »Mutter« darauf, dass die Töchter und Söhne Gottes ihre Erlösung und Verwandlung realisieren.[72] Das Gegenteil, das durch uns Menschen heute tatsächlich eintreten könnte, wenn die erhoffte »Geburt zur Gerechtigkeit« nicht gelingt, sondern zur Fehlgeburt wird, würde für uns alle, die Menschen, Tiere und Pflanzen, für den ganzen Lebenszusammenhang also, den wir Schöpfung nennen, den Untergang bedeuten. Die Geburtserfahrung von Frauen wird damit theologisch relevant. Sie ist als ein wichtiger Erfahrungszusammenhang durch den universalen Geburtsprozess zu begreifen.

Auch die Bündnispartnerinnenschaft der gesamten Schöpfung wird vor diesem Hintergrund verständlich. Es gibt ein gemeinsames Ziel. Die ganze Schöpfung ist daran interessiert, dass der Geburtsprozess gut zu Ende geht. Alle Menschen, aber besonders die mit Christus Verbundenen sind aufgefordert, sich zu beteiligen, dass diese Geburt gelingt. Gemeinsam sind wir im »Projekt Schöpfung« auf Gedeih und Verderb miteinander verbunden. Gemeinsam hoffen wir auf ein gutes Ende.[73]

Auferstehung als Geburtsgeschehen

Christus ist dabei der »Erstling«, der Erste der Menschheitsfamilie, der dieses »Mehr« der neuen Schöpfung verwirklicht. Wir umschreiben dieses »Mehr an Leben« mit dem Begriff der Auferstehung. Ebenso gut könnten wir von einer Geburt in eine neue Wirklichkeit hinein sprechen. Christus hat als Erster den embryonalen Zustand dieser Schöpfung verlassen. Er ist der Erstgeborene einer verwandelten, erlösten und erneuerten Schöpfung.[74] Die neue Schöpfung zu begreifen, heißt deshalb, Auferstehung als Geburts- und Wandlungsvorgang zu begreifen. Das Neue ist eigenständig und steht doch

---

71 | Vgl. Tikvah Frymer-Kensky, Motherprayer. The Pregnant Woman's Spiritual Companion, New York 1995.

72 | Vgl. Gössmann, Glaube, 206. Dort das Zitat von Hildegard von Bingen aus Sc II 1,7 (CC,43) 116,223–225: »Terra est carnalis materia hominis, nutriens eum suco suo sicut mater lactat filios suos«: »Die Erde ist die fleischliche Materie des Menschen, die ihn mit ihrem Saft nährt, wie eine Mutter ihr Kind stillt.«

73 | Vgl. Wilckens, Brief, 167. »Vielen Kirchenvätern war die alttestamentliche Vorstellung, die unbeseelte Natur könne ›ängstlich harren‹ unzugänglich und befremdlich«. Augustin selbst äußerte dazu, dieses Kapitel bei Paulus sei »dunkel«. Gerade mit diesem Satz wird jedoch auch die dunkle Seite jeder Geburtserfahrung angesprochen, die Erfahrung von Todesnähe und existenzieller Bedrohung, ohne die das Reden von Geburt nicht realitätsbezogen wäre.

74 | Vgl. ebd., 146ff. Der Titel »Erstgeborener« ist ein Würdetitel für Israel (Röm 9c) als das erwählte Eigentumsvolk Gottes (Jer 31,9; PsSal 18,4; 4Esr 6,58).

in Beziehung zu dem Bisherigen. Jede Geburt ist solch ein Wandlungsprozess. Etwas, das so noch nie da war, tritt in die Schicksalsgemeinschaft des Lebens auf dieser Erde ein. Und doch wird damit nichts gänzlich Neues im absoluten Sinn des Wortes kreiert. Es ist verwandt, verbunden mit einer Mutter, die geboren hat, mit einem Vater, der dieses Kind gezeugt hat, hineingestellt in eine Familie, in eine Sippe, in eine Gemeinschaft, in eine spezifische Landschaft, mit einer ganz besonderen Kultur, Sprache und religiösen Prägung. In jeder Geburt verwandelt sich Vorhandenes, das gegeben wird und stirbt, in Neues, so noch nie Dagewesenes. Gleichwohl bleibt es in einer urtümlichen Solidarität mit dem Bisherigen verbunden.

Der neue Himmel, die neue Erde, auf die hin wir leben, sind verwandt mit dem, was wir bisher als Himmel und Erde kennen – und sie sind zugleich etwas Neues, Einzigartiges, das wir uns nur sehr begrenzt vorstellen können.[75]

Mitschöpferin-Sein

Auch in uns Menschen lebt die Kraft der »Gebürtlichkeit«, wie Arendt sie bezeichnet. Durch unsere Mitschöpferinnenschaft, durch unsere Gabe, immer wieder anfangen zu können, sind wir ko-kreativ am Geburtsprozess der neuen Schöpfung beteiligt.[76] Es sind deshalb gerade unsere leiblichen Erfahrungen von »Erlösen als Entbinden«, die uns unsere verantwortliche Mitschöpferinnenschaft vor Augen stellen. Das Wachsen und Reifen, leiblichsinnlich, menschlich, spirituell-corporeal lässt sich anfangsweise jetzt schon erfahren.[77] Wir sind beteiligt an einem umfassenden Geburtsprozess, der von Christus selbst vorgelebt worden ist. Dies macht die ethische Verantwortlichkeit unseres Handelns heute aus.[78]

Und doch entlastet der Verweis auf den Erfahrungszusammenhang von Schwangerschaft und Geburt auch in einer tröstlichen Weise. Wie eine erfah-

---

75 | Apk 21,1.
76 | Vgl. Vilem Flusser, Vom Subjekt zum Projekt der Menschwerdung, Frankfurt a. M. 1998. Diese anthropozentrische Sicht möchte ich ausweiten auf das »Projekt Schöpfung«, in dem alle und alles beteiligt ist, von der sogenannten anorganischen Natur bis zu den Menschen.
77 | Dies ist das Anliegen Ruethers. Sie will dem ethischen Fatalismus vorbeugen, der durch die Überbetonung der allein von Gott zu bringenden Erlösung entsteht. Vgl. Rosemary R. Ruether, Sexismus und die Rede von Gott. Schritte zu einer anderen Theologie, Gütersloh 1985. Dies hat Konsequenzen u.a. für die Seelsorge, für die lösende, heilsame Begleitung von Menschen. Ohne die innere Ausrichtung auf ein positives Ziel, das dann auch die entsprechenden Ressourcen in den Einzelnen mobilisiert, wäre Seelsorge und Beratungsarbeit kraftlos. Gerade hier aber lassen sich im übertragenen Sinn existenzielle Geburts- und Verwandlungsprozesse in Menschen deutlich erfahren. Vgl. Gina Schibler, Kreativ-emanzipierende Seelsorge, Stuttgart 1999.
78 | Vgl. Dorothee Sölle, Mystik und Widerstand, München 1999: »Wir können an der Schöpfung Gottes Anteil haben, wann immer wir die Grundäußerungen des menschlichen Daseins – lieben und arbeiten – wahrhaftig vollziehen. (...) Wir realisieren die Ebenbildlichkeit Gottes, indem wir mit anderen Menschen zusammen am Schöpfungsprozess teilnehmen.«

rene Mutter eine Erstgebärende tröstet in den Schmerzen der beginnenden Geburt, so ist auch in der Schöpfung eine größere Kraft am Werk, die den Geburtsprozess vorantreibt und zum Telos einer glücklichen Geburt führen will.

Kreative Erlösung kann deshalb nur als ein paradoxes Geschehen verstanden werden. So wie eine Gebärende ganz, mit Haut und Haar, mit Leib und Seele, am Geburtsprozess beteiligt ist, so ist sie zugleich ganz hingegeben, ausgeliefert, und so geschieht die Geburt an ihr und mit ihr. So verantwortlich sie für das kommende Leben ist, so wenig lässt sich die Geburt selbst machen. Sie ist ein Ereignis, ist Widerfahrnis.[79]

Auch in unserem Eintreten für Gerechtigkeit, in unserem Engagement, dass die Berufung von Frauen als Priesterinnen anerkannt wird, ist eine größere Kraft am Werk. Auch unser ethisches Handeln ist in einen größeren Wirk- und Lebenszusammenhang integriert. Dies macht die Dynamik des christlichen Glaubens aus, dies verhindert jeglichen soteriologischen Fatalismus. Unser Mittun ist erforderlich, damit die neue Schöpfung gelingt. Dabei können wir uns am Vorbild Jesu, an seinem Eintreten für die Ausgegrenzten orientieren.[80] Dieser Bezug auf die Geburtserfahrungen von Frauen befreit auch von einem erschöpfenden Machen-Wollen von Gerechtigkeit. Eine Geburt kann nicht gemacht werden, sie ist ein Ereignis. Deshalb muss beides zusammengehalten werden: Wir handeln schöpferisch und ethisch hin auf das Ziel einer erneuerten, verwandelten Schöpfung, in der Gott Alles in Allem sein wird. Und zugleich ist diese Zukunft Ergebnis einer umfassenden Geburt, die nicht wir zu einem guten Ende führen.

In der Dubliner Schöpfungsliturgie waren die Elemente der Schöpfung deshalb nicht nur zürnend und fordernd, sondern auch tröstlich und stärkend präsent. Die Erfahrung der eigenen Ohnmacht war plötzlich umfangen von einer größeren Macht. Erde, Wasser, Luft und Feuer bildeten zusammen den weiten Raum, das Element Space, in dem es sich gut atmen und leben, feiern und tanzen, essen und trinken und politische Visionen entwickeln ließ. Die Liturgie eröffnete jetzt schon den Raum einer gerechten Gemeinschaft von Frauen und Männern, in der die Vorzeichen erlösender Geburt spürbar wurden.[81]

79 | In diesem Widerfahrnis-Charakter liegt auch die Bedrohung, das Angstmachende des Geburtsprozesses, das auch in Röm 8 angesprochen wird. Damit verbunden ist ein Ausgeliefert-, ein Ausgesetztsein einer größeren Macht gegenüber. Der Geburtsprozess kann auch schwierig und konfliktreich werden, er kann scheitern.
80 | Vgl. Gerle, Search, 119: »to describe them as servants of creation seems to be an influence from the New Testament where Jesus called himself a servant and encouraged his disciples to behave in the same way.«
81 | Johnson, Ich bin, 145: »Wenn aber die befreiende Vision einer Gemeinschaft gleicher und auf Gegenseitigkeit bedachter Jüngerinnen und Jünger gebilligt und praktiziert wird, kann eine aus weiblicher Erfahrung erwachsene Sprache sich mit diesen uralten Symbolen und ihrer verborge-

Frauenliturgien fordern dazu heraus, diese Weite theologischer Überlegungen wiederzugewinnen. Sie zeigen, dass es sich lohnt, Christologie in dieser Weise schöpfungstheologisch und ekklesiologisch weiterzudenken. Auferstehung gilt nicht nur uns, den Menschen, sondern der vielfältigen Ökumene der ganzen Schöpfung.[82] Sie gilt uns als Erdlingen, als Teil eines gemeinsamen Lebenszusammenhangs, den wir Schöpfung nennen. Die ganze Schöpfung hofft darauf, dass wir unsere Aufgabe ernst nehmen und mit ihr zusammenarbeiten. Auferstehung ist erlösende Entbindung, ist Tun der Gerechtigkeit, Eintreten für die Ausgeschlossenen und zugleich Geschenk. Auferstehung ist der Prozess der Verwandlung hin auf einen Mehrwert an Leben, an dem jede Einzelne mitwirkt. Zugleich ist sie das Ziel, das von der ganzen Schöpfung erhofft und sehnlichst erwartet wird.

Auf diese kosmologischen und schöpfungstheologischen Perspektiven von Christologie weist die liturgische Praxis von Frauen beharrlich hin.

> *Schwellensegen*
> Als ich über die Schwelle trat
> heute
> spürte ich den Segen der Erde
> unter mir:
> Sei fest verankert
> Sei fest gegründet
> Tochter von Mutter Erde
> und deshalb
> Wage den Sprung
> Schreite weit aus
> Überschreite die Schwelle,
> wage die Welt heute.
> BRIGITTE ENZNER-PROBST

---

nen Anerkennung der kreativen Kraft und Güte von Frauen verknüpfen, um neue Bausteine für einen emanzipatorischen Diskurs über das Gottesgeheimnis zu bilden.«

[82] Den erweiterten Begriff von »Ökumene« habe ich näher ausgeführt, in: Brigitte Enzner-Probst, Muttersprache unserer Spiritualität. Eucharistisch-gastfreundliche Elemente in Frauenliturgien, in: Joachim Hake (Hg.), Der Gast bringt Gott herein, Stuttgart 2003, 93–109. Vgl. dazu auch Elizabeth Bettenhausen, Creation, In: Viggo Mortensen (Hg.), Concern for Creation, Voices on the Theology of Creation, Uppsala 1995, 97–101, 98f: »Human well-being is impossible without earth-well-being. The ecological well-being of earth is integral to redemption and sanctification. (...). The ›giver of life‹ gives not only human life and certainly not only Christian life (...). Thus, the life-giving work of the Spirit and the creative and sanctifying work of God are different human designations of the same phenomenon. Ecclesiology which neglects ecology is deadly.«

Hermann M. Probst

Kosmos und Christus
Kosmologie und Christologie als untrennbare Perspektiven christlichen Glaubens

Der kosmische Horizont christlichen Glaubens

Was ist der Sinn von Religion, von christlicher Religion? Jegliches Nachdenken über diese Frage hat stets mit dem zu tun, was Gott und Mensch in Beziehung setzt. Doch ist diese Fragestellung nicht zu eng begrenzt? Der Paläontologe, Philosoph, Jesuit und katholische Theologe Pierre Teilhard de Chardin hat Theologie und Philosophie erneut auf die Beziehung zwischen Gott und Kosmos hingewiesen.[1] Der Mensch ist darin integriert zu sehen. Diesen weiten Horizont nimmt Jürgen Moltmann in seiner Ökologischen Theologie eine Generation später erneut auf.[2]

Dabei ist es nicht in erster Linie die gegenwärtige ökologische Krise, die zu dieser Ausweitung der Fragestellung drängt. Schon in einem Text aus der Frühzeit der christlichen Gemeinde wird diese kosmische Weite bereits thematisiert. Der Kolosserbrief enthält in seinem Christushymnus ein frühes Beispiel kosmischer Theologie, ist aber zugleich auch Zeugnis der frühesten kirchengeschichtlichen Ereignisse.

Der Apostel und Gründer vieler Gemeinden, Paulus, war gefangen genommen worden und wurde später in Rom gewaltsam zu Tode gebracht.[3] In der Haft oder knapp nach dem Tod des Apostels konnten entweder noch eigene Briefe des Paulus übermittelt werden[4], oder sie wurden von seinen Schülern im Geist des Apostels geschrieben, um auf aktuelle Anlässe zu reagieren.[5] Als es in der Gemeinde von Kolossä zu internen Problemen aufgrund von Irrlehren (Kol 2,1.8) kam, war dies der Anlass, den Kolosserbrief zu schreiben. Die

---

1 | Vgl. als Zusammenfassung Pierre Teilhard de Chardin, Phénomène humain, Paris 1955, dt. ders., Der Mensch im Kosmos, München 1959.
2 | Vgl. Jürgen Moltmann, Gott in der Schöpfung, München 1985.
3 | 1 Clem 5,5–7 »Die Stelle wird – spätestens seit der Diskussion bei Karlmann Beyschlag, Clemens Romanus, Tübingen 1956, 306–328 – einhellig als Bericht eines Märtyrertods gelesen«, vgl. zum Beispiel Udo Schnelle, Paulus. Leben und Denken, Berlin 2003, 429; Friedrich Wilhelm Horn, Das Ende des Paulus, (BZNW 106), Berlin/New York 2001, 206, jeweils mit Angabe weiterer Literatur.
4 | So der Philemonbrief – vgl. Eduard Schweizer, Der Brief an die Kolosser, Zürich/Einsiedeln/Köln/Neukirchen 1976 (im Folgenden abgekürzt mit Schweizer, Komm), 27.
5 | Schweizer, Komm, 20–27, Eduard Lohse, Die Briefe an die Kolosser und an Philemon, Göttingen 1977 (im Folgenden abgekürzt mit Lohse, Komm), 256.257, Joachim Gnilka, Der Kolosserbrief, Freiburg/Basel/Wien 1980 (im Folgenden abgekürzt mit Gnilka, Komm), 22.23.

Glaubwürdigkeit des Briefes wurde einerseits durch typisch paulinischen Schreibstil,[6] aber auch durch Übernahme bekannter und für die Gemeinde wichtiger Themen gewährleistet. Der Kolosserbrief entstand wohl in Ephesos nicht allzu weit vom Empfangsort entfernt[7], entweder noch zur Zeit der Gefangenschaft des Paulus an diesem Ort oder einige Zeit später um das Jahr 70 n. Chr.[8] Äußere und innere Merkmale paulinischer oder pseudepigraphischer Verfasserschaft des Kolosserbriefes wurden in der Exegese breit diskutiert und können hier nicht eingehend thematisiert werden. In jedem Fall soll das Vermächtnis des Apostels übermittelt werden.[9] Emphatisch kann gesagt werden: »Es spricht der ›erhöhte Paulus‹.«[10]

In der Tat argumentiert der Kolosserbrief in für Paulus charakteristischer Weise. So steht die Christologie eindeutig im Zentrum der Argumentation (Kol 2, 21–23).

Zugleich wird aber auch deutlich, was den Kolosserbrief von einem durch Paulus selbst verfassten Brieftext unterscheidet: Durch das Haupt Christus lebt die Kirche (Kol 1,18 in Anlehnung an Röm 12,4): »Und er (Christus) ist das Haupt des Leibes der Kirche.«[11] In Kol 1,20b wird dem Kreuz und damit dem Sterben Christi entscheidende Heilskraft zugewiesen: »Und er (Gott) versöhnte durch ihn alles mit sich, (...) indem er Frieden machte durch sein Kreuzesblut.«

Die Einkleidung der spirituellen Leitfunktion Christi in das Bild des Hauptes hat bei Paulus (Röm 12,4ff; 1Kor 12,14f) die Aufgabe, das Zusammenwirken aller in der Ortsgemeinde als Glieder eines Leibes zu beschreiben.[12] In Kol 1,18 und ähnlich in Kol 2,19 tritt demgegenüber die Kirche als Gesamtorganisation in den Blick. Sie übernimmt Christus eine entscheidende Rolle im Heilsgeschehen. Auch der Verweis auf das »Kreuzesblut« (αἵματος τοῦ σταυροῦ), eine singuläre Wortverbindung im Neuen Testament, ist eine nachpaulinische Interpretation des Kreuzestodes Jesu, die später in den Hymnus eingefügt wurde.

---

6 | Vgl. Gnilka, Komm, 8.
7 | Vgl. Gnilka, Komm, 22, und Schweizer, Komm, 28, vermuten Ephesos.
8 | Vgl. Schweizer, Komm, 28.
9 | Vgl. Franz Zeilinger, Der Erstgeborene der Schöpfung, Wien 1974, 25. Zeilinger lässt die Frage zunächst offen, weil »ihr kaum jene theologische Relevanz zukommen dürfte, wie es auf den ersten Blick erscheinen mag«, spricht dann aber (vgl. ebd., dort Anm. 4) »nur vom ›Verfasser‹ des Briefes«. Eingehende Begründung der heute weitgehend akzeptierten Deuteronymität bei Gnilka, Komm, 19–26.
10 | Gnilka, Komm, 23.
11 | Zu den weiteren Argumentationen, die paulinischen Gedankengängen nahestehen, vgl. Gnilka, Komm, 11–19, Schweizer, Komm 20–27.
12 | Gnilka, Komm, 11.

Gerade im Christushymnus (Kol 1,15–20) zu Beginn des Briefes wird in einem ganz spezifischen Sprachduktus auf eine Tradition zurückgegriffen, die wohl parallel zum Wirken des Paulus in der Frühen Kirche präsent war.[13] Dieser frühe Hymnus der christlichen Kirche soll uns im Folgenden beschäftigen. Die hymnische Bilderfolge interpretierend, wird deutlich, dass der Glaube an Christus kosmische Bedeutung hat und eine neu zu erfassende Aufgabe für Christinnen und Christen, ja für die ganze Kirche beinhaltet.

Der Christushymnus des Kolosserbriefs[14]

Lohse und Schweizer gliedern den Hymnus in zwei Strophen.[15] Gnilka und Zeilinger in drei.[16] Letzteres hat ein entscheidendes Argument für sich: In der ersten und dritten Strophe (15.16 und 18b–20) wird klar von Gott als dem Handelnden her gedacht, dem Schöpfer und Versöhner des Kosmos, in der Zwischenstrophe (17.18a) dagegen von Christus her als dem Garanten und Haupt des Kosmos.[17] Im Folgenden werde ich von dieser Gliederung ausgehen.

Lässt sich, wofür gute Gründe sprechen, der Kolosserbrief auf das Jahr 70 n. Chr. datieren, wäre damit dieser Hymnus einige Jahre zuvor in Gemeindekreisen gedichtet und im liturgischen Gebrauch der Gemeinde eingesetzt worden. Können wir somit annehmen, dass dieser Hymnus drei oder vier Jahrzehnte nach dem Tod Jesu eine solch kosmische Dimension der Gottes- und Christusbeziehung aufzeigt, dann ist diese Weite theologischen Denkens für das junge Christentum eine ganz entscheidende Leistung.

15 Der da ist Bild Gottes, des unsichtbaren,
Erstgeborener aller Schöpfung,
16 denn in ihm wurde alles erschaffen
in den Himmeln und auf der Erde,
das Sichtbare und das Unsichtbare,
seien es Throne oder Herrschaften,
seien es Mächte oder Gewalten.
Alles ist durch ihn und auf ihn hin erschaffen.

17 Und er selbst ist vor allem,
und alles hat in ihm Bestand,

---

13 | Forschungsüberblick z. B. bei Gnilka, Komm, 51, dort Anm. 2.
14 | In der Übersetzung folge ich Gnilka, Komm, 58f.
15 | Vgl. Lohse, Komm, 82; vgl. Schweizer Komm, 52ff.
16 | Vgl. Zeilinger, Erstgeborene, 179.
17 | Vgl. Gnilka, Komm, 58f.

18 Und er selbst ist das Haupt des Leibes, (der Kirche).
Der da ist der Anfang, Erstgeborener aus den Toten,
damit er in allem der Erste würde,
19 denn es gefiel der ganzen Fülle, in ihm Wohnung zu nehmen,
20 und durch ihn und auf ihn hin alles zu versöhnen,
da er Frieden stiftete (durch sein Kreuzesblut),
sei es dem, was auf der Erde, sei es dem,
was in den Himmeln ist.

Christus als Mittler der Schöpfung (Kol 1,15–18a)

Strophe 1 des Hymnus (V 15–16) weist bereits auf Traditionen ganz unterschiedlicher Art hin. Der Terminus »Bild des unsichtbaren Gottes« (εἰκὼν τοῦ θεοῦ τοῦ ἀοράτου) spielt zunächst auf Kontexte der alttestamentlichen Weisheit (Weish 7,21.25; 8.1.35) an.[18] In dieser Tradition »wäre der präexistente Christus sozusagen der Spiegel, in dem Gott die Schöpfung sah und nach diesem dann durchführte.«[19]

Eine Überinterpretation, wie Zeilinger es befürchtet, ist dies sicherlich nur dann, wenn man den Hymnus als genuin paulinischen Text bewertet und den Begriff εἰκὼν eschatologisch interpretiert. Der Bezug zu Röm 8,29 ist zwar an dieser Stelle deutlich.[20] So ist auch die begriffliche Verbindung zum »Erstgeborenen« in Röm 8 präsent:

»Denn die er ausersehen hat, die hat er auch vorherbestimmt, dass sie gleich sein sollten dem Bild seines Sohnes, damit dieser der Erstgeborene sei unter vielen Brüdern.«[21]

Im Vergleich wird deutlich: Paulus denkt in Röm 8,29 und 2 Kor 3,18 eschatologisch, während der Hymnus in Kol 1 charakteristisch schöpfungsbezogen argumentiert.

Woher stammt die präsentische Deutung des Bildes (εἰκὼν)? Plato und seine Ideenlehre kämen in Betracht.[22] Dort wird jedoch strikt getrennt zwischen den ursprünglichen Ideen hinter dem materiellen Substrat der Welt und den Abbildern dieser Ideen im sichtbaren, vorfindlichen Gefüge des ak-

---

18 | Vgl. Nikolaus Kehl, Der Christushymnus im Kolosserbrief. Eine motivgeschichtliche Untersuchung zu Kol 1,12–20, Stuttgart 1967, 52–81 und Zeilinger, Erstgeborene, 181.
19 | Zeilinger, Erstgeborene, 181, unter Verweis auf André Feuillet, Le Christ sagesse de Dieu d'après l'epîtres pauliniennes, Paris 1966.
20 | Ebenso 2 Kor 3,18.
21 | Röm 8,29: ὅτι οὓς προέγνω, καὶ προώρισεν συμμόρφους τῆς εἰκόνος τοῦ υἱοῦ αὐτοῦ, εἰς τὸ εἶναι αὐτὸν πρωτότοκον ἐν πολλοῖς ἀδελφοῖς.
22 | Timaios 92c, vgl. Gnilka, Komm, 59, dort Anm. 39 und Friedrich Wilhelm Eltester, Eikon im NT, Berlin 1958, 28f, dort der weitere Verweis auf altägyptische Traditionen.

tuellen Weltzusammenhangs. Näher liegt es, die theologische Weiterentwicklung des εἰκὼν – Gedankens bei Philo in den Blick zu nehmen.

Philo deutet den Logos (dort wie in Kol 1 »Bild« und »Anfang« [εἰκὼν und ἀρχή] genannt) als die schöpferische Bewegung, die von Gott zu den Geschöpfen führt.[23] Dabei ist Gott selbst das Urbild (ἀρχή), der Logos Gottes Abbild (εἰκὼν). Das Abbild Gottes im Logos prägt seinerseits die Welt, ist Prägestempel für die Welt.[24] Letztere wird ihrerseits zu einem Abbild in zweiter Ableitung. Dabei gilt schon für Philo: Eine direkte Rückübersetzung aus dem Logos hin zu Gott ist nicht möglich. Gott steht als Schöpfer stets und ewig dem Logos gegenüber und kann nicht aus dem Logos selbst und noch weniger aus den Abbildern des Abbildes in direkter Weise rückschließend erkannt werden. Dadurch, dass unser Hymnentext »die Überordnung Christi über alle Herrschaften so stark hervorhebt, (...) soll gerade ein solches Missverständnis abgewehrt werden.«[25]

Diese starke Bindung des Logos an Gott selbst verdankt Philo nicht allein philosophischer, sondern ebenso theologischer Reflexion. Er bezieht sich dabei auf die bereits genannten Texte und Traditionen der alttestamentlichen Weisheit. Die »Weisheit« ist dort die von Gott kommende Kraft, die »seine Genossin bei der Weltschöpfung war und ihm bei der Erschaffung des Alls zur Seite stand« (Spr 8,22–31).[26] Dabei bleibt sie aus der Perspektive der Welt in ein undurchdringliches Geheimnis gehüllt. Es gibt für die Weisheit keine direkten Abbilder in der Welt. »Sie ist nur von Gott her offenbar.«[27] Dass die Weisheit in dieser Literatur in mythische, ja selbst erotische Bilder gehüllt werden kann, verstärkt nur die Differenz zur analogen Aussagbarkeit. Die Fülle und Tiefe der dichterischen Bilderwelt jener Tradition haben Othmar Keel und Silvia Schroer aufgezeigt in ihrer Analyse und Interpretation frühester altorientalischer Schöpfungsüberlieferung, die hinter den biblischen Quellen stehen. Dabei ist überraschend, welch starke Bildersprache möglich ist,[28] voll von kraftvollen anthropologischen Assoziationen. Frau

---

23 | Gnilka, Komm, 60, verweist auf Philo, Legum allegoriae. I 43; Philo, De confusione linguarum 97.147; Philo, De fuga et inventione 101; Philo, De somniis I, 115.239; II.45.
24 | Vgl. Schweizer, Komm, 57.
25 | Ebd.
26 | Gnilka, Komm, 60.
27 | Ebd.
28 | Vgl. Spr 8,27–31:«Als er die Himmel bereitete, war ich da, als er den Kreis zog über den Fluten der Tiefe, als er die Wolken droben mächtig machte, als er stark machte die Quellen der Tiefe, als er dem Meer seine Grenze setzte und den Wassern, dass sie nicht überschreiten seinen Befehl; als er die Grundfesten der Erde legte, da war ich als sein Liebling bei ihm; ich war seine Lust täglich und spielte vor ihm allezeit; ich spielte auf seinem Erdkreis und hatte meine Lust an den Menschenkindern.« Vgl. bes. Othmar Keel/Silvia Schroer, Schöpfung. Biblische Theologien im Kontext altorientalischer Religionen, Göttingen/Fribourg 2002.

und Mann sind in ihrer gegenseitigen Bezogenheit gleichermaßen Abbilder der »Weisheit«.

Der Begriff des »Bildes« ist somit konstitutiv für die alttestamentliche weisheitliche Auffassung von der Mittlerschaft der »Weisheit« in die Schöpfung hinein.[29] Dies wurde im Spätjudentum aufgenommen und von Philo weiter tradiert und verbreitet. Entgegen der Auffassung von Ernst Käsemann,[30] der noch die Gnosis als gedanklichen Ursprung unseres Hymnus gesehen hatte und den Hymnus als vorchristliches Lied über einen mythischen nebengöttlichen Erlöser interpretierte, der den Tod überwindet und darin Erlösung und Schöpfung zusammenführt,[31] wird nun deutlich, dass im Hymnus des Kolosserbriefs demnach weisheitliche Traditionen des Spätjudentums aufgenommen wurden. Der Mittlerschaft der Weisheit entspricht nun Christus selbst. Er ist »Bild Gottes«. Umgekehrt gilt aber auch: »Man kann Gott gerade nicht in seinem Abgeschlossensein an und für sich erkennen, sondern nur in seinem »Bild-werden«, d. h. in seinem Handeln, das den Sohn und über den Sohn die Welt meint.[32] Eine Hinwendung zu Gott, eine Beziehung zu Gott ist für den Hymnus nur über Christus möglich.

Folgen wir dem Gedankengang des Hymnus weiter. Christus wird nun nicht nur als »Bild«, sondern weiter als »Erstgeborener aller Schöpfung«[33] qualifiziert. Dies weist wiederum auf genuin alttestamentliche Tradition zurück. Dem männlichen Erstgeborenen steht das Erbe des Vaters zu. Er lebt in einem engen Verhältnis zum Vater.[34] Übertragen auf das Volk Israel »drückt der Terminus (...) das Verhältnis Gottes zu seinem Volke aus.«[35] Wieder werden die vielfältigen Bezüge zur Wirkmacht der Weisheit deutlich, die am Beginn der Schöpfung steht.[36] Sie ist für Philo »primogenita mater universorum.«[37] Die Septuaginta ihrerseits identifiziert das Volk Israel als »erstgeborenen Sohn« (Ex 4,22). Aus dieser Stelle entwickelt das rabbinische Judentum

---

29 | Vgl. Weish 7,26: »ἀπαύγασμα γάρ ἐστιν φωτὸς ἀϊδίου καὶ ἔσοπτρον ἀκηλίδωτον τῆς τοῦ θεοῦ ἐνεργείας καὶ εἰκὼν τῆς ἀγαθότητος αὐτοῦ – Denn sie ist ein Abglanz des ewigen Lichts und ein fleckenloser Spiegel des göttlichen Wirkens und ein Bild seiner Güte.«
30 | Vgl. Ernst Käsemann, Eine urchristliche Taufliturgie. Festschrift für Rudolf Bultmann, Stuttgart 1949, 133–148; wieder abgedruckt in: ders., Exegetische Versuche und Besinnungen I, Göttingen 1964, 34–51, dort Belege.
31 | Beispielhaft die Schrift »Die dreigestaltige Protennoía« – vgl. Gnilka, Komm, 60; dort Anm. 46.
32 | Vgl. Schweizer, Komm, 60.
33 | Kol 1, 15b: πρωτότοκος πάσης κτίσεως.
34 | Vgl. Gen 10,15; 22,12 u. a., Zeilinger, Erstgeborene, 182.
35 | Ebd., unter Verweis auf Wilhelm Michaelis, Art πρωτότοκος, TWNT VI, 874 (im Folgenden abgekürzt mit Michaelis, πρωτότοκος).
36 | Vgl. Prov 8,22; Sir 1,4; Sir 24,9; SapSal 9,4.9.
37 | Philo, Quaestiones et Solutiones in Genesim IV, 97; vgl. Lohse, Komm, 88.

eine gedankliche und inhaltliche Beziehung zwischen Israel – Jakob, der Thora und schließlich auch dem Messias.[38]

Doch die aus diesen Belegtexten ersichtliche argumentative Richtung des Titels »Erstgeborener« wird im Hymnus deutlich überschritten. Das Prädikat »Erstgeborener« will nicht eine zeitliche Reihenfolge im Vorgang der Schöpfung, sondern eine ursächlich-kausale Beziehung beschreiben. »Christus ist der Mittler bei der Schöpfung, dem alle Geschöpfe ohne Ausnahme ihre Erschaffung verdanken.«[39] Es geht nicht mehr alleine um eine Beziehung des Erstgeborenen zu Gott, sondern vor allem auch zu den durch den Erstgeborenen ins Leben gerufenen Geschöpfen.

»Mithin bleibt nur die Möglichkeit, πρωτότοκος (Erstgeborener) vom Rang (her) zu verstehen: gemeint ist die einzigartige Überlegenheit, die Christus aller Kreatur gegenüber als der Mittler ihrer Erschaffung besitzt.«[40]

Eine entscheidende traditionsgeschichtliche Wurzel des »Erstgeborenen« scheint aber bereits in Ps 89,28 (Ps 88,28 LXX) vorzuliegen.[41] Diese Tradition reicht dann bis zu Röm 8, 29, wo ebenfalls die Verbindung von »Bild« und »Erstgeborener« gewagt wird.[42]

Damit aber erheben sich schwerwiegende dogmatische Fragestellungen. Ist Christus selbst letztlich als Geschöpf zu sehen oder steht er ganz auf der Seite Gottes?[43] Der Hymnus hält den Vorrang Gottes fest, Christus erscheint in der herausgehobenen Stellung des Mittlers.

In V 16 folgen dann weitere Aussagen über die Schöpfungsmittlerschaft Christi, die aus der Philosophie der Stoa entwickelt erscheinen.[44] Wiederum war es Philo, der diese Terminologie theologisch reflektiert. Bei Paulus kumuliert dies in Röm 11,36 und 1 Kor 8,6.

Wie Paulus lässt der Verfasser des Kolosserhymnus keinen Zweifel daran, dass Gott nicht als ewiger Zustand an sich, sondern immer als dezidiert Han-

---

38 | Vgl. Michaelis, πρωτότοκος, 876,34: »Das rabbinische Judentum hat die Bezeichnung »Erstgeborener« aufgrund bes. von Ex 4, 22 Israel bzw. Jakob beigelegt, ferner der Thora, gelegentlich auch Adam, außerdem Ex r 19 (81a); Pesikt r 34 (159b) dem Messias-König unter Berufung auf Ps 89,28, aber auch Jer 31,9 (Ephraim als Kosename für den Messias).«
39 | Michaelis, πρωτότοκος, 879, 20.
40 | Michaelis, πρωτότοκος, 880, 5.
41 | Ps 89,28: »Und ich will ihn zum erstgeborenen Sohn machen, zum Höchsten unter den Königen auf Erden – κἀγὼ πρωτότοκον θήσομαι αὐτόν, ὑψηλὸν παρὰ τοῖς βασιλεῦσιν τῆς γῆς.«
42 | Vgl. Schweizer, Komm, 59, unter Verweis auf Peter Von der Osten-Sacken, Römer 8 als Beispiel paulinischer Seelsorge, Göttingen 1975, 281: »Darin ist beides festgehalten, dass er der ist, der die Glaubenden seinem Bild gleichgestaltet werden und sie als Brüder nachfolgen lässt, und dass er als solcher allen eindeutig vorgeordnet Gottes Wille durchführt.«
43 | Die Konsequenzen dieser Frage im Laufe der Dogmengeschichte sind bei Schweizer übersichtlich nachgezeichnet; vgl. Schweizer, Komm, 186–188.
44 | Vgl. Gnilka, Komm, 64, der Mark Aurel zitiert: »O Natur, aus dir ist alles, in dir ist alles, zu dir hin ist alles.« (IV, 23,2).

delnder gedacht werden muss. Dabei stellt »Christus gewissermaßen (als) die Sphäre dar (...), in der die Welt geschaffen wurde und bewahrt wird.«[45] Das »ἐν αὐτῷ – in ihm« will nicht instrumental oder lokal, sondern »relational bzw. exemplarisch« verstanden werden: »Dann bildet die Weisheit die nächste Analogie. Gott schafft, indem er auf die Weisheit blickt und von ihr begleitet ist (Spr. 8,22–36; Job 28,20–28). Sie ist die Art, das Muster seines Schaffens.«[46]

Deshalb wird im Hymnus das »ἐξ αὐτοῦ – aus ihm« von Christus selbst nicht ausgesagt. Auch Paulus bezieht das »aus ihm« streng nur auf Gott. Eine Schöpfung »aus Christus« wird im Hymnus wie bei Paulus bewusst vermieden!

Wie aber ist die Formulierung in V 16f zu verstehen: »es ist alles (...) zu ihm hin geschaffen?«[47] Schimmert hier eine Reminiszenz an stoisch geprägte und durch Philo vermittelte Kosmologie durch?[48] Doch sind die Texte, die dazu herangezogen werden können, gleichzeitig mit dem Kolosserbrief entstanden und scheiden damit als Traditionsquelle aus. Erst im dritten Jahrhundert finden sich ähnliche Aussagen im rabbinischen Schrifttum.[49] Aufgrund der zeitlichen Vorrangstellung dürfen wir im Kolosserhymnus deshalb eine genuin christliche Aussage annehmen.[50] Im späteren Epheserbrief (Eph 1, 5–10) ist diese Vorstellung noch ausgeprägter formuliert, nochmals viel später dann in Apc 1,8.17.[51]

Es folgt nun eine Darstellung dessen, was alles »in ihm geschaffen« wurde. Ein weiter Bogen wird abgeschritten. Der Himmel ist einbezogen, Unsichtbares, Mächte und Gewalten. »Denn in ihm ist alles geschaffen, was im Himmel und auf Erden ist, das Sichtbare und das Unsichtbare, es seien Throne oder Herrschaften.«[52] Aber ist damit an völlig überweltliche Dimensionen gedacht? Im Bereich des allgemeinen, hellenistischen Sprachgebrauchs er-

---

45 | Schweizer, Komm, 60.
46 | Gnilka, Komm, 64.
47 | Kol 1,16f: τὰ πάντα ... εἰς αὐτὸν ἔκτισται.
48 | »Fünf Ursachen also gibt es, wie Platon sagt: das Aus-was, das Durch-was, das In-was, das Nach-was, das Weswegen, zuletzt das, was aus diesen entsteht« in: Lucius Annaeus Seneca, Ad Lucilium Epistolae morales. Übersetzt, eingeleitet und mit Anmerkungen versehen von Manfred Rosenbach, Darmstadt 1980, 540–541, Ep 65,8: Quinque ergo causae sunt, ut Plato dicit: id ex quo, id a quo, id in quo, id ad quod, id propter quod; novissime id, quod ex his est.
49 | Vgl. Hermann Strack/Paul Billerbeck, Kommentar zum Neuen Testament aus Talmud und Midrasch, (Bd. III) München 1926, 262.
50 | Vgl. Schweizer, Komm, 61: »Das bedeutet, dass Welt nicht im stoischen Sinne als ständig vorhandene Gegenwart Gottes erfasst werden kann, sondern nur als Hinweis auf sein Handeln, das von der Schöpfung bis zur Vollendung reicht«.
51 | Vgl. Gnilka, Komm, 66.
52 | Kol 1,16: τὰ πάντα ἐν τοῖς οὐρανοῖς καὶ ἐπὶ τῆς γῆς, τὰ ὁρατὰ καὶ τὰ ἀόρατα, εἴτε θρόνοι εἴτε κυριότητες εἴτε ἀρχαὶ εἴτε ἐξουσίαι. Vgl. Schweizer, Komm, 61.

scheint es berechtigt, darunter sowohl kosmische Kräfte[53] als auch sehr reale politische Erfahrungen von Gewalt zu verstehen, die im Umkreis der hellenistischen Synagoge gemacht worden waren.

Christus als Garant des Kosmos (V 17–18a)

In dieser *Zwischenstrophe* des Hymnus wird nochmals die All-Meditation aus V 16f aufgenommen. Basierend auf der Inszenierung der Schöpfung in der ersten Strophe des Hymnus wird nun die »Bewahrung der Schöpfung«[54] bedacht. Dies geschieht wiederum streng bezogen auf Christus. Er ist Mittler des Anfangs, Ziel des Endes und auch Bewahrer der Gegenwart des Kosmos. Dabei wird der Kosmos in seiner ganzen Fülle gesehen, die sich unter dem »Haupt« Christus entfaltet.

Wiederum reichen die Traditionslinien für diese Aussage von Plato über Philo bis zur Septuaginta.[55] Entscheidend ist für den Hymnus jedoch der Bezug auf Christus. Von ihm als dem Haupt her definiert sich der »kosmische Leib«, der kosmische Dimensionen hat, da zuvor Christus schon als Ziel eben dieses Kosmos hymnisch gepriesen wurde.

Diesem umfassenden »kosmischen Leib« würde es widersprechen, wenn Christus nur als Haupt der Kirche verstanden würde. Eine solche Einschränkung wäre gegeben, würde man der späteren Überlieferung des Kolosserhymnus folgen und in V 18a die sprachlich schwierige Apposition »der Kirche« als ursprünglich im Hymnus verankert ansehen. Alle Kommentatoren sehen hier aus sachlichen wie sprachlichen Gründen eine Einfügung des Verfassers des Kolosserbriefes.[56]

Christus als Mittler der Versöhnung

Es folgt nun die letzte Strophe des Hymnus (V 18b–20). Hier geht es nun um die Frage, wie das in der Schöpfung begonnene Handeln Gottes durch Christus vollendet wird. Auch diese Strophe setzt mit dem aus hellenistischem Kontext wichtigen Bezug auf den Anfang (ἀρχή) ein, verknüpft dies aber mit dem biblischen Bezug auf den »Erstgeborenen aus den Toten.«[57] Sprachlich

---

53 | Vgl. Gnilka, Komm, 65: »Für den antiken Menschen und insbesondere für das durch die kolossische Häresie gesteigerte Bewusstsein aber handelt es sich um kosmische Potenzen, Schicksalsmächte, die ihre Macht über Menschen und Welt aufzurichten trachten.«
54 | Schweizer, Komm, 61.
55 | Vgl. Gnilka, Komm, 68.
56 | Vgl. zuletzt Nicole Frank, Der Kolosserbrief im Kontext des paulinischen Erbes, WUNT 2, 271, Tübingen 2009, 150–159. Anders Christian Stettler, Der Kolosserhymnus. Untersuchungen zu Form, traditionsgeschichtlichem Hintergrund und Aussage von Kol 1,15–20, WUNT 2,131, Tübingen, 94, 231 und Michael Dübbers, Christologie und Existenz im Kolosserbrief, WUNT 2, 191, Tübingen 2005, 104–113.
57 | Diese Verknüpfung wird in Apc 1,5 wieder aufgegriffen.

wird damit der Beginn des Hymnus wieder aufgenommen. Stand noch zu Beginn der Begriff »Erstgeborener aller Schöpfung«, so wird Christus in V 18b als »Erstgeborener aus den Toten« qualifiziert.

»Wie Christus als ›Bild‹ Gottes ›Erstgeborener der Schöpfung‹ ist, weil in ihm, durch ihn und auf ihn hin alles geschaffen ist, so ist er der Erstgeborene aus den Toten, weil in ihm, durch ihn und zu ihm hin die neue Schöpfung eines Lebens aus dem Tode erfolgen soll.«[58]

Mit dem Titel »Erstgeborener aus den Toten« wird der Blick aus den Weiten des Kosmos hingelenkt auf das geschichtliche Urdatum des Christusglaubens, auf Kreuz und Auferweckung Jesu. Ein Preisen des Schöpfungsmittlers Christus ist für den Hymnus nur möglich, weil sein Weg in den Tod, sein persönlicher Weg zu den Toten an zentraler Stelle betont wird. Darin ist er Erstgeborener, weil er schließlich Neu- und Erstgeborener aus dem Tode wurde.

Dies stellt eine entscheidende kerygmatische Wendung dar, wie sie auch bei Paulus in Röm 8, 29; 1 Kor 15,20 und dann in Apg 3,15 und 26,23 erscheint. Bei Paulus geschieht dies, um die Verbindung des »Ersten aus den Toten« mit den ihm Folgenden deutlich zu machen. Hier in Kol 1,18 d geht es darum, den Beginn dieser Erstlingsschaft aus Gottes neuschöpfendem Handeln auszurufen.

Das nun folgende »Einwohnen der Fülle« in Christus (V 19) nimmt Ps 68,17 auf,[59] verweist aber mit dem Stichwort »Fülle« (πλήρωμα) wiederum auf die jüdische Weisheitstheologie (Weish 1,7; Weish 7,24).[60] Damit steht der Christushymnus des Kolosserbriefs in der Überlieferungsgeschichte, die auch zum Johannesprolog führt. Beide Texte entstammen demselben Wurzelgrund der »Weisheits- und Logosspekulation des hellenistischen Judentums«[61]. In beiden herrscht die Deutung des Weltgeschehens in weltumgreifender, kosmischer Perspektive vor, nicht eingegrenzt auf das Schicksal des einzelnen »wissenden« Gnostikers, sondern ausgeweitet eben auf alles Leben und alle darin wirkenden Mächte.

Die umfassende Kraft der göttlichen Erlösung in Christus zeigt sich dann auf dem Höhepunkt des Hymnus (V 20) als weltumfassender Friede und kosmosumgreifende Versöhnung. Alle Lebenskomplexe der Welt werden von Christus mit ihm selbst und auf ihn hin versöhnt – um durch ihn das All auf ihn hin zu versöhnen. Damit aber greifen dieser Friede und diese Versöhnung

---

58 | Schweizer, Komm., 64.
59 | Psalm 67,17 nach der Zählung der Septuaginta.
60 | Vgl. Angela Standhartinger, Art. Kolosserbrief, Das wissenschaftliche Bibellexikon im Internet, Stuttgart 2010, www.bibelwissenschaft.de/nc/wibilex/das-bibellexikon/details/quelle/WIBI/referenz/51912/cache/60f6f8432f62468a678e9129acc362ec/ [Zugriff: 9.8.2011].
61 | Ebd.; vgl. Joh 1,16: »weil wir alle von seiner Fülle Gnade um Gnade genommen haben – ὅτι ἐκ τοῦ πληρώματος αὐτοῦ ἡμεῖς πάντες ἐλάβομεν καὶ χάριν ἀντὶ χάριτος.«

über die Welt hinaus. Er betrifft sowohl das, was auf der Erde ist, wie das, was in den Himmeln ist. Es wird nicht die Erde mit dem Himmel versöhnt, sondern es werden in kosmischer Dimension alle Kräfte des Kosmos in Christus hinein gebunden. Der Hymnus »wird dabei an die den ganzen Kosmos (jüdisch gesprochen: Himmel und Erde) erfüllenden, miteinander in Streit liegenden Elemente denken.«[62]

Die Exegese ist sich einig,[63] dass die folgende und sprachlich nachklappende Erläuterung umfassender Versöhnung »durch sein Kreuzesblut« in V 20b als erneute Einfügung des Verfassers des Kolosserbriefes zu verstehen ist. Sie ist eine im NT einmalige Wortverbindung. Paulus selbst spricht nur in Röm 3,25, Röm 5,9 und 1Kor 10,16; 11,25.27[64] – gespeist aus der Abendmahlstradition Mk 14 – vom Blut Jesu. Dabei ist neben dem Bezug auf das Blut »der Verweis auf das Kreuz für Paulus charakteristisch«[65]. Kreuz und Blut Christi sind für Paulus christologischer Grund für die Gerechtmachung und Rechtfertigung der Christinnen und Christen, nie aber wie im Kol für eine Friedensstiftung in Bezug auf »τὰ πάντα – das All«. Das »Kreuz Christi« hat bei Paulus zudem die entscheidende Rolle, seine christologische Kernbotschaft im Konflikt mit Gegnern zur Geltung zu bringen (1 Kor 1,17.18; Gal 5,11; 6,12.14, Phil 2,8; 3,18).

Das Interpretament »Kreuzesblut« (V 20b) ist zwar eine Einfügung in den Hymnus, aber sie hat dennoch ihre eigenständige Bedeutung. Sie weist auf einen wesentlichen Zusammenhang hin, nämlich, dass es keine Kosmologie ohne Christologie geben kann. Es gibt Christologie nur in engster Bindung an Leben und Tod und Auferstehung des Jesus von Nazareth. Allen ontologischen Spekulationen und gnosisartigen Weltdeutungen zum Trotz möchte dieser lapidare Satz auf dem Höhepunkt des Hymnus unmissverständlich in Erinnerung rufen: Jesus ist der Christus! Umgekehrt ist der Christus nur dann zutreffend erkannt, wenn durch ihn der Jesus des Kreuzes hindurch scheint. Damit ist die soteriologische Deutung des Todes Jesu aufgegriffen, wie sie sich schon in Mk 14,24 zeigt. Im Hymnus wird diese Christologie jedoch nicht weiterhin aufgegriffen, vertieft oder dargelegt.[66]

---

62 | Schweizer, Komm, 69.
63 | Vgl. zuletzt Gnilka, Komm, 76, Frank, Erbe 150–159.
64 | Anders »σὰρξ καὶ αἷμα« – Fleisch und Blut in 1 Kor 15,50 und Gal 1,16.
65 | Schweizer, Komm, 70, dort Anm. 185.
66 | Anders wieder Stettler, Kolosserhymnus 95, 275, 288, der eine alttestamentlich geprägte Sühnetodtheologie (Jes 53) als wesentliche Aussage des Hymnus selbst erkennt, ebenso Dübbers, Existenz, 123–127 und Otfried Hofius, »Erstgeborener vor aller Schöpfung« – »Erstgeborener aus den Toten«, Erwägungen zu Struktur und Aussage des Christushymnus Kol 1,15–20, in: Friedrich Avemarie, Hermann Lichtenberger (Hg.), Auferstehung – Resurrection, Tübingen 2001, 185–203.

Deutlich wird dabei erneut, dass der Titel »Erstgeborener der Toten« im Hymnus mehr umfasst als die spätere Einengung der Deutung des Sterbens Jesu auf eine rein anthropologische oder soteriologische Bedeutung.

Von Mk 14 her ist die Aussagerichtung auf alle Menschen gerichtet, die sich in das Sterben Jesu hineinnehmen lassen. Ob das »für Euch« bedeutet »für Alle« oder »für die Vielen«, sei dahingestellt.[67] Es sind jedenfalls in dieser soteriologischen Deutung eine bestimmte Gruppe von Menschen oder eben alle Menschen im Blick. Im Hymnus selbst sind Kreuz, Tod und eben Auferweckung Jesu dagegen untrennbar bezogen auf den gesamten Kosmos. Tod und Auferweckung Jesu haben kosmische Konsequenzen. Ziel ist die Versöhnung des Kosmos, des Ganzen. Und umgekehrt ist die Bezeichnung »Erstgeborener von den Toten« der zweite, entscheidende Ehrentitel für Christus.

Dies steht in starkem Widerspruch zum Denken der damaligen Zeit. In der geistigen Umwelt des Kolosserbriefes regierte ein ausgeprägter philosophischer Dualismus, der scharf zwischen der überirdischen Reinheit geläuterter Seelen und der durch unreinen Verkehr und Streit gestörten und friedlosen Weltsphäre unterschied. Diese Disharmonie der Welt äußerte sich in Naturkatastrophen und drohte, so die Ängste der Menschen damals, zum Zusammenbruch des Kosmos zu führen.[68] So entwickelte sich nicht nur für die betroffenen Menschen, sondern über die gesamte Zivilisation hin ein Grundgefühl des Ausgeliefertseins gegenüber »der im Kampf mit sich selbst liegenden Natur.«[69]

Dabei differenzierte die Antike naturgemäß noch nicht in Katastrophen, die einerseits – wie wir heute wissen – aufgrund von menschlichen Eingriffen in den Naturzusammenhang hereinbrechen, wie z. B. Dürre oder Überschuss von Regen, Hitzestürme und galoppierende Versteppung durch Abholzung und Monokultur, und in Katastrophen andererseits, die aufgrund von vorgegebenen Spannungen der Erdkruste (Erdbeben, Seebeben, Vulkanausbrüche) Unheil anrichten.[70] Letztere wurden naturgemäß als ebenso bedrohliche Heimsuchungen angesehen.[71] Die Deutung und Bewältigung dieses geolo-

---

67 | Vgl. hierzu Benedikt XVI., Briefe 2012, Schreiben an den Erzbischof von Freiburg und Vorsitzenden der Deutschen Bischofskonferenz Dr. Robert Zollitsch (14. April 2012), www.vatican.va/holy_father/benedict_xvi/letters/2012/documents/hf_ben-xvi_let_20120414_zollitsch_ge.html. [Zugriff: 9.8.2011]; Deutsche Bischofskonferenz, Pressemeldung 24.04.2012, Nr. 068, Brief von Papst Benedikt XVI. an die Mitglieder der Deutschen Bischofskonferenz zur Frage der Übersetzung des Kelchwortes vom 14.4.2012.
68 | Vgl. Schweizer, Komm, 68.
69 | Ebd.
70 | Seneca, Naturales quaestiones, 6, zitiert nach Sonnabend, Naturkatastrophen, 71.
71 | Vorsichtiger urteilt Lukas Thommen, Umweltgeschichte der Antike, München 2009, 12, dagegen umfassend Günther E. Thüry, Die Wurzeln unserer Umweltkrise und die griechisch-römische Antike, Salzburg 1995.

gisch induzierten Unheils konnte bereits Aristoteles naturwissenschaftlich erklären.[72] Einem Seneca war es dann möglich, die naturwissenschaftliche Erklärung aufzugreifen und sie aufgrund der stoischen Philosophie weiterzuführen: Umwälzungen der Natur wird es immer geben, das ist im Aufbau der Welt so vorgegeben. Folglich kommt es darauf an, dass der Philosoph und der philosophisch aufgeklärte Mensch sich bewusst in diese Welt hineinstellen und sie aus vernunftgeleiteten Reflexionen heraus angstfrei ertragen.

Das hellenistische Judentum konnte sich einer solchen naturwissenschaftlich-philosophischen Deutung von Naturkatastrophen nicht anschließen. Dem hellenistischen Judentum zufolge war dieses Unheil die Folge menschlichen Handelns. Erkennbar wird dies an den Sibyllinischen Orakeln (hier besonders das stark frühjüdisch geprägte Buch IV). Der Ursprung dieser Schrift kann den achtziger Jahren des ersten nachchristlichen Jahrhunderts zugeordnet werden.[73]

Die religiöse Grundstimmung im hellenistischen Judentum des ersten nachchristlichen Jahrhunderts deutete Naturkatastrophen als Folge von religiös-ethischem Fehlverhalten der Menschen. Der Kosmos selbst reagiert auf das Handeln der Menschen. Philo ist wiederum der Gewährsmann für diese kulturelle Grundstimmung. Dem Krieg der Völker gegeneinander entspricht der Krieg der Naturelemente.[74] Die Katastrophen, verursacht durch kriegerische Handlungen, entsprechen denen in der Natur, die man damals mit immer größerer Sorge wahrnahm: »Regenmangel, Wolkenbrüche, Südstürme, Sonnenbrand, Frost, Disharmonie der Jahreszeiten.«[75]

In Kolossae selbst scheint jene religiöse Grundstimmung zu einer ausgeprägten Observanz gegenüber den im Kosmos waltenden Mächten geführt zu haben. Jene Grundstimmung und ihre religiösen Folgen scheinen Einfluss zu nehmen auf die christliche Gemeinde in Kolossä, was dann zum Anlass für den Kolosserbrief geworden ist. Wie überall in der Antike hat man auch hier versucht, diese göttlichen Mächte sich gewogen zu machen, sie zu verehren. Askese und Enthaltsamkeit, Sabbatheiligung, Taufen und Opfer wurden auch in der Gemeinde in Kolossä wichtig als Wege, diese Mächte und Gewalten günstig zu stimmen. Denn in dem Maß, wie religiöse Reinheit für den

---

72 | Vgl. seine Schrift Meteorologica. Vgl. Holger Sonnabend, Wahrnehmung von Naturkatastrophen in der Antike, Das Kampanien-Erdbeben von 62 n. Chr. und der Ausbruch des Vesuv 79 n. Chr., in: Eckart Olshausen/Holger Sonnabend, Naturkatastrophen in der antiken Welt (Stuttgarter Kolloquium zur historischen Geographie des Altertums 8) Tübingen 1998, 37–44.
73 | Vgl. dazu Liliana Rosso Ubigli, Sibyllinen, in: TRE, Bd. 31, Berlin 2000, 241.
74 | Vgl. Philo, De specialibus legibus II, 188–192 zitiert nach Gnilka, Komm, 75: »wenn die Natur gewissermaßen mit sich selbst in Zwist gerät, wenn ihre Teile sich gegeneinander erheben und die ordnungsfreundliche Gleichheit der Übermacht der Ungleichheit unterliegt.«
75 | Gnilka, Komm, 75.

Aufstieg aus der Welt der Katastrophen und Unheilszusammenhänge erreicht wurde, war man aus der vorfindlichen unbeständigen und unreinen Welt in das bessere »Oben« des Himmels gerettet. Bei mangelnder Reinheit blieb man durch die Unterweltsmächte gefesselt und musste weiterhin die schmerzvolle Welt erdulden.

Philo greift dieses dualistische Denken auf und verändert es zugleich durch den Rekurs auf biblisches Zeugnis. Gott ist auch »Stifter und Schirmherr des Friedens« zwischen den »Gliedern des Alls«, den »Elementen«[76]. Eine Versöhnung der Kosmosmächte wird durch das jährlich wiederkehrende rituelle Tun des Hohenpriesters am Versöhnungstag im Jerusalemer Tempel erreicht. Später ist es der Logos, der die jährlich wiederkehrende Versöhnung im Tempel ersetzt und die Harmonie des Kosmos bewirkt.

Der Christushymnus des Kolosserbriefs geht nun noch eine Stufe weiter. Er zielt auf endgültigen Frieden, proklamiert eine sich in Christus ereignende, den ganzen Kosmos umgreifende Versöhnung. Ist schon die Zusammenfassung der bislang antagonistisch gesehenen Mächte und Kräfte als »τὰ πάντα–das All« – eine gewagte Formulierung, so umso mehr die Versöhnung dieser Allheit »εἰς αὐτόν« – in Christus hinein. Keine weltumspannende Katastrophe kann dies verhindern. Keine menschlich zu erbringende Vorbedingung wird genannt. Der Hymnus spricht von einer Versöhnung der Allheit durch Christus, die als schon geschehen und wirksam bezeichnet wird.[77]

Zusammenfassung und Ausblick

Kosmische Versöhnung

Der Hymnus denkt, glaubt und preist eine kosmische Befreiung und »Befriedung«, wie sie umfassender nicht angenommen werden kann. Sowohl der Mikrokosmos als auch der Makrokosmos der Planeten und Sonnensysteme sind ein Teil davon. Eine durchgehende, allwirksame Kraftstruktur waltet in den unendlichen Feldern des Kosmos. Diese Vorstellung der Antike erscheint gegenwärtig wieder denkmöglich. Wie wird sich dadurch unser Weltbild gestalten, verändern? Fragen stellen sich neu, für die Naturwissenschaften, die Theologie, die Philosophie. Fragen, die noch vor zwei Generationen undenkbar erschienen. Sie werden sich nur der geduldigen Kommunikation von Physik, Philosophie und vielleicht auch Theologie erschließen.

---

76 | Schweizer, Komm, 102, unter Verweis auf Philo, De specialibus legibus II 192; I, 210 und weitere Belege.
77 | Die Zeitform des Aorists – ἀποκαταλλάξαι – steigert die Brisanz dieser Aussage.

Die Bezogenheit jeglicher Wirkkraft des Kosmos auf die Lebensmacht Christi sollte in dieser Kommunikation dazu führen, dass jede menschliche Vorstellung und Bebilderung dieser Lebensmacht in ihrem Wahrheitsanspruch zurücktreten muss. Es darf keinen wissenschaftlichen oder religiös-theologischen Alleinvertretungsanspruch in Bezug auf den Kosmos geben. Dies gilt für die naturwissenschaftlichen »Gleichnisse« und Gleichungen, aber auch für das theologische Sprechen und Denken. Christus ist das Bild des unsichtbaren Gottes. Gott selbst aber bleibt unsichtbar. Nur durch Christus als Bild Gottes, weder aus einer Analogie mit den Kräften der Natur noch aus fundamentalistischer Bibelauslegung, ist Gott zu erkennen.[78]

Versöhnung und Geschichte

Mit der Entmächtigung all jener Mächte, die man in der Umwelt des Kolosserbriefs als über den Kosmos herrschend gesehen hat, wird im Kolosserhymnus eine politische Konsequenz verknüpft. Mit ihnen sind auch alle Mächte der Erde entmächtigt, damit aber vor allem auch alle Machthaber, die als Cäsaren und Kaiser göttliche Verehrung beanspruchten. Sie sind ihrer religiösen Weihe entkleidet. Das Beispiel der Diktaturen dieser Welt zeigt, dass sich Herrschaftsausübung sehr oft offen oder verdeckt religiös zu legitimieren versucht. Christinnen und Christen werden sich davon distanzieren, weil sie an die alleinige Schöpfungs- und Friedensmittlerschaft Christi glauben. Dies führte schon in der frühesten Kirchengeschichte zu politisch motivierter Verfolgung, zum Martyrium. Der Kolosserhymnus bietet gerade dafür eine unüberbietbare Kraftquelle, um sich gegenüber solchen Bedrängungen aus der umgebenden Welt distanzieren zu können. In der Welt herrschende Mächte und Kräfte können nur relative Beachtung beanspruchen. Ehre und religiöse Verehrung alleine gebührt Gott und dem Mittler von Schöpfung und Versöhnung, nämlich Christus!

Was für die Schöpfungs- und Friedensmittlerschaft Christi im Gegenüber zu menschengemachten Katastrophen und politischen Gewaltexzessen gilt, gilt auch im Gegenüber zu Naturkatastrophen. Die Menschen von Kolossä etwa wurden in ihrer Stadt im Jahr 60/61 n. Chr. von einem Erdbeben heimgesucht, das große Verwüstungen anrichtete. Im Jahr 262 n. Chr. schließlich

---

78 | Insofern könnte der Hymnus wichtige Anstöße für die Debatte über den dogmatischen Topos einer »analogia entis« bieten. Dies kann jedoch hier nicht vertieft werden. Zur ersten Orientierung vgl. Erich Przywara, Analogia entis. Metaphysik, Einsiedeln 1962; Gerhard Ludwig Müller, Art. Analogie, II. Theologisch, in: Lexikon für Theologie und Kirche, 3. A. (Bd. 1) 579–582; Karl Barth, KD I/2, Zürich 1993; Eberhard Jüngel, Gott als Geheimnis der Welt. Zur Begründung der Theologie des Gekreuzigten im Streit zwischen Theismus und Atheismus, Tübingen ⁷2001; Wolfhart Pannenberg, Analogie und Offenbarung. Eine kritische Untersuchung zur Geschichte des Analogiebegriffs in der Lehre von der Gotteserkenntnis, Göttingen 2007.

bebte die Erde an dieser Stelle nochmals so zerstörerisch, dass an einen späteren Wiederaufbau nicht mehr zu denken war.[79] Die Botschaft des Kolosserbriefes, vor allem aber auch die Botschaft des alten Hymnus, war gerade deswegen umso wichtiger. Die allumfassende, geschichtlich wie kosmisch umgreifende Versöhnungsmacht Christi war Trost und Kraftquelle in den Leiden der Zeit.[80]

Wer Christus als »Erstgeborenen von den Toten« ernst nahm, war nicht zuletzt auch gefeit vor allem philosophischen Dualismus. »Erstgeborener der Toten« bedeutet ja, dass Christus auch auf dem Weg des ganz kreatürlichen Sterbens vorangegangen ist und ihm darin jede Kreatur nachfolgen wird. Ein charismatisches Überspringen der Schöpfungsrealität ist seither nicht mehr möglich. Damit ist die Versöhnung aller ein Werk Gottes, das in Christus jetzt bereits in Wirkung ist, aber erst in der Neuschöpfung und Neugeburt derer, die Christus als dem Erstgeborenen folgen, sich konkret auswirken wird. Der Kolosserhymnus vertritt somit keine rein präsentische Eschatologie – er ist Röm 8 näher, als oft gesehen wird!

Versöhnung und Kirche

Für die Kirche als die Gemeinschaft der Nach-Folgenden dieses »Erstgeborenen aus den Toten« gilt, dass sie diese versöhnende Kraft Christi in ihrer Mitte leben soll. Das Leiden des Kosmos, seiner Menschen und Lebewesen,[81] darf gerade die Kirche nicht unbeteiligt lassen. Kirche muss der Raum sein, in dem dieses Leiden zur Sprache kommt, und in dem sich die Versöhnung durch Christus auswirkt.

Der Christushymnus des Kolosserbriefs kann damit als eine Art Präfation in einer »Eucharistie der Welt« verstanden werden, in der Kosmos und Kirche gleichzeitig verwandelt, angenommen und versöhnt sind – durch Christus.[82]

Die Einfügung, die der Verfasser des Kolosserbriefs im Duktus des Hymnus vornahm und in der er Christus als »Haupt der Kirche« benennt, bekommt damit einen für die Kirche selbst neuen und aktuellen Sinn. Sie soll der Ort sein, in dem und durch den die kosmische Versöhnungsmacht Christi zu Wort kommt und politisch wirksam wird. Insofern sich Kirche dieser Aufgabe der Verkündigung der kosmischen Versöhnung durch Christus stellt, wird dieser Hymnus, schon immer als Christuspsalm im frühchristlichen Gottesdienst gesungen, zu einem verändernden Evangelium auch für uns

---

79 | Vgl. Gnilka, Komm, 2, 4.
80 | Vgl. wiederum umfassend Gnilka, Komm, 77–87.
81 | So eben Röm 8.
82 | Vgl. Pierre Teilhard de Chardin, Der Mensch.

heute: »Auch euch (...) hat er nun versöhnt (...), wenn ihr nur (...) nicht weicht von der Hoffnung des Evangeliums, das ihr gehört habt« (Kol 1, 22–23).

Ankunft des grünen Christus
Das Gras zuerst hört meine Liebe wachsen,
du bist in meinem Garten fremd,
so kann ich mir die Zeichen noch nicht deuten.
Das willst du doch?

Ein Riese, der mit kleinem Schritt
hier alle Wege umgräbt, aufwühlt
und zur Grenze treibt ins Grün,
ins blaue Licht des Abends
und der unsichtbaren Vögel.
Die siehst du doch?

Dein Blick läuft durch den Garten,
durch mein Herz,
durch alle Vogelwelten läuft
hindurch er und zurück
in dieses eine Grün!

Das fügst du mir zu
einem unbeschrieb'nen Blatt zusammen.
Das wendet sich für dich.
Ich nehm's nicht vor den Mund:
All meine leichtsinnigen Rosen
entblättern sich entzückt.
MARION KÜSTENMACHER

Jürgen Moltmann

Kosmische Demut
Bemerkungen zu einem gelungenen ökologischen Begriff

Wir stehen am Ende des modernen Zeitalters und am Anfang eines ökologischen Zeitalters, wenn die Menschheit überleben will. Es ist ein neues ökologisches Paradigma im Entstehen begriffen, das die menschliche Kultur mit der Natur der Erde anders verbindet, als es im modernen Paradigma seit 400 Jahren geschehen ist. Die moderne Machtergreifung über die Natur und ihre Kräfte kommt in den Klimakatastrophen und den technischen Katastrophen von Tschernobyl und Fukushima der Gegenwart an ihre Grenzen.

Wir brauchen eine neue Einstellung gegenüber der Natur, die von einer kosmischen Spiritualität über ein neues Wissenschaftsverständnis bis zu einer neuen naturfreundlichen Technik, von einer Liebe zum Leben bis zu neuen Lebensstilen unsere ganze Kultur verändern wird. Eine neue ökologische Theologie wird uns dazu helfen. Warum ausgerechnet eine neue Theologie? Weil das moderne Naturverhältnis und das moderne Selbstverständnis der Menschen in einer modernen Theologie begründet ist: Es war die Theologie der Trennung von Gott und Welt und die Anthropologie der menschlichen Weltherrschaft.

Es gibt da einen alten Witz: Zwei Planeten begegnen sich im Weltall.
Fragt der eine den anderen: »Wie geht es dir?« Antwortet der Andere: »Es geht mir schlecht. Ich bin krank. Ich habe homo sapiens.« Sagt der Eine: »Das tut mir leid. Das ist schlimm. Ich habe diese Krankheit auch gehabt. Aber tröste dich, es geht vorüber.«

Das ist die planetarische Perspektive auf die Menschheit: Geht diese menschliche Planetenkrankheit vorüber, weil das Menschengeschlecht sich selbst abschafft, oder geht sie vorüber, weil das Menschengeschlecht weise wird und die Wunden heilt, die sie dem Planeten Erde bis heute zufügt?

Die Umkehr von der Mitte der Welt zur kosmischen Integration oder: von der Hybris der Weltherrschaft zur kosmischen Demut

Bevor Menschen die Erde »bebauen und bewahren« und Schöpfungsverantwortung übernehmen, sorgt die Erde für die günstigen Lebensbedingungen des Menschengeschlechts und bewahrt sie bis heute. Nicht uns ist die Erde anvertraut, wir sind der Erde anvertraut. Die Erde kann ohne uns Menschen leben und hat es mehrere Milliarden von Jahren getan. Wir sind es, die nicht ohne diese Erde leben können.

Nach der modernen Lesart der biblischen Schöpfungsgeschichten (Genesis 1 und 2) ist der Mensch die Krone der Schöpfung. Nur der Mensch ist nach dem »Bilde Gottes« geschaffen. Ihm ist damit die Herrschaft über die Erde und alle Erdgeschöpfe aufgetragen. Dem ersten Schöpfungsbericht zufolge soll der Mensch sich – wie der ägyptische Pharao seine Feinde – die Erde »untertan machen«. In Psalm 8 ist zu lesen, dass Gott dem Menschen »alles unter die Füße getan [hat]«. Gemäß dem zweiten Schöpfungsbericht soll der Mensch wie ein Gärtner den Gottesgarten Eden »bebauen und bewahren«. In beiden Texten ist der Mensch das Subjekt und die Erde sein Objekt. Sie sind mehr als 2500 Jahre alt, doch erst in der Renaissance wurden sie *modern*. Pico della Mirandola setzte den Menschen »in die Mitte der Welt« und machte ihn zum Schöpfer seiner selbst (1486). Francis Bacon erfand die Devise »Wissen ist Macht« und machte die wissenschaftlich-technische Beherrschung der Natur zur Erlösung der Menschen aus der Ohnmacht des Sündenfalls hin zu ihrer vorherbestimmten Weltherrschaft und zur Wiederherstellung ihrer Gottebenbildlichkeit. René Descartes wollte den Menschen durch Wissenschaft und Technik zum » Herrn und Eigentümer der Natur« machen. Dieser unglückliche »Gotteskomplex«, wie der Psychoanalytiker Horst Eberhard Richter ihn nannte, hat moderne Menschen von der Natur entfremdet und gewalttätig gegenüber dem Leben und der Erde gemacht.

Nach der neuen, ökologischen Lesart derselben Urgeschichten ist der Mensch das letzte Geschöpf Gottes und damit das abhängigste.[1] Der Mensch ist sein Leben lang auf die Existenz der Tiere, der Pflanzen und Bäume, des Landes, des Wassers, der Luft, des Lichtes, der Tag- und Nachtzeiten, der Jahreszeiten, der Sonne und der Sterne angewiesen. Es gibt den Menschen nur, weil es all diese anderen Geschöpfe gibt. Sie alle können ohne den Menschen leben, aber er nicht ohne sie. Also ist der Mensch kein göttlicher Herrscher und auch kein einsamer Gärtner gegenüber der Natur, sondern ist mit seinem Leben und seiner Verantwortung in die große Schöpfungsgemeinschaft eingebettet. Wer sind wir? Wir sind »Erde vom Acker« (Gen 2,7). Bevor wir die Erde bebauen und bewahren, wissen wir: »Von Erde bist du genommen, zur Erde sollst du wieder werden.« Mit seiner Eigenart und besonderen Bestimmung ist der Mensch »ein Teil der Natur«. Also steht uns keine Arroganz zu, wie sie im modernen Machbarkeitswahn herrscht, sondern nur eine »kosmi-

---

1 | Vgl. Jürgen Moltmann, Gott in der Schöpfung. Ökologische Schöpfungslehre, München 1985.

sche Demut«. Unsere Menschwerdung liegt demnach heute darin, aus stolzen und unglücklichen Göttern zu menschlichen Menschen zu werden, die ihre Angewiesenheit auf andere Geschöpfe und ihre Heimat in der Erdgemeinschaft anerkennen. Schon unsere Verwundbarkeit und unsere Sterblichkeit können uns bewusst machen, dass wir keine Herrscher der Erde sind, sondern dieses Schicksal mit allen Lebewesen teilen.

Umwelt-Mitwelt-Natur

Als 1972 der Club of Rome »Die Grenzen des Wachstums« veröffentlichte, kam das ökologische Wort von der »Umwelt« auf, die es zu schützen gilt.[2] Umweltministerien wurden eingerichtet und das Umweltbewusstsein wuchs in Deutschland beträchtlich. Umweltbewusst trennen wir sorgfältig unseren Hausmüll, industrielle Großprojekte müssen auf ihre Umweltverträglichkeit geprüft werden.

Aber stimmt das Weltbild, das damit suggeriert wird: Der Mensch in der Mitte und der Rest der Welt »unsere Umwelt«? Ist die Natur, in der wir leben, nicht auch die Umwelt für zehntausend andere Lebewesen? Sehen wir die Natur der Erde nur als »unsere Umwelt« an, dann haben wir die moderne Naturentfremdung noch nicht überwunden. Je länger man das Menschenbild des Umweltbegriffs bedenkt, desto rücksichtsloser und erscheint es. Nichts zerstört Natur so sehr, wie ihre Reduktion auf »unsere menschliche Umwelt«. Darum haben Ende der siebziger Jahre viele vorgeschlagen, statt von »Umwelt« von »Mitwelt« zu sprechen. Ein Erfolg dieser Wendung ist das deutsche Tierschutzgesetz von 1986. Hier werden die Tiere als »Mitgeschöpfe« bezeichnet und nicht länger als Objekte oder als reiner Besitz der Menschen. Als »Mitgeschöpfe« werden sie aus der Herrschaft der Menschen herausgenommen, ihre eigene Würde in der Schöpfungsgemeinschaft wird anerkannt. Menschen sind mit ihren natürlichen »Mitgeschöpfen« naturgeschichtlich verwandt. Sie sind selbst »Mitgeschöpfe« der anderen Lebewesen in der Schöpfungsgemeinschaft. Suchen wir also die Bewahrung unserer »Umwelt«, müssen wir sie als unsere »Mitwelt« respektieren und ihren Eigenwert in der Schöpfungsgemeinschaft anerkennen.

»Mitwelt« ist jedoch ein Kunstbegriff, der sich sprachlich nur schwer einbürgern lässt. Eigentlich ist er nur ein Schritt, um von der »Umwelt« zur Natur zu gelangen. Ich bin dafür, zu dem alten und allen verständlichen Begriff der Natur zurückzukehren und zwar sowohl objektiv in der Wahrnehmung der Welt als auch normativ in der Ethik. Nicht der Mensch ist das Maß

2| Vgl. Jürgen Moltmann, Ethik der Hoffnung, Gütersloh 2010, 160–168.

aller Dinge, die Natur ist es. Daraus folgt von selbst, wie es in der Erdcharta von Rio de Janeiro (1992) heißt:

»Jede Lebensform ist einzigartig und hat unabhängig von ihrem Wert für den Menschen Anspruch auf Achtung.«[3]

Wir haben damals auch eine Staatszielbestimmung vorgeschlagen, die in die Verfassung demokratischer Statten aufgenommen werden soll:

»Die natürliche Welt steht unter dem besonderen Schutz der Regierung. Der Staat schützt sie vor Ausbeutung und Zerstörung durch den Menschen um ihrer selbst willen.«[4]

Die Bezeichnung »Landesregierung« erhält dadurch einen neuen Sinn. Sie ist nicht nur für die menschlichen Einwohner des Landes zuständig, sondern auch für das Land, das Wasser, die Luft, die Wälder und Wiesen und die Tiere und Pflanzen. Sie muss deren Recht notfalls gegen die Menschen vertreten. Landverkauf an fremde Mächte ist verboten. Die Ernährungssouveränität des eigenen Volkes muss bewahrt werden.

Fortschritt und Kreislauf

Seit spätestens 1982 wissen wir, dass es natürliche Grenzen des Wachstums gibt, aber immer noch messen wir den Fortschritt der Wirtschaft nach ihrem quantitativen Wachstum. Es gibt doch schon ganz andere Maßstäbe für das Wohlbefinden eines Volkes. Wirtschaftliches Wachstum vermehrt in unseren Gesellschaften die Ungleichheit der Einkommen, und Ungleichheit zerstört das Vertrauen in einer Gesellschaft. Darum ist das Bruttosozialprodukt kein Indikator für das Wohlbefinden eines Volkes. Das System der Konkurrenz zwingt uns dazu, zu wachsen, zu expandieren und zu globalisieren. Das ist ein Wachstum auf dem Parameter der linearen Zeit. Mehr produzieren – mehr konsumieren. Auf dieser Zeitlinie gewinnt man Zukunft und lässt Vergangenheit hinter sich. Wirtschaftlich heißt das: Wir gewinnen Rohstoffe aus der Natur und lassen unseren Abfall in der Natur zurück. Aber diese Vergangenheit vergeht nicht, sie geht mit uns. Nichts, was man wegwirft, ist »weg«, es bleibt irgendwo und kehrt wieder. Der strahlende Atommüll bleibt für Jahrtausende.

Heute sind wir dabei, dieses moderne Konzept der linearen Fortschrittszeit durch das ökologische Konzept einer zyklischen Zeit zu ersetzen. Je seltener die »seltenen Erden« und je teurer die Rohstoffe, desto mehr werden die

---

[3] Leonardo Boff, Von der Würde der Erde. Ökologie, Politik, Mystik, Düsseldorf 1994; ders., Die Erde ist uns anvertraut. Eine ökologische Spiritualität, Kevelaer 2004.
[4] Vorschlag für die 22. Vollversammlung des Reformierten Weltbundes in Seoul 1989, Sec.22, in: Jürgen Moltmann, Gott im Projekt der modernen Welt, Gütersloh 1997, 106.

Müllhalden der Vergangenheit zu Zukunftsressourcen der Wirtschaft. Wir lernen von der Erde den lebensförderlichen Sinn der Kreisläufe. Der Energieverbrauch wird auf »erneuerbare« Energien umgestellt. Die verachtete Abfallwirtschaft ist nicht mehr die »Ökonomie der Armen«, der armen Schrotthändler und der Kinder in Ländern der Dritten Welt, sondern wird zur renommierten Recycling Economy. Das Bundesgesetz des deutschen Abfallrechts heißt seit 1996 mit Recht »Kreislaufwirtschafts- und Abfallgesetz«. Man kann Industrieprodukte auch so herstellen, dass ihre wertvollen Teile umgehend wieder verwendet werden können. Verbrauchsgüter können vollständig biologisch abgebaut werden, Gebrauchsgüter sollen vollständig wieder verwendet werden. Dann gibt es keine Müllhalden mehr.[5]

Die Erde bewegt sich in Kreisläufen und alles Leben regeneriert sich in Kreisläufen. Je mehr wir selbst in Kreisläufen denken, umso mehr entsprechen wir der Natur. Die kosmische Zeit ist Wiederholung. Die Zeit des Lebens ist Wiedergeburt. Der Kreis ist das zeitliche Abbild der Ewigkeit. Verbinden wir bildlich Fortschritte mit Kreisläufen, entstehen Figuren wie Spiralen, auch in der Praxis verbinden sich Wiederholungen mit Innovationen.

Das Gemeinwohl

Seit mehr als 40 Jahren hören wir immer und überall die Klagen darüber, dass trotz aller politischen Bemühungen die »Schere zwischen arm und reich« immer weiter auseinandergeht. Nicht nur in den armen Ländern der Dritten Welt beherrscht eine kleine, reiche Oberschicht die Masse der Armen, auch in den Demokratien der Ersten Welt nehmen die Abstände zwischen millionenschweren Bankereinkommen und den Sozialhilfen für die Armen groteske Züge an. Das widerspricht dem Geist der Demokratie, denn Demokratien gründen nicht nur in der Freiheit ihrer Bürger, sondern auch in deren Gleichheit. Gleichheit meint gewiss nicht Uniformität, aber ohne soziale Gleichheit in den Lebenschancen und der Vergleichbarkeit der Lebensverhältnisse stirbt das Gemeinwohl und mit ihm geht auch der Zusammenhalt einer Gesellschaft verloren. Seit der demokratischen Revolution ist der Ausgleich zwischen individueller Freiheit und sozialer Gerechtigkeit die politische Hauptaufgabe des Staates. Der diktatorische Sozialismus war demokratiefeindlich, weil er die Freiheit der Bürger unterdrückte. Der sozial rücksichtslose Kapitalismus ist demokratiefeindlich, sofern er den Zusammenhalt in unseren Gesellschaften zerstört.

---

5 | Vgl. Michael Braungart/William McDonough, Die nächste industrielle Revolution. Die Cradle-to-Cradle-Community, Hamburg ²2009.

Die Alternative zu Armut ist nicht Reichtum; die Alternative zu Armut und Reichtum ist – Gemeinschaft. Man kann in Armut leben, wenn sie gemeinsam getragen wird, wie Deutsche es in den Hungerjahren nach dem 2. Weltkrieg erfahren haben. Erst die Ungerechtigkeit macht die Armut zur Qual. Sind alle in der gleichen Situation, dann hilft man sich gegenseitig. Hört die Gleichheit auf, weil die einen gewinnen und die anderen verlieren, dann endet die gegenseitige Hilfe und das menschliche Vertrauen verschwindet aus der Gesellschaft.[6] Die Aufkündigung der Solidarität durch die Reichen erregt den gerechten Zorn der Armen.

Mit Gemeinschaft meine ich hier die überschaubaren Solidargemeinschaften, die Familien, Nachbarschaften, Genossenschaften, aber auch den Sozialstaat. Der moderne Sozialstaat überträgt Eigentumsfunktionen wie Daseinssicherung und Lebensvorsorge auf Ansprüche an das Gemeineigentum in Krankenversicherungen, Sozialversicherungen und Rentenversicherungen, wie es im 19. Jahrhundert in Deutschland Bismarck mit den Sozialversicherungen begonnen hatte. Der ausgebaute Sozialstaat ist die demokratische Antwort auf die »Schere zwischen arm und reich«. In einem Sozialstaat kann jeder auch ohne Privateigentum überleben.

The »Global Commons«

In kapitalistischen Gesellschaften gibt es überall ein Missverhältnis zwischen Privateigentum und Gemeineigentum. Gemeineigentum wird privatisiert und das Privateigentum wird besser geschützt als das Gemeineigentum. Es gibt aber grundlegendes Gemeineigentum, das nicht privatisiert werden darf, weil es jedem Menschen gehört. Das sind die »Global Commons«[7]. Ich nenne einige:
- die Luft, die wir atmen,
- das Wasser, das wir trinken,
- der Boden, auf dem wir gehen,
- das Licht, das uns leuchtet,
- das Wissen, das uns klug macht,
- die Sicherheit, die uns leben lässt.

Diese »Global Commons« müssen heute zusammen mit den Menschenrechten geschützt werden, denn ohne sie gibt es kein menschliches Leben. Sie müssen notfalls vor Menschenrechtsgerichtshöfen eingeklagt werden. Jeder

---

6 | Vgl. Richard Wilkinson/Kate Pickett, Gleichheit ist Glück. Warum gerechte Gesellschaften für alle besser sind, Berlin 2009, 65–80.
7 | Jeremy Rifkin, Biosphere Politics. A Cultural Odyssey from the Middle Ages to the New Age, San Francisco 1991, Part One. Enclosing the Global Commons, 11–152.

Staat ist verpflichtet, diese »Global Commons« allen seinen Bürgern zu garantieren.

Ich nenne ein Beispiel negativer Art:

Ich verdanke es dem katholischen Bischof von Patagonien. Der Diktator Pinochet verkaufte die Wasserrechte in Patagonien an den italienischen Benetton-Konzern. Seitdem hat nicht mehr jeder Chilene freien Zugang zu Wasser. Ein findiger Bürger in Santiago de Chile kam daraufhin auf die großartige Idee, einen Park in der Stadt samt der Luft über dem Park zu kaufen, um nicht nur Eintrittsgeld, sondern auch Atemgeld zu verlangen. Daraus wurde zwar nichts, aber es zeigt die Absurdität der neoliberalen Privatisierungswelle. »Unsere tägliche Luft gib uns heute« müssen wir beten, denn die Verwendung der Luft als Mülllhalde für Industrieabgase ist eine eklatante Verletzung des Menschenrechts auf gesunde Luft und freie Atmung.

Ich nenne ein Beispiel positiver Art:

Durch Internet und Wikipedia wird heute das Wissen der Menschheit universal jedem verfügbar gemacht. Wer sucht, findet das Wissen, das er braucht. Es gibt kaum noch Geheimnisse, auch wenn diktatorische Staaten Internetseiten sperren wollen. Viele Bücher und ganze Bibliotheken werden digitalisiert und stehen jedem kostenlos zur Verfügung. Zwar gibt es dann kein »geistiges Privateigentum« mehr, aber der Reichtum des Geistes wird allen Menschen geöffnet. Ich finde das gut.

Schöpfungsethik ist Sabbatethik

Sabbatethik ist die Ethik der Erneuerung des Lebens und der Lebenskräfte. Die biblische Schöpfungsgeschichte wird im großen Sabbat des Schöpfers vollendet. Durch seine Ruhe am siebten Tag segnet Gott seine Schöpfung mit seiner Präsenz. Vor ihrem Schöpfer werden in diesem Schöpfungsfest alle Geschöpfe gemeinsam lebendig und stellen sich in ihrer Schönheit im Glanz der Herrlichkeit Gottes dar.

Am jüdischen Sabbat und am christlichen Sonntag sollen Menschen und Tiere zur Ruhe kommen. In der Ruhe liegt nicht nur die Kraft, sondern auch die Erneuerung der Energien des Lebens. Für den Menschen ist dieser arbeitsfreie Tag nicht nur der eigenen Wiedergeburt gewidmet, auch die Natur soll an diesem Tag in Ruhe gelassen werden. An diesem Tag sehen Menschen die Natur nicht im Interesse ihrer Arbeit an, sondern erkennen ihre Schönheit als Gottes Schöpfung. Das Interesse am Nutzwert der Natur tritt zurück, man sieht die Natur in ihrem Eigenwert.

Dem wöchentlichen Sabbat folgte nach sieben Jahren das Sabbatjahr. Das ist der »Sabbat der Erde«. Die Erde feiert ihren Gottesdienst. Im siebten Jahr soll das Land brachliegen, um seine fruchtbaren Kräfte zu erneuern. Der jüdische Sabbat war die anerkannte »Religion der Erde«. Fruchtbarkeitsgötter wurden in Israel nicht verehrt, ihnen wurden keine Opfer gebracht, aber die Regeneration der fruchtbaren Kräfte der Erde wurde respektiert, wenn die Erde »Gott ihren großen Sabbat feiert.« Das gebieten die Ehrfurcht und die Vernunft gleichermaßen.

Es wird in Frieden im Land leben, wer den Sabbat der Erde achtet. Wer ihn missachtet und das Land zur Dauerfruchtbarkeit zwingt, wird das Land verlassen müssen, damit sich die Erde erholen kann. Diese biblische Geschichte in Leviticus 25 ist eine Warnung für die Menschheit. Die großen Imperien haben ihre fruchtbaren Provinzen immer ausgebeutet, um ihre Hauptstädte und ihre Armeen zu ernähren, und sie damit zu Wüsten gemacht. Heute wird die Erde durch chemische und genetische Mittel zur Dauerfruchtbarkeit gezwungen. Die Wüsten wachsen. Es wird Zeit, das Recht der Erde auf Zeiten der Regeneration ihrer fruchtbaren Kräfte wieder zu achten. Es ist ausgesprochen dumm, um kurzfristiger Gewinne willen die Lebenskräfte der Erde langfristig zu zerstören.

Die Menschheit wird lernen, entweder durch Einsicht oder durch Katastrophen. Ich bin für das Lernen durch Einsicht, bevor die Katastrophen kommen.

Christina Aus der Au

Achtsames Wahrnehmen
Eine pneumatologische Perspektive auf unsere Wirklichkeit

Seit fast fünfzig Jahren schon ist das menschliche Verhältnis zur Umwelt ein eigenes Thema der Ethik.[1] Unzählige philosophische und theologische Ansätze haben seither versucht, eine Umweltethik zu begründen, indem sie menschliche Pflichten und Handlungsanweisungen der nichtmenschlichen Natur gegenüber auf entsprechende Prinzipien, Rechte oder Werte von nichtmenschlichen Lebewesen oder Systemen zurückzuführen versuchten.

Ausgehend von einem individualistischen Ansatz, wird sich eine Ethik auf individuelle, interesse- oder erlebnisfähige Lebewesen konzentrieren. So formuliert z. B. der amerikanische Philosoph und Tierrechtsaktivist Tom Regan folgende Bedingungen, die eine Umweltethik zwingend erfüllen muss:

»(1) An environmental ethic must hold that there are nonhuman beings which have moral standing. (2) An environmental ethic must hold that the class of those beings which have moral standing includes but is larger than the class of conscious beings – that is, all conscious beings and some nonconscious beings must be held to have moral standing.«[2]

Der amerikanische Wirtschaftsethiker Kenneth Goodpaster dagegen hält fest:

»I am convinced that the more enlargement of the class of morally considerable beings is an inadequate substitute for a genuine environmental ethic.«[3]

Im Gegensatz dazu geht eine holistische Ethik von der Integrität systemischer Ganzheiten aus. Es gibt dann Situationen, in denen beide gegensätzliche Positionen vertreten, so z. B. in Australien, wo Wildpferde, Kaninchen und Hauskatzen die einheimische Fauna und Flora bedrohen. Holisten votie-

---

1| Einen Markstein bildet dabei der Bericht von Donatella und Dennis L. Meadows, »Die Grenzen des Wachstums« von 1972. Der vom Club of Rome herausgegebene Bericht beschreibt eindringlich die Mathematik des exponentiellen Wachstums und kommt zum Schluss, dass mit der damaligen Zunahme der Weltbevölkerung, der Industrialisierung, der Umweltverschmutzung, der Nahrungsmittelproduktion und der Ausbeutung von natürlichen Rohstoffen die absoluten Wachstumsgrenzen auf der Erde im Laufe der nächsten hundert Jahre erreicht würden. Obschon aus rein anthropozentrischer Sichtweise formuliert, trug dieser Bericht zu einer deutlich intensiveren und fundamentaleren Auseinandersetzung mit der menschlichen Verantwortung für die nicht menschliche Natur bei.
2| Tom Regan, The Nature and Possibility of an Environmental Ethic, in: Environmental Ethics 3 (1981) 19–34, hier 19.
3| Kenneth E. Goodpaster, From Egoism to Environmentalism, in: Kenneth E. Goodpaster/Kenneth M. Sayre (Hg.), Ethics and Problems of the 21st Century, Notre Dame 1979, 21–35, hier 29.

ren für den Abschuss der tierischen Eindringlinge, während Individualistinnen die Interessen dieser komplexen Säugetiere höher werten als die einfacher Pflanzen und Tiere.[4]

Ich möchte hier bewusst nicht Partei ergreifen, sondern einen grundsätzlich anderen Ansatz für eine Umweltethik vorschlagen, der nicht nur dieses Dilemma vermeidet, sondern auch dem konkreten, lebensweltlichen Umgang des Menschen mit seiner Um- und Mitwelt gerechter wird. Es ist eine Ethik, die nicht ein bestimmtes *Handeln* zu *begründen* sucht, sondern ein bestimmtes *Sein,* genauer ein bestimmtes *Bezogen*sein zu *rechtfertigen* sucht. Dazu gehe ich bewusst nicht von Prinzipien und Normen aus, sondern von der Erfahrung, die sowohl dem Handeln als auch dem umweltethischen Denken zugrundeliegt, nämlich dem unmittelbaren Ergriffensein des Menschen in der Begegnung mit der Natur. Diese Unmittelbarkeit hat aber nicht das letzte Wort; sie ist für sich genommen noch nicht moralisch qualifiziert. Die Aufgabe der Ethik besteht dann einerseits darin, diese intuitiven Äußerungen des Selbst in ihrer Genese zu erhellen und andererseits darin, sie vor dem Hintergrund allgemein akzeptierter Normen und Werte zu diskutieren.

Dadurch wird das traditionelle Ethikverständnis nicht ersetzt, wohl aber ergänzt. Gerade im Bereich der Umweltethik sind nämlich viele unserer Verhaltensweisen keine Handlungen, die wir um ihrer Gründe willen tun.[5] Die meisten davon sind gar nicht explizit beabsichtigt, sie sind Nebeneffekte, Gewohnheiten, spontane und intuitive Reaktionen auf Gesehenes, Gehörtes, Gelesenes. Unsere Mobilitäts- oder Ernährungsgewohnheiten und auch unsere Art des Wohnens, Heizens und Kleidens sind selten explizit moralisch begründet, sondern sind häufig intuitive Äußerungen unseres Selbstverständnisses. Erst wenn uns bestimmte Gegebenheiten wieder explizit bewusst gemacht werden, die Luftverschmutzung durch den Flugverkehr, die Tierfabriken, die Abholzung der Regenwälder oder die Kinderarbeit in Billiglohnländern, realisieren wir die moralische Relevanz unserer Gewohnheiten.

Hinter solchem Gewohnheitshandeln steht eine konkrete Perspektive, eine bestimmte Art der Wahrnehmung. Wir reagieren intuitiv, als diejenigen, die wir sind, und auf die Umwelt, so wie wir sie wahrnehmen. Eine Umweltethik, welche diese Ausgangslage ernst nimmt, wird sich zunächst auf diese Perspektive konzentrieren müssen. Wie muss eine Umweltethik beschaffen sein, damit wir als Menschen die Natur, Tiere und Pflanzen so wahrnehmen,

---

4 | Vgl. dazu den Bericht von Herbert Cerutti, Von Tieren – unerwünschte Gäste, in: NZZ-Folio 8/95 online auf: www.nzzfolio.ch/www/d8obd71b-b264-4db4-afd0-277884b93470/showarticle/ 8c356789-5e17-49e2-a369-fedaacoc3d20.aspx, [Zugriff: 15. Juli 2012].
5 | Zur Rolle von Gründen in der Ethik vgl. Johannes Fischer, Über moralische und andere Gründe. In: Zeitschrift für Theologie und Kirche, 95,1 (1998) 118–157.

dass wir in der Begegnung mit ihr berührt werden und zu achtsamem und respektvollem Umgang geneigt sind?

Zwei Zitate aus ganz unterschiedlichen umweltethischen Ansätzen mögen die Relevanz der Art der Wahrnehmung für das umweltethische Handeln deutlich machen:

»Wahrhaft ethisch ist der Mensch nur, wenn er der Nötigung gehorcht, allem Leben, dem er beistehen kann, zu helfen, und sich scheut, irgend etwas Lebendigem Schaden zu tun. Das Leben als solches ist ihm heilig. Er reißt kein Blatt vom Baume ab, bricht keine Blume und hat acht, daß er kein Insekt zertritt. Wenn er im Sommer nachts bei der Lampe arbeitet, hält er lieber das Fenster geschlossen und atmet dumpfe Luft, als daß er Insekt um Insekt mit versengten Flügeln auf seinen Tisch fallen sieht. Geht er nach dem Regen auf die Straße und erblickt den Regenwurm, der sich darauf verirrt hat, so bedenkt er, daß er in der Sonne vertrocknen muß, wenn er nicht rechtzeitig auf die Erde kommt, in der er sich verkriechen kann und befördert ihn von dem todbringenden Steinigen hinunter ins Gras. Kommt er an einem Insekt vorbei, das in einen Tümpel gefallen ist, so nimmt er sich die Zeit, ihm ein Blatt oder einen Halm zur Rettung hinzuhalten.«[6]
»We reached the wolf in time to watch a fierce green fire dying in her eyes. I realized then, and have known ever since, that there was something new to me in those eyes – something known only to her and to the mountain. I was young then, and full of trigger-itch; I thought that because fewer wolves meant more deer, that no wolves would mean hunters paradise. But after seeing the green fire die, I sensed that neither the wolf nor the mountain agreed with such a view.«[7]

Albert Schweitzers »ethischer Mensch« *sieht* die Insekten mit den versengten Flügeln und *erblickt* den vertrocknenden Regenwurm, so wie Aldo Leopold das wilde grüne Feuer in den Augen der Wölfin *sieht*. Sowohl Schweitzers (individualistische) »Ehrfurcht vor dem Leben« als auch Leopolds (holistische) »View of a Mountain« implizieren eine achtsame Wahrnehmung, bei der sich das Subjekt – vor aller Auseinandersetzung mit ethischen Prinzipien – anrühren und zu einem veränderten Handeln bewegen lässt.

Dieses persönliche Erleben soll hier als legitimes, ja fundamentales Element einer Umweltethik ernst genommen werden. Achtsamkeit ist eine behutsame Aufmerksamkeit für das »Andere« in seinem Sein und Fühlen, ein interessiertes und liebevolles Erfassen dessen, was es ist und was es sein könnte. Diese Wahrnehmung gilt zudem nicht einem isolierten Gegenstand oder Lebewesen, sondern es ist die Wahrnehmung des Anderen im gesamten Erlebniskontext des Wahrnehmens.

Diese Achtsamkeit ist zunächst nichts weiter als eine unreflektierte Gerichtetheit, die – will sie zu einer *ethischen* Urteilsbildung beitragen – auf ihre

---

6 | Albert Schweitzer, Kultur und Ethik. Gesammelte Werke in fünf Bänden, Zürich (Ex Libris) o.J., 378f.
7 | Aldo Leopold, A Sand County Almanac. And Sketches Here and There, New York 1949, 130.

Leitorientierung hin befragt werden muss. Sie ist lediglich *eine* Art und Weise, auf die Begegnung mit nicht-menschlicher Natur zu reagieren. Was aber qualifiziert diese eine Art, die Achtsamkeit, vor allen anderen als die eine Weise, in der man Natur wahrnehmen *soll*?

Die Kirche hat sich in der Vergangenheit nicht durch eine besondere Sensibilität der Umwelt gegenüber ausgezeichnet. Dem Christentum wurde geradezu vorgeworfen, den Nährboden für unsere ausbeuterische und naturfeindliche Lebens- und Denkweise bereitet zu haben.[8] Ich möchte dagegen argumentieren, dass eine Ausgerichtetheit durch den Geist Gottes, welcher vor allem auch in der reformatorischen Tradition die christliche Existenz prägt, die Grundlage einer Umweltethik darstellen kann. Diese ist dann nahe verwandt mit jener Umweltethik, die in den Zitaten von Albert Schweitzer und Aldo Leopold anklingt. Und ich glaube, dass dies das Eigentliche einer jeden christlichen Umweltethik darstellt.

Die Geschichten des Alten und Neuen Testaments, durch die sich der Geist Gottes vermittelt, handeln zwar selten explizit von der nicht-menschlichen Umwelt, dafür umso häufiger von der Liebe. Im Wirken der Liebe manifestiert sich der Geist. Wenn wir uns von diesem Geist bestimmen lassen, wird unser Selbst verwandelt, unsere Wahrnehmung befreit von der Bestimmtheit durch das eigene Ich und dessen Vergangenheit und dadurch offen für die Bedürftigkeit des Anderen.

Eine Umweltethik der Achtsamkeit

Eine solche Art der Wahrnehmung möchte ich »Achtsamkeit« nennen. Sie ist interessiert, weil sie offen ist für den Detailreichtum der Situation. Sie ist liebevoll insofern, als sie nicht die eigene Befindlichkeit über alles stellt, sondern offen ist für die konkrete Andersheit des Anderen. Und sie ist hoffnungsvoll, weil sie sich von der christlichen Hoffnung auf Heilung und Vollendung bestimmen lässt.

Dies kommt auf drei Ebenen zum Tragen:
- in der interessierten Wahrnehmung dessen, was ist,
- in der liebenden Wahrnehmung dessen, was nottut
- und in der hoffenden Wahrnehmung dessen, was sein könnte.

---

8 | Vgl. Lynn White, The Historical Roots of Our Ecologic Crisis, in: Science 1967/155 (3767), 1203–1207. Dies ist natürlich von theologischer Seite zu Recht nicht unwidersprochen geblieben; vgl. dazu z. B. Jürgen Moltmann, Gott in der Schöpfung. Ökologische Schöpfungslehre, München 1985.

Die interessierte Wahrnehmung dessen, was ist

Achtsame Wahrnehmung bedeutet zunächst einmal eine möglichst feinkörnige und differenzierte Aufmerksamkeit für die Welt, wie sie sich mir darbietet. Einfach einmal hinschauen und dabei weitgehend frei werden von der Gefangenschaft des eigenen Ichs, losgelöst vom beständigen Bezug auf sich selbst. In dieser Perspektive geht es nicht um eine Vereinnahmung oder einen *persönlichen* Nutzen,[9] sondern um die Offenheit für das, was *ist*.[10] Das bedeutet, diese Wahrnehmung ist interessiert am Anderen als Anderen. Durch diese differenzierte Wahrnehmung, in der keine Ausblendung oder Vereinnahmung geschieht, öffnet sich das wahrnehmende Subjekt für die Herausforderung durch das Andere in seinem eigenen Werdeprozess. Das Andere wird eingelassen in den Erfahrungshorizont des Selbst, prägt dieses durch die Auseinandersetzung mit ihm und bereichert es damit um einen Aspekt, den es ohne diese Erfahrung nicht gäbe.

Eine auf Wahrnehmung gegründete Umweltethik bedeutet demnach, dass moralische Sensibilität auf das interessierte und differenzierte Wahrnehmen angewiesen ist. Umweltethik hat mit Kennen und Wissen zu tun, und damit auch mit Umweltwissenschaft. Nicht, weil diese Argumente für die Umweltethik liefern könnte,[11] sondern weil sie Aufschluss darüber gibt, was allererst *ist*. Der bereits erwähnte amerikanische Landethiker Aldo Leopold, der seine Tiere, Pflanzen und Felder kennt, betont nicht als Einziger die Wichtigkeit der Wahrnehmung. Auch der norwegische Ökophilosoph Arne Naess erlebt seine Sommer in seiner Hütte Tvergastein in den norwegischen Bergen, nach der er seine Umweltethik »Ökosophie T« benennt.[12] Der Schweizerische Naturschutzbund »Pro Natura« bietet Projekte an, in denen Kinder dazu angeleitet werden, die Tier- und Blumenarten auf ihrem Schulweg kennenzulernen, ihre »Lieblinge« aufzuzeichnen und ihren Eltern und Lehrerinnen davon zu erzählen.[13] Aufmerksames Wahrnehmen heißt, die Natur

---

9 | Es ist natürlich nicht möglich, die Perspektivität der eigenen subjektiven Wahrnehmung vollständig zu verlieren. Aber ich kann eine engere oder eine weitere Perspektive einnehmen; eine, die ausblendet, was nicht hineinpasst oder eine, die auch sensibel für Spannungen ist und die Kontraste sucht.

10 | Hier soll kein naiver, sondern ein phänomenologischer Realismus vertreten werden, der gerade im Wissen um die unhintergehbare Einklammerung durch unser Bewusstsein die Dinge selbst zum Sprechen bringen will.

11 | In der Lehrveranstaltung über Umweltethik am Institut für Umweltwissenschaften haben wir jeweils am Anfang die Frage gestellt: Was erwartet ihr von diesem Kurs? Und immer erhofften sich Studierende, dass sie umweltethische Argumente zu begründen oder zu verteidigen lernen würden.

12 | Vgl. Arne Naess, Ecology, Community and Lifestyle. Outline of an Ecosophy, Cambridge 1989.

13 | Vgl. Petra Lindemann-Matthies, Children's Perception of Biodiversity in Everyday Life and their Preferences for Species, Dissertation an der Mathematisch-Naturwissenschaftlichen Fakultät, Zürich 1999.

kennenzulernen – nicht nur als abstraktes Etwas, sondern in ihrer Vielfalt, ihren Funktionsweisen und ihren Zusammenhängen. Dies schließt die Bereitschaft ein, etwas über Landschaften, Tiere und Pflanzen wissen zu wollen, sich mit ihnen auseinanderzusetzen und sie sich vertraut zu machen. Es bedeutet hinzusehen und dabei von sich selbst abzusehen, sich für das Andere als Anderes zu interessieren.

Die Natur zu »kennen«, bedeutet aber nicht nur Schulbuchwissen, sondern zielt darauf ab, eine Beziehung zu haben, in der man auch einen Zugang zur Natur in dieser konkreten Form hat. Eine Gärtnerin, die ihre Pflanzen kennt, sieht sofort, wenn sie zu wenig Dünger haben, gegossen werden müssen oder von einer Krankheit befallen sind. Ebenso spürt auch ein aufmerksamer Hundebesitzer, in welcher Stimmung sich sein Hund befindet. McDaniel nennt dies »a certain intuitive sensitivity: an inward openness to fellow creatures«[14] und wirbt für eine christliche Spiritualität, welche nicht-menschliche Lebewesen in einer Weise erfasst und »erfühlt«, wie es Gott tut: »that is, with openness to what they are in and for themselves, and with love.«[15]

In diesem Sinne ist das genaue Hinsehen auch in den Evangelien ein durchgängiges Thema. Jesus sieht hin, als er durch Jericho zieht und sieht dadurch nicht nur die Massen, welche die Strassen säumen, um ihn zu sehen, sondern er sieht auch den kleinen Oberzöllner Zachäus auf dem Baum sitzen.[16] Der barmherzige Samariter sieht den Verwundeten am Strassenrand, und es jammert ihn.[17] Und als Jesus am Kreuz hängt, sieht und hört er die Verbrecher, die links und rechts von ihm sterben.[18] Achtsames Wahrnehmen meint nicht nur das nüchterne Konstatieren des Faktischen, sondern auch eine Offenheit für die Verfasstheit dessen, was wahrgenommen wird: für die Sehnsucht des Zachäus nach Gemeinschaft oder für die Not und Angst des Verbrechers.

Diese Offenheit gilt auch für die Wahrnehmung der nicht-menschlichen Umwelt. Die Nobelpreisträgerin Barbara McClintock, die mit Mais gearbeitet hat, erzählt:

»Man sollte seine Pflanzen so gut kennen, dass man bei irgendeiner Veränderung nur die Pflanze anzuschauen braucht, um sogleich zu wissen, was den beobachteten Schaden verursacht hat (...) Bei mir stellt sich das Gefühl, die Pflanze wirklich zu kennen, erst dann ein, wenn ich sie die ganze Zeit über beobachtet habe. Deshalb kenne ich jede ein-

---

14 | Jay McDaniel, Christian Spirituality as Openness to Fellow Creatures, in: Environmental Ethics 8 (1986) 33–46, hier 33.
15 | Ebd., 46.
16 | Vgl. Lk 19,1–10.
17 | Vgl. Lk 10,25–37.
18 | Vgl. Lk 23,38–42.

zelne Maispflanze auf meinem Feld. Wir sind wie enge Bekannte, und dieses Gefühl der Intimität schätze ich sehr.«[19]

So hat sie ein »Gespür für das Leben«[20] entwickelt, das gespeist wird von »jene[r] Form der Sehnsucht (...), die, vom Verstand und von der Intuition geleitet, die Welt, so wie sie ist, lieben will.«[21]

Eine achtsame Wahrnehmung erfasst nicht nur die *objektiven Tatsachen*, wie sie beispielsweise ein außerirdischer Beobachter konstatieren würde, der nichts von Tieren, Pflanzen oder ökosystemischen Zusammenhängen weiß. Sie ist auch offen für deren *Gestimmtheit*. Diese Offenheit geht über das bloße Verstandeswissen hinaus. McClintock formuliert in einem besonders anschaulichen Bild: »Jedesmal, wenn ich über das Gras laufe, tut es mir in der Seele weh, weil ich genau weiss, dass mich das Gras geradezu anschreit.«[22]

Wenn ich einen Vogel, der sich in meine Wohnung verirrt hat, mühevoll wieder zum offenen Fenster gelockt habe und dann sehe, wie er davonfliegt – bin ich dann nicht selbst froh und befreit? Und dies nicht nur, weil ein Vogel in meiner Wohnung – und gar ein toter Vogel – lästig ist, sondern weil ich beim Nachblicken in seine Freiheit mitfühlen kann. Es ist auch nicht nur, weil ich mich mit dem Leiden von Vögeln identifizieren kann. Ich tue es nicht, um dem Leiden ein Ende zu bereiten, ich tue es überhaupt nicht »um ... zu«, sondern meine Wahrnehmung ist sensibel für die Verfasstheit des Gegenübers. Natürlich werde ich im Nachhinein sagen, ich habe es getan, um den Vogel zu befreien. Aber im Moment des Erlebens und Tuns hat meine Wahrnehmung keine »um ... zu«-Struktur, kausale und lineare Zusammenhänge werden in diesem Moment nicht wahrgenommen, Sehen, Erfasstwerden und intuitives Tun fallen in eines zusammen. Ich bin als Erlebende hineingenommen in eine Szene,[23] bei der ich erst im Rückblick als Beobachterin meine Handlung als eine zweckgerichtete isolieren und beschreiben kann.

So beinhaltet die interessierte Wahrnehmung nicht nur die analytische Betrachtung des »Dings« mit seinen Eigenschaften, sondern sie beginnt damit, dass sie sich hineinnehmen lässt in die Erfahrung einer Begegnung, welche sowohl unser Selbst als auch das Selbst des uns begegnenden Objekts umfasst.

---

19 | Evelyn Fox Keller/Barbara McClintock, Entdeckerin der springenden Gene, Basel 1995, 201f.
20 | Im Original: »a feeling for the organism«.
21 | Keller, Barbara McClintock, 202.
22 | Keller, Barbara McClintock, 204.
23 | Zum Begriff der Szene vgl. Johannes Fischer, Sittliche Intuitionen und reflektives Gleichgewicht, in: ZEE 44 (2000), 247–268, 251.

Die liebende Wahrnehmung dessen, was nottut

Diese achtsame Offenheit für die Verschiedenartigkeit und die Befindlichkeit von Menschen und nicht-menschlicher Natur betrifft deshalb als zweites unsere Intuitionen. In der Konfrontation mit einer Situation nehmen wir intuitiv deren emotionale Ausrichtung wahr und werden dadurch zum Handeln provoziert. Wir sehen ein Pferd, das geschlagen wird, eine Pflanze, die die Blätter hängen lässt oder einen Bach, der seine Mäander durch eine Wiese legt. Wir werden intuitiv angerührt vom Leiden des Pferdes, dem Wassermangel der Pflanze und den Windungen des Baches. Und wir reagieren darauf: Wir empören uns, greifen zur Gießkanne oder freuen uns am Anblick des Wassers. Die Handlung beginnt allerdings nicht erst dort, wo wir auch tatsächlich etwas *tun*, sondern umfasst die ganze Art und Weise, wie ich von der Welt erfasst werde und darauf reagiere.

In der biblischen Geschichte vom Barmherzigen Samariter ist es nicht nur der Samariter, der handelt. Auch der Priester und der Levit schauen hin, sehen den Verwundeten und handeln: Sie gehen vorüber. Sie sehen ihn allerdings nicht als Verwundeten, der dringend ihrer Hilfe bedarf, sondern als Ärgernis, als Störenfried ihrer Routine, als Bedrohung ihrer Reinheit. Ihre Wahrnehmung ist nicht offen für das, was ihm nottut, sondern sie nehmen ihn als etwas wahr, was ihnen nützen bzw. schaden könnte. Sie sind gefangen in sich selbst, nämlich in ihrem Pflichtgefühl und ihrer Rechtschaffenheit.

Wahrnehmen und zum Handeln bewegt werden, sind eines. *Wie* wir handeln, hängt allerdings davon ab, *aus welcher Perspektive* (und das heißt hier: in welchem Geist) wir wahrnehmen und uns davon bewegen lassen. Wir können dies sehr grobkörnig tun, dasjenige ausblenden, was uns zu sehr »an die Nieren« geht. Damit wird unsere Fähigkeit beschnitten, diese Wahrnehmungen in unsere Verfassung hier und jetzt zu integrieren. Wirklich hinzuschauen, wenn im Fernsehen ein Bericht über Tierfabriken und Tiertransporte gezeigt wird, könnte bedeuten, dass die eigenen Ernährungsgewohnheiten (zu einem Stück weit das eigene Ego) geändert werden müssten. So belässt man es lieber bei einem »ach, wie schrecklich«, und schaltet auf einen anderen Kanal um.

In beiden Fällen wird allerdings nicht *aus moralischen Gründen* gehandelt. Ob ich mir vornehme zur konsequenten Vegetarierin zu werden oder ob ich weiterzappe, liegt im Moment des Handelns nicht direkt in bestimmten Normen und Werten begründet.[24] Vielleicht habe ich mir vorher noch gar nie ent-

---

24 | Indirekt hat die Entscheidung für das eine oder andere natürlich sehr wohl damit zu tun. Meine Eltern haben mir Normen und Werte vermittelt oder ich habe mir im Laufe meines Lebens selbst Prinzipien angeeignet, die mich – und damit meine Wahrnehmung hier und jetzt – prägen. Davon hängt dann auch ab, ob ich ein Pferd überhaupt als Mitlebewesen wahrnehme oder nur instrumentell als Arbeitsgerät einschätze.

sprechende Gedanken gemacht und habe also noch gar keine diesbezüglichen Theorien. Ich reagiere intuitiv, lasse mich davon betreffen und verändern oder blende aus. Aber ich werde nicht angerührt, *weil* ich überzeugt bin, dass Tiere ein Recht auf Leidensfreiheit haben oder Pflanzen und Ökosysteme einen intrinsischen Wert. Ich kann Holistin sein oder eine überzeugte Anthropozentrikerin, ja mein intuitives Handeln kann mir im Nachhinein sogar ein wenig peinlich sein, wenn ich dabei ertappt werde, wie ich, hin- und hergerissen zwischen Angst und Ekel, mit einem Ästchen eine Kröte die Gartenmauer entlang geleite, bis sie auf die offene Wiese gelangen kann.

Ich handle also spontan und kann die Gründe erst im Nachhinein nachliefern. Dies geschieht allerdings auch nicht aus einem Gefühl heraus. Der *Geist* der Liebe ist nicht auf *Gefühle* angewiesen. Der ursprüngliche Impuls einer Frau, die schreckliche Angst vor Spinnen hat, mag angesichts einer Spinne sein: »Iihh, brrrr, weg damit!« Ihre Gefühle gründen nicht in Liebe, sondern in Ekel und Abstoßung. Achtsame Wahrnehmung im *Geist* der Liebe bedeutet nicht, dass man Spinnen lieben muss. Statt sie zu töten, befördert die Frau diese dann vielleicht behutsam zum Fenster hinaus. Oder sie lässt ihnen eine Ecke in der Stube – nicht weil sie überzeugt ist, dass Spinnen ein Recht auf Leben haben, sondern weil sie sich in ihrer Wahrnehmung vom Geist der Liebe leiten lässt und es nicht übers Herz bringt, diese zu töten.

Hier drängt sich natürlich die Frage auf: Was ist mit Fliegen? Mit Mücken? Hört irgendwo der Geist der Liebe auf? Nein, aber genauso wenig lässt sich allgemeinverbindlich sagen, was man nun weshalb töten darf und was nicht. Damit wären wir ja wieder bei einer Prinzipienethik. Es geht um eine szenische Wahrnehmung des Tiers (eines *jeden* Tiers und jedes natürlichen Objekts[25]) als etwas, das mich ergreift und hineinnimmt in einen Erlebniszusammenhang, der von Achtsamkeit und Liebe geleitet ist. Und das führt nicht zu Handlungsanweisungen, sondern zu einer Verwandlung des Seins. Schweitzers Ausführungen über den »wahrhaft ethischen Menschen« werden in einer Ethik der Achtsamkeit nicht als Imperative gelesen, sondern als Indikative. »Er reißt kein Blatt vom Baume ab, bricht keine Blume und hat acht, dass er kein Insekt zertritt.«[26]

Hier heißt es nicht: So soll er *handeln*! Sondern: So wird er *sein*. So ist der Mensch, dessen achtsame Wahrnehmung auch Insekten miteinschließt und dessen Intuition offen ist für die Gerichtetheit eines versengten Insekts oder eines vertrocknenden Regenwurms. Auch hier gründet mein Eingreifen nicht

---

25 | Es muss hier offengelassen werden, ob das für unsere Beziehung zu von Menschen hergestellten Objekten auch gelten kann.
26 | Schweizer, Kultur und Ethik, 378.

darin, dass Tiere leidensfähig sind und es meine moralische Pflicht ist, das Leiden in der Welt zu minimieren. Vielleicht haben Insekten nicht einmal die physiologische Ausstattung, dass sie so etwas wie Schmerz empfinden könnten. Aber die Gerichtetheit einer Szene, in der zuckende Insektenkörper auf meinem Schreibtisch liegen, ist dergestalt, dass sie mich zum Eingreifen bewegt. Natürlich kann mir das auch gleichgültig sein. Oder ich ärgere mich über den Geruch, der dabei entsteht. Aber das ist dann nicht achtsame Wahrnehmung, sondern mein »fat, relentless ego«[27], das mir im Wege steht.

Ich habe die Brille meines dicken Ichs auf der Nase und nehme meine Umwelt nur insofern wahr, als sie mir nützen oder schaden kann.

Die hoffende Wahrnehmung dessen, was sein könnte

Die Gerichtetheit einer Szene kann sich auch umkehren, z.B. wenn Tiere *unsere* Gerichtetheit wahrnehmen und darauf reagieren. Vicki Hearne beschreibt dies sehr anschaulich, wenn sie über »natural bitees« schreibt, Menschen, die »natürlicherweise« immer von Hunden gebissen werden:

»Natural bitees are people whose approaches to dogs (and perhaps to people as well) are contaminated by epistemology (...) And dogs read this with the same uneasiness we feel when we walk into a room and find that our spouse, or a friend, has plainly been sitting around inferring something about us – welcome has been withheld. This creates in dogs and people an answering scepticism, an answering terror.«[28]

Hunde können ihre Intuitionen nicht hinterfragen. Sie sind sozusagen »hart verdrahtet« mit ihrem Charakter und den erlebten Schlüsselszenarien. Ihre Art und Weise der Wahrnehmung ist bestimmt von ihrer biologischen Vergangenheit und den Instinkten, die sich daraus gebildet haben.

Aber wir können uns von einem anderen Geist bestimmen lassen. Wir können ein »verweigertes Willkommen«, eine ablehnende Gerichtetheit mit Freundlichkeit, nicht mit Misstrauen zu durchbrechen suchen. Wir können siebenundsiebzigmal vergeben und Böses mit Gutem vergelten.[29] Der Heilige Geist befreit uns von der Bestimmtheit durch die Schlüsselszenarien unserer Vergangenheit.[30] Wir sind offen für neue achtsame Möglichkeiten, auch die Situation wahrzunehmen, die nicht von unserem Erlebnishorizont beeinflusst sind, sondern von der Individualität dessen, was mir hier begegnet.

---

27 | Iris Murdoch, The Souvereignity of Good over Other Concepts, London 1991, 52.
28 | Vicky Hearne, Adam's Task. Calling Animals by Name, New York 1987, 60.
29 | Vgl. Röm 12,17.
30 | Ronald de Sousa vertritt die meiner Meinung nach sehr einleuchtende These, dass Gefühle von Kindern in Schlüsselszenarien (»paradigm scenarios«) erlernt werden. Vgl. Ronald de Sousa, The Rationality of Emotion, Cambridge 1987.

Und dies umfasst nicht nur seine Wirklichkeit, sondern auch seine Möglichkeiten.

Ebenso wenig wie *wir* bestimmt sind durch unsere Vergangenheit, nehmen wir nämlich unser Gegenüber als von der Vergangenheit bestimmt wahr. Wir sehen nicht nur, was sie *ist*, sondern auch, was sie *sein könnte*. Das ist die prophetische Funktion des Geistes, der das Gegenüber so sieht, wie er in seiner Ganzheit und Vollendung sein könnte, der es aber auch in seiner davon abweichenden irdischen Verfasstheit sieht.[31] Auch in diesen Wahrnehmungen reagiert die Intuition affektiv: Im Alten Testament wehklagen die Propheten über die Sünde des Volkes und freuen sich über den Segen. Aber wenn im Buch Jesaja »die sündige Nation, das schuldbeladene Volk, die Brut von Bösewichten und die missratenen Kinder«[32] beklagt werden, so ist diese Wehklage getragen vom Gedanken, dass Gott eigentlich mit seinem Volk andere Pläne hat: die Herrschaft des Friedens, der Gerechtigkeit und der Erkenntnis des Herrn.[33]

So empfinden auch wir die Differenz zwischen Sein und Seinkönnen besonders schmerzlich; jemand ist traurig beim Anblick eines stinkendes Baches, eines Stück gerodeten Regenwaldes, eines im engen Zookäfig eingesperrten Raubtieres.[34] Auch hier besinnt man sich nicht erst auf ein Prinzip der Integrität, woraus nachher geschlossen würde, dass dies moralisch falsch ist. Wir können nachträglich ökologische und ethologische Gründe anführen, aber in erster Linie macht der Anblick einfach traurig. Es ist auch keine anthropomorphe Übertragung, wenn man dem Bach ein Bedürfnis nach Gesundheit, dem Wald ein Recht auf Integrität und dem Panther eine Sehnsucht nach Freiheit zuschreibt. Es ist die Wahrnehmung des Status quo zusammen mit der Vision (oder der Erinnerung), dass es anders sein könnte.[35]

Oft ist es aber auch nicht so einfach. Was ist mit Situationen, in denen verschiedene Menschen nicht nur verschiedene, sondern sich widersprechende Intuitionen haben? Wo liegt die achtsame Wahrnehmung, wenn eine eingewanderte Hirschpopulation eine seltene Wildblume bedroht und wo, wenn

---

31 | Für den Menschen heißt das natürlich auch, ein gleichermaßen Gerechtfertigter und immer auch noch Sünder zu sein.
32 | Vgl. Jes 9,2–7; 11,1–10.
33 | Vgl. Jes 1,4.
34 | Ein ergreifender Ausdruck dieses Schmerzes ist z. B. Rilkes Gedicht »Der Panther«.
35 | Dies ist kein Rückfall in die verklärende Sicht der Romantik. Es stimmt zwar, dass sich die Menschen im Mittelalter nicht nach Wildnis sehnten, sondern nach Sicherheit und genügend Nahrung – und das beinhaltete Waldrodung und Städte. In einer Zeit, in der alles durch den Zugriff des Menschen gezeichnet ist, sehnen sich aber heute viele Menschen nach Unberührtheit und nicht instrumentalisierter Natur. Dies bedeutet – wenn es denn reflektiert wird – keinen Rückschritt, sondern einen Schritt nach vorn; nicht zu feindlichem Verhältnis zur Natur, sondern zu einem neuen, friedlichen, freundschaftlichen Verhältnis zu einer Mitwelt (vgl. dazu z. B. Klaus Meyer-Abich, Aufstand für die Natur. Von der Umwelt zur Mitwelt, München 1990).

man dem abgeholzten Regenwald die auf fruchtbares Land angewiesenen Bauern und dem Panther die Zoobesucherinnen gegenüberstellt?

Hier ist es nicht einfach damit getan, dass man auf die menschliche Fähigkeit zu mehr Intensität verweist (oder auf diejenige des Hirsches gegenüber der Blume). Wir haben nur die Wahrnehmung, an welcher die Orientierung ansetzen kann und sonst nichts. Als hoffende Wahrnehmung enthält sie aber auch die Wahrnehmung der Möglichkeiten. Ich finde mich nicht damit ab, wie es jetzt *ist*, sondern ich sehe, wie es sein *könnte*. Und das beinhaltet, dass ich mich aus der Ergriffenheit meiner Wahrnehmung heraus dafür kreativ einsetze, dass es tatsächlich anders *wird*.

Henri Dunant hört in der Schlacht von Solferino 1859 das Stöhnen der verletzten Soldaten und sieht die blutenden Wunden. Das veranlasst ihn dazu, sich nach seiner Rückkehr mit aller Kraft dafür einzusetzen, dass hier Linderung geschehen kann. Ursprünglich kommt er nicht mit menschenfreundlichen, sondern mit geschäftlichen Absichten nach Solferino. Als er in die Schlacht zwischen Österreichern und Franzosen/Italienern um die Lombardei gerät, wird er so ergriffen von dem, was er sieht, dass er seinen Abscheu vor dem geronnenen Blut, vor den unbeschreiblichen Wunden, vor den Schreien der Gequälten überwindet und bis zum eigenen Zusammenbruch hilft. Aber er lässt es nicht dabei bewenden. Er findet sich nicht damit ab, dass Kriege immer Leiden mit sich bringen, sondern er schreibt seine »Erinnerung an Solferino«, welche in einem Appell an die Staatsleute gipfelt, dass, wenn schon Kriege geführt werden, dann wenigstens ein Abkommen getroffen werden sollte, das die Leiden der Verwundeten und Kriegsgefangenen mildert.[36]

Achtsame Wahrnehmung ist offen für die Verfasstheit und die Möglichkeiten aller Beteiligten. Die Menschen bilden zusammen mit ihrer Landschaft auch eine Einheit, eine Bioregion, die eine evolutionäre und eine kulturelle Geschichte teilt. Achtsamkeit kann heißen, dieser gewachsenen Bioregion Sorge tragen zu wollen und deswegen den »Eindringling Hirsch« behutsam zu entfernen. Es kann dann auch heißen, zusammen nach einer kreativen Transformation des Vorhandenen zu suchen. Wie können einheimische Bauern ihr Land so bewirtschaften, dass sie nicht jedes Jahr neuen Wald für unverbrauchten Boden roden müssen? Oder man kann Kompromisse erarbeiten. Viele Zoos bestehen heute nicht mehr aus den Käfigen, die Rilke beschreibt, sondern haben riesige Gehege, in denen sich die Tiere auch verstecken kön-

---

36 | Vgl. Henry Dunant, Eine Erinnerung an Solferino, Bremen 2012 (Nachdruck der deutschen Erstausgabe von 1863).

nen. Damit einhergeht, dass die Zoobesucherinnen realisieren, dass Tiere keine Fast-Food-Ware sind, die man im Zoo konsumieren kann.[37]

Die hoffende Wahrnehmung dessen, was sein könnte, befreit unseren Blick von der Gebundenheit an die Vergangenheit und lässt sich ausrichten an den neuen Möglichkeiten, nicht nur für uns Wahrnehmende, sondern auch für das, was wir wahrnehmen. Wir sind nicht dazu verurteilt, auf das Bestehende, so wie es *ist*, zu reagieren, sondern wir können Wirkketten durchbrechen, wenn wir offen sind für das, was auch noch möglich wäre.

Meine bisherigen Ausführungen sind von der konkreten Begegnung eines Individuums mit anderen Individuen ausgegangen.[38] Das sind die Beispiele, die uns wohl am meisten ergreifen und bei denen es nicht schwer ist, die Intuitionen nachzuvollziehen. Holistische Umweltethiken weisen aber zu Recht darauf hin, dass nicht unser Umgang mit einzelnen Tieren oder Pflanzen das vordringlichste, weil folgenreichste, Problem ist, sondern es auch globale Probleme wie die Klimaerwärmung, der Verlust der Biodiversität, die Verschmutzung des Meeres oder das Ozonloch sind.

Das sind Probleme, denen wir nicht mehr in unserer konkreten Wahrnehmung begegnen. Wir sehen, riechen und hören nichts von alledem. Wir sehen höchstens die mahnenden Zeigefinger und hören die Alarmglocken, aber wenn wir keine Konsequenzen wahrnehmen, wenn die Bäume nicht sterben und die Städte nicht überschwemmt werden, dann reagieren wir wie die Hirten in der Fabel »Der Hirtenjunge und der Wolf«. Als Peter zum dritten Mal »Wolf, Wolf!« geschrien hatte, und wieder war keiner zu sehen, ignorierten sie ihn fortan.[39]

Hans Jonas versucht in seiner Ethik, diese unsichtbaren Phänomene unserer Wahrnehmung zugänglich zu machen. Er betrachtet Furcht geradezu als Pflicht für eine Umweltethik; die Vorstellung des Übels, nämlich der Zerstörung des Menschengeschlechts und der Umwelt, ist der dunkle Hintergrund, auf dem unsere Verantwortung umso heller hervortritt.[40] So vertritt er eine »Heuristik der Furcht«, denn »[wir] wissen erst, *was* auf dem Spiele steht, wenn wir wissen, *dass* es auf dem Spiele steht.«[41]

Tatsächlich kann das Ausmalen von schrecklichen Szenarien konkrete Verhaltensveränderungen bewirken. Rachel Carsons Buch über den stummen Frühling, in dem keine Vögel mehr singen werden, weil sie alle durch Insekti-

---

37 | Vgl. zur Problematik der Zoos z. B. Randy Malamud, Reading Zoos. Representations of Animals and Captivity, Basingstoke 2007.
38 | Dazu zähle ich auch Arten, Bach und Regenwald.
39 | Bis dann tatsächlich der Wolf kam und die Schafe fraß. Aber so weit sind wir noch nicht.
40 | Vgl. Hans Jonas, Das Prinzip Verantwortung. Versuch einer Ethik für die technologische Zivilisation, Frankfurt a. M. 1985, 391f.
41 | Jonas, Prinzip Verantwortung, 8.

zide vergiftet worden sind, hat maßgeblich dazu beigetragen, dass das Gift DDT verboten wurde.[42]

Aber sobald sich solche Schreckensvisionen abschwächen oder gar korrigiert werden müssen (wie es den Katastrophenszenarien im Bereich der Bevölkerungsexplosion, der Ressourcenknappheit und des Waldsterbens z. B. ergangen ist), weicht auch die Furcht wieder – und damit dasjenige, was uns zum Handeln bewegt.

Eine achtsame Wahrnehmung erfasst demgegenüber nicht nur den status quo und dessen mutmaßliche Folgen, sondern auch die Möglichkeiten, die hier offenstehen würden. So ist es nicht nur die Vision dessen, was geschehen wird, sondern auch die Vision dessen, was sein könnte, die zum Handeln bewegen kann. Und das bezieht sich nicht nur auf Individuen, sondern auch auf die Gesellschaft.

Am konkreten Beispiel: Die Einwohnerinnenzahl der Stadt Bern ist in den letzten vierzig Jahren von 167.000 auf 127.000 gefallen. Untersuchungen zufolge ist der Autoverkehr mit seinen Folgeerscheinungen wie Lärm, Luftverschmutzung und Unfallgefahren der Hauptgrund für den Massenexodus.[43] Das kann man nun als gegeben hinnehmen, entweder aufs Land ziehen oder sich damit abfinden. Oder man kann neue Visionen entwerfen: Wie würden wir denn gerne wohnen mit unseren Kindern und Tieren? Wie müsste ein Quartier aussehen, dass es familienfreundlich wäre? Und dann kann man sich daran machen, diese Vision zu realisieren. Die IG autofreies Viererfeld in Bern plant, auf dem zentral gelegenen Viererfeld Wohnraum für rund 2.500 Menschen entstehen zu lassen, wobei ein Parkplatz pro zehn Wohnungen eingeplant wird.[44]

Auch solche Visionen entfalten eine Gerichtetheit, die uns ergreift und zum Handeln motiviert. Die Geschichte kennt allerdings genügend Beispiele, die auch die zerstörerische Kraft von solchen Visionen zeigt. So ist es unverzichtbar, Geschichten und Visionen des Möglichen, immer wieder im Licht dessen, was *ist* und was *nottut* zu sehen. Ist es dem anderen angemessen? Und hält es der direkten Begegnung mit denjenigen, die davon betroffen sind, stand?

---

42 | Vgl. Rachel Carson, The Silent Spring, Boston 1962.
43 | Vgl. dazu »Großeinsatz fürs Wohnen in der Stadt.« In: spschweiz.links.ch, Mitgliederzeitung der SPS vom Oktober 2001, 10.
44 | Vgl. www.stadtlabor.ch/»es-braucht-neue-losungsansatze«/ [Zugriff: 15.7.2012].

Achtsamkeit als immer neu geschenkter Habitus

Die konkrete Wahrnehmung ist konstitutiv für eine Umweltethik der Achtsamkeit. Ebenso ist es für eine theologische Umweltethik die Ausrichtung unserer Wahrnehmung am Geist des liebenden, erschaffenden und vollendenden Schöpfergottes. Und diese ist nicht nur konstitutiv für die Gerichtetheit, die uns zum spontanen Handeln bewegt. Sie prägt auch unseren *Habitus*, unsere Einstellung, mit der wir nicht mehr nur auf einzelne Szenen reagieren, sondern die unabhängig davon zu einer Haltung geworden ist. Für unsere achtsame Wahrnehmung gilt, was Margalit von der Anteilnahme schreibt:

»Anteilnahme ist nicht nur ein Gefühl, sie ist eine Einstellung, etwa in dem Sinne, in dem auch Optimismus eine »Einstellung« ist. Sie ist eher eine Sichtweise und Wahrnehmungsform denn eine spezifische Art zu handeln.«[45]

Das erinnert an die aristotelische Tugendethik, in der der Mensch zum Gerechten wird, indem er immer wieder gerecht handelt, bis es ihm »bleibt«. Die aristotelische Tugend kann allerdings vom Menschen eingeübt werden. Mit den christlichen Tugenden Glaube, Hoffnung und Liebe ist es aber gerade nicht so; diese liegen nicht in der menschlichen Verfügungsgewalt, sondern sie werden ihm von Gott geschenkt.

Wohl kann uns die Ausrichtung auf den Geist Gottes, das »Leben im Geist«[46], zum Habitus werden. Wir werden eine neue Kreatur.[47] Aber wir bleiben dabei *simul iustus et peccator*; dieser Habitus ist nicht unser Besitz, sondern der Geist muss sich uns immer wieder neu offenbaren. Nur beim Gottesknecht,[48] nur bei Jesus Christus bleibt er beständig.[49] Wir hingegen sind darauf angewiesen, dass dieser Geist uns auch immer neu geschenkt wird, weil wir ihn erst durch ihn erkennen können.

Und das wiederum bedeutet, dass uns nicht immer wieder farbige Schreckensszenarien vor Augen gemalt werden müssen, um entsprechende Intuitionen und Handlungen zu provozieren. Achtsamkeit wird zu einer dem neuen Menschen geschenkten Lebensweise. Sie manifestiert sich dort, wo er Bedürfnisse und Gerichtetheiten wahrnimmt, aber auch dort, wo keine Begegnung mit einem unmittelbaren Gegenüber zum intuitiven Handeln bewegt.

Jetzt konkret aufzuzählen, wohin das führt, würde allerdings wieder in einem Normenkatalog resultieren: nicht Auto fahren, keine Tropenholzmö-

---

45 | Avishai Margalit, Ethik der Erinnerung, Frankfurt 2000, 24.
46 | Gal 5,25.
47 | Vgl. 2 Kor 5,17.
48 | Vgl. Jes 11,2.
49 | Vgl. Joh 1,32.

bel kaufen, den Abfall trennen, dem WWF spenden ... Nichts von alledem ist unumstößlich. Liebe, und tu, was Du willst, sagt Augustin,[50] und darauf läuft es auch hier hinaus. Sei ein Liebender – aber nicht einmal das ist ein Imperativ, weil auch dieses uns geschenkt werden muss. Beschenkter, lass dich beschenken, oder nochmals Paulus: »Wenn wir im Geist leben, so lasst uns auch im Geist wandeln.«[51]

Bleibt die Frage, wie man dazukommt, sich von diesem Geist der Liebe bestimmen zu lassen. Es macht die Ethik ja noch anspruchsvoller, wenn es nicht nur darum geht, Handlungen vorzuschreiben und zu beurteilen, sondern eben Ausrichtungen. Diese vorschreiben zu wollen, wäre einerseits Gesinnungsterror, andererseits ganz unmöglich. Eine Wahrnehmungsperspektive kann nicht »gemacht« werden. Sie entsteht aus unserer Geschichte, aus unseren Möglichkeiten und aus unserer Ausrichtung auf das Ideal unserer selbst. Liebe zur Umwelt impliziert Vertrautheit, Kennenlernen, Umwelterziehung.[52] Sie kann zu tun haben mit der Wahrnehmung der Umwelt als Schöpfung, als Geschenk und als Lebensgrundlage. Und insofern ist sie eingebettet in den Geist, der unser Leben überhaupt bestimmt.

Aber sie kann uns auch unvermittelt ergreifen. So wie *ein* Erlebnis Saulus zum Paulus oder das Erlebnis *einer* Schlacht den Geschäftsmann Henri Dunant zum engagierten Kämpfer gegen das Leiden und *eine* Wölfin den eifrigen Jäger Leopold zum staunenden Liebhaber machten. Der Geist weht, wo er will. Er lässt sich durch Geschichten vermitteln; wie die biblischen Geschichten seit Jahrtausenden Menschen anrühren und ergreifen, tun es auch die Geschichten von Paulus, Henri Dunant, Aldo Leopold, Barbara McClintock und Albert Schweitzer.

Und es gibt Situationen, in denen beide, Mensch und Tier, sich in *einem* Geist begegnen, von *einer* Gerichtetheit bestimmt sind. So schreibt Hearne über die Kunst der Pferdedressur:

»When the threshold of art has been crossed, then the wonderful obedience and supple submission of the horse, the joy of the horse's submission, are like the intensely accurate responsiveness of a great performer to a good audience, another case of the collapse of command and obedience into a single supple relation.«[53]

Dies ist dann allerdings schon die eschatologische Dimension der Begegnung zwischen Mensch und Tier, wenn der Geist von Pfingsten, der Sprachgrenzen überwindet, auch die Verständigung über die Artgrenze hinweg möglich

---

50 | Vgl. Hermenegild Maria Biedermann (Hg.), Unteilbar ist die Liebe. Predigten des heiligen Augustinus über den ersten Johannesbrief, Würzburg 1986.
51 | Gal 5,25.
52 | Vgl. dazu z. B. Lindemann-Matthies, Children's Perception of Biodiversity.
53 | Hearne, Adam's Task, 162f.

macht. Dann wird Ethik in keiner Form mehr nötig sein, wenn sich nämlich nicht nur das Sollen und das Wollen, sondern auch das Tun und das Sein so umarmen, wie es im Psalm 85 Gerechtigkeit und Friede tun, die sich küssen unter der Herrschaft Gottes (vgl. Ps. 85,11).

Bitte
Feuer Geist,
Dein Feuer reinigt uns
Du lässt uns nicht als gebrannte Kinder zurück

Feuriger Geist
verzehre Neid und Gier, die uns besetzen
schmilz die Panzer aus Angst, die uns gefangen halten
versenge Hass und Gewalt, die Länder und Völker verwüsten

Feuriger Geist
entflamme unser Herz für dasjenige, was unserem Leben
Mitte gibt
entzünde in uns Leidenschaft und Mitgefühl
mach' brennend unsere Sorge für Deine Schöpfung

Feuer Geist
Du machst unsere Dunkelheiten hell
In Deiner Lebensglut tauen wir auf
ANGELA BERLIS

Martin George

»Alles, was Gott geschaffen hat, ist gut«
Schöpfungsspiritualität in orthodoxer Tradition

Die Rede von Schöpfungsspiritualität belebt seit etwa einer Generation die Theologie und das kirchliche Leben in Europa und Nordamerika. Der ehemalige Dominikaner Matthew Fox prägte den Begriff der Schöpfungsspiritualität 1980 im Rahmen seiner Studien über Meister Eckhart[1] als neuen Beitrag des Christentums zur Überwindung der ökologischen Krise und als Mittel zur Heilung und Befreiung der Erde sowie des Kosmos von seiner materiellen Ausbeutung.[2]

Nach Fox zerfällt die altkirchliche christliche Kosmologie am Ende des Mittelalters im »Sturm der anthropozentrischen (...) Kultur [und] hat uns in einer mechanistischen und unmystischen Welt zurückgelassen.«[3] Daran hat auch die Reformation mit ihrer Konzentration auf die Rechtfertigung allein des sündigen Menschen nichts geändert. Heute beklagt Fox in seiner Kritik an der christlichen theologischen und spirituellen Tradition:

»Weil unsere Religion dabei versagt hat, uns eine Theologie der Ehrfurcht für die Schöpfung bereitzustellen, ist unsere Kultur zur bloßen Benutzung, zum Missbrauch und zur Objektivierung der Schöpfung übergegangen.«[4]

Um die Schöpfung zu bewahren, bedarf es folglich einer *neuen* kosmischen oder Schöpfungsspiritualität.

Die Praxis einer neuen Schöpfungsspiritualität trifft nicht nur das Bedürfnis von Christinnen und Christen, sich in Zeiten einer weltweiten fundamentalen klimatischen und ökologischen Krise religiös neu zu orientieren. Sie ist zumindest in Teilen auch Ausdruck einer individuellen postkirchlichen neuen Spiritualität, die anstelle einer Beziehung zu einem personal verstandenen Gott oder gar zu Jesus Christus, welche als einengend und kirchlich gebunden empfunden wird, eine vage kosmische Beziehung zum

---

1| Vgl. Matthew Fox, Breakthrough, Meister Eckhart's Creation Spirituality, in New Translation, New York 1980.
2| Vgl. Matthew Fox, The Coming of the Cosmic Christ, San Francisco 1988. Deutsch: Vision vom Kosmischen Christus. Aufbruch ins dritte Jahrtausend, Stuttgart 1991. Ders., Creation Spirituality. Liberating Gifts for the Peoples of the Earth, San Francisco 1991. Deutsch: Schöpfungsspiritualität. Heilung und Befreiung für die erste Welt, Stuttgart 1993.
3| Fox, Schöpfungsspiritualität, 28.
4| www.wildeweisheit.blogspot.de/2011/05/schopfungsspiritualitat.html [Zugriff: 14.5.2011].

Göttlichen in der Welt vorzieht.[5] Diese sieht Gott als den oder die Eine/n, der, die oder das in allem in der Welt Vorfindlichen gegenwärtig ist.[6]

Für Matthew Fox ist Schöpfungsspiritualität zuletzt auch ein Mittel zur Befreiung von Christinnen und Christen aus ihrer Gefangenschaft unter der Herrschaft christlicher Dogmen, dies besonders in der römisch-katholischen Kirche unter ihrem jetzigen Papst.[7] Er sieht sie sogar als Möglichkeit einer neuen Reformation aller Kirchen weltweit.[8]

Gegen die Behauptung, die christliche Religion habe in Hinsicht auf die Bewahrung der Schöpfung versagt und die Menschheit und die Christenheit bräuchten daher eine Befreiung durch eine *neue* Schöpfungsspiritualität, steht eine über 1600 Jahre alte Praxis einer Schöpfungsspiritualität in den orthodoxen Kirchen des Ostens. Diese beruht auf der Tradition byzantinischer Schöpfungstheologie und äußert sich vor allem in den Gottesdiensten der orthodoxen Kirchen und in ihrer Heiligenverehrung. Diesen Traditionen und ihren Aktualisierungen innerhalb der Orthodoxie der letzten Jahre soll im Folgenden nachgegangen werden. Der Überblick kann zeigen, dass auch außerhalb des Abendlandes altchristliche und byzantinische Sichtweisen auf die Schöpfung sowie eine Praxis im Umgang mit der Schöpfung lebendig geblieben sind, welche die gegenwärtigen westlichen christlichen Konzepte nicht nur ergänzen und befruchten, sondern vom Standpunkt altkirchlicher Gottes- und Schöpfungslehre her auch teilweise kritisch hinterfragen.

Die Grundlagen orthodoxer Schöpfungsspiritualität in der byzantinischen Schöpfungstheologie und ihre Rezeption in der heutigen Orthodoxie

Seit Augustinus († 430) herrschte in der abendländischen Theologie eine Tendenz vor, Natur und Gnade und damit auch Materie und Geist scharf zu trennen und das Heil des Menschen ganz im transzendenten Gnadenwirken Gottes zu sehen. Diese Tendenz verstärkte sich in der Reformation noch weiter. Die Rechtfertigung des Sünders wurde überwiegend als rein geistiger Vorgang der Anrechnung der Gerechtigkeit Gottes an Stelle der Sünde der Menschen verstanden. Von einer effektiven Verwandlung des ganzen Menschen

---

5 | Vgl. Björn Migge, Spiritualität in der Beratung – aber bitte ohne Gott? www.drmigge.net/infos/SpiritualitactimCoachingArtikel%20Migge.pdf [Zugriff: 26.7.2012].
6 | Vgl. Fox, Schöpfungsspiritualität, 77.
7 | Vgl. Matthew Fox, Ratzinger und sein Kreuzzug. Ein engagiertes Plädoyer für Schöpfungsspiritualität statt Dogmenmacht, Bielefeld 2011.
8 | Vgl. Matthew Fox, A New Reformation. Creation Spirituality and the Transformation of Christianity, Rochester/Vermont 2006.

von Seele und Leib im Vorgang der Rechtfertigung wurde nicht gesprochen.[9] Dies leistete der Säkularisierung des Materie- und Naturverständnisses Vorschub und ließ die materiale und kosmische Dimension des Heils, das Gott für seine Schöpfung bereitet hat, eben die Teilhabe der gesamten Schöpfung an der von Gott gewollten Erlösung des Menschen, vergessen. Die Beziehung des Menschen zur Schöpfung wurde mechanistisch und utilitaristisch definiert, anstatt eine einfühlsame und bewahrende Beziehung zu stärken. Aber auch die Beziehung Gottes zu seiner Schöpfung wurde nicht vorrangig personal verstanden, als Beziehung des Schöpfers zum Kunstwerk seiner Hände, sondern abstrakt als Beziehung von Ursache und Wirkung, welche die Welt verselbständigt, säkularisiert und Gott in eine transzendente Menschenferne rückt.[10]

Dagegen betont die byzantinische Schöpfungstheologie die Zusammengehörigkeit, ja Einheit von Geist und Materie, Gnade und Natur in der Welt – sowohl bei ihrer Erschaffung aus dem Nichts als auch bei ihrer Erhaltung, bei ihrer endzeitlichen Erlösung, Vollendung und Verklärung. Genau genommen, ist diese Vorstellung bereits im biblischen Begriff der Schöpfung enthalten. Denn die biblische Rede von der Schöpfung setzt nicht nur das Weltbild eines Schöpfers voraus, der den Kosmos erschafft. »Schöpfung« in der Bibel meint nicht nur den Akt eines allmächtigen Gottes am Anfang der Welt, sondern zugleich die ständige Gegenwart Gottes in seinen Geschöpfen, nicht nur eine *creatio prima*, sondern auch eine *creatio continua*, einen unaufhörlichen kreativen Prozess Gottes.

Die Schöpfungstheologie der griechischen Kirchenväter und der späteren byzantinischen Theologen basiert neben der Bibel auf dem repräsentativen Glaubensbekenntnis von Nizäa-Konstantinopel (381). Dort werden Vater, Sohn und Heiliger Geist, alle Personen des dreieinen Gottes, als Schöpfer bekannt und gepriesen. Vom Vater heißt es: »der alles geschaffen hat, Himmel und Erde, die sichtbare und die unsichtbare Welt.«[11] Mit dem »Unsichtbaren« sind Engel und Dämonen als immaterielle Geschöpfe gemeint (Kol 1,16), deren

---

9 | Eine Ausnahme bildet die Rechtfertigungslehre Andreas Osianders († 1552). Er behauptete 1550/51, die Rechtfertigung des Menschen vor Gott bestehe darin, dass Christus als ewiges Wort Gottes im Menschen real präsent sei und der ganze Mensch so durch die Gerechtigkeit Christi effektiv gerecht werde. Dies entspricht dem ostkirchlichen Verständnis von Rechtfertigung und Vergöttlichung des Menschen in Christus. Vgl. Rainer Hauke, Gott-Haben – um Gottes Willen. (Andreas Osianders Theosisgedanke und die Diskussion um die Grundlagen der evangelisch verstandenen Rechtfertigung), Frankfurt a. M. 1999; Anna Briskina, Philipp Melanchthon und Andreas Osiander im Ringen um die Rechtfertigungslehre. Ein reformatorischer Streit aus der ostkirchlichen Perspektive, Frankfurt a. M. 2006.
10 | Vgl. Christos Yannaras, Person und Eros. Eine Gegenüberstellung der Ontologie der griechischen Kirchenväter und der Existenzphilosophie des Westens, Göttingen 1982, 69–71.
11 | Das Glaubensbekenntnis von Nizäa-Konstantinopel, in: Evangelisches Gesangbuch. Berlin 1993, Nr. 805.

Wirken für die Menschen in der Alten Kirche und in der Orthodoxie eine große Rolle spielen. Vom Sohn heißt es: »durch ihn ist alles geschaffen.«[12] Ohne oder außer Christus gibt es nach christlichem Verständnis keine Schöpfung, weder am Anfang, und auch nicht im Verlauf, noch am Ende der kosmischen Geschichte. Vom Heiligen Geist heißt es: »der lebendig macht (...) Wir erwarten (...) das Leben der kommenden Welt.«[13] Der Geist haucht der Schöpfung das Leben ein, erhält es und vollendet es am Ende der Geschichte. Die Erschaffung des Kosmos und des Menschen entspringt dem Willen und den Gedanken des transzendenten Gottes, ist durchgeführt durch seinen Sohn Jesus Christus, der jedem Geschöpf sein göttliches Ziel gesetzt hat, und wird vollendet durch den Heiligen Geist.

Zum Abschluss der Epoche der griechischen Kirchenväter hat Johannes von Damaskus († vor 754) in seiner in den orthodoxen Kirchen noch heute als Normdogmatik geltenden »Genauen Darlegung des orthodoxen Glaubens« die Schöpfertätigkeit des dreieinen Gottes so umschrieben:

> »Der gute, übergute Gott hat sich nicht mit der Betrachtung seiner selbst begnügt, nein, im Übermaße seiner Güte hat er gewollt, dass etwas werde, das seine Wohltaten empfangen und an seiner Güte teilnehmen soll. Darum bringt er alles aus dem Nichtsein ins Sein hervor und schafft es, das Unsichtbare wie das Sichtbare und den Menschen, der aus Sichtbarem und Unsichtbarem zusammengesetzt ist. Er schafft aber, indem er denkt, und der Gedanke subsistiert als Werk, durch das Wort (sc. Christus) vollbracht und durch den Geist vollendet.«[14]

Drei Glaubenssätze zeichnen über das Bekenntnis von Nizäa-Konstantinopel hinaus die Schöpfungstheologie der griechischen Kirchenväter und der byzantinischen Kirche aus:
1. Die Schöpfung durch den dreieinen Gott geschah und geschieht aus dem Nichts.
2. Der so geschaffene sichtbare und unsichtbare Kosmos ist mit dem Sündenfall des Menschen mit gefallen, aber durch Kreuz und Auferstehung Christi mit zum ewigen Leben berufen.
3. Mit der Erlösung und Vergöttlichung des Menschen wird auch der ganze Kosmos verklärt und vergöttlicht werden.

Die Schöpfung aus dem Nichts
Die pagane griechische philosophische Vorstellung einer ewigen Materie, aus der heraus die Gottheit den Kosmos schafft und menschliche Geistwesen stra-

---

12 | Ebd.
13 | Ebd.
14 | Johannes von Damaskus, Genaue Darlegung des orthodoxen Glaubens, hrsg. von Dionys Steinhofer (Expositio fidei II, 2, BKV 44) München ²1923, 45.

fend in ihn hineinversetzt, hallt noch nach in der Schöpfungslehre des frühen griechischen Kirchenvaters Origenes († 254). Er geht von einer ewigen Schöpfung in ewiger Materie aus, welche beide Ausdrücke der göttlichen *Natur* seien. Diese Auffassung wurde auf dem zweiten Konzil von Konstantinopel (553) verurteilt. Es setzte sich die Auffassung des Athanasios d. Gr. († 373) durch, dass die Schöpfung eine Äußerung des *Willens* Gottes sei, er dabei aber nicht sein Wesen oder seine Natur mitteile.[15] Gott bleibt der Welt gegenüber transzendent, nachdem er sie geschaffen hat. Die einzige dauerhafte Unterscheidung, welche die Orthodoxie im Denken über die Beziehung zwischen Gott und Mensch macht, ist die zwischen Unerschaffenem (Gott) und Geschaffenem (Kosmos), nicht die zwischen Geist und Leib oder zwischen Gnade und Natur.[16]

Gleichzeitig wirkt Gott aber in seiner Schöpfung durch seine Vorsehung, seine Gedanken (*logoi*), die er durch seinen Sohn, das Wort (*Logos*), geschaffene Wirklichkeit werden lässt.[17] Maximos der Bekenner († 662), der bedeutendste byzantinische Schöpfungstheologe, erklärt dies so: Der göttliche *Logos*, Christus, enthält in sich die Vielfalt der göttlichen Intentionen (*logoi*) der Schöpfung. In seinem Schöpfungswerk setzt er jedem Geschöpf ein Ziel, nämlich Gottes Plan zu entsprechen, ihn zu erfüllen und so an Gott zunehmend teilzuhaben. Das betrifft nach Maximos die belebte wie die unbelebte Natur.[18] Er kann daher sogar von der »das *All* vergöttlichenden Gnade«[19] des Schöpfers sprechen und davon, dass *alle* seine Geschöpfe »Leib und Glieder und Teil Gottes«[20] seien. Der Mensch als Mikrokosmos im Makrokosmos hat in der Sicht des Maximos eine besondere Funktion: Er vereint mit Seele und Leib in sich die unsichtbare und die sichtbare Schöpfung, ist Gottes Bild und Gleichnis, geschaffen, um Gott ähnlich zu werden (Gen 1,26 LXX), ist wie Gott frei in seinem Willen, und bewegt sich in seiner Sehnsucht nach immer größerer Ähnlichkeit mit Gott mit Hilfe der Gnade Gottes in Liebe zu ihm hin – er wird vergöttlicht, wie die griechischen Väter diesen unendlich gedachten Vorgang nennen. Und diese natürliche Bewegung zu Gott hat eine kosmische Dimension: Denn der Mensch findet Gott den Schöpfer in all seinen Geschöpfen und hat Teil an Gott durch die Schöpfung, während die Umwelt des Menschen

---

15 | Vgl. John Meyendorff, Byzantine Theology. Historical Trends and Doctrinal Themes, London, Oxford 1974, 129.
16 | Georg Galitis/Georg Mantzaridis/Paul Wiertz, Glauben aus dem Herzen. Eine Einführung in die Orthodoxie, München ³1994, 97–105.
17 | Vgl. Meyendorff,Theology, 131f. über Gregor von Nazianz.
18 | Ebd., 133f., John Meyendorff, Christ in Eastern Christian Thought, Crestwood New York 1975, 133–137.
19 | Maximus Confessor, Quaestiones ad Thalassium II, CChr.SG 7,51f. (Kursiv M.G.).
20 | Maximus Confessor, Ambigua ad Ioannem 7, CChr.SG 18, 129 = PG 91, 1092B1–C13.

durch die Sorge des Menschen für sie in größere Nähe zu ihrem Schöpfer kommt.[21]

Die kosmische Bedeutung der Erlösung durch Kreuz und Auferstehung Christi

So sind Mensch und Kosmos auf Gott hin geschaffen. Die so geschaffene Welt, in der nichts seinem Wesen nach böse, sondern alles sehr gut ist (Gen 1,31), ist aber seit dem Sündenfall des ersten Menschen eine mit ihm gefallene Welt. Wir sehen nicht nur in uns, sondern auch um uns Kampf, Zerstörung, Verfall und Tod. Die Schöpfung wurde zum Herrschaftsbereich Satans. Der gefallene Mensch wurde zum Knecht seiner materiellen Bedürfnisse und Lüste (so Maximos in der Interpretation von Gen 3,21).[22] Zwar blieb seine Gottebenbildlichkeit und mit ihr auch sein freier Wille intakt. Gott hat sich auch nicht nach dem Fall aus seiner Schöpfung zurückgezogen, sondern bewahrt sie und hält sie zusammen durch seine göttliche Energie, seine ständige Wirksamkeit.[23] Doch der freie Wille des gefallenen Menschen bewegt sich nicht mehr immerfort auf das wahrhaft Gute, auf Gott zu, sondern zögert und entscheidet sich eher für das materielle Wohl und das vermeintlich Gute als für das sittlich und geistlich wahrhaft Gute.

Als Gott schenkte der Weltschöpfer Christus durch seine Menschwerdung, seinen Tod und seine Auferstehung der Welt das ewige Leben, das sie durch den Sündenfall Adams verloren hatte, zurück, indem er den gefallenen Engel und Herrscher des Totenreichs, Satan, besiegte. Als Mensch erhob Jesus Christus durch seine Himmelfahrt *mit seiner menschlichen Natur* die Materie an die Seite des Thrones Gottes. Die Verklärung und Vergöttlichung der gesamten Materie und des gesamten Kosmos ist damit eingeleitet. So hat der Gottmensch Jesus Christus die Zielsetzung seines Schöpferwirkens am Anfang der Zeiten erneuert und wirksam gemacht. Durch seine *leibliche* Auferstehung und Himmelfahrt erweist er sich als *kosmischer* Christus, dem am Ende der materiellen Schöpfungsgeschichte alles, auch der Tod, untertan sein wird (1 Kor 15,26) und in dem aber auch schon jetzt alles, was ist, seinen Bestand und seine Ausrichtung hat (1 Kor 15,28).

---

21 | Vgl. Meyendorff, Christ, 138f.
22 | Vgl. Meyendorff, Theology, 135.
23 | Vgl. Johannes von Damaskus, Genaue Darlegung IV,13, BKV 44, 210.

Die Verklärung und Vergöttlichung des Kosmos durch die Erlösung und Vergöttlichung des Menschen

Ziel der Ausrichtung der Schöpfung ist das Reich Gottes, dessen Anbruch Jesus verkündigte. Das Reich Gottes ist mit seinem die Schöpfung heilenden Handeln zu den Menschen gekommen (Mt 12,18; Lk 11,20), es ist in und mitten unter ihnen (Lk 17,21). In orthodoxer Interpretation bedeutet das: Im ganzen Menschen, nicht nur in seiner Seele oder seinem Herzen, sondern auch im Leib des Menschen und in seiner Umwelt zeigt sich dieses Reich Gottes, wirkt es sich aus.[24] Die dritte Etappe der Geschichte der Schöpfung ist mit Jesu Christi erlösendem Handeln angebrochen: Nach der Erschaffung am Anfang und nach dem Fall folgt nun die Erlösung des Kosmos. Diese beginnt mit Tod, Auferstehung und Himmelfahrt Jesu Christi und setzt eine geistliche Evolution des Kosmos in Gang, die nach dem Heilsplan Gottes zur Heiligung und Verklärung des Kosmos führt. Am Ende der Zeit wird schließlich die Wiederbringung des Urzustandes der Schöpfung und seine Überbietung durch die noch größere Nähe des Kosmos zu Gott bewirkt. Denn der im Kosmos anwesende Christus hat die Schöpfung in seiner Menschwerdung in sich selbst aufgenommen und durch seine Auferstehung von den Toten vom Bösen befreit, sodass sein Wirken in der Schöpfung den Heilsplan Gottes in Zusammenarbeit mit den Menschen durchsetzen wird. Darauf hat Maximos der Bekenner immer wieder hingewiesen. Der russische orthodoxe Religionsphilosoph Vladimir Solov'ev († 1900) hat in der Orthodoxie das Wirken des kosmischen Christus erneut ins Bewusstsein gehoben. Christus ist der, der die geistliche Evolution des Kosmos in Bewegung hält, er ist das »ewige geistliche Zentrum des universalen Organismus.«[25] Die Verklärung seines Körpers und seiner Kleider, also der geschaffenen Materie, in das göttliche Licht vor den Augen seiner Jünger auf dem Berg Tabor (Mt 17,1–2 parr.) führt zur Verklärung der ganzen Welt in diesem göttlichen Taborlicht.[26]

Dies geschieht durch das Wirken des Heiligen Geistes. Er bewirkt die geistliche Evolution des Kosmos, indem er zuerst im Menschen wirkt, um dessen Vergöttlichung an Seele und Leib voranzutreiben. Er wohnt im Menschen ein, in dessen Seele und durch die willentliche Zusammenarbeit der Seele mit Gott auch in seinem Leib.[27] Durch sein Handeln nach den Geboten Gottes, durch seine tätige Liebe zu Gott in Gebet und Fasten sowie durch seine tätige

---

24 | Vgl. John Meyendorff, The Orthodox Church, London 1962, 206.
25 | Wladimir Solowjew, Die Geistlichen Grundlagen des Lebens, in: ders., Deutsche Gesamtausgabe, (Band II) Freiburg 1957, 89. Im Folgenden wird für den russischen Namen Solov'ev die wissenschaftliche Transkription verwendet.
26 | Vgl. Jean (John) Meyendorff, St. Grégoire Palamas et la mystique orthodoxe, Paris 1959, 331.
27 | Vgl. Maximus Confessor, Ambigua ad Ioannem 7, CChr.SG 18, 129 = PG 91, 1092B1–C13; auch 1088C.

Liebe zu allen Geschöpfen in der Fürsorge für sie (auf diese Weise interpretieren orthodoxe Autoren den Auftrag des Schöpfers an die Menschen, Herr der Schöpfung zu sein, Gen 1,26.28 LXX) wird der Mensch vergöttlicht und durch ihn der Kosmos. Es handelt sich nach orthodoxer Sicht um eine vom Heiligen Geist geleitete, zugleich aber »natürliche Vergöttlichung«[28], da der Mensch mit seinem auf Gott ausgerichteten natürlichen Handeln daran beteiligt ist. Der Mensch wird so zum Mittler der Vergöttlichung des Kosmos.[29]

Keine orthodoxe Schöpfungsspiritualität ohne die orthodoxe Kirche

Nach orthodoxem Verständnis vermitteln die Kirche, als sichtbarer Leib des unsichtbaren kosmischen Christus, und der in der Kirche getaufte Mensch, als vom Heiligen Geist geleiteter Mikrokosmos aus Seele und Leib, die Gnade Gottes an die Schöpfung. Dies geschieht einerseits durch die Materie einschließlich der Leiber der Menschen, welche durch die Sakramente und Weihehandlungen der Kirche geläutert und verwandelt werden und zu ihrer friedlichen Bestimmung kommen, andererseits durch Geist und Herz der Getauften, durch ihre Meditation der guten Schöpfung Gottes und durch ihr gerechtes und sanftmütiges Verhalten gegenüber allen Kreaturen. Der erste Prozess vollzieht sich durch die Teilnahme der Gläubigen an der Liturgie der orthodoxen Kirche in ihren vielfältigen Formen. Der zweite Prozess vollzieht sich im Stillen, im Gebetsleben, im alltäglichen Verhalten der Gläubigen und wird offenbar in den Viten von Heiligen der orthodoxen Kirchen.

Gelebte Schöpfungsspiritualität in der liturgischen Tradition der orthodoxen Kirchen

Die Themen und Ausdrucksweisen der Schöpfungstheologie der griechischen Kirchenväter und der byzantinischen Kirche äußern sich im gesungenen Wort, in Gesten, Prozessionen, Weihehandlungen, in den Materien der Sakramente und der liturgischen Symbole sowie in den Farben der Ikonen in den Gottesdiensten der orthodoxen Kirchen. Die meisten liturgischen Texte und die sie ausführenden Riten sind seit dem 4./5. Jahrhundert in Gebrauch und haben sich seitdem nur unwesentlich verändert. Die orthodoxen Gläubigen sind durch sie tief geprägt, nicht nur durch bewussten Mitvollzug, sondern

---

28 | Maximus Confessor, Liber asceticus, PG 90, 953B. Vgl. Meyendorff, Christ, 150.
29 | Diese Sicht des Maximos hat besonders Vladimir Solov'ev wieder aufgenommen. Vgl. Tomás Špidlík, Solov'ev, in: Ermanno Ancilli/Maurizio Paparozzi (Hg.), La mistica. Fenomenologia e riflessione teologica. vol. I, Roma 1984, 645–668, hier 657.

auch durch Gewohnheit, sodass man zu recht von einer liturgisch geprägten Schöpfungsspiritualität sprechen kann.

Am prägendsten für das gesamte Kirchenvolk ist der sonntägliche Hauptgottesdienst mit Heiligem Abendmahl in den orthodoxen Kirchen – die Göttliche Liturgie des Heiligen Johannes Chrysostomos (5. Jahrhundert). In ihrem Text äußert sich Schöpfungsspiritualität in vielfacher Weise.

Der erste Teil der Göttlichen Liturgie, die Proskomidie (Zurüstung) – das ist die Vorbereitung der Liturgen und der eucharistischen Gaben Brot und Wein auf den eigentlichen Gottesdienst –, endet mit der Beräucherung mit Weihrauch des Altartisches und des ganzen Altarraums durch den Priester oder Diakon. Dieser preist dabei Jesus Christus als Auferstandenen, der dem gesamten Kosmos das Leben zurückgab:

»Im Grabe warst Du mit dem Leibe, im Totenreich warst du mit der Seele als Gott, im Paradiese warst du mit dem Räuber, und auf dem Thron warst du, Christus, mit dem Vater und dem Geiste, *alles erfüllend,* du Unermesslicher (...) Als Leben tragend (...) ist dein Grab offenbar geworden, Christus, die Quelle unserer Auferstehung.«[30]

Die Liturgie der Katechumenen, der Wortgottesdienst, beginnt wie jedes Stundengebet in orthodoxen Kirchen und jede private Gebetszeit einzelner orthodoxer Gläubiger mit der Anrufung des Heiligen Geistes, der den Kosmos erfüllt und mit seinen göttlichen Energien lebendig macht:

»König des Himmels, du Tröster, du Geist der Wahrheit,
der du überall gegenwärtig bist und alles erfüllst,
du Hort der Güter und *Spender des Lebens,*
komm und nimm Wohnung in uns, reinige uns von jeder Befleckung
und errette, Gütiger, unsere Seelen.«[31]

Dann segnet der Priester mit dem Evangelienbuch den Altar und ruft dabei laut:

»Gepriesen sei das Reich des Vaters und des Sohnes und des Heiligen Geistes jetzt und immerdar und von Ewigkeit zu Ewigkeit.«[32]

Hierdurch kommt zum Ausdruck, dass die Göttliche Liturgie zur Heiligung und zum Heil der ganzen Welt gefeiert wird, die in das Reich Gottes verwandelt werden soll.

Nach einem Fürbittengebet wird zum Eingang Psalm 103 (102) gebetet, der das Erbarmen Gottes preist und die ganze Schöpfung auffordert, in dieses Lob einzustimmen:

---

30 | Fairy von Lilienfeld (Hg.), Die Göttliche Liturgie des hl. Johannes Chrysostomus, (mit den besonderen Gebeten der Basilius-Liturgie im Anhang. Heft A) Erlangen 1979, 21G (Kursiv M.G.).
31 | Orthodoxe Kirche in Deutschland (Hg.), Handbuch für orthodoxe Christen, Stuttgart ⁵1980, 98 (Kursiv M.G.).
32 | Lilienfeld, Liturgie, 22G.

»Lobet den Herrn alle seine Werke, an jedem Orte seiner Herrschaft.«[33]

Dass die unsichtbare Schöpfung Gottes den Gottesdienst mitfeiert, daran erinnern beim Kleinen Einzug der Priester und der Diakone mit dem Evangelienbuch wie bei deren Großen Einzug mit den eucharistischen Gaben der Zelebrant, wenn er betet:

»Herrscher und Herr, du unser Gott, (...) bewirke, dass mit unserem Einzug der Einzug der heiligen Engel geschehe, die mit uns die Liturgie vollziehen und mit uns deine Güte preisen.«[34]

Beim Großen Einzug singen Chor und Gemeinde deswegen:

»Die wir die Cherubim geheimnisvoll abbilden und die lebensschaffende Dreieinigkeit mit dem Hymnus ›Dreimal-Heilig‹ besingen, lasst uns nun jegliche Sorge des Alltagslebens ablegen.«[35]

Die Göttliche Liturgie erbittet und vergegenwärtigt die eschatologische Heiligung der Gläubigen und des gesamten Kosmos.[36]

Da sind Gebete für die *Heiligung des ganzen Menschen*:

»Heilige unsere *Seelen und Leiber* und schenke uns, alle Tage unseres Lebens dir in Heiligkeit zu dienen.«[37] Christus wird angeredet als »der du durch die Fülle deines Erbarmens das All aus dem Nichtsein ins Sein geführt hast (...) du Arzt unserer Seelen und Leiber.«[38]; »Zum Brote des Lebens möge mir dein heiliger Leib und dein kostbares Blut gereichen (...) *mögen sie heilen mich von vielfältiger Krankheit.*«[39]

Beim Empfang der Kommunion betet jeder und jede wie der Priester für sich leise:

»[D]er Leib Gottes vergöttlicht mich und ernährt mich ... mögen mir diese heiligen Gaben nicht zum Gericht werden, weil ich unwürdig bin, sondern zur Reinigung und Heiligung *meiner Seele und meines Leibes* gereichen und als *Angeld des künftigen Lebens und Reiches* dienen.«[40]

Nach dem Empfang der Kommunion danken und bitten Priester und Gläubige Christus mit Worten, die eindringlich die Hoffnung auf Verwandlung und Verklärung des menschlichen Leibes ausdrücken:

---

33 | Ebd., 28G, Ps 103,22.
34 | Ebd., 34G.
35 | Ebd., 50G.
36 | Vgl. Karl Christian Felmy, Die orthodoxe Theologie der Gegenwart. Eine Einführung, Darmstadt 1990, 197 199.
37 | Lilienfeld, Liturgie, 38G (Gebet des Hymnus »Trishagion«, Kursiv M.G.).
38 | Ebd., 73G–74G (Kursiv M.G.).
39 | Sergius Heitz (Hg.), Christus in euch: Hoffnung auf Herrlichkeit. Orthodoxes Glaubensbuch für erwachsene und heranwachsende Gläubige, Göttingen 1994, 121. (Kursiv M.G.)
40 | Lilienfeld, Liturgie, 77G–78G (Kursiv M.G.).

»Der du mir freiwillig dein Fleisch als Nahrung gegeben hast, der du Feuer bist und die Unwürdigen verbrennst, verbrenne mich doch nicht, ja nicht, mein Schöpfer; sondern dringe bis *in die Gefüge meiner Glieder, in alle Gelenke, in die Nieren, in das Herz*. Verbrenne die Dornen meiner Übertretungen, reinige meine Seele, heilige meinen Sinn, festige meine Knie zugleich mit meinem Gebein, erleuchte alle meine fünf Sinne (...) heilige, reinige, ordne mich; schmücke mich, mache mich verständig und erleuchte mich.«[41]

Auch gibt es Gebete für die *Heiligung der ganzen Schöpfung* bei der Feier des Abendmahls. Die unsichtbare Schöpfung, die Engel sowie die sichtbare Schöpfung, werden repräsentiert in den Abendmahlselementen Brot und Wein und feiern den Gottesdienst mit. Mit der Darbringung der heiligen Gaben wird nach dem Kirchenvater Irenäus von Lyon die ganze Schöpfung dargebracht. Durch die Wandlung dieser Gaben heiligt, verwandelt und verklärt Gott die Materie selbst.[42] In der neueren orthodoxen Theologie wird die »kosmisch-eschatologische Dimension« der Eucharistie hervorgehoben.[43] Gebetet wird für Leben und Heil des ganzen Kosmos.

Bei der Vorbereitung der Gaben spricht der Priester: »Das Lamm Gottes, das die Sünden *der Welt* wegnimmt, wird für das Leben und das Heil *der Welt* geopfert.«[44] Nachdem er kommuniziert hat, betet der Diakon:

»Da wir die Auferstehung Christi gesehen haben, lasst uns den heiligen Herrn Jesus, den allein Sündlosen, anbeten (...) Siehe, durch das Kreuz ist Freude *in die ganze Welt* gekommen (...) Werde Licht, werde Licht, *Neues Jerusalem*, denn die Herrlichkeit des Herrn geht auf über dir. Tanze nun und jauchze, Zion.«[45]

Damit wird nicht allein das Gottesvolk, sondern es werden auch die Stadt und das Land Gottes angesprochen. So wird die Eucharistiefeier als Neuschöpfung bzw. als eschatologische Heiligung des ganzen Kosmos gefeiert, welche die gesamte Schöpfung zur Fülle des Reiches Gottes führt. So wie am Anfang der Zeit »der Himmel durch das Wort des Herrn gemacht ist und all sein Heer durch den Hauch seines Mundes«[46], so wie der Herr am Anfang sprach und es geschah (Ps 33 (32), 6.9), so auch in der Eucharistiefeier, wenn der Herr spricht »Dies ist mein Leib« und es durch sein Gebot geschieht, dass tatsächlich sein Leib in der alten Schöpfung, in der Materie, neu gegenwärtig ist.

Abgesehen von der Göttlichen Liturgie äußert sich Schöpfungsspiritualität in der orthodoxen Kirche liturgisch in vielen weiteren Texten und Riten.

---

41 | Ebd., 93G (Kursiv M.G.).
42 | Vgl. Galitis, Glauben, 101.
43 | Vgl. Felmy, Theologie, 197–199, hier 199 (Kursiv M.G.).
44 | Lilienfeld, Liturgie, 12G (Kursiv M.G.).
45 | Ebd., 81G (Kursiv M.G.).
46 | Vgl. Johannes von Damaskus, Genaue Darlegung IV,13, BKV 44, 210f.

In den Stundengebeten wird stets des Heiligen Geistes gedacht, der die ganze Schöpfung erfüllt. An verschiedenen Festen des orthodoxen Kirchenjahres wird der Erlösung der gesamten Schöpfung gedacht.[47] Um nur wenige zu nennen: Die öffentliche Wasserweihe in Flüssen oder Seen am Fest der Epiphanie des Herrn (Taufe Jesu im Jordan) am 6. Januar feiert den Exorzismus der Dämonen und alles Bösen aus der gesamten Schöpfung.[48] An Ostern bringen Auferstehungstroparien zum Ausdruck, dass der ganze Kosmos vom Tod erlöst ist. Die Feier der Verklärung Christi auf dem Berg Tabor am 6. August erinnert nicht nur an das Antlitz Christi, sondern auch an seine Kleidung (Mt 17,2), sie erinnert damit an die Verklärung der gesamten Schöpfung; deswegen werden bei diesem Fest Weintrauben und Früchte der Erde gesegnet.[49]

Erzählte Schöpfungsspiritualität in der hagiographischen Tradition der orthodoxen Kirchen

Die in den orthodoxen Kirchen als Heilige verehrten Menschen haben sichtbar und nachvollziehbar Anteil an der Heilung und Verklärung der gesamten Schöpfung, in der das Leiden und das Böse überwunden ist. Dies wird deutlich in vielen orthodoxen Heiligenviten.

Einerseits heben diese Lebensbeschreibungen hervor, dass Heilige trotz oder wegen strikter körperlicher und geistiger Askese völlig gesund und schmerzfrei lebten und ein sehr hohes Alter in einem blühenden Körper erreichten. So schildert die Vita Antonii des Athanasios um 360, wie der Hl. Antonios d. Gr. († 356) trotz oder besser wegen lebenslanger rigoroser Askese bei sehr bescheidener veganer Kost »in allem unversehrt blieb. Seine Augen waren gesund und untadelig, und er sah gut; von seinen Zähnen fiel auch nicht einer aus (…) Seine Hände und Füße blieben gesund, und überhaupt erschien er glänzender und kräftiger als alle, die sich mannigfacher Nahrung, der Bäder und verschiedener Gewänder bedienen.«[50] Heilige wie Antonius verleihen Kranken, die zu ihnen kommen, körperliche Gesundheit – durch Heilung.

Andererseits sind Viten verbreitet, in denen die Heiligen mit den wilden Bestien friedlich zusammenleben wie einst Adam und Eva im Paradies, zum

---

47 | Vgl. Galitis, Glauben 100.
48 | Vgl. Hypakoi am 6.1. »Als Du durch Deine Erscheinung *das All* erleuchtet hast, da floh das bittere Meer des Unglaubens« (Kursiv M.G.), in: Neophytos Edelby, Liturgikon. »Messbuch« der byzantinischen Kirche, Recklinghausen 1967, 768.
49 | Vgl. Galitis, Glauben 102. Wie an vielen Festen erklingt auch hier eine passende Strophe aus einem Psalm (Ps 89 (88) und 13), in der die verklärte Schöpfung Gott lobt: »Nord und Süd hast Du geschaffen, Tabor und Hermon jauchzen über deinem Namen«, in: Edelby, Liturgikon, 970.
50 | Athanasius, Leben des Heilige Antonius (Vita Antonii) 93, in: Ausgewählte Schriften (Bd. 2 BKV 31), München 1917, 775f.

Zeichen, dass im Umkreis ihrer heiligen Lebensführung nach dem Evangelium das Reich Gottes als neue Schöpfung bereits angebrochen ist. So blieben Löwinnen, welche die zum Tode verurteilte frühchristliche heilige Thekla († nach 50 n. Chr.) in der Arena zerfleischen sollten, still und sanft angesichts ihrer Herzensreinheit und Jungfräulichkeit, leckten ihr die Füße und »vergaßen aus Achtung vor ihrer Jungfräulichkeit ihre Natur (...) So erwies also die Bestie ihrer Beute Verehrung. Der eigenen Natur vergessend, nahm sie die Natur an, welche die Menschen verloren hatten.«[51]

Von etlichen Wüstenvätern im vierten Jahrhundert und von griechischen Eremiten der Gegenwart wird berichtet, wie sie mit Schlangen und Skorpionen zusammenlebten und sie sogar fütterten.[52]

In Russland sind es die Bären, die friedlich mit den Heiligen Sergij von Radonezh († 1392) und Serafim von Sarov († 1833) zusammenlebten. Serafim konnte nicht ertragen, dass irgendein Leid in der Schöpfung geschah. Deshalb betete er auch für die wilden Tiere und ihre friedliche Ernährung. Die immerwährende Anrufung des Namens Jesu im Jesusgebet praktizierte Serafim nicht so sehr für sich selbst als für die ganze Schöpfung um ihn. Sie war für ihn der Weg zur Verklärung der Welt und um die Sprache der Schöpfung zu verstehen. So hörte er das Lob der Kreaturen und konnte mit allen Geschöpfen friedlich zusammenleben. Um Mitternacht versammelten sich Bären, Wölfe, Hasen und Füchse um seine mitten im Wald gelegene Einsiedelei und er sättigte alle mit einem einzigen Stück trockenen Brotes. Ein Serafim zu Diensten stehender Bär soll sogar dessen Gästen in der Einöde einen Topf mit Honig angeboten haben, statt ihn selbst zu essen.[53] Hier wird deutlich, dass sich die Beziehung des Heiligen zu Gott in seiner Beziehung zur Natur und zur Umwelt widerspiegelt und dass er durch sie keinen Schaden erleiden kann, wie einst Adam im Paradies. Auch nach dem Tod Serafims soll in den Wäldern um das Kloster Sarov und dessen Einsiedelei nie ein Bär einem Menschen etwas angetan haben.

Die orthodoxe und ökumenische Schöpfungszeit im Kirchenjahr

Die liturgische Feier des Beginns des orthodoxen Kirchenjahres am 1.9. wird von jeher mit der Bitte an den Schöpfer verbunden, die Zeit zu segnen und

---

51 | Ambrosius von Mailand, Über die Jungfrauen (De virginibus ad Marcellinam sororem libri tres) III, 19f, in: (BKV 32) München 1917.
52 | Vgl. Tomás Špidlík, Serafino di Sarov, in: Ermanno Ancilli u. a. (Hg.), La mistica, 621–644, hier 641.
53 | Vgl. Irina Gorainoff, Séraphim de Sarov. Sa vie. Bellefontaine ²1979, 38f. Vgl. Martin George, Art. Serafim von Sarov, in: TRE 31 (2000), 163–169, hier 167.

sein Land und sein Volk darin zu bewahren. Sie ist immer eine Feier der weltweiten guten Schöpfung Gottes gewesen. Patriarch Demetrios I. von Konstantinopel rief 1989 alle Orthodoxen dazu auf, den 1. September mit neuem Akzent als Tag der Rettung der Schöpfung und der Bewahrung der natürlichen Umwelt zu begehen.[54] Nach einer interorthodoxen Konferenz zum Schutz der Umwelt auf Kreta 1991 riefen die Vorsteher der orthodoxen Kirchen am 15.3.1992 die orthodoxen Gläubigen in aller Welt auf, den Kirchenjahresbeginn am 1. September dem Gebet für die Rettung der Schöpfung und um die rechte Haltung des Menschen zur Natur zu widmen. Zu diesem Zweck wurden zahlreiche neue liturgische Texte geschaffen, die das Schöpfungswirken Christi und die Gegenwart seiner Gaben in der belebten und unbelebten Schöpfung besingen und um Heilung der Fehler der Menschen im Umgang mit der Schöpfung bitten.[55]

Das Europäische Christliche Umweltnetz ECEN unter Leitung Lukas Vischers stellte 1999 die zeitliche Nähe des seit 1992 intensivierten orthodoxen Schöpfungsgedenkens zum evangelischen Schöpfungsgedenken an den Erntedankgottesdiensten im September und zum römisch-katholischen am Gedenktag des Hl. Franziskus von Assisi am 4.10. fest und regte an, eine ökumenische Schöpfungszeit vom 1.9. bis 4.10 in allen christlichen Kirchen zu etablieren.[56] Die III. Europäische Ökumenische Vollversammlung in Sibiu im September 2007 machte sich dies zu eigen und empfahl allen europäischen Kirchen, zukünftig den Zeitraum zwischen dem 1. September und 4. Oktober dem Gebet für den Schutz der Schöpfung und um die Förderung eines nachhaltigen Lebensstils zu widmen, um den Klimawandel aufzuhalten. Etliche evangelische und orthodoxe Kirchen sowie römisch-katholische nationale Bischofskonferenzen in Europa und darüber hinaus haben seither beschlossen, diese Praxis in ihren Kirchgemeinden einzuführen.

Zusammenfassung

Schöpfungsspiritualität in orthodoxer Tradition ist im gegenwärtigen Diskurs über eine zukunftsfähige Schöpfungsspiritualität eine wichtige, unersetzliche Stimme. Sie bringt in das gemeinschaftlich-christliche Nachdenken

---

54 | Vgl. Isolde Schönstein/Lukas Vischer (Hg.), Eine Zeit für Gottes Schöpfung, Genf 2006, 10.
55 | Z.B. das Troparion des Metropoliten Nikodemos von Patras (1990): »Wie schön sind deine wunderbaren Werke, Christos, Logos des Vaters und wirkende Weisheit, ewig von Anfang an. Das Weltall ist durch Dich, durch allmächtige Anordnung geworden. Alle Erdgeborenen sind erfüllt von Deinen Gaben.« In: www.orthodoxfrat.de/ia.htm# [Zugriff: 1.8.2012].
56 | Vgl. Lukas Vischer, Dossier – Schöpfungstag/Schöpfungszeit – Theologische Begründung. Eine Zeit der Schöpfung, in: www.argeschoepfung.at/schoepfungszeit/schoepfungszeit-fuer-alle-kirchen/dossier-zeit-der-schoepfung.html [Zugriff: 1.8.2012].

mehr ein als nur blumige liturgische Texte und skurrile Beispiele der Vorwegnahme endzeitlicher quasiparadiesischer Zustände auf Erden. Sie erinnert daran, dass im Neuen Testament die gesamte Schöpfung trotz des Sündenfalls als gut geglaubt wird (1 Tim 4,4). Sie glaubt mit der Botschaft des Evangeliums, dass der dreieinige Gott seine Schöpfung nicht verlassen hat, sondern sie durchwirkt und auf solche Weise vollendet, dass er alles in allem ist (1 Kor 15,28c). Und sie regt alle Christinnen und Christen an, in Gottesdiensten der verschiedenen Kirchen, im individuellen Gebet, in der persönlichen Meditation sowie im persönlichen und gemeinsamen politischen Handeln dieser Zielsetzung der Schöpfung zu entsprechen.

Durch Himmel, Erd' und Meer
Durch Himmel, Erd' und Meer,
durch Wald und Stein,
durch alle Schöpfung sichtbar oder unsichtbar
direkt und nur durch sich allein
bring' ich Verehrung dar
unserem Schöpfer und Herrn.
Aber durch mich verkünden die Himmel
die Herrlichkeit Gottes,
durch mich betet der Mond Gott an,
durch mich verherrlichen ihn die Sterne,
durch mich regnen die Wasser und Schauer,
der Tau und alle Schöpfung;
verehre Gott und gib ihm Herrlichkeit.
HL. LEONTIOS VON NEAPOLIS (ZYPERN)
(MITTE 7. JH.)

Susan K. Roll

Time and the Cosmic Rhythms in Transition
A perspective from feminist creation theology

What is the speed of time?

With increasing age I find myself losing control of time. I wake up early enough for my first meeting or appointment, follow the usual morning routine, drive my usual route, yet invariably I rush in several minutes late. It is as if time slips through my fingers, or perhaps more accurately, as if over the years the passage of time has accelerated, gradually and without warning.

There may be a sort of logic behind this phenomenon. At the age of six, one year was one-sixth of our experienced lifespan and it seemed like Christmas would *never* come. At the age of sixty, one year is a paltry one-sixtieth of our lives and it seems like one Christmas has barely finished before the decorations and lights are on display again to greet the next one. Moreover, with increased age we are more likely to regard the oncoming Christmas season less with wild-eyed exhilaration than with an attitude somewhere between pleasant anticipation and simple resignation.

Time is fundamental both to human life and to the life of the cosmos, but the way we think about time needs to be re-examined now that feminist epistemology is beginning to illustrate the inherent biases and unnoticed limitations in the operative models by which we understand time. This article will set time and cosmos briefly in a working context, then sketch two classic theories of time in relation to religion and spirituality. From there we can raise several new issues, both theoretical and practical, that re-position the experience of time at the crossroads of body, cosmos and spirituality.[1]

Objective time

Defining time is a slippery task. Some definitions of time use spatial perception and movement to construct an objective framework for the passing of time: »a conception of movement and a measurement of its duration.«[2] A matrix in which events follow in succession. Examples of the use of movement as

---

[1] Portions of this article appeared in Susan K. Roll, A Feminist Approach to Liturgical Time. Proceedings of the North American Academy of Liturgy, 1997, 95–108; and Susan K. Roll, Toward the Origins of Christmas, Kampen 1995, 15–24.
[2] Broughton Richmond, Time Measurement and Calendar Constitution, Leiden 1956, 2.

a measure of passing time stretch through history from the shadow on the sundial, to the gears of a mechanical clock, to the electrical impulse of a battery-powered clock or watch, to the contemporary atomic clock that uses the regular vibrations of a particular isotope of the element cesium to measure time.

Time is thus bound to space, yet time can be shared while space cannot: two objects cannot occupy exactly the same space at the same time. Physical bodies take up space, but different beings may exist concurrently in the same unit of time.

Time can be measured in the act of rhythm or pulsation, marked by regular divisible segments of time set off by distinctive boundaries. These rhythms operate in two interrelated phenomena. They are, on the one hand, received by humans from their natural environment, what we may call exogenous or external rhythms: the cycles of sun, moon and stars, agricultural seasons. On the other hand humans experience distinctive rhythms or sequences in their own life processes, called endogenous or internal rhythms: heartbeat and pulse, inhaling and exhaling, sleep and wakefulness, hunger and satiety, or fertility and infertility. Human time measurement must at least coordinate with, not contradict, observable natural time rhythms. Yet endogenous rhythms vary enormously: one's heart rate and pulse may speed up with exercise or anxiety, and later slow down at rest. A period of time may be experienced as short or long due to subjective factors which influence perception, perhaps the relative importance of the activity or the joy or pain felt during the events that take place within a particular time frame. One can »lose track« of time or »forget« the time when distracted by a serious crisis or absorbed in a fascinating activity. Time may seem to expand, contract, speed up, stand still or be temporarily suspended. Thus endogenous time, as measured by the available organic time markers, is not rigidly constant but instead highly variable.

Even exogenous time rhythms, while fairly constant within their own cycle, do not coordinate evenly with each other, to the great frustration of calendar makers since earliest recorded history. One lunar cycle (lunation) equals approximately 29.53 days, and one solar year of 365.24 days equals 12.368 lunations.[3] The lunar calendar was sufficient for pre-agricultural societies while the solar calendar proved practical for agricultural societies who survived by their knowledge of seasons. The solar calendar required a higher degree of astronomical knowledge and mathematical precision. Twelve luna-

---

3 | Vgl. Heinz Zemanek, Kalender und Chronologie. Bekanntes und Unbekanntes aus der Kalenderwissenschaft, Munich/Wien ²1981, 21–23.

tions would equal only 354.36 days, more than ten days less than the solar year. This knowledge explains why even modern religious calendars that retain ancient elements of lunar reckoning often are not synchronized with the civil solar calendar. The Jewish feast of Passover would occur earlier and earlier in the year as the years go on and quickly lose its connection with springtime (in the northern hemisphere) unless an intercalary month is added: so periodically the Jewish calendar counts the month of Adar twice, as Adar I and Adar II. The date of the Christian Easter feast, on the other hand, is confined within a range of possible springtime dates each year by combining lunar and solar criteria: Easter falls on the first Sunday after the first full moon after the spring equinox, thus between March 22 and April 25.

In the Gregorian calendar in use today we take for granted the insertion of one day every four years to even out the difference between the solar cycle and the extra fraction of a day – the 24 of a day. The leap year may be considered a novelty or a nuisance, but not a violation of God's divine plan for the universe. By contrast the ancient Egyptians enjoyed a highly accurate calendar that combined the cycle of the stars with the annual flooding of the Nile River, but still only gave them a year of 360 days, to which five »epagomenal« days were added to approximate a solar year. Yet they held deep religious scruples about interfering with the calendar in this way, believing that their actions contravened the sacredness of the time of the cosmos.[4]

Spiritual perception of time

Time perception is based on a correspondence of exogenous and endogenous rhythms, and thus originates from the person's insertion into the entire ecosystem. Natural cosmic or climatic events as symbols have an impact upon the meanings that humans discover, or extract, from their time perception, and then remember and ritualize in their communities. The cycles of the sun and moon are obvious markers of spiritually-loaded time but there is a complex multiplicity of cycles in nature. For this reason ecofeminism, with its emphasis upon the interrelatedness of all living beings and their environment, could offer a particularly significant slant on liturgical time from a feminist perspective. One must in any case avoid falling unthinkingly into diametrically-opposed dualisms. Too many conventional analogies between the »masculine« sun and the »feminine« moon operate to reinforce superior and inferior status and roles according to gender. When the »Father« sky symbolically

---

4 | Vgl. Noële-Maurice Denis-Boulet, Le calendrier chrétien, Paris 1959, 15; and J. Flamant, Temps sacré et comput astronomique, in: Le temps chrétien de la fin de l'Antiquité au Moyen Age (IIIe-XIIIe siècles) Colloques Internationaux du Centre Nationale de la Recherche Scientifique, volume 604, Paris 1984, 31–32.

rains fertility and seed upon the »Mother« earth, this poetic but scientifically false image of procreation supports by inference the same dualistic split and thus the same unjust presumption of inferiority and dependency of the female. Up to today Catholic Christians still hear the ancient image of the *hieros gamos*, »this is the night ... when Heaven is wedded to Earth« in the *Exsultet*, the song of praise proclaimed by a deacon or priest at the Easter Vigil Liturgy.

On the other hand, time perception is to a large extent constructed (whether consciously or unconsciously) and thus culturally conditioned according to a variety of social, cultural, historical or other factors. What is considered a normal attention span, for example, varies greatly between childhood and adulthood, and in different cultures and periods of history. In the 21st century the older churchgoers who once patiently listened to hour-long sermons are vastly different in attention span from the young who text and tweet continually and expect immediate replies.

Particular times and seasons set apart as festal celebrations in a particular religious community are directly linked to the symbiotic rhythms of the human person and the cosmos in harmony. Special feasts, celebrations and commemorations, by giving meaning and depth to a point in time and uniting subjective and objective time-perception, potentially reconcile dualisms and forms of alienation. For this reason religious celebration tends to resist arbitrary imposition for particular purposes. This is important because of the long history of liturgical feasts officially proclaimed which had church-political purposes: teaching an official doctrine, presenting a model of obedience or heroism, encouraging a certain form of piety or for underlying political or ecclesiopolitical motives.[5]

The significance of festal time derives from its rootedness in the time of the origins of the community, or of a significant event or period in its history. What this means ultimately is that there is no *private* celebration: any celebration is inherently a group event, whether the group is large or small, and comes from an interpretation of an event in their shared history. One may celebrate some event privately or may follow personal rituals with subjective background meanings, but this is not the same as the simultaneously synchronic and diachronic shared meanings underlying festal celebration which

---

5 | One such example is that of the 1925 promulgation of the Feast of Christ the King in the context of the growth of Fascism and Communism in Europe. Originally set on the last Sunday in October where it served as a sort of a Roman Catholic counter-feast to Reformation Sunday, Christ the King is now marked on the last Sunday of the liturgical year and is explained in a wider sense as Christ's cosmic dominance. The official title of this feast on the Roman Catholic calendar was recently changed to »Solemnity of our Lord Jesus Christ, King of the Universe.«

link communities of persons in a trans-historical dimension and set them in a larger human context.

Some conventional models of religious time

Eliade: an anthropological/universalizing approach

Liturgists teaching concepts of liturgical time commonly take as a starting point a double-bipolar schema of sacred versus profane time, and cyclical versus linear time. In the mid-twentieth century Mircea Eliade gave this schema its particular formulation derived from observable phenomena in the field of religious anthropology. Some of its underlying assumptions have been questioned, however, both on the grounds of its inherent dualism and its presumption that researchers can manage to discover »universal« phenomena and principles simply by amassing a great deal of empirical research, entirely apart from awareness of the contextuality of the data and the hermeneutical principles employed.[6]

Eliade posits that in religious cultures time is experienced as neither homogeneous or uninterrupted in nature: the sacred time of festivals lifts a period of time above the banal, everyday time characterized as an unbroken sequence, a sort of »baseline time«.[7] By means of celebrating a festival and the sacred rites which give shape to the feast and express its meaning, humanity passes from day-to-day profane time to sacred time. This sacred time derives its essence from the primordial, mythical time in which the founding legends or myths of the community took place, myths which offer some explanation of the mysteries of life, the universe and everything. Re-enacting these foundational myths thus offers the possibility of some degree of control over the cosmic forces which impact the life of the community. Moreover these myths and their corresponding rites reinforce a sense of specific identity to differentiate humans from other life forms, and from other human communities, as well as a means to maintain cohesion within the community in the re-enactment of the sacred narrative of its origins.

Because by performing rituals the founding myths are not merely commemorated but re-actualized and their effects revitalized, sacred time is not static or linear by nature, but infinitely reversible. The events in primordial time may be perpetually recovered. So sacred time transcends the monotonous se-

---

6 | Eliade's original data was drawn from what were then characterized as »primitive« cultures, or to say it less judgmentally, »cultures without writing«; see R. J. Zwi Werblowsky, In Nostro Tempore. On Mircea Eliade, Religion 19 (1989) 133.

7 | Vgl. Mircea Eliade, The Sacred and the Profane, New York 1959, 68–70; and Mircea Eliade, Patterns in Comparative Religion, New York 1958, reprint edition 1974, 388–390.

quential time of everyday activity, the time of birth, aging and death, to give orientation and meaning to the ephemeral flow, the appearance and disappearance, of contingent realities embedded in profane time.[8] Sacred time is made present again in a regular, cyclical rhythm discovered, not invented, by humans.

The second, interlocking time schema is that of cyclical and linear time. The natural paradigm for cyclical time is easily observable in cosmic phenomena-solar and lunar cycles, the course of the seasons, or the life-cycle.[9] Religious cyclical time refers to the recoverability of the sacred time of the beginnings, the *in illo tempore*, with the recurrence of the cosmic phenomenon with which the story or event is associated. The accessibility of the »strong time« of the origins offers a defense against the threat of progressive decay, accumulated sin, and the consequent erosion of these life-giving meaning-structures. By recourse to the rites which make the founding myths present again, the community is enabled to wipe out sins and suffering, make atonement, and start over. An example would be New Year's rites when characterized by a deliberate retrogression into chaos (in the West, partying or drunkenness) followed by a new, clean start, a new creation as it were (represented in the West by New Year's resolutions).

Critique of Eliade's schema

Contemporary Christian liturgists have often applied the notion of cyclical time somewhat prejudicially to unsophisticated agrarian cultures, and linear time to the concept of historicity underlying the Judaeo-Christian idea of salvation history, then attempt to reconcile the two by invoking the annual cycle of Jewish and Christian feasts as evidence for the persistence of a cyclical sense of religious time. The result is often schematized as a combination of a circle and a straight line to resemble a spiral to depict a certain progression and non-repetition within a revolving trajectory.[10] Does the spiral image as a fusion of the two time-concepts do justice to the experience of time as a dynamic continuum of rhythm? Combining two elements of a rigidly differentiated dualism may not necessarily result in a workable synthesis leading into a broader, more inclusive reality, nor would it erase the inherent supersessionism.

---

8 | Vgl. Mircea Eliade, Images et symboles. Essais sur le symbolisme magico-religieux, Les essais 40, Paris 1952, 93.
9 | Vgl. Mircea Eliade, Le mythe de l'etérnel retour. Archétypes et répétition, Les essais 34, Paris (1949) 83–114.
10 | See among others Odo Casel, Gegenwart des Christusmysteriums, hrsg. von Arno Schilson, Paderborn 1986, 25; and Louis Bouyer, Life and Liturgy, London 1956, 196–198.

A student of Eliade's, R.J. Zwi Werblowsky argues that the psychological impact of cyclical as opposed to linear time-concepts may in fact be just the reverse of what Eliade claimed. Eliade had seen the cyclical concept of time among less sophisticated cultures as an attempt to escape »the terror of history«, that is, the relentless accumulation of sin, guilt and degeneration, while linear time represented greater courage in facing history. Werblowsky suggests the opposite; the linear concept of time may represent

»a pathetic attempt to mitigate the terror of history by viewing time as a sequence of meaningful and goal-directed events (with or without divine providence.)«[11]

A more fundamental critique could be levelled at the inherent weakness and imbalance of a dualistic conceptual model as such. A binary model which presents itself as a perfectly even split between two diametrically-opposed concepts, is never so. Such a model is never value-neutral because it is determined, consciously or unconsciously, by the standpoint, assumptions or perspective of the person or persons which possesses cognitive hegemony such as to be able to impose its view as normative. The definer(s) will construct such a model in which one of the two elements obtains valuational pre-eminence over the other and tends to favor the vested interests of the definer(s). The model »tilts.« Body/spirit, black/white, left/right, light/darkness, rational/emotional, public/private, independent/dependent: we can all immediately identify which of the two is intended to carry positive meaning-freight, and which one the negative. Feminist theory points to the uncritical identification of female (in a female/male binary pair) with the valuational down-side of other polarities: body, emotional, private, dependent etc. The polarity clearly lines up women on the side of the more primitive pole, and separated from sacred time or the time of the common origins of the religious group in question. This has major implications for a feminist view of liturgical time since a cyclical sense of time was associated with inferior, »primitive« peoples, and linear time with »cultivated« ones.

Cullman and early Hebrew and Christian time concepts

Oscar Cullmann's work on time in the New Testament period was approximately contemporary with the early work of Eliade. His model aligned the Hellenistic culture of the ancient Mediterranean region with a dominant perception of time as cyclical while positing that the ancient Hebrews lived in linear time because of their sense of their God's presence in unfolding events of history (the patriarchs, the Exodus) and a sense of a future fulfillment (the co-

11 | R.J. Zwi Werblowsky, In Nostro Tempore, 131–132.

ming of the Messiah.)[12] The real presupposition is probably more that cyclical time was linked more with »primitive,« polytheistic, »pagan« peoples, and was superseded by the more sophisticated future-directed linear thought (perhaps a backward projection of Enlightenment belief in progress), which Christians attributed to their Hebrew predecessors in faith. In fact Israel's festivals carried both patterns of time-context, since seasonal elements and the placement of feasts in the luni-solar calendar underlay the character of particular feasts (Pesach, Pentecost, Sukkoth); while Greeks did have a sense of their own historicity, as evidenced by classical Greek historical writers.

Cullmann contrasts the »upward sloping line« of early Christianity and Judaism with the circular or cyclical concept he attaches to Hellenism, while for Eliade the enslavement of humanity to endlessly repetitious time can only be broken by escape from the cycle and redemption becomes a quasi-spatial concept in which the person or community seeks to emerge outside the course of time. For early Christians, according to Cullmann, redemption takes place entirely within time according to a divine plan which became manifest in Christ. The death and resurrection of Jesus marked the fixed point in the sequence, the midpoint in the line. Cullman posits that while for the Hebrews the pivotal point, the coming of the Messiah, lay in the future, for Christians it lay in the past (though one would have to add Christian apocalyptics with its promise of the Second Coming of Christ.)

Different words, same dualism
Other scholarly schemas of time and celebration tend to adopt a similarly bipolar or dualistic model of time-perception: human history versus »God's history«, »super history« versus secular event,[13] plus broader antitheses such as kairos versus chronos which closely parallels quantitative and qualitative time (quantitative equals profane, and qualitative equals sacred time), cosmic time versus salvific time,[14] eschatology versus history, or the dominical cycle versus the annual cycle.[15] In the development of the sanctoral cycle, annalistic synchronism or horizontal time (which views time as a linear sequence of interconnected causes and effects) is distinguished from »anniversaristic synchronism« or vertical time which emphasizes the coincidence of certain

---

12 | Vgl. Oscar Cullmann, Christ and Time, London 1951, 39 and 45–60.
13 | Vgl. Simon De Vries, Time in the Bible, in: Concilium 142 (2/1981) 22–27.
14 | Vgl. Matias Augé, Teologia dell'anno liturgico, in: Matias Augé/Anscar J. Chupungco/Adrien Nocent/Marcel Rooney/Ildebrando Scicolone/Achille Triacca, Anámnesis 6. L'anno liturgico: storia, teologia, celebrazione, Genova 1988, 29.
15 | Vgl. Robert Taft, The Liturgical Year: Studies, Prospects, Reflections, in: Worship 55/1 (1981) 11.

events on the same date or time period, dependent on a cyclical concept of the recurring year.[16] This amounts to the same as cyclical versus linear time.

All of these schemas, particularly those which claim justification from the imposition of a bipolar template on data from biblical times, fall short as Robert Taft states:

»Recent studies of Greek and Hebrew semantics and the relevant Old Testament material have concluded that there is no firm basis for positing a peculiar sense of time in Hebrew thought, and that nothing in New Testament statements about time and eternity provides an adequate basis for a distinct Christian concept of time.«[17]

To summarize, the classic schemas of liturgical time tend to rest upon presuppositions called up for critical examination in feminist analysis: 1) dualism and the refusal to perceive its inherent valuational bias; 2) universalizing theories that claim universal normativity for one or another opinion based on necessarily limited data and without accounting for researcher bias; 3) hierarchical theories – for example, the idea that linear time is more advanced, more cultured and more sophisticated than cyclical time, and related to that, 4) supersessional theories – that Hebrew time was a lesser-developed precursor to Christian festal time, and Greek time preceded and was inferior to Hebrew because the Greeks were merely »pagans.«

Contemporary conflicting timescapes

To speak of the »experience« of religious time right now in the twenty-first century, particularly in the North Atlantic hemisphere, means reversing the mentality of receptivity which characterized the discussion of time in the context of primarily agrarian, less literate and less mercantile societies. People are far less likely to see themselves as slaves of the natural forces that mark time, but more likely to be slaves of newer forces. Time has become a commodity controlled by those who hold particularly economic hegemony in a society: we speak in common parlance of doing something »on company time,« or putting in »overtime,« or even in the case of lawyers, »billable hours.« In line with post-Enlightenment thought and the process of secularization, the perceived rhythms of time now emerge more from synthetic than from natural phenomena, and in addition emerge increasingly from neo-capitalist paradigms of time in the money economy. This sets up a network of ongoing con-

---

16 | Vgl. John Hennig, Martyrologium and Kalendarium, in: Studia Patristica, Texte und Untersuchungen zur Geschichte der Altchristlichen Literatur 5 (1982) 78.
17 | Taft, The Liturgical Year, 12.

flicts with religious time when the latter remains based upon a cosmic and agrarian perception of time.[18]

The invention of the mechanical timepiece objectivized time measurement and as a result, time could be manipulated in view of an ulterior motive or goal, for example Daylight Savings Time or *Sommerzeit*. A universal system of time-measurement was necessitated by the increasingly complex requirements of politics, industry, trade, transportation and the military. The development of artificial light, heating and air-conditioning systems severed human dependency on the daily and seasonal rhythms of nature to determine the human work schedule, and permitted the use of night time for the continuation of industrial production, as well as for long-distance travel and entertainment. The 24-hour clock became increasingly normative, not only in its original form as military time but for purposes of travel, industry and time-management. Fax, electronic mail texts and tweets are delivered at any hour, while the internet and satellite television can be monitored constantly and provide virtually immediate coverage of major news events. Twenty-four-hour shopping mirrors the long-time industrial practice of employing workers on three rotating shifts so that the machinery operates 24 hours per day and no time is left unproductive. More persons exhibit chronically short attention spans and fragmented concentration. Split-screens with constant downloads of commercial publicity (not to speak of pop-ups), and media programming frequently interrupted by aggressive commercials reflect the pervasiveness of time-manipulation to serve economic interests.

Not merely day and night, but the course of the year is variable and manipulable: the calendar year beginning January 1, the school year beginning in August or September, the university year in September or October, the fiscal year beginning July 1, sports seasons running on their own schedules, to say nothing of the various major religions' religious calendars. Amidst a number of overlapping calendars, and the need for an electronic personal assistant to organize an intensifying number of competing demands, the primary determinant of experienced yearly time seems to be the multiplicity and competition of both work demands and leisure possibilities, often seeming to stretch time to the breaking point, or more specifically, to stretch human activity to the point of utter burnout.

Yet if the nature of a special feast, or of a time period set aside for worship or celebration, inherently contradicts pragmatic, goal-directed, economically

---

18 | Vgl. John Baldovin, The Liturgical Year. Calendar for a Just Community, in: Eleanor Bernstein (Hg.), Liturgy and Spirituality in Context. Perspectives on Prayer and Culture, Collegeville 1990, 101.

productive or socially all-engrossing human activity, it will contradict the primary contemporary value attributed to human activity in time. Times of ritual or celebration are by nature gratuitous, meaningful on a level beyond that of daily life-maintenance activities, integrative of personal and social meaning, affirming of relational meaning, creative and joyful – and in the best case, they take up as much time as they take. What a contrast to precisely those functional, commercial virtues that are often construed as normative and determinative of human worth and of human being itself.

Interestingly, the strength of the new ritualization and symbol-creating process now emerging from the margins – from small faith-sharing groups, intentional communities, retreat groups and women-church groups among others – testifies to the deep need to create free spaces, »holes«, in overly-structured time. New creative faith-centered rituals, when they strive to touch the deeper roots in wisdom which help to guarantee their authenticity, demonstrate clearly the powerful human need for symbolic expression in community and for rituals open to a healthful inclusivity of all persons. They contradict the twentieth-century tendency for liturgists, beginning with Romano Guardini in his letter from 1964 after the publication of the Constitution on the Sacred Liturgy of Vatican Council II, to complain that the technological person of today has become incapable of engaging in liturgy or comprehending symbol.[19]

Toward new cosmic models of time

Eliade had built his theories of the transcendent value and infinite retrievability of sacred time around the ritualization of the founding myth or constitutive event of a society or community. This may have been a primordial creation story which purported to explain how human beings and their environment came into existence, or an event foundational to the cohesive identity of a particular group such as the story of the exodus from slavery in Egypt. For feminists among others, the Genesis myth has fallen apart as a credible statement of »how the world is«: the story presumes that human beings normatively dominate all the rest of creation and that men normatively dominate women, thus justifying pyramidal power relations and hierarchies of obedience and control. Ecological theology engages the threat of the extinction of the earth and the living species it hosts due to misuse and poisoning of the environment, in terms of the inherent balance and goodness of creation. Ecofeminism stresses not merely moving beyond the Genesis injunction to »dominate the

---

19 | This open letter was published in: Liturgisches Jahrbuch 14 (1964) 101–106.

earth and subdue it«, and even further beyond conscientious stewardship of the earth, but to embrace the organic interrelatedness of all living beings, humans included.

Ecofeminism as a distinctive discourse within feminist theology grapples explicitly with the nature/culture dualism in which women are arbitrarily identified with nature, because under patriarchy both women and nature are identified as the Other, the Object upon which the Subject acts, to be brought under control, dominated, tamed, and made to serve useful purposes. Herein lies a dilemma for feminist-identified women: if women *either* integrate themselves into a patriarchal, competitive, relation-denying, profit-maximizing culture, *or* if women uncritically embrace the stereotypical identification of women with nature as a valid (if ultimately essentialist) statement of their own identity, in either case they have bought into a bipolar stereotype and flung themselves onto one pole or the other to resolve the ambiguity.

Incarnation as a core concept

Both the exogenous and endogenous forms of time measurement are mediated through the human body, whether by sight or other senses, or through the internal workings of the body itself. To say this is not to reduce time to a merely subjective concept but to honor the dynamic nature of the body/cosmos interrelation and interpenetration.

In scripture the naturalness of knowing the time, or more precisely when the time is right, is written into such passages as Psalm 104,

»You have made the moon to mark the seasons / the sun knows its time for setting / You make darkness, and it is night / when all the animals of the forest come creeping out. The young lions roar for their prey / seeking their food from God. When the sun rises, they withdraw and lie down in their dens. People go out to their work and to their labor until the evening.«[20]

Or, »Even the stork in the heavens knows its times; and the turtledove, swallow and crane observe the time of their coming.«[21] Time unfolds with a naturalness for animals in these passages, and symbolizes the dependable logic of the designs of God.

Another image for linking bodiliness and time comes from »Dry Salvage« the third poem of the *Four Quartets* of T. S. Eliot, written in 1944:

---

20 | Psalm 104: 19–23, New Revised Standard Version.
21 | Jeremiah 8:7a and b, New Revised Standard Version.

»The point of intersection of the timeless with time is Incarnation. Here the impossible union of spheres of evidence is actual, here the past and future are conquered, and reconciled.«[22]

We might speak of knowing something »in our bones,« or knowing what another person will say before they speak, or even knowing that the ringing telephone is bringing bad news. Perhaps we are closer to understanding time in a more cosmically-authentic manner by recognizing that uncounted multiple dimensions of time and infinite (so far as we know) forms of apprehension of knowledge crosshatch each other, in a sense. Time is inscribed in every cell of our bodies, and so is the rhythmic, throbbing life-force in which the life of the universe is embodied.

Women's bodies

Probably the easiest way, although deceptively easy, to begin to concretize a feminist view of liturgical time is to start from the experienced rhythms of our bodies. Throughout patriarchal antiquity women were associated symbolically with the moon, for several reasons: the moon gives off a softer, weaker, reflected light in comparison to the sun, which symbolized sole dominant power in the heavens, an apt symbolic configuration given the worldview of patriarchy. More importantly concerning time, the moon goes through a complete cycle in roughly 29 days, which correlates symbolically with the menstrual cycle. We know in reality though, that women's cycles may vary greatly according to illness, stress, hormonal balance or for no apparent reason. A group of women living or working in prolonged, close contact with each other may find that their respective menstrual cycles begin to converge so as to fall around the same time. The hormonal cycle can cause variations in cognitive and verbal ability, and certainly a range of emotion and depressive states and by extension the negative stereotypes of women associated with them. This is an example of endogenous time-rhythm, highly flexible and personal. Because of the symbolic correlate of menstruation with the moon, it raises questions about the »universality« of solar time, even in its contemporary form in the atomic clock.

This impinges directly on women's ritualizing of time: already in 1985 Rosemary Radford Ruether wrote on women reclaiming the »mikvah«, the ritual bath following a menstrual period in the Jewish tradition, as an opportunity to transform the ritual into a celebration of the natural rhythms of

---

22 | T. S. Eliot, Four Quartets, Faber and Faber, London 1944.

women's bodies.²³ Operating on a similar monthly cycle is the ritual of the new moon, *Rosh Hodesh*, a day on which women withdrew from their work, preceded by a day of repentance, and intended to mark a new beginning, redemptive restoration of original equality and potency.

Female bodies however are not always honored in formal liturgical assemblies. Women's menstrual cycles, or bleeding in the weeks following childbirth, have from the time of the late ancient Church caused ambivalence at best, fear at worst, when women came to worship. While male bodily emissions that occur on an irregular basis seem not to have excluded the man from worship, women's regular emissions proved an exception. The literature on how women's rhythmic bodily emissions, interpreted as contamination or impurity, set women (and in one patristic-era text, also the midwives who had aided them!) outside the sacred assembly has increased in the past two decades and could be laying a foundation for understanding some denominations' prohibitions on the ordination of women.²⁴

A new model with possibilities

What are the implications of strengthening women's identity by means of reclaiming and exalting a heretofore alternative time-cycle for celebration of uniquely women's rituals? Does accepting a time-cycle analogous to lunar time simply reinforce the already-embedded dualistic split in time-perception, as well as the perception that what pertains to women is by nature secondary? What does it say about women's body-image – is it in fact redemptive, healing, dignity-giving? Simply speaking does it go far enough, or can we find a non-dualistic starting point which would better support the new ritual awareness of women as whole persons, as selves capable of articulating our own identity?

Perhaps we could try a different model for time: that of the *journey*. The journey metaphor emerges directly from lived experience, both spatial and temporal, and is potentially more concrete and accessible than the abstract dualistic models mentioned before. The journey represents the way we live

---

23 | Vgl. Rosemary Radford Ruether, Women-Church. Theology and Practice of Feminist Liturgical Communities, San Francisco 1985, 218–222. Ruether cites Rachel Adler as the source.
24 | See Kristin de Troyer, Judith A. Herbert/Judith Ann Johnson/Anne-Marie Korte, Wholly Woman Holy Blood. A Feminist Critique of Purity and Impurity, Studies in Antiquity and Christianity, Harrisburg 2003; and the German summary and update of my article from this book, as Susan K. Roll, Der alte Ritus des ersten Kirchgangs von Frauen nach der Geburt, in: Annette Esser/Andrea Günter/Rajah Scheepers (Hg.), Kinder haben, Kind sein, Geboren sein. Philosophische und theologische Beiträge zu Kindheit und Geburt, Königstein/Taunus 2008, 176–194. Teresa Berger makes a fine analysis of the exclusion of women from worship due to bodily flows in: Gender Differences and the Making of Liturgical History. Lifting a Veil on Liturgy's Past, in: Liturgy, Worship and Society, Farnham (Surrey) and Burlington (Vermont) 2011, 95–126.

our lives, one day at a time, never seeing very far forwards, and taking a meaningful shape and direction discerned by looking backwards over the territory traveled.

Notice here that the concept of journey we are proposing corresponds to »Erfahrung« in German. This life-journey is not at all pre-determined or predictable. One's lived experiences, not goal-directed endpoint-seeking behaviour, give the journey its rationale and its meaning. The stated destination may provide the motivation to begin or to continue the journey, but does not in itself control the process of journeying. The destination might not be the real endpoint as the journey develops. The journey may demand effort but its ultimate meaning is not in the task as such but in the performing of the task and what happens along the way.

The journey may have a linear aspect but it does not necessarily result in a rigidly straight line: we can journey three steps backwards or six steps sideways as well as forwards, as in the famous penitential procession of Echternach in Luxemburg, »two steps forward, one step back.« We can get lost and journey miles out of our way without realizing it, plodding fruitlessly along or stopping to stay someplace unexpectedly. There are plenty of road maps and guides to use, but the map is not the journey – the journey is personal and unique. Any cyclical aspect of the journey is relativized by the realization that »you can't go home again« because home will be different, and more to the point, *you* will be different. Or to cite Eliot again,

»Fare forward, travellers! Not escaping from the past into different lives, or into any future; You are not the same people who left that station or who will arrive at any terminus, while the narrowing rails slide together behind you.«[25]

The journey has already been implemented as a model of liturgical time apart from the newly-emerging field of feminist ritual: the restored Rite of Christian Initiation of Adults (RCIA) in the Roman Catholic church embodies a journey model for both catechesis which leaves ample room for personal discernment and growth in wisdom and commitment, as well as a flexible ritual structure (at least up to the last stage, when the immediate preparation to receive the sacraments of initiation at Easter is brought into parallel with the season of Lent.) The RCIA is designed to work within a network of community and personal faith journey(s) in a mutually supportive way, culminating in reception of the sacraments at points in the liturgical year with deep roots in the historical tradition of the worshiping community.

---

25 | T. S. Eliot, Four Quartets, Faber and Faber, London 1944.

What makes the journey metaphor highly adaptable to new feminist liturgy is, first, the fact that it builds precisely on the qualities of memory, retrieved tradition and imagination which underlie both the new directions in New Testament studies such as those pioneered by Elisabeth Schüssler-Fiorenza, and in feminist liturgical tradition according to Marjorie Procter-Smith.[26] The journey can embody both highly personal and communal movement through time and space, and take on profound meaning in either or both. Several new rites of passage take up significant but heretofore-neglected life transitions, such as the new rituals for croning (recognizing the maturity, wisdom and elder-status of an older woman), or menarche, turning-points in an individual's life path in which the deeper meaning component is activated when the person is well-supported in a safe community. The journey as a model of time sets up possibilities for a dynamic living tradition with forward propulsion, so to speak, into the future.

Does the journey need be limited to physical life? A multivalent concept of journey could also serve to undergird the embodiment in ritual of new thinking on eschatology. While liberation theologians in particular stress the importance of a shift of emphasis from an otherworldly teleology which blunts social-justice engagement in the gritty world of this moment, others look in vain for some sense of trans-historical hope beyond the needless injustices and tragedies all around us. The journey can operate in a number of dimensions.

For this reason the journey metaphor draws attention to the infinity of time, the interplay of concepts of space and time in our expanding scientific knowledge, and the relative nature of a linear schema of time. Human persons cannot create time, and it is a mistake in logic to speak of »making time,« as in the expression »I will make time to do that.« One could rearrange one's priorities but can never make an additional supply of time. In the traditional configuration of gender roles women would know that better than men because of the open-ended nature of caring work. Ironically for the celebration of major feasts and holy days, whether they include Pesach and the Shabbat dinner in Jewish homes or Christmas and Easter for Christians, the overwhelming burden of preparation falls on women, and time is all too often experienced as a shortage or an inadequacy, a »race against time« to have everything prepared.

Finally, new feminist ritual is highly contextual, to a great extent unique and unrepeatable. The innate flexibility and adaptability of the journey meta-

---

26 | See Elisabeth Schüssler Fiorenza, In Memory of Her, New York 1983; and Marjorie Procter-Smith, In Her Own Rite. Constructing Feminist Liturgical Tradition, Akron, ²2000, especially 36–58.

phor leaves a good deal of room for variations in perceptions of time in celebration linked to differing cultures, socioeconomic situations and local settings. Personal journeys of healing from trauma, collective celebrations of a particular success, welcome for a newcomer or farewell to an old friend, the culmination of an old process or project or an auspicious beginning for a new one: all of these are journeys, or perhaps sub-journeys, segments of larger journeys, for both the person and the community. The journey model trusts the process, trusts the living spirit that underlies the cosmos from which can never separate ourselves, and even more optimistically, trusts in the future.

Auf dass es schön werde
die paar minuten morgens
auskosten
bevor alles beginnt
den neuen zweig kirsche
den kaffee neben mir
auf dass gott schön werde
und ich mit ihm auf unsrer reise
MARTINA SCHWARZ

Teil II:
Schöpfungsspiritualität lernen

Praktisch-theologische Reflexion ortet die unterschiedlichen Weisen, wie christlicher Glaube wirklich wird und wie sich theologisches Nachdenken über den christlichen Glauben auswirkt.

Da ist der Beginn menschlichen Lebens. In biblischen Geschichten wie der von *Jona und dem Wal* spricht sich eine große Weisheit aus, die heute neu zu begreifen ist. Feministische praktische Theologie fordert uns auf, *Geburt* selbst als schöpferisch-sakramentalen Prozess zu verstehen. Aber auch die *Taufe* muss neu verstanden werden. Nicht nur die Worte, sondern das Element *Wasser* selbst will, gerade als bedrohtes Element, in seiner sakramentalen Durchlässigkeit neu verstanden werden. Die lebensfeindlichen *Interpretationen* der Taufe dagegen sind zu verabschieden. In den *Liedern* des Gottesdienstes singt sich die Schöpfung in unser Herz, bringen wir unser Staunen über die Schönheit der Schöpfung in Melodie und Worte, stimmen wir ein in den kosmischen Lobgesang. Aber auch die kirchlichen *Gebete und Segenshandlungen* sind neu zu interpretieren, wenn sie in der gegenwärtigen Situation dienlich sein wollen. Die zentrale Aufgabe kirchlicher Pädagogik und Didaktik schließlich ist nicht nur eine ethisch reflektierte christliche Unterweisung und Erziehung. Vielmehr muss erneut der weite Horizont einer grundlegenden *Kosmischen Erziehung* in den Fokus kirchlicher Bildungsarbeit rücken. Die Frage nach der Berufung der Menschheit im kosmischen Werdeprozess stellt sich dringlich und verweist auf erneute grundsätzliche Überlegungen. Und nicht zuletzt sind es die *Sterbenden* selbst, die uns lehren können, wie wir die bevorstehenden Wandlungsprozesse bewältigen können.

Gina Schibler

Jona und der Wal
Umkehren und schwanger sein mit Leben

Nicht *für* die Erde, sondern *mit* der Kraft der Erde, in Synergie mit ihr sich für unser gemeinsames Überleben einsetzen ... Das war die Erkenntnis, die uns in einer privaten Austauschrunde plötzlich klar wurde. Wir hatten miteinander die Frage nach der Art und Weise des Einsatzes gegen den Klimawandel erörtert. Beide waren wir ratlos gewesen, bedrückt von der übergroßen Aufgabe, weltweit zu einer klimaverträglichen Lebensweise zu finden und diese Aufgabe anderen zu vermitteln, sie dafür zu gewinnen. Und nun diese Erkenntnis, die wie ein Licht in uns aufstrahlte: Es ist die Erde selbst, die uns hilft, die uns mitnimmt, deren Kraft wir nützen können für einen positiven Wandel! Dieser Grundsatz bildete gleichsam die Antwort. Und diese Antwort entlastete uns, unser Atem wurde spürbar tiefer, wir spürten neue Kräfte, andere Potenziale, die wir nutzen konnten.

Die nun folgende Interpretation des Jona-Buches versucht der Frage nachzugehen, was dieser Ansatz der Verbündung mit der Erde selbst bedeutet. Und wie sich diese Aufgabe dadurch verändern könnte, dass aus ihr, statt einer schweren Last, etwas Fließendes werden kann.

Mir ist dafür Jonas Erfahrung im Bauch des Walfisches wichtig geworden. Ich setze sie mit Prozessen des Werdens, insbesondere den Erfahrungen von Schwangerschaft in Bezug.

Der Wal

Jonas betet im Bauch des Wals:

> »Dunkel, warm und feucht ist es hier. Ich wurde verschluckt von einer riesigen Kraft. Bin ich geborgen und getragen? Oder im Gegenteil gewaltsam und willenlos gefangen? Ich lasse los und bin bereit, dem Auftrag zu dienen, wie auch immer er lautet.«

Das Buch Jona erzählt von einem Propheten mit einem schweren Auftrag.[1] Jona erhält die Anweisung, in die Stadt Ninive zu reisen, um die Bosheit der Stadt und ihrer Bewohner anzuprangern. Ninive war im 8. und 7. Jahrhundert v. Chr. eine der größten Städte des assyrischen Weltreiches. Jona aber fürchtet sich vor diesem Auftrag und flieht auf einem Schiff in die entgegen-

---

[1] Vgl. Jona 1–4.

gesetzte Richtung nach Tarschisch. Ein von Gott gesandter Sturm veranlasst die Seeleute, denjenigen ausfindig zu machen, um dessentwillen sie in diese lebensbedrohende Situation geraten sind. Daraufhin erzählt Jona ihnen vom Auftrag, den er von seinem Gott erhalten hat und von seiner Flucht und fordert die Seeleute auf, ihn über Bord zu werfen, er sei die Ursache des Unwetters. Nachdem sie das getan haben, legt sich in der Tat der Sturm. Tief beeindruckt bringen die nichtisraelitischen Seeleute dem Gott Jonas Opfer dar und legen ein Gelübde ab. Jona aber ertrinkt nicht, sondern wird im Wasser von einem riesigen Wal verschlungen, den Gott gesandt hat. Im Bauch des Wals spricht Jona ein Dankgebet und wird bald darauf vom Fisch aufs Festland gespien.

Endlich macht sich Jona auf nach Ninive. Dort angekommen, verkündigt er, die Stadt werde in vierzig Tagen von Gott zerstört werden. Daraufhin tun die Niniviten, ihr König und seine Beamte, ja sogar die Tiere der Stadt Buße und hoffen, Gott werde das angekündigte Unheil abwenden. Von ihrer Umkehr berührt, führt Gott seine Drohung tatsächlich nicht aus – der Untergang bleibt aus.

Soweit die Geschichte des heilbringenden Wals.

Nur *einem* Wesen wird in der Bibel die Ehre zuteil, die erste Kreatur der Schöpfung zu sein, die schon in der Schöpfungsgeschichte einen Namen bekommt: dem Wal! »Gott sprach: Es wimmle das Wasser von lebendigem Getier. Und Gott schuf große Walfische und alle Lebewesen, die sich regen, von denen das Wasser wimmelt.«[2] In diversen Legenden der Antike erscheinen die Wale – deren untermeerische Gesänge Seefahrer für die Lieder der Sirenen hielten – als Wesen der Transformation. Sie waren wie Menschen und doch anders – kluge Säugetiere, die das Wasser im Unterschied zu uns nicht fürchten, sondern es beherrschen. Diverse Legenden berichten von Freundschaften zwischen Meeressäugern und Menschen. Plutarch schildert die Liebe zwischen dem Knaben Hermias und einem Delfin (einer Walart), der das Kind sogar auf seinem Rücken reiten ließ. Heute lachen Forscher nicht mehr über solche Berichte. Rätselhaft zahme Meeressäuger bestätigen die uralten Mythen: Weltweit tauchen an den Küsten immer wieder Delfine auf, die neugierig die menschliche Nähe suchen, sich streicheln lassen und bisweilen sogar Badende über Wasser tragen.

Wale sind Wesen der Transformation auch angesichts der Klimagefahr. Das Umweltnetzwerk Greenpeace hat den Wal nicht von ungefähr zum Symboltier gewählt. Wale vermögen auch unseren Kampf in eine staunende Andacht zu verwandeln. Kaum ein Tourismuszweig boomt stärker als »Whale

---

2 | Genesis 1,20. Die Zürcher Bibel von 2007 übersetzt anstatt Walfisch »große Seetiere«.

Watching«, das »Wal-Beobachten«. Über zehn Millionen Menschen versuchen jährlich, von Booten aus einen Blick auf die Giganten zu erhaschen: Wie da vor ihren Augen ein mit Seepocken und Muschelkrebsen bedeckter Leib schäumend die Oberfläche zerteilt, sich prustend ausbläst wie ein gigantischer Stier und dann mit einer halben Drehung sein abgründig schwarzes Auge auf sie richtet. Sie erblicken ein Tier, halb aus dem Stoff, aus dem auch sie selbst sind, halb, als hätte sich das schwarze Wasser zu einem gigantischen ozeanischen Muskel geballt. Die Whale Watcher sehen Rohmasse der Schöpfung, ausgespannt zwischen ihnen und der Materie, aus der alles besteht – die erste Kreatur des Planeten. [3]

Der unglückliche Jona

Im Jonabuch reitet Jona nicht auf dem Rücken, sondern wird von einem Wal verschluckt. Doch was lebensbedrohlich aussieht, wird zur Rettung. Der Wal speit Jona am richtigen Strand wieder aus. Von nun an wird sein Auftrag erfolgreich, ja vielleicht, weil Jona gleichsam geführt und von innen heraus geht. Die Bewohner der Stadt Ninive nehmen seine Botschaft zu Herzen, hören auf ihn, kehren um und ändern ihr Verhalten.

Jona ist natürlich keine historische, sondern eine literarische Figur. Er hat das Pech, ein typischer Unheilsprophet zu sein. Sein Auftrag ist, die Bosheit der Stadt und ihrer BewohnerInnen anzuprangern und den Menschen von Ninive den Untergang der Stadt vorherzusagen. Jona weigert sich, den Auftrag auszuführen. Er fürchtet den Spott der Leute, er fürchtet sich begreiflicherweise davor, diese unangenehme Wahrheit den Menschen ins Gesicht sagen zu müssen – und flieht. Das Unwetter trifft eigenartigerweise zunächst denjenigen, der sich der prophetischen Aufgabe verweigert, den Unheilspropheten. Ist das nicht ungerecht? Von einer tieferen Warte aus gesehen nicht. Jona hat einen Auftrag erhalten, den er seinen Mitmenschen auszurichten hat, gleichgültig wie diese darauf reagieren. Die Flucht davor hilft nicht weiter.

Die Klimakrise konfrontiert auch uns mit der Notwendigkeit, ProphetInnen der unangenehmen Wahrheit zu werden! Sie packt auch uns, die wir uns vom Klimakairos bewegen lassen, bisweilen mit der Angst vor der Botschaft, die wir unseren Mitmenschen auszurichten haben! Manche von uns zieht es zurück in die Verdrängung, manche versuchen sich vor dem Auftrag zu retten, indem sie ihren eigenen Lebensstil bis zur Perfektion verbessern

---

3 | Zu diesen Daten und Beobachtungen siehe Andreas Weber, Am Anfang war der Wal. In: Greenpeace Magazine 3 (2010) 14–15.

und glauben, damit sei es nun erledigt. Die Elemente bedrohen den Propheten der Wahrheit nur, um ihn – endlich bereit, den unattraktiven Auftrag anzunehmen – zu retten. Als feiger Prophet, als stummer Zeuge der Wahrheit wird er – wie auch wir – ins Wasser geworfen. Passt das Bild nicht perfekt? Droht uns nicht auch eine Flut von Ängsten zu verschlingen, wenn uns das Gewicht des Auftrags bewusst wird? Erfahren wir uns angesichts der Größe und Wucht des Auftrags nicht auch über Bord geworfen – in den Schlund eines drohenden, bodenlosen Meeres? Wir tauchen ein in die Sturmflut von Ungewissheit und Tränen, in die Brandung von Verzweiflung und Furcht. In dieser ausweglosen Situation birgt uns ausgerechnet das erste Tier der Schöpfung. Es verschlingt uns – um uns zu retten, um gewissermaßen eine Neuschöpfung hervorzubringen. Drei Tage Zeit haben wir, dann spuckt uns das Tier wieder aus, genau dort, wohin wir nicht wollten, am Strand vor Ninive. Im Wal birgt uns gleichsam die Schöpfung selbst, bringt uns auf den Weg, bringt uns an den richtigen Ort. Ein Sinnbild für unsere Erkenntnis, nicht *für* die Schöpfung, sondern *mit* der Kraft der Erde, der Schöpfung selbst unsere Aufgabe zu bewältigen.

Wiedergeboren zu neuem Leben

Bildlich gesprochen, ist der Wal gleichsam mit uns schwanger – oder ist es andersherum und bedeutet schwanger zu sein, sich wie ein Wal zu fühlen? Riesig, unförmig, urtümlich – Leben in sich tragend. Schwanger mit einem Auftrag, einem Ruf, den wir nicht wagen, weil er zu schwer, zu dunkel, zu unheilvoll ist, so werden wir im Dunkeln zum Wal. Wir tragen gleichsam als Wal die Rettung in uns aus und gebären sie. *Den Menschen wird kein anderes Zeichen gegeben werden als das Zeichen des Jona*, antwortete Jesus einst auf die Fragen von Menschen, worauf sein Auftrag beruhe.[4] Das Zeichen des Wals: Eintauchen in den Bauch – um sich zur Neugeburt zu verwandeln. Die ersten Christen deuteten das Zeichen des Wals als Jesu Abstieg am Karfreitag in das Dunkel der Erde, seine Auferstehung wie eine Neugeburt ausgespien zu neuem Leben.

Zurückgleitend in den Bauch von Mutter Meer reifen wir zu furchtlosen und wirkmächtigen Prophetinnen, um zum richtigen Zeitpunkt und am richtigen Ort wieder aufzutauchen. Die Menschen in Ninive jedenfalls nahmen sich Jonas Worte zu Herzen und gingen in Sack und Asche, bereuten – und änderten ihr Verhalten. Erhoffen wir nicht genau das von unserem Engagement: Verhaltensänderung?

4 | Mt 12,38–42.

Wale sind Wesen der Transformation – uns Menschen transformierend. Sie verwandeln unsere Verblendung, sich der Schöpfung bemächtigen zu können und sie machen die patriarchale Illusion zunichte, das Steuer des Lebens vollständig in der Hand zu halten. Ähnlich ergeht es Kapitän Ahab in seiner Jagd nach Moby Dick, dem geheimnisvollen weißen Wal – Symbol für Unschuld und Reinheit inmitten des urtümlichen Meeres. Folgerichtig versinken Mann und Maus im schäumenden Meer – augenscheinliche Verlierer im Kampf des Menschen gegen den Kosmos. Sie versinken jedoch, ohne je wieder aufzutauchen. Geborgen im Bauch des Wals dagegen überlassen wir uns bewusst den Prozessen der Wandlung und werden – zu gegebener Zeit und am gegebenem Ort – genau dort auftauchen, wo wir gebraucht werden.

Als Beauftragte der *unangenehmen Wahrheit*[5] sind wir nicht bloße Wal-Beobachterinnen, sondern setzen uns der Aufgabe aus, die sich anfühlt, wie verschluckt zu werden, hoffend auf Bewahrung und auf die Geburt des Neuen, ausgespuckt an neuen Stränden des Überlebens. Als schwangere Trägerinnen von Neuem wächst in uns die furchtlose Hingabe für den Ernst eines Anliegens, wie es die Welt vielleicht größer nie gesehen hat. Dabei wachsen wir über uns hinaus: Über Ängste und Schamgefühle, Bequemlichkeit und Feigheit. Wir werden beides zugleich, Geschöpf eines neuen ersten Tages, gespeist von Kräften, die uns Menschen weit übersteigen. In dieser Weise verwandelt, können wir die Weltmeere der Furcht, Unvernunft, Unwissenheit und Niedertracht durchpflügen und überwinden. Ja, es ist gut, mit der Weisheit und Kraft der Erde gemeinsam unterwegs zu sein und uns bei unserer Aufgabe von ihr tragen zu lassen.

---

5 | Vgl. Al Gore, Eine unbequeme Wahrheit. Klimawandel geht uns alle an. Übersetzt von Thomas Pfeiffer/Richard Barth/Lilian Kura, München 2009. Siehe dazu auch den gleichnamigen Film.

Hanna Strack

Mitschöpferin sein
Geburt als schöpferischer Prozess und ihre Bedeutung für eine Neukonzeption von Schöpfungsspiritualität

Hinführung

Das Tabuthema Gott – Frau – Körper
Geburt ist das Erscheinen eines neuen, einmaligen Menschen im Beziehungsgeschehen von Mutter und Kind und der sie unterstützenden Person.[1] Das Gebären ist der Höhepunkt eines schöpferischen Wandlungsprozesses in seinen Phasen von Empfängnis, Schwangerschaften, Geburt und Stillzeit. Soziologisch gesehen, ist dies die Familiengründungsphase.[2]

Schöpfung ist im Blick auf die Geburten ein stetiger Prozess, eine »creatio continua« oder prozesstheologisch interpretiert »Kokreativität.« »Der Ort dieser Schöpfungsereignisse ist der Körper der Frau, ihre Gebärmutter. Der Mann gibt seinen Samen, seine Gene. Dauerhaft wichtig ist er als Beistand für Mutter und Kind.«[3] Nicht jede befruchtete Eizelle aber führt zu einer Geburt. Der Frauenkörper ist auch ein Ort des Sterbens.[4] Wir können nicht einfach von »Schöpfungswonne«[5] sprechen, denn auch Krankheiten und Fehlgeburten sowie Millionen von Abtreibungen müssen miteinbezogen werden, wenn von der Bedeutung der Geburt für eine Neukonzeption der Schöpfungsspiritualität die Rede ist. Schöpfung und Tod, Leben und Sterben ereig-

---

1| Diese kann, je nach Gesundheitswesen, eine Hebamme, Ärztin/Arzt oder »der aus der Familie, der die zartesten Hände hat, oft der Großvater« sein, wie eine Reisende aus der Mongolei berichtet. Vgl. Ulrike Vollmer-Rusche, in: www.hanna-strack.de/Geburtskultur-in-der-Mongolei [Zugriff: 5.5.2012].
2| Dies gilt auch im Blick auf weitere Kinder.
3| Burkhard R. Knipping, Die Kinder als Lehrmeister der primordialen Spiritualität, in: Ulrich Dickmann/Kees Waaijman (Hg.), Felderkundungen Laienspiritualität, Geburt (Band 2). Beiträge der Katholischen Akademie Schwerte und des Titus Brandsma Instituut Nijmegen, Schwerte 2010, 158: »Ich konnte als Vater dazu beitragen, dass das Leben vier neue Gestalten bekam und dass das Leben in vier Kindern präsent wird, und dass ich väterlich unterstützen kann, dass vier Menschen ihr Leben annehmen und angehen. Dies erscheint mir als eine primordiale Erfahrung: Als Mensch habe ich ein winziges Quäntchen teilgehabt am Schaffen und Werden eines und des Lebens. ›Du hast Anteil daran, dass dieses Kind lebt.‹ Diese Entdeckung ist erschütternd und ergreifend.«
4| Die Gebärmutter ist kein Grab. Die Schoß-Grab-Gleichung hat ihren Ort in der Archäologie. Das in der Gebärmutter verstorbene Kind geht mit dem mütterlichen Blut ab. Doch trifft es zu, dass Gebären und Sterben viele Parallelen haben. Eine Sammlung von Ausdrücken und Zuschreibungen für die Gebärmutter in: www.hanna-strack.de/namen-ausdrucke-und-umschreibungen-fur-die-gebarmutter [Zugriff: 5.5.2012].
5| Walter Schubart, Religion und Eros, München 1941.

nen sich im Körper der Frau. Viele Väter erleben dies heute intensiv und in Resonanz mit der schwangeren Frau.

Die Dreiheit von »Gott-Frau-Körper« theologisch zu qualifizieren, ist jedoch bis heute ein tief sitzendes Tabu. Eine Studienleiterin schreibt:

»[I]n einer Frauengruppe, mit der ich meditiere, haben wir über Orte der Gotteserfahrung gesprochen und die Frauen haben sich fast alle an ihre Geburten erinnert, das manchmal mit Scheu benannt, weil sie noch nie darüber gesprochen hatten.«[6]

Die Zeit der Familiengründung ist für Mütter und Väter eine Zeit der Grenzerfahrungen, des Glückes, der Enttäuschung, der Freude und der Trauer, der tiefen Wandlungen und deshalb eine Zeit der Offenheit für Transzendenz.[7]

Die theologische Abwertung des Frauenkörpers

In allen Religionen und Kulturen umgeben Tabus und apotropäische Rituale das Gebären. Sie sollen die Gefahren rund um die Geburt beherrschbar machen. Das gilt auch für die Geburtskultur des Abendlandes. Diese spielte sich in einer Subkultur ab, weshalb die Rituale als Aberglaube bezeichnet wurden und werden. Das Christentum dagegen setzte unter dem Einfluss des griechischen Denkens einen anderen Schwerpunkt. Es sieht im Körper der Frau das Tor der Sünde in die Welt. Die Gebärende gibt die Erbsünde an das Kind weiter. Die Taufe wird heilsnotwendig, die Geburt tritt dahinter zurück.[8]

»Mutter und Hebamme mussten sich in der römisch-katholischen Kirche nach dem Wochenbett einer Reinigung unterziehen, wofür das Ritual der Segnung beim ersten Kirchgang diente.«[9]

6 | Ursula Pöppinghaus, private Email 11.2.2007.
7 | In ihrer Exegese der Reinheitsvorschriften in Levitikus 12 interpretiert die Theologin Ursula Rapp dies so: »Die Veränderung basiert auf der Grenze von Leben und Tod, der gebärende Frauen begegnen. Sie übertreten eine Schwelle zum Göttlichen, indem sie selbst die Leben Gebenden sind (...) *Wie* aber theologisch und pastoral von Geburt als einem solchen Geschehen zu sprechen ist, ist wieder gefährlich. Denn Geburt ist ein Thema, das vielfach missbraucht wurde und zugleich existenziell so bedeutsam ist, dass jede Aussage darüber durch Biografien und Erfahrungen einzelner Menschen relativiert wird.« Ursula Rapp, Weibliche Unreinheit und die Verwerfung der Gleichgültigkeit. Religionskritik an, in und mit der Geburtstora in Lev 12, in: Joachim Kügler/Ulrike Beckmann (Hg.), Biblische Religionskritik. Kritik an, in und mit biblischen Texten. Beiträge des IBS 2007 in Vierzehnheiligen (bft 9), Münster 2009, 182–199, hier 197.
8 | Erst im Jahr 2007 gab Papst Benedikt XVI bekannt, dass die Vorhölle, der Limbus, in den nach kirchlicher Auffassung Heiden, Patriarchen und ungetauft verstorbene Kinder kamen, keine Lehraussage mehr sei. Die Ängste von Millionen Eltern waren umsonst. Auch Luther und Bugenhagen haben darüber korrespondiert. Sie halten an der Nottaufe fest. Siehe Eckhard Struckmeier, ›Vom Glauben der Kinder im Mutter-Leibe‹. Eine historisch-anthropologische Untersuchung frühzeitlicher lutherischer Seelsorge und Frömmigkeit im Zusammenhang mit der Geburt. Kontexte, Neue Beiträge zur Historischen und Systematischen Theologie (Band 31) Frankfurt a. M. 2000.
9 | Susan K. Roll, Der alte Ritus des ersten Kirchgangs von Frauen nach der Geburt, in: Annette Esser/Andrea Günter/Rajah Scheepers (Hg.), Kinder haben – Kind sein – Geboren sein. Philosophische und theologische Beiträge zu Kindheit und Geburt, Königstein/Taunus 2008, 176–194, hier 187. Siehe dort auch die theologiegeschichtliche Einordnung.

»Zwar ich und meine Leibes-Frucht / Sind ungerathne Kinder / Doch nehm ich, Herr! zu dir die Flucht / Du wirst uns arme Sünder / Mit Jsop saubern / dass wir rein / Gewaschen als mit Laugen / Dir ausgesöhnet seyn / Und ja für deinen Augen / Noch etwas wenigs taugen.«[10]

Darum wusste im Protestantismus die Frau mit dem »abgeleiteten Ich«[11].

Die theologischen Topoi dieser frühneuzeitlichen lutherischen Theologie der Geburt kreisen um die Geburtsschmerzen. Schmerzen haben einen dreifachen religiös-pädagogischen Sinn: Frauen sollen das Gebären nicht als eigene Leistung, sondern als Wirkung der Kraft Gottes verstehen. Durch die Schmerzen sollen sie die Stärke ihres Glaubens zeigen, durch die Schmerzen treibt Gott den Frauen die Hoffahrt aus. Die Frau als Sünderin wird offensichtlich nicht durch Christi Blut gerechtfertigt.[12]

Zur Geschichte der Geburt gehört die Gewalt an Frauen in Kriegen und bei Folter. Darüber wurde in letzter Zeit viel berichtet. Zur metaphorischen Verwendung des Frauenkörpers in diesem Zusammenhang seien wenige Beispiele genannt. Ernst Jünger beschrieb mit einer subtilen Sprache die Unterwerfung des Schöpferischen im Geburtsprozess unter das Aggressive, das Todbringende, wenn er über die Einnahme der Stadt Paris schreibt: »Sie ist eine Blüte, die der tödlichen Befruchtung entgegenharrt. (...) Die Städte sind weiblich und nur dem Sieger hold.«[13] Der Abwurf der Atombombe wurde gemeldet mit dem Satz: »Das Baby ist geboren.« Edward Teller und seine Mitarbeiter stießen 1957 mit Sekt an, als die erste Bombe im Bikini Atoll gezündet wurde, sie nannten es die Geburt eines Sohnes.[14]

10 | Andächtiger Seelen geistliches Brand- und Gantz-Opfer/ Das ist vollständiges Gesangbuch/ In acht unterschiedlichen Theilen/ (...) Aus vielen Gesang-Büchern und anderen Autoren mit guter Unterscheidung und Sorgfalt zusammen getragen/ durch eine große Menge nie gedruckter Lieder vermehret: insgesamt fleißig übersehen/ und was ausser dem ersten Theil/ die neuen Lieder betrifft/ mannigfältig verbessert/ und nun an der Zahl nahe 5000. Mit Approbation der hochlöbl. Theol. Facult. Und einer Vorrede M. Johann Günthers/ Diaconi zu St. Nicolai allhier. Zu Gottes Ehren und des Nächsten Erbauung herausgegeben. Leipzig / Gedruckt und zu finden bey Andres Zeidlern/ Anno 1697, 237.
11 | Patrice Veit, »Ich bin sehr schwach ... doch du drückst nach ...«. Evangelisches Kirchenlied und seelsorgerliche Begleitung von Schwangeren im 17. und 18. Jahrhundert, in: Barbara Duden u. a. (Hg.), Geschichte des Ungeborenen. Zur Erfahrungs- und Wissenschaftsgeschichte der Schwangerschaft, 17.–20. Jahrhundert, Göttingen 2002, 55f. Das »abgeleitete Ich« bestand darin, dass Frauen die Gebete sprachen, die Theologen für sie formuliert hatten.
12 | Weiteres Material und Belege in: Hanna Strack, Die Frau ist Mit-Schöpferin. Eine Theologie der Geburt, Rüsselsheim 2006.
13 | Ernst Jünger, Strahlungen II – Das Zweite Pariser Tagebuch, München 1965, Eintrag am 8. 8. 1944, zitiert nach: Sigrid Weigel, Topographien der Geschlechter. Kulturgeschichtliche Studien zur Literatur, Reinbeck 1990, 149.
14 | Weiter über den Krieg: »Man macht gleichsam einen Gott tragischer Fruchtbarkeit aus ihm und vergleicht ihn mit einer gigantischen Niederkunft. Und wie die Mutter ihr Leben aufs Spiel setzt, wenn sie das Kind zur Welt bringt, müssen die Völker einen blutigen Tribut entrichten, um ihre Existenz zu begründen oder weiterzuführen. Goebbels hält den Krieg für die elementarste Form der Liebe zum Leben. Der Krieg verschafft dem Gesetz der Geburt der Nationen Ausdruck und

Die Bedeutung der Geburt

Dennoch haben sich durch die Jahrhunderte eine schmale theologische Tradition und eine breite weibliche Subkultur erhalten, in der die Geburt als Schöpfungsereignis gefeiert wurde.

Die theologische Qualifizierung des Geburtsgeschehens

Die frühe Alexandrinische Schule ist noch nicht vom griechischen Denken geprägt. So schreibt Clemens von Alexandrien um 200 n. Chr. im Widerspruch zu Marcion:

»Sie lästern über (...) das Geheimnis der Schöpfung, indem sie von der Geburt Böses sagen (...) Sie sagen nämlich, der Mensch sei dadurch ›den Tieren gleich‹ geworden, dass er zur geschlechtlichen Vereinigung kam. (...) Aber die Geburt ist heilig, wegen welcher die Welt entstanden ist.«[15]

Hildegard von Bingen (1092–1171 n. Chr.), wie so oft eine Ausnahme in der Theologiegeschichte, würdigt die Geburt als Schöpfung: »Aus mütterlichem Schoße wird das ganze Menschengeschlecht geboren.«[16] Sie sieht Gottes Geist und den Körper der Frau gemeinsam am Werk, wenn die Geburt beginnt.[17] Die Gebärmutter, im mittelalterlichen Latein vulva, ist symbolwürdig für das Göttliche: »Der Glaube der Heiligen ist wie ein Mutterschoß – quoniam velut vulva fides sanctorum est.«[18] Das trifft auch auf einige von Hildegards gemalten Visionen zu.[19]

In allen evangelischen Kirchenordnungen des 16. Jahrhunderts werden Bademömen, eine der vielen Namen für Geburtshelferinnen, und Hebammen im Zusammenhang mit der Nottaufe erwähnt, die ihnen zu lehren sei. Das geht meist einher mit einer Kritik an ihrem Berufsstand, die sie der Unfähigkeit und Betrunkenheit bezichtigt. Nur in der Kirchenordnung des Herzogtums Preußen aus dem Jahr 1569 findet sich eine kleine Passage der schöpfungstheologischen Würdigung der Arbeit der Hebammen und damit auch der Geburt.[20]

---

entspricht den zwangsläufig schrecklichen inneren Krämpfen der körperlichen Geburt.« Roger Caillois, Der Mensch und das Heilige, München/Wien 1988, 228.

15 | Clemens von Alexandrien, Teppiche, übersetzt von Otto Stählin, in: Bibliothek der Kirchenväter (2. Reihe Bd. XVII), München 1936, Kapitel 14, 101,2; 102,2f; 103, 1319f.

16 | Hildegard von Bingen, Scivias, Salzburg 1987, 190 zu: der mystische Leib, Tafel 14, Schau II 5.

17 | Vgl. Hildegard von Bingen, Heilkunde, Salzburg ⁴1957, 131: »Die Seele des Kindes aber spürt während dieses Austritts die Kraft der Ewigkeit, die sie gesandt hat, und freut sich unterdessen. (...) Steht die Geburt des Menschen nahe bevor, so dass die göttliche Macht den Verschluss der mütterlichen Gebärmutter öffnet, dann fühlt das Kind die Kraft Gottes an der Stelle.«

18 | Hildegard von Bingen, Der Mensch in der Verantwortung, Salzburg 1965, 69.

19 | Vgl. Hanna Strack, Frauen in den Visionen Hildegards von Bingen, www.hanna-strack.de/frauen-in-den-visionen [Zugriff: 5.5.2012].

20 | Vgl. Emil Sehling (Hg), Die evangelischen Kirchenordnungen des XVI. Jahrhunderts (Bd. IV) Leipzig 1911, 92: »dass sie ihres amtes warnehmen und gut achtung geben, darinnen sie irem lieben

Die von feministischen Theologinnen angeregte Exegese biblischer Texte entdeckt Bibelstellen und Bedeutungsgehalte, die durch die Übersetzung der Septuaginta unsichtbar gemacht wurden. So etwa: der Segen der Brüste und des Mutterschoßes (Gen 49,27); Eva als Mutter alles Lebendigen (Gen 3,20); Gott als Weberin im Mutterleib (Ps 139,13), als Erwählender im Mutterleib (Jer 1,5). Erfahrungen rund um die Geburt werden von Frauen des Alten Israel theologisch interpretiert: Rebekka lässt sich für die aggressiven Kindsbewegungen ihrer Zwillinge ein göttliches Orakel geben (Gen 25,22–23), Elisabet versteht die Kindsbewegungen ihres pränatalen Johannes als Ankündigung des Erlösers (Luk 1,41–45).[21] Grundsätzlich kann gesagt werden, dass der Mensch im Alten Israel seine pränatale Wende-Zeit mit in seine Biografie einbezieht.

Weibliche Subkultur: Frauenrechtliches Brauchtum

Die Beispiele einer weiblichen Subkultur bei der Begleitung der Geburten finden sich in der Literatur über das frauenrechtliche Brauchtum. Eva Labouvie spricht von der »rituellen Hilfs-, Not-, Trost- und Festgemeinschaft der Frauen.«[22] Offiziell galt die Hausvaterreligion, nur der Ehemann und Vater hatte das Gebetsrecht. Doch die Frauen haben die Gebärenden gesegnet, für die Geburt gebetet, ungetaufte »Kindbetterkinder« zu Grabe getragen. Wenn die Nachbarinnen und Verwandten die Wöchnerin besuchten, so ein Brauchtum in der Mark, »müssen sie zuerst an die Wiege treten, das Kind enthüllen und sprechen: ‚Gott segne es!' Dann erst können sie sich an die Mutter wenden.«[23] Der mecklenburgische Oberkirchenrat erwähnt 1855 eine Sitte,

»die sich noch in mehreren Gegenden unseres Vaterlandes erhalten hat: daß nämlich die Hebamme, wenn sie an dem Kinde die ersten nothwendigen Ausrichtungen ihrer Kunst gethan hat, ehe sie es ankleidet, dasselbe auf den Schooß nimmt, und über denselben laut, so daß alle Anwesenden mit beten können, das Vater unser und den Segen spricht.«[24]

gott die hende bieten, durch welche er die frucht, so er geschaffen, vom mutterleib in dies elende leben füret, und also dies werk wahrhaftig ein heilig, göttlich werk ist, so zu der schöpfung gehöret unseres herrn gottes, nach dem ersten artikel unseres christlichen glaubens.« Für Hinweise, dass es sich bei diesem einmaligen Text um den Einfluss der heilkundlichen Tradition der Pruzzen, der slawischen Urbevölkerung Preußens, handeln könnte, gibt es noch keine Belege. Doch auch diese Kirchenordnung beginnt das Kapitel über die Hebammen mit Vorwürfen: »Bei denen ist gar oft grosser mangel und feil, dass sie gräuliche vollseuferin oder abergleubische leut sind.«

21 | Die Erzählung von Elisabet und Maria geht entlang der Schwangerschaftsmonate (Luk 1,24–57).
22 | Reinhard Worschech, Frauenfeste und Frauenbräuche in vergleichender Betrachtung mit besonderer Berücksichtigung Frankens, Würzburg 1971; Eva Labouvie, Andere Umstände. Eine Kulturgeschichte der Geburt, Böhlau 1998, darin Kap III: Die rituelle Hilfs- und Festgemeinschaft der Frauen. Frauenfeste und Initiationsbräuche, Kindbettzechen und ›Weibergelage‹, Rituale und Initiationen, die Taufe, Wochenbett und Aussegnung; Kap IV: Aspekte einer weiblichen Kultur auf dem Land: Frauenfeste – eine öffentliche Kultur des Feierns, Festkultur der Frauen im Wandel basierend auf der »dörflichen Not- und Hilfsgemeinschaft«, 103, 198 u. 210.
23 | Reinhard Worschech, Frauenfeste, 190f. Anm. 276.
24 | Circular-Verordnungen des Oberkirchenraths an die mecklenburgisch-schwerinischen Landesgeistlichkeiten aus der Zeit 1849–1894, hrsg. von Erich Millius, Registrator des Oberkirchenrates,

Die Frauen haben die Ereignisse um die Geburt mit ihrer Schöpfungsspiritualität gewürdigt. Diese Subkultur ist heute verschwunden und von einem medizinischen Risikokonzept abgelöst worden.

Die philosophische Missachtung und Neubewertung der Geburt

Die philosophische Tradition ist dadurch gekennzeichnet, »dass die Geburt als Herkunft eines jeden Menschen in der Philosophiegeschichte *vereinnahmt, missachtet* oder *vergessen* wurde.«[25] Zu diesem Ergebnis kommt Christina Schües, die eine Philosophiegeschichte am Leitfaden des Geborenseins vorgelegt hat. Aber schon zuvor wies Hannah Arendt auf »Natalität« als grundlegende Kategorie hin, ohne jedoch über Geburt selbst zu schreiben. Nur einmal, und auch nur in der deutschen Ausgabe von »Vita Activa«, würdigt sie deren schöpfungstheologische Bedeutung.[26] Otto Rank hatte es sich schon 1923 zur Aufgabe gemacht, »die verdrängte Hochschätzung des Weibes durch Befreiung des auf seinem Genitale lastenden Fluches wieder zu rehabilitieren.«[27] Er sah die Ursache in der unbewussten Angst, die das Trauma der eigenen Geburt in jedem Menschen erzeugte. Peter Sloterdijk schreibt von 1985 an eine Uterodizee gegen die Geburtsvergessenheit.[28] Er fragt in seinen Vorlesungen zur »Weltfremdheit«: »Wer oder was der Schoß, aus dem menschliche Subjekte kommen, ›eigentlich‹ sei?«[29] Im ersten Band seiner Trilogie »Sphären« führt er die Grundlegung einer negativen Gynäkologie ein.[30] Negativ ist diese Gynäkologie, weil sie Vulva und Uterus nicht wie die Anatomie also als Objekte betrachtet, sondern als Erfahrungen bei der Ankunft in dieser Welt. Peter Sloterdijk fordert, dass die »Kritik der Schöße« zu einer Grunddisziplin der philosophischen Psychologie werden muss. Der Schoß wird zum Denkbild.[31]

Das neuzeitliche medizinisch-technische Verständnis beschreibt den Körper der Frau im Bild einer Maschine, die gut zu funktionieren hat bzw. zu reparieren ist. Ausdrücke wie »Geburtsapparat« für die Gebärmutter und »Geburtsobjekt« oder »Produkt der Empfängnis« für das Kind, weisen darauf

---

Nr. 45, Generalia 997. Angefügt ist die Sorge um das Monopol des Pastorenstandes: »Nur die Warnung dürfte nicht unnöthig sein, daß man den Hebammen keine Formen vorschreiben darf, welche ihre bezügliche Thätigkeit als eine pastorale oder gar sacramentale erscheinen ließen.«

25 | Christiane Schües, Philosophie des Geborenseins, Freiburg/Wien 2008, 13, kursiv im Original.
26 | Hannah Arendt, Vita activa oder Vom tätigen Leben, München ¹¹1999, 217. »Wegen dieser Einzigartigkeit, die mit der Tatsache der Geburt gegeben ist, ist es, als würde in jedem Menschen noch einmal der Schöpfungsakt Gottes wiederholt und bestätigt.«
27 | Otto Rank, Das Trauma der Geburt und seine Bedeutung für die Psychoanalyse, Frankfurt a. M. 1988, 37.
28 | Vgl. Peter Sloterdijk, Sphären. Mikrosphärologie (Band I Blasen), Frankfurt a. M. 2000; ders., Weltfremdheit, Frankfurt 1993.
29 | Sloterdijk, Weltfremdheit, Frankfurt 1993, 190.
30 | Vgl. Sloterdijk, Sphären, 275.
31 | Vgl. Sloterdijk, Weltfremdheit, 193.

hin. Der männliche Körper ist die Norm, der weibliche hat den Krankheitsherd und Forschungsgegenstand »Gebärmutter«. Geburt ist heute integriert in ein Risikokonzept, doch können die Verheißungen der medizinisch-technischen Angebote nur bedingt erfüllt werden. Verunsicherungen prägen unsere Geburtskultur. In den letzten Jahren kommt, wenn auch gegen große Widerstände, das Schöpfungsereignis »Geburt« wieder in den Blick des Gesundheitswesens.

Grundlagen einer neuen Schöpfungsspiritualität

Der sehr kurze historische Überblick hat gezeigt, dass es eines neuen theologischen Zugangs zur Geburt und zur Familiengründungsphase bedarf, um diesen Prozess – das Erscheinen eines neuen, unverwechselbar einmaligen Menschen – für die Schöpfungsspiritualität fruchtbar zu machen.

Geburt als Begegnung mit dem Heiligen

Um die Trias Gott-Frau-Körper neu zu bestimmen, muss von einem empirischen Ansatz ausgegangen werden. Dieser würdigt die Phänomene von Empfängnis-Schwangerschaft-Geburt und Stillzeit sowie die Erfahrungen in der Familiengründungsphase, die alle Geburten umfassen, indem Gespräche mit Gebärenden und Hebammen geführt wurden.

So wurde zum Beispiel in Interviews mit Hebammen die Frage gestellt, was das Besondere bei der Geburt sei.[32] In ihren Antworten ebenso wie in den Aussagen der Mütter und Väter begegnen die Schlüsselbegriffe Ergriffenheit, Seligkeit, Wunder des Lebens, Grenzerfahrungen, Schmerz, Tod und Trauer. Diese Begriffe ermöglichen es, die Geburt als eine Begegnung mit dem Heiligen im Sinne von Rudolf Otto zu verstehen.[33] Das Heilige ist das Ergreifende und das Lebendige, das Leben Schaffende, das als schöpferischer Prozess wirkt.[34]

Das Geburtsgeschehen ist ein dramatischer Prozess. Die Beteiligten kommen an ihre äußersten Grenzen, der Umschlag von überwältigenden Schmerzen zu vollkommener Seligkeit und Freude berührt und erschüttert die seelische Tiefe von Mutter und Vater. Das Heilige bindet sich an dieses dramatische Geschehen. Hier ist der Ort, wo es erscheinen will. Die Eröffnungswehen und die Austreibungsphase, das plötzliche Dasein eines neuen Lebens, ergreift

32 | Vgl. Hanna Strack, Die Frau ist Mit-Schöpferin, 330–352.
33 | Vgl. Rudolf Otto, Das Heilige. Über das Irrationale in der Idee des Göttlichen und sein Verhältnis zum Rationalen, München ³⁰2004.
34 | Vgl. Reinhold Esterbauer, Anspruch und Entscheidung. Zu einer Phänomenologie der Erfahrung des Heiligen, Stuttgart 2002; Elke Kirsten, Heilige Lebendigkeit. Zur Bedeutung des Heiligen bei Bernhard Welte, Frankfurt a. M. 1998.

alle Anwesenden zutiefst. Jetzt ergießen sich die Gefühle von Leid – bei Krankheit des Kindes oder bei einem nicht gewollten Kind – und Freude über das gesunde Neugeborene und der Umschwung von größter Anstrengung zu vollständiger Entspanntheit in den Raum.

Dorothee Sölle hat die Schmerzen als Begegnung mit dem Heiligen im Blick, wenn sie in ihrer Autobiografie auf das Gebären und die Schmerzerfahrungen der Frauengenerationen vor ihr eingeht. Dabei unterscheidet sie die Schmerzen der Eröffnungswehen, die mühselig sind, von den Schmerzen der Presswehen, die ihren Sinn darin haben, die Geburt voranzubringen. Es sind Schmerzen zum Leben hin.[35]

Das Heilige erscheint hier nicht in einem einzigen Ereignis oder Gefühl, sondern in einem Geschehen, in dem sich eine Wandlung ereignet, an der alle teilhaben, die Gebärende, das Kind, der Vater und die Hebamme. Im Mittelpunkt dieser Dramatik steht die Beziehung von Mutter und Kind, aus der heraus das neue Leben in die Welt eintritt. Wenn die Mutter das Kind geboren hat, wenn die Hebamme es mit ihren Händen aufgefangen hat, wenn so ein neuer Mensch in dieser Welt angekommen ist, dann ist der ganze Raum erfüllt von einer dichten Atmosphäre. »Wir haben jetzt alle Zeit der Welt«, sagen Hebammen, oder »Wie die Zeit plötzlich still steht.« Die Zeit ist jetzt nicht »chronos«, sondern »kairos«, inhaltlich gefüllte Zeit, sie ist ek-stasis, sie ist herausgehoben. Dann kann die Stille, das Schweigen, eine Antwort auf die Gegenwart des Heiligen sein, eine »Nötigung zum Schweigen, (...) eine unmittelbare Wirkung des Gefühles des ,numen praesens' selber.«[36] Heute zerstören oft die Handys diesen Moment.

Frauen dagegen mit einer Fehl- oder Totgeburt erfahren das Heilige als das Schauervolle, das Entsetzliche, als ein »mysterium tremendum«[37].

Bei einem Geburtsverlauf, der von der Apparatemedizin bestimmt wird,[38] kann die Ergriffenheit durch das Heilige nicht oder nur selten gespürt werden. Es geht dort um Risiko und Sicherheit und nicht um Offenheit und Ver-

---

35 | Vgl. hierzu Dorothee Sölle, Gegenwind. Erinnerungewn, Hamburg, ²1995, 1568: »So wäre denn die wirkliche Frage, die der Schmerz der Geburt an uns stellt, die, wie wir denn dahin kommen, Schmerz als Geburtsschmerz, Wehen als sich öffnende Türen, ›Stöhnen als Anbruch der Herrlichkeit der Kinder Gottes‹ zu begreifen. Wie gehen wir mit unseren Schmerzen um, dass sie uns nicht wie sinnlose Nierensteine peinigen, sondern als Wehen das neue Sein vorbereiten?« Dorothee Sölle zieht die äußerste theologische Konsequenz, sie deutet den Geburtsschmerz selbst als Sakrament: »Der Schmerz der Geburt ermutigt uns und vergewissert uns des Lebens. Wie ein Stückchen Brot uns Gottes gewiss machen kann, so ist dieser Schmerz, wie konnte uns das je entfallen, ein Sakrament, Zeichen der Gegenwart Gottes.« (Ebd. 158).
36 | Otto, Das Heilige, 89.
37 | Ebd., 16.
38 | Zur Spannung zwischen Geburtshilfe und Geburtsmedizin: Marsden Wagner, Fische können das Wasser nicht sehen – Die Notwendigkeit einer Humanisierung der Geburt, in: Beate A. Schücking (Hg.), Selbstbestimmung der Frau in Gynäkologie und Geburtshilfe, Göttingen 2003.

trauen. Das Heilige entzieht sich dann der Erfahrung. Das Vertrauen zwischen Mutter und Hebamme kann umgekehrt eine Atmosphäre schaffen, die das Heilige einlädt, sich zu zeigen. Es bleibt die Ambivalenz: Das Heilige bedarf der Inszenierung und es erscheint dennoch ohne Zutun, ganz aus sich. Seine Gegenwart ist Gnade. Die Interpretation der Geburt als Begegnung mit dem Heiligen schafft die Voraussetzung dafür, die Geburt als Schöpfungsereignis zu verstehen.

Geburt – eine Teilhabe an Gottes Schöpfungshandeln

Einen anderen Ansatz vertritt Christiane Kohler-Weiß.[39] Auch sie beginnt bei den konkreten Erfahrungen des Körpers und der Beziehungen. »Die Schwangerschaft kann von einer schwangeren Frau als religiöse Erfahrung erlebt und gedeutet werden.« Dann vollzieht Kohler-Weiß einen Perspektivenwechsel und argumentiert von Gottes Schöpfungshandeln aus.

»Ich verstehe (...) die Fruchtbarkeit des Menschen als ein Angebot Gottes an Frauen und Männer, an seinem Schöpfungshandeln teilzuhaben und mit ihrem Leib selbst schöpferisch tätig zu werden.«[40]

Gott bindet sich an die Mitwirkung der Frau, doch

»dass Menschen auf dem Wege der Schwangerschaft ins Leben treten, hat seinen Sinn aus theologischer Sicht darin, dass in der Schwangerschaft die Erfahrung der Geschöpflichkeit bewahrt wird und somit am Anfang jeden Menschenlebens steht.«[41]

Schwangerschaft und Geburt weisen auf das Geschaffensein des Menschen hin. Dennoch muss das »Ja« der Schwangeren von ihr frei gesprochen werden als Antwort auf Gottes Ja zu dem Kind.

»Die Zumutbarkeit einer Schwangerschaft ist für eine Ethik, die auf der Basis einer Phänomenologie der Schwangerschaft argumentiert, wegen der notwendigen Aktivität der schwangeren Frau und ihrer Unvertretbarkeit ein unverzichtbares ethische Kriterium.«[42]

In beiden theologischen Entwürfen begegnen sich Phänomenologie und Schöpfungstheologie. Es wäre wünschenswert, wenn weitere Entwürfe zu einem Diskurs führten.

---

39 | Christiane Kohler-Weiß, Von der Gnade, geboren zu werden – eine kleine Theologie der Schwangerschaft, in: Annette Esser/Andrea Günter/Rajah Scheepers (Hg.), Kinder haben – Kind sein – Geboren sein. Philosophische und theologische Beiträge zu Kindheit und Geburt, Königstein/Taunus 2008, 220–236, 231f.
40 | Ebd.
41 | Ebd.
42 | Ebd., 236. Siehe auch: Christiane Kohler-Weiß, Schutz der Menschwerdung. Schwangerschaft und Schwangerschaftskonflikt als Themen evangelischer Ethik, Gütersloh 2003.

Die Familiengründungsphase als Matrix einer Schöpfungsspiritualität
Die Forderung
Die Erfahrungen der Frau oder des Paares in der Familiengründungsphase sind spannungsvoll auf allen Ebenen, der körperlichen, seelischen, personalen, sozialen, existenziellen und spirituellen. Wann soll das Kind kommen? Was tun, wenn es zu früh oder gar nicht erscheinen will? Wie viele und welche Untersuchungen in der Schwangerschaft? Welche Geburtshilfe, Klinik, Geburtshaus oder Hausgeburt? Wie ist es zu verkraften, wenn es zu einer Fehlgeburt kommt, wie zu entscheiden, wenn das Ultraschallbild eine Anomalie zeigt? Wie verändert sich die Beziehung des Paares zueinander? In welchem Verstehenshorizont verorten sie alle diese Erfahrungen?

Die Zeit der Familiengründung kann Matrix und hermeneutischer Schlüssel für die Aspekte einer Schöpfungsspiritualität sein.[43] Der oben zitierte Clemens von Alexandrien schreibt: »Wenn aber jemand deshalb die Geburt böse nennt, so muss er sie deswegen gut nennen, weil wir in ihr die Wahrheit erkennen.«[44]

Die erste, die nach Jahrtausenden der Verdrängung eine Theologie der Geburt als Schöpfungsereignis in der christlichen Tradition vermisste, war Nelle Morton. Sie bat die Delegierten der Sexismus-Konsultation des Weltrates der Kirchen in Berlin im Jahr 1974 in ihrem Vortrag »Auf dem Weg zu einer ganzheitlichen Theologie« um Hilfe:

>»Viele von Ihnen kennen die Sprache besser als ich, denn sie kommen aus Kulturen, die dem Inneren der Natur noch viel näher stehen. Sie sind im eigenen Leib und in der natürlichen Umwelt zu Hause, weil Sie das Ihr Leben lang gelernt haben. Sie haben eine Theologie der Geburt und der Schöpfung überhaupt. Sie müssen uns andere lehren, wie man mit den Füßen fest auf der Erde steht und die Kraft einer großen Quelle von da unten auf steigen spürt.«[45]

Auch Mercy Amba Odouyoye fordert ein neues Wahrnehmen der Mütter als Mitschöpferinnen Gottes. »Worauf wir unser Augenmerk lenken müssen, ist (...) das Menschsein der Mütter als Mitschöpferinnen Gottes und als Nachahmerinnen der göttlichen Verwaltung und Behandlung der Schöpfung.«[46] Ebenso fordert Verena Wodtke-Werner ein »kirchlich verankertes Verstehen

---

43 | Vgl. Annegret Stopczyk, Nein Danke, ich denke selber. Philosophieren aus weiblicher Sicht, Berlin 2000, 208: »Schmerzen dieser inneren naturhaften Art bergen Erkenntnisgeheimnisse, die uns mit der Lebenskraft in vorher nicht gekannter Weise in Berührung bringen können.«
44 | Clemens von Alexandrien, Teppiche Kap. XV, 1012, XVII, 1022, 103, 1, 319f.
45 | Nelle Morton, The Journey is Home. Boston, Massachusetts 1985, 67, dt.: Auf dem Weg zu einer ganzheitlichen Theologie, in: Elisabeth Moltmann-Wendel (Hg), Frau und Religion, Gotteserfahrungen im Patriarchat, Frankfurt a. M. 1983, 183–219.
46 | Mercy Amba Odouyoye, Armut und Mutterschaft, in: CONCILIUM. Internationale Zeitschrift für Theologie, 25, 6 (1989) 470–475, hier 474.

und Gestalten von Schwangerschaft und Geburt als religiös und existenziell erkenntnisrelevante Phasen der Neuwerdung im Leben von Frauen und im Leben von Paaren.«[47] Elisabeth Moltmann-Wendel findet für diese Erfahrungen von Transzendenz eine neue Sprache:

»Solche Erfahrung, die Frauen in ihrem Körper machen, kann zur Erfahrung einer Transzendenz werden. In den schöpferischen Kräften des Körpers, in der wiedererwachten Schöpfung Frau wird eine Energie erlebt, die über die eigene Person hinausreicht. Diese Energie Gottes kann auch Geist oder Ruach Gottes, Heilige Geistin oder Heiliger Geist genannt werden.«[48]

Die erste Tagung, die zwar die Taufe thematisierte, aber auch die Geburt theologisch als Schöpfungsereignis bewertete, fand im Jahr 2002 in Bad Boll statt.[49] Eingeladen hatte die Evangelische Frauenarbeit in Württemberg zusammen mit der Evangelischen Akademie, Bad Boll. Dort fragte Brigitte Enzner-Probst:

»Wie könnte eine Taufhandlung, eine Liturgiegestaltung aussehen, die die Mutter in ihrer existenziellen Geburtserfahrung ernst nimmt und dabei weder das Glück und Staunen, Stolz und Freude, noch die Erfahrungen von Ambivalenz, Gewalt, Chaos und Todesangst ausblendet?«[50]

Und sie antwortet: »Eine Tauf-Liturgie ist der Raum, in dem auch Ambivalenzen und dunkle Gefühle ausgedrückt werden können.« Fruchtwasser und Taufwasser gehen eine enge Beziehung ein. Teresa Berger formuliert in einem Taufwasserweihgebet: »In der Taufe, in der Du selbst uns gebierst, wird das Wasser uns zum Fruchtwasser Deiner Liebe.«[51]

Neun Aspekte einer Schöpfungsspiritualität

Die Geburt ist ein schöpferischer Prozess, der mit der Empfängnis beginnt und sich in den neun Monaten der Schwangerschaft fortsetzt. So kann auch eine Schöpfungsspiritualität nicht statisch sein, sondern sie wird den Reichtum der Erfahrungen mit aufnehmen. Dies soll im Folgenden beschrieben werden.

---

47 | Verena Wodtke-Werner, Geh hin, frag die Schwangere. Schwangerschaft, Geburt und Stillen im religiösen Brauchtum und in der Theologie, in: Regina Ammicht-Quinn/Stefanie Spendel, Kraftfelder, Sakramente in der Lebenswirklichkeit von Frauen, Regensburg 1998, 155–178, hier 165.
48 | Elisabeth Moltmann-Wendel, Frauenkörper als Ort des Heils, in: FAMA. Feministisch-theologische Zeitschrift, Heft 4 (1997) 3–5:4.
49 | Vgl. Evangelische Frauenarbeit in Württemberg (Hg.), Ins Leben eintauchen! Feministisch-theologische Beiträge zur Taufe (edition akademie 8) Bad Boll 2004, mit Beiträgen von Brigitte Enzner-Probst/Elisabeth Moltmann-Wendel/Teresa Berger u. a.
50 | Ebd., 28.
51 | Ebd., 83.

Vertrauen und Hoffnung
Die medizinische Begleitung der Familiengründungsphase bietet die Sicherheit, die einst durch apotropäische Rituale erreicht werden sollte. Die Sterblichkeit von Mutter und Kind ging bis zu niedrigsten Prozentzahlen zurück.[52] Doch stehen Frauen jetzt in Entscheidungssituationen, die von Forschenden, Geräteherstellern und Ärzteschaft zunächst in deren eigenem Interesse geschaffen wurden, was aber dann dazu führte, dass aus der kurativen eine selektive Medizin wurde.

Eine Frau schreibt nach der Geburt ihres dritten Kindes über die Kraft des Vertrauens:

»Ich will Frauen Mut machen, ihrer inneren Stimme zu folgen, auf ihren Körper und auf göttliche Führung vertrauend eine Geburt zu wagen, die eben kein angstvoll erwarteter, erschreckender Moment sein muss, sondern ein bewusst erlebtes, feierliches Ereignis, das zur großen Kraftquelle auch für spätere Zeiten werden kann.«[53]

Aus dem Vertrauen in Gott als der tragenden Kraft des Lebens kann Hoffnung erwachsen. »Guter Hoffnung sein« heißt, die Möglichkeit zu erwarten, dass alles gut sein wird. Und diese Hoffnung wirkt umgekehrt wie eine Salutogenese, eine Verstärkung der heilenden Kräfte.

»Spiritualität kann ein Gegenpol zum Risikokonzept der Pränataldiagnostik sein. Während Pränataldiagnostik Trennungen herstellt und Beziehungen zerstört, geht es auf spiritueller Ebene immer darum, Beziehungen und Verbindungen herzustellen (...) Die spirituelle Ebene in den Kontext von Pränataldiagnostik einbeziehen, heißt, Frauen zurückzuführen, zu sich selbst, zu ihrem Kind, zur Geschichte dieser Schwangerschaft.«[54]

Sicherheit und Vertrauen sind nötig, beide sollten sich komplementär ergänzen, d.h. wer auf Sicherheit setzt, muss für Vertrauen sorgen, wer auf Vertrauen setzt, muss für Sicherheit sorgen. Das ist der Weg verantwortungsvoller Hebammen und derjenigen Kliniken, die sich des besonderen elementaren Ereignisses der Geburt bewusst sind.

Grenzen der Machbarkeit
Eine Schöpfungsspiritualität unterscheidet zwischen Gott und Mensch. Diesen Aspekt zeigt der Ablauf eines Sprechstundentages in einer gynäkologischen Praxis: Frau 1 will sich die Pille verschreiben lassen, um die Empfängnis zu verhüten. Frau 2 ist schwanger und glücklich, aber bei der Untersuchung

---

52 | Die Gründe liegen auch in der besseren Gesundheit der Frauen und ihren Lebensbedingungen. Infektionen durch zu früh erzwungenen Geschlechtsverkehr sind in den Kliniken keine Gefahr mehr.
53 | Daniela Wachowiak in einem persönlichen Brief, Februar 2005.
54 | Angelica Ensel, Vertrauen und Macht. Ethische Implikationen für die Kommunikation im Kontext von Pränataldiagnostik, Hebammeninfo, Verbandszeitschrift des BfHD. e.V. Bund freiberuflicher Hebammen Deutschlands (Heft 6) 2007, 17–21.

ist zu sehen, dass das Kind nicht am Leben ist. Frau 3 hat einen bis jetzt unerfüllten Kinderwunsch. Frau 4 will einen Schwangerschaftsabbruch vornehmen lassen. Frau 5 freut sich zwar dringend über ihre Schwangerschaft, würde aber ein Kind mit DOWN-Syndrom töten lassen.[55] Einerseits bietet die Medizin künstliche Befruchtung, genetische Frühuntersuchungen und die in vielen Ländern erlaubte Leihmutterschaft an und arbeitet an einer künstlichen Gebärmutter. Andererseits bietet sie echte Hilfe, Heilung und Vermeidung von Leid und Tod. Viele Eltern entscheiden sich gegen die Tests, die von der Medizin und den Geräteherstellern angeboten werden. Sie wollen das Kind keiner Qualitätskontrolle unterziehen.[56]

Ein Sinn-Horizont jenseits des Machbaren kann diese spannungsreichen Erfahrungen der Unverfügbarkeit einbetten in eine Atmosphäre der Willkommenskultur, die auch das behinderte Kind als Schöpfung begrüßt.

Sich dem Wandel öffnen
Die Gebärmutter ist selbst Ort und Symbol für Wandlung. In ihr liegt die Fähigkeit der Metamorphose.[57] Während der Familiengründungsphase erleben alle Beteiligten Erfahrungen des Wandels. Paare ringen sich bei unerfülltem Kinderwunsch zu einer neuen Lebensform durch, die Schwangerschaft verwandelt Singles in Eltern, bei Unvorhersehbarem in der Schwangerschaft werden die werdenden Eltern meist unvorbereitet zu weitreichenden Entscheidungsträgern, ja auch das Kind erfährt die tief greifende Wandlung bei der Geburt. Das neue Leben zu dritt bringt für Paare eine sehr große Umstellung und neue Identitäts- und Rollenfindung. Nicht immer glückt dies.[58]

Wandel ereignet sich im Dreierschritt: loslassen, sich dem Neuen öffnen und sich dem Offenen ausliefern. Für Rituale, die dies begleiten und unterstützen, werden neue Formen gesucht. So ist der Vorbereitungskurs bei der

---

55 | Vgl. Sven Hildebrandt, Ambivalenz beim Umgang mit Schwangerschaftsverhütung, in: Rupert Linder (Hg.), Liebe, Schwangerschaft, Konflikt und Lösung. Erkundungen zur Psychodynamik des Schwangerschaftskonflikts, Heidelberg 2008, 29–40, hier 34.
56 | Siehe die Arbeit des Netzwerkes gegen Selektion durch Pränataldiagnostik: www.netzwerk-praenataldiagnostik.de [Zugriff: 5.5.2012] Stellungnahme zu der neuen nichtinvasiven Frühdiagnostik: Wir wollen es nicht hinnehmen, dass ohne öffentliche Diskussion eine Biotechnik eingeführt wird, die das Lebensrecht einer ganzen Bevölkerungsgruppe in Frage stellt und unweigerlich von Menschen mit Down-Syndrom und ihren Angehörigen als Diskriminierung empfunden wird. 21.3.2012, Welttag für Menschen mit Down-Syndrom.
57 | Eine Mutter schreibt: »Die Berührung mit dem Urgrund, im Fall der Geburt ist es ein über die Schwelle Schreiten und ein Stück ins andere Land Gehen, wo wir herkommen und wieder hingehen.« Ihre spirituelle Einstellung wird ganz konkret: »Ich begrüße die Anfangswehen mit ›Ich öffne mich‹.«
58 | Vgl. Wassilios E. Fthenakis/Martin R. Textor, Mutterschaft, Vaterschaft, Weinheim/Basel 2002.

Hebamme ein »heiliger Kreis«, in dem der Wandel erprobt und die Frau gestärkt wird.[59]

Die Schöpfungskraft der Frau
Aus ihrer eigenen Erfahrung heraus können Frauen die Schöpfungskraft der Gebärenden würdigen. So sagt die Hebamme Regine Lagies in einem Interview:

»Dieses Atemlose, dieses Neugeborensein, da ist Gottes Schöpfung so etwas von sichtbar. Da ist der Bereich, der genau den Beruf der Hebamme ausmacht, wir dürfen an diesem Schöpfungsgedanken teilhaben. Die Frau ist Mitschöpferin durch die Kraft und Gelassenheit und den Mut. Durch die Frau entsteht das Leben schlechthin.«[60]

Die Hebamme Johanna Vogt führt dies weiter aus:

»Der kraftvolle Prozess der Geburt ist wie ein Schöpfungsakt, an dem die Frau durch ihre Fähigkeit zu gebären, aktiv teilhat. Die Gebärmutter ist der größte Muskel, den ein Mensch entwickeln kann. Hauptsächlich mit der Kraft dieses Muskels wird das Kind geboren. Wir wissen, dass Geburten sehr unterschiedlich verlaufen können. Wenn eine gesunde Schwangere in einer personell, zeitlich und räumlich geschützten Umgebung ihr Kind zur Welt bringen darf, dann wird sie es mit großer Kraft und Sicherheit tun. Die Hebammen müssen diesen schöpferischen Prozess aufmerksam begleiten, die Frau in ihren Fähigkeiten bestärken und mögliche Gefahren schützend und rechtzeitig abwenden. Dann wird dieser faszinierende Vorgang der Geburt zur vollen Entfaltung kommen und die Eltern können bestärkt den gemeinsamen Weg mit dem Kind aufnehmen.«[61]

Statt von Mit-Schöpferin spricht die Philosophin Luisa Muraro von der Frau als Schöpferin: »Ich nenne die Mutter Schöpferin des Lebens.«[62] Dies ist theologisch nicht zu rechtfertigen. Zu erwägen ist, ob nicht Mit-Wirkende zutreffender wäre. Karin Ulrich-Eschemann betont die Kooperation, denn die Frau ist ihrerseits Geschöpf Gottes. »Damit ist eine Verursachung des Menschen durch den Menschen und ein Mitschöpfertum des Menschen ausgeschlossen.«[63]

An dieser Stelle muss kurz auf die Geschlechterdifferenz eingegangen werden. Engagierte Väter sagen heute gerne »Wir sind schwanger« oder »Wir haben das Kind geboren.« Eine differenziertere Sicht hat ein Pfarrer, der 1935 an seine schwangere Frau schreibt: »So reich ist jetzt Dein Leben durch Gottes

---

59 | Siehe auch Brigitte Enzner-Probst, Waiting for Delivery. Counseling Pregnant Women as an Issue for the Church, in: IJPTh 8,2 (2004) 185–201.
60 | Regine Lagies, freiberufliche Hebamme in Ribnitz-Damgarten, Interview am 2.2.2002, abgedruckt in: Strack, Frau, 330–334.
61 | Hanna Strack/Johanna Vogt, In jeder Geburt ist der Schöpfungsakt sichtbar. Die positiven Kräfte der Geburt, in: Margit Eckholt/Sabine Pemsel-Maier (Hg.), Unterwegs nach Eden. Zugänge zur Schöpfungsspiritualität, Mainz 2009, 155–162, hier 157.
62 | Luisa Muraro, Die symbolische Ordnung der Mutter, Frankfurt/New York 1993, 123.
63 | Karin Ulrich-Eschemann, Vom Geborenwerden des Menschen. Theologische und philosophische Erkundungen, Münster/Hamburg/Berlin/London 2000, 135.

Gnade geworden, dass Du Wiege und Weg hast werden dürfen für ein neues Leben, das der Schöpfer hat aufbrechen lassen! Und so reich hat mein Dasein werden dürfen, dass ich erfüllt sein darf von dem Gedanken: Durch meine schwache Kraft hat es dem Herrn gefallen, diesem Leben den Anstoß zum Aufbruch zu geben! O, unfassbares Wunder!«[64] Allerdings wird durch Symbol und Ritual zum Teil auch eine Frauen abwertende Interpretation gestärkt.[65]

Wunder des Lebens
Jedes Neugeborene erscheint uns wie ein Wunder des Lebens. Wunderbar ist nicht das Überspringen oder das »außer Kraft treten« von Naturgesetzen. Das Wunder ist das über die Naturgesetze Hinausweisende. Es regt uns zum Staunen an, auch diejenigen Menschen, deren Weltbild rein naturwissenschaftlich ist. Angesichts der Deutungsmacht der Wissenschaft, allen voran der Ultraschalluntersuchungen, meint Barbara Duden, dass die Medizin und ihre technischen Apparate gerade dies verhindern:

»Nicht die Freude an der Lebendigkeit der ganzen Natur, der Akelei, der Amsel, des Auerhahns und des Säuglings, sondern die Angst um das Leben, um seinen Besitz, um seine Sicherheit, der Versuch, es zu planen und zu verbessern, bestimmen das Lebensgefühl.«[66]

Wenn aber die Bereitschaft zum Staunen da ist, dann kann bei allen Beteiligten, wie es Eltern und Hebammen berichten, das Wunder des Lebens erfahren werden.

Grenzbereich zwischen Leben und Tod
Das Unheimliche, Gefahrvolle und Grenzüberschreitende in den Erfahrungen der Frau besteht darin, dass sie in ihrem Körper Leben geben kann, in ihm aber auch Sterben stattfinden lassen muss oder kann. Hier ist das Numinose, das Heilige, in seinem Schaudern gegenwärtig. Anders ausgedrückt: Wie groß müssen wir Gott denken, dass auch dieses in den Bereich des Göttlichen gehört?

»Gott ließ ein wunderschönes Kind werden und wachsen und dann darf dieses Kind außerhalb des Mutterleibes nicht leben. Es bleibt nur, mit diesem Widerspruch zu leben,

---

64 | Karl Heinrich, Privater Nachlass.
65 | www.schoenstattbewegung-frauen-und-muetter.de [Zugriff 5.5.2012]: Die konservative katholische Schönstatt-Bewegung bietet in vielen katholischen Kirchengemeinden Segnungsfeiern für Schwangere an, in denen das Geschlechterverhältnis hierarchisch fixiert wird. Nach der Liturgie betet die Mutter zu Maria und bittet sie, die Belastung der Schwangerschaft tragen zu können: »Gib mir die Kraft, alles Belastende der Mutterschaft zu tragen und es dir als Bitte für mein Kind zu schenken.« Der Vater betet zu Gott vom Stolz über das Mitwirken bei der Schöpfung: »Gott, Schöpfer der Welt, ich danke dir, dass ich an deinem Schöpfungswerk mitwirken und dein Werkzeug sein darf beim Wunder des Lebens. Erfülle mich mit Freude und Stolz darüber ...
66 | Barbara Duden, Der Frauenleib als öffentlicher Ort. Vom Missbrauch des Begriffs Leben, München 1994, 142.

auflösen lässt er sich nicht. Es steht nebeneinander, die Gewissheit, dass bei Gott alle Menschen geborgen sind, wie kurz oder lang ihr Leben auch war, und die Unbegreiflichkeit Gottes. Ja, Unbegreiflichkeit ist mir als Gotteszuschreibung wichtig geworden.«[67]

Eine Mutter, die mehrere Fehlgeburten zu beklagen hat, bekennt: »In der Grenzerfahrung bin ich Gott begegnet.«

Dankbarkeit

Die kirchliche Tradition verlangte von Frauen Dankbarkeit für jedes Kind, auch wenn die hohe Zahl an Kindern den Körper und die soziale Situation überforderte. In einem Rundschreiben an Pastoren, die Unterrichtung von Hebammen betreffend, schrieb der Oberkirchenrat in Schwerin 1855:

»Die (...) geforderte Unterrichtung wird von den Schriftstellen 1. Mose 1, 27.28; 3, 16; Joh 16, 21; 1. Tim 2,15 ausgehen und namentlich die Capita: wie und warum Gott Schmerzen auf jede Gebärerin gelegt habe? wie aber dennoch Kindersegen ein wahrhaftiger Gottessegen sei, da Gott in diesem Wege nicht allein die Menschheit erhalten, sondern auch Sich eine ewige Kirche sammeln wolle?«

Dankbarkeit ist heute keine Forderung, sondern ein Grundbedürfnis. Dankbarkeit entsteht aus der Differenz zwischen dem Sein und den Möglichkeiten. Nichts mehr funktioniert einfach per Knopfdruck. Der Dank an die Mutter, die ihren Körper, ihre Existenz, ihre Kraft, ihren Lebensplan für meine Existenz hergegeben hat, wird in dem Roman »Accabadora« von der alten weisen Frau an die junge Pflegetochter schroff zur Sprache gebracht:

»Bist du vielleicht von selbst geboren worden, Maria? Bist du aus eigener Kraft aus dem Bauch deiner Mutter geschlüpft? Oder bist du mit Hilfe von anderen auf die Welt gekommen, wie wir alle? (...) Hast du die Nabelschnur vielleicht allein durchschnitten? Bist du nicht gewaschen und gesäugt worden? Bist du nicht geboren und aufgezogen worden, zweimal durch die Güte von anderen, oder bist du so gut, dass du das alles allein geschafft hast?«[68]

Große Gefühle leben

Große Gefühle sind ekstatische Erlebnisse. Frauen schreiben:

»Ich selbst habe jedenfalls immer Hemmungen gehabt, die Ekstase zu verbalisieren, die ich erlebt habe, als frau mir erlaubte, mein zweites Kind selbstständig zu gebären.«

Und:
»bei meiner zweiten Geburt, die die intensivste war, hatte ich (auf dem Hocker) das Gefühl, da fährt etwas durch mich durch und aus mir kam ein Schrei, der kam woanders her, das war gar nicht meine Stimme.«

---

67 | Diese Zitate stammen aus Gesprächen mit Gebärenden und Hebammen.
68 | Michela Murgia, Accabadora, Berlin 2010, 122f.

Es ist die Freude über das Neugeborene oder die tiefe Trauer um das tote Kind. Wie gestalten wir diese großen Gefühle? In welche Worte fassen wir sie? Heute sind wir arm an Ritualen und an festlichen Gegebenheiten. Da die Taufe eines Kindes nicht mehr seine Begrüßung in der Gesellschaft ist, finden Eltern neue Formen dafür, z. B. ein Festessen mit Verwandten und Freunden. Selten bietet die Kirche Segnungsfeiern für Neugeborene an. Nur die Trauer um ein sehr früh verstorbenes Kind wird mehr und mehr ernst genommen und entsprechend gestaltet. Dies entspricht der traditionellen abendländischen Ausrichtung auf Tod und Sterben, der Mortalität. Die Natalität und mit ihr das Schöpfungsereignis kommen häufig nicht in den Blick. Gerade dieses aber bedarf der festlichen Rituale, in denen die großen Gefühle ihren Ausdruck finden.

Gemeinschaft und Getragensein
Die Geburt zeigt, dass Beziehung ein Grund-Muster des Lebens des Einzelnen und der Gesellschaft ist. In der Tradition des frauengerechten Brauchtums gab es die Solidargemeinschaft der Nachbarinnen, die bei Geburten, Hochzeiten und bei Begräbnissen einander halfen. Heute werden Netzwerke neu geknüpft, z. B. Vorbereitungs- und Rückbildungskurse bei Hebammen, Krabbelgruppen in Kirchgemeinden oder das sich immer weiter ausbreitende Angebot für junge Familien »Wellcome.«[69] Sie spielen dieselbe Rolle wie das, was

»die Psychoanalyse für die Mutter-Kind-Beziehung ‚containing' nennt. Das Getragen, Gehalten-, Geschützt- und Geborgensein durch eine elementare Gemeinschaft hat (...) therapeutische Funktion: In einem stabilen und gleichzeitig flexiblen Rahmen ermöglicht es Entspannung und Loslassen in einem Zustand der Auflösung und Fragmentierung; es vermittelt Angstfreiheit, Sicherheit und Ruhe.«[70]

Vertrauen in die Frauen und ins Leben, in die göttliche Kraft, wirkt gegen die Angst, gegen ein Geflecht der Angst. Eine Hebamme sagt – oft ohne Worte – zur Frau: »Du bist ausgeliefert, aber du bekommst eine sorgsame Begleitung.« Als Übergangsmentorin begleitet die Hebamme einen umfassenden körperlichen, seelischen und sozialen Prozess. Deshalb ist die Hebamme auch eine spirituelle Schwellenbegleiterin.

Die Liebe als göttliche Wirkkraft
Eine Schöpfungsspiritualität, die aus den Erfahrungen der Familiengründungsphase entwickelt wird, hat als Mittelpunkt und Basis die Liebe. Wäh-

---

69 | www.wellcome-online.de [Zugriff: 09.08.2012].
70 | Angelica Ensel, Vertrauen und Macht, Hebammeninfo, Verbandszeitschrift des BfHD. e. V. Bund freiberuflicher Hebammen Deutschlands, Frankfurt a. M. (Heft 6) 2007, 20, übernommen in: www.hanna-strack.de/angelica-ensel-vertrauen-und-macht [Zugriff: 5.5.2012].

rend der Geburt schüttet der weibliche Körper das Hormon Oxytozin aus, das die mütterliche Liebe anregt. Eine Mutter erinnert sich: »Als mein Töchterchen soeben geboren war und ich erst einmal entspannt tief durchatmen konnte, spürte ich mit einem Mal eine ganz tiefe Klarheit: Ich brauch nichts auf der Welt zu fürchten. Alles ist in der Liebe geborgen.«

Diese Erfahrung der Zuwendung ohne eine eigene Leistung zu erbringen, ist eingebettet in die Erfahrung, Teil eines Ganzen zu sein. Beides, die Liebe zum Ganzen und das In-Liebe-Geborgensein, werden transzendiert und erfahrbar als göttliche Wirkkraft. Der Glaube an die Wirkkraft der Liebe als das Beständige, Tragende und Nährende kann auch schwere Zeiten durchstehen, wenn er sich von einer transzendenten Macht und Liebe getragen weiß. In diesem Sinne lässt sich der Satz aus dem Ersten Johannesbrief auch auf die Schöpfungsspiritualität der Geburt beziehen: »Gott ist Liebe und alle, die in der Liebe bleiben, bleiben in Gott und Gott bleibt in ihnen« (1. Joh 4,16b).

Schöpfungsspiritualität im Horizont der Sprache

»Das Geheimnis der Niederkunft, d.h. die Entdeckung der Frau, dass sie *Schöpferin ist auf der Ebene des Lebens*, bildet eine religiöse Erfahrung, die sich nicht in Worte der männlichen Erfahrung übersetzen lässt.«[71] Frauen wurde lange Zeit und in vielen religiösen Traditionen kein religiöses Selbst zugebilligt. Jetzt aber können sie ihre Erfahrungen theologisch einbringen, wie die Zitate von Frauen gezeigt haben. Darüber hinaus gilt es, die Symbolwürdigkeit des Frauenkörpers für das Göttliche wiederzuerkennen. So können Frauen ein Haus-der-Sprache bekommen und ihre eigenen Erfahrungen im Spiegel des Göttlichen erkennen. Das gerne verwendete Körpersymbol »Gottes Hand« kann ergänzt werden durch »Gottes Schoß«. Der Schoß trägt, schützt und nährt, er gibt Geborgenheit. Dieses Symbol ist auch reichhaltiger, es meint bedingungslose Hingabe und es bezieht Tod und Sterben mit ein.

Schöpfungsspiritualität, so hat sich gezeigt, ist das reichhaltige Antworten auf den schöpferischen Prozess der Geburt, in dem Empfängnis, Schwangerschaft und Geburt als ein Erkenntnisgrund verstanden werden. Es ist ein dynamisches Geschehen, das Hoffnung und Vertrauen, Wandlungsprozesse, Wunder des Lebens und Sterbens, Dankbarkeit und Gemeinschaft mit einbezieht. Diese Schöpfungsspiritualität bietet einen Horizont aus Symbolen, Sprache und Handlungen, der zwar die Hilfen der Medizin dankbar in Anspruch nimmt, diese aber nicht in das Göttliche transzendiert oder das Ver-

---

71 | Mircea Eliade, Das Heilige und das Profane. Vom Wesen des Religiösen, Frankfurt a. M. 1990, 167.

trauen allein in ihre Verheißungen legt. Sie versteht die Dreiheit von Gott – Frau – Körper als Einklang und Zusammenspiel.

Gottfrau,
die du die Berge und die Meere geboren hast
und alle Menschen im Schoß ihrer Mütter
aus feinsten Fäden webst,
die du deine Schöpfung
in deinem Mutterschoß wiegst
und über ihre Zerstörung weinst,
wie eine Mutter über ihr totes Kind:

Sei du auch heute meine Mutter!
Gebäre mich jeden Tag neu,
dass ich – getragen von deiner Liebe –
hoffen und neu beginnen kann,
meine Gaben zu entfalten,
mit denen du mich einst
im Schoß meiner Mutter gesegnet hast.
Amen
HANNA STRACK

Andrea Bieler

The Peace of Wild Things
Wasser als sakramentale Gabe

> The Peace of Wild Things
> When despair grows in me
> and I wake in the middle of the night at the least sound
> in fear of what my life and my children's lives may be
> I go and lie down where the wood drake
> rests in his beauty on the water, and the great heron feeds.
> I come into the peace of wild things
> who do not tax their lives with forethought
> of grief. I come into the presence of still water.
> And I feel above me the day blind stars
> waiting for their light. For a time
> I rest in the grace of the world, and am free.
> WENDELL BERRY[1]

Wasser als religiöses Symbol

Wendell Berrys Gedicht verweist auf das Potenzial des Wassers, einen kosmischen Zugang zur Welt- und Selbsterfahrung zu eröffnen. Das Gewahrwerden der radikalen Interdependenz alles Lebendigen kann eine tiefgreifende Flusserfahrung auslösen. Der Dichter begreift diese als weltliche Gnade, die Freiheit schenkt, als den Frieden der wilden Dinge. »I come into the presence of still water« beschreibt eine Form der Präsenz, in der die Objektivierung des Wassers als nutzbares Element transzendiert ist. In diese Präsenz einzutauchen, ermöglicht den Zugang zu einer Gnadenerfahrung, die die Angst vor der Unberechenbarkeit des Zukünftigen hinter sich lässt.

Wasser ist ein machtvolles theopoetisches Symbol; es bietet den Stoff für Mythen in vielen Religionen.[2] Der Mensch ist in elementarer Weise vom Wasser als lebensspendendem Element abhängig. Diese radikale Angewiesenheit ermöglicht die symbolische Begehung des ambivalenten Terrains zwischen Tod und Leben. Es wird mit dem Urgrund der Schöpfung ebenso verbunden

---

1 | Wendell Berry, The Selected Poems of Wendell Berry, Berkeley 1998, 30.
2 | Vgl. den Überblick über die verschiedenen Motive der Wassermythologien in: Nathaniel Altman, Sacred Water. The Spiritual Source of Life, Mahwah, NJ 2002.

wie mit den lebensbedrohlichen, ozeanischen Abgründen, die in den Sintflutgeschichten aufscheinen. Viele Mythen haben dabei eine rein hierophanische Bedeutung: Wasser ist nicht selbst heilig, sondern wird geheiligt durch das Erscheinen einer Gottheit.

Als narrative Sinnstiftungen erzählen Wassermythologien von einem Anfang, von dem, was *in principio* geschah, und verweisen so auf eine sinnstiftende Transzendenz, ein Surplus an Wirklichkeit, das begrifflich nicht einfach zu fassen ist. In den Mythologien des Anfangs wird Wasser zum kosmogonischen Element und zum Enigma der Welt. Diese Mythen berichten von den Chaoswassern als fertilem Grund göttlicher Schöpfungsaktivität, wie z. B. in Gen 1 deutlich wird. Aus den Chaoswassern des Anfangs erschuf Gott Himmel und Erde. Diese Chaoswasser-Vorstellungen wurden in den christlichen Traditionen oftmals als Bedrohung angesehen, die gebändigt werden müsste. Catherine Keller sieht beispielsweise eine Tehomophobie am Werk in jenen theologischen Systematisierungsversuchen, in denen die Tiefen der Chaoswasser schlichtweg verdrängt werden.[3]

Auch als Metapher verweist Wasser auf einen Überschuss an Bedeutung, auf eine signifikative Qualität, in der poetisch Geistiges versinnlicht werden kann, oder als Denkform Geistiges im Sinnlichen enthüllt werden kann.[4]

»Als Element des Lebens geht es ein in die religiöse und kulturelle Symbolbildung, in wasserbezogenen Mythen, Riten, Bildern, Denk- und Ausdrucksformen, in naturphilosophischen Überlegungen als ›Urgrund‹, oder in das kollektive Gedächtnis als ›Sintflut‹. Es begegnet ferner in den Imaginationen des Unbewussten und der Träume, in Mythen der Quellennymphen, Nixen, Sirenen, Melusinen und Undinen, in den Kosmogonien der frühen Völker und poetologisch in der Wasser-Lyrik, aber auch im Symbol- und Zeichengebrauch des Aberglaubens. Dem Wasser gegenüber erfährt sich der Mensch immer zugleich als Subjekt und Objekt, als handelnder und zugleich Betroffener, als ein in Natur Handelnder und immer zugleich Natur Seiender. So wird z. B. der Durst des Menschen, intrapsychisch auf ein Äußeres projiziert und dort identifiziert, um wieder in den Subjektinnenraum und als Ausdruck einer Sehnsucht zurückgeholt zu werden.«[5]

Sich dürsten wird so zum Symbol der Sehnsucht bzw. des Glaubens, der als Begehren oder Verzweiflung zur Sprache gebracht wird: »Wie der Hirsch lechzt nach frischem Wasser, so schreit meine Seele, Gott, zu Dir. Meine Seele dürstet nach Gott, nach dem lebendigen Gott« (Ps 42,3). Oder: »Es dürstet

---

3 | »Tehom« ist der hebräische Begriff für die Urtiefe, der in Gen 1,2 verwendet wird. Keller verweist mit diesem Begriff auf die Furcht vor dem Chaos, vor dem Abgründigen der ursprünglichen Schöpfungsmaterie, die durch die Vorstellung von der creatio ex nihilo gebändigt werden soll. Vgl. Catherine Keller, Face of the Deep. A Theology of Becoming, New York 2003.

4 | Vgl. Karl Matthäus Woschnitz, Fons Vitae – Lebensquell. Sinn und Symbolgeschichte des Wassers (Forschungen zur europäischen Geistesgeschichte, Bd. 3), Freiburg/Basel/Wien 2003, 9–10.

5 | Woschnitz, Fons Vitae, 25.

meine Seele nach dir, mein ganzer Mensch verlangt nach dir aus trockenem, dürrem Land, wo kein Wasser ist« (Ps 63,2).

Entsprechend gibt die physische und psychische Befriedigung, die beim Stillen des Durstes erlebt werden kann, den kreativen Impuls für die entsprechenden Erlösungsmetaphern. Keinen Durst mehr zu haben, verweist beispielsweise im Johannesevangelium auf eine verwandelte Leiblichkeit, die ganz von der Christuspräsenz durchdrungen ist: Für die Person, die von dem Wasser trinkt, das Christus gibt, wird dieses zur Quelle werden, die ins ewige Leben quillt (Joh 4,10). Hier wird Christus zur Quelle des Lebens.

In anderen Religionen werden bestimmte Flüsse als Lebensströme und Lebensquellen angesehen. In den meisten indischen Religionen ist die Pilgerreise zum Ganges die Reise zum Lebensstrom. Die Ganga ist die Personifizierung des Flusses in einer Göttin. Sie ist heilig. Das Eintauchen in die Wasser der Ganga bewirkt die Reinigung von den Sünden und die Absolution. Es ist der Wunsch vieler Hindus, an der Ganga zu sterben, und sie hoffen darauf, dass ihre Asche im Fluss verstreut wird. Auch der Nil wird als religiöse Lebensader und metaphysische Achse angesehen. Viele Wasserrituale betonen den Aspekt der sakralen Reinigung. Und sogar die Gottheiten baden, wie wir in der Erzählung vom Bad des ägyptischen Sonnengottes Re im Himmelsozean erfahren dürfen.

In einigen Wassermythologien spielt darüber hinaus der chthonische, unterirdische Aspekt eine Rolle: Wasserströme verbinden mit der Unterwelt und öffnen die Tore zur Welt hinter der Welt. Eine mythische Geographie des Wassers der Unterwelt wird entfaltet; der Durst der Toten und die Jenseitstränkung sind hier ein zentrales Motiv.[6]

Die physische Erfahrung des Eintauchens ins Wasser evoziert kosmische Verbundenheit, ein Einssein mit dem Ganzen. Das Schwimmen in einem See oder im Meer kann dieses Erleben anstoßen. Beim Eintauchen ins Wasser verschwimmen die sonst im Alltag erlebten Körpergrenzen; in der Verbindung mit dem Wasser lösen sich diese auf. Das Leibsein in der Welt wird nicht mehr im abgetrennten Gegenüber, sondern in intimer Verbindung mit den Elementen erlebt. In der Religionspsychologie wird von der Erfahrung der »unio« gesprochen, die mit dem Schwimmen des Embryos im Fruchtwasser beginnt und grundlegend für die Gotteserfahrung ist. Sigmund Freud zitiert aus einem Brief seines Freundes Romain Rolland, der vom Empfinden der Ewigkeit als einem Gefühl wie von etwas Unbegrenztem, Schrankenlosen, gleichsam Ozeanischen spricht. Dieses Gefühl, das er von vielen anderen Menschen bestätigt gefunden habe, war für Rolland die Quelle der Religiosität – ein Ge-

---

6 | Vgl. zur intensiven Auseinandersetzung mit den genannten Motiven die Arbeit von Woschnitz.

fühl der Allverbundenheit, der Zusammengehörigkeit mit dem Kosmos. Freud interpretierte dieses Gefühl des Ozeanischen als Rückbindung an eine frühe Phase des Ichgefühls als jenen Zustand, in dem sich das Kind noch nicht als von seiner Außenwelt geschieden empfindet.[7]

Neben der Darstellung der Allverbundenheit beschreiben viele Wassermythologien Wasser auch als ein bedrohliches Element. Dem Element des Wassers in seiner natürlichen Beschaffenheit haften Momente des Unheimlichen und der Zerstörung an, die in vielen Schöpfungsmythen und Sintfluterzählungen bewahrt sind und auch im Akt des Untertauchens bei der Taufe anklingen. Hier begegnet uns die Tod-Leben-Ambivalenz erneut. Dass mit dem Eintauchen bei der Taufe das Sterben und Auferstehen mit Christus symbolisch verbunden werden kann, hängt mit der materialen Qualität des Wassers zusammen und mit den ambivalenten Erfahrungen, die Menschen mit dem Element des Wassers machen.

Die symbolische und mythische Darstellung der Tod-Leben-Ambivalenz in ihrem Verweis auf das Heilige, Numinose oder Göttliche ist in den Symbolen, Metaphern und Mythen rund ums Wasser in vielfältiger Weise ausgedrückt. Sie ist rückgebunden an die leiblichen, politischen und sozialen Erfahrungen, die Menschen mit dem Wasser machen.

Bedrohtes Wasser

Im 21. Jahrhundert stellt sich die beschriebene Tod-Leben-Ambivalenz in erschreckender Weise, als zumeist vom Menschen produzierte Katastrophe, auf der globalpolitischen Bühne dar. Das Internationale Wasser Sekretariat (ISW) berichtet im Jahr 2007, dass jährlich ungefähr 1,8 Millionen Menschen, meistens Frauen und Kinder, an Krankheiten sterben, die durch verunreinigtes Wasser mit verursacht sind. 1,1 Milliarden Menschen haben keinen Zugang zu sauberem Wasser und 2,6 Milliarden haben keinen Zugang zu adäquaten sanitären Anlagen.[8] Nichtregierungsorganisationen, allen voran das United Nations Committee on Economic, Cultural and Social Rights, fordern, den Zugang zu Wasser als grundsätzliches Menschenrecht anzuerkennen.[9] Im Juli 2010 proklamierte die Generalversammlung der Vereinten Nationen das erste Mal das Recht auf sicheres und sauberes Trinkwasser als Menschen-

---

7 | Vgl. Sigmund Freud, Das Unbehagen in der Kultur, und andere kulturtheoretische Schriften, Frankfurt [10]1994, 32.
8 | International Secretariat for Water (ISW, Water is Life (2007), www.i-s-w.org/en/index.html [Zugriff: 26. April 2012].
9 | Vgl. Sylvie Shaw und Andrew Francis, Introduction, Sacred Waters, in: dies. (Hg.), Deep Blue. Critical Reflections on Nature, Religion, and Water, London/Oakville 2008, 1–15, hier 3.

recht. Im Oktober 2010 unterstützte der Human Rights Council in Genf eine ähnliche Erklärung.

Die indische Naturwissenschaftlerin und Aktivistin Vandana Shiva beschreibt die Zerstörung von Wasserressourcen als eine Form des Terrorismus, der sich gegen die Zweidrittelwelt richtet, da insbesondere den armen Bevölkerungsgruppen des Südens der Konsum von gesundem Trinkwasser stetig erschwert wird.[10] Während im Durchschnitt jede Bewohnerin und jeder Bewohner in den USA 40 Gallonen (1 Gallone entspricht circa 3,8 Litern) Wasser pro Tag verbraucht, bleiben den oben erwähnten 1,1 Milliarden Menschen, die keinen Zugang zu sauberem Wasser haben, ca. 1,3 Gallone für den Tagesverbrauch. In afrikanischen Metropolen, wie z.B. Dar es Salaam, der kommerziellen Hauptstadt Tanzanias, bezahlen BewohnerInnen mehr Geld für die Wasserversorgung als in New York City. Im United Nations Development Report wird aufgrund dieser Diskrepanzen zwischen dem Norden und dem Süden von »Wasserapartheid« gesprochen.[11]

Wie mit der Naturgewalt des Wassers umgegangen wird, ist ein prekäres politisches Thema. Menschen werden in Tsunamis fortgespült und sind der Naturgewalt des Wassers ausgeliefert. Diese Wasserkatastrophen, in denen die Schutzdämme brechen und die Menschen ertrinken, offenbaren oftmals auch die politischen Missstände einer Gesellschaft, z.B. den systemischen Rassismus im Süden der USA, der im Umgang mit den Folgen des Hurrikans Katrina in New Orleans sichtbar wurde, oder die ökonomischen Ausbeutungsstrukturen, die mit dem Tourismus in Thailand verbunden sind.

Wasser wird zur Ware. Privatkonzerne verkaufen Trinkwasser in Plastikflaschen. Der Preis von Wasser in Flaschen ist exponentiell höher als der von Leitungswasser. Im Jahre 2004 wurden ca. 26 Milliarden Liter Flaschenwasser verkauft. 86 Prozent der Plastikflaschen landeten direkt im Müll. 17 Millionen Barrel Öl werden benötigt, um diese Flaschen zu produzieren und 2.500 000 Tonnen CO_2 werden in die Atmosphäre entlassen. WissenschaftlerInnen sagen einen Kollaps des ozeanischen Ökosystems in den nächsten 50 Jahren voraus, falls wir nicht unsere CO_2-Emissionen zumindest auf den Stand von 1980 reduzieren.

Die militärischen Konflikte des 21. Jahrhunderts werden aller Voraussicht nach vermehrt um den Zugang zu Wasser geführt: »Weltweit gibt es über 200 grenzüberschreitende Flüsse. In manchen Fällen, so am Rhein, gibt es Verträge der Anrainerstaaten, die eine Übernutzung des Wassers oder eine zu

---

10 | Vgl. Vandana Shiva, Water Wars, Privatization, Pollution, and Profit, London 2002, xiv.
11 | Vgl. Gary L. Chamberlain, Troubled Water. Religion, Ethics, and the Global Water Crisis, Lanham 2008, 2.

große Schadstoffbelastung verhindern. In anderen Fällen gibt es immer wieder Konflikte darum, wer wie viel Wasser nutzen darf. Die politischen Konflikte der Anrainerstaaten des Jordans – Israel, Libanon, Syrien, Jordanien und Palästina – werden durch den Streit um die Nutzung des Jordanwassers verschärft.«[12] Kommerzielle Privatisierungsbestrebungen von Großkonzernen lassen den Zugang zu sauberem Trinkwasser zum ökonomischen Faktor werden: Wer bezahlen kann, darf auch trinken. Wasser als absolut lebensnotwendige Ressource für die Gesundheit und das Überleben von Menschen wird so zur Ware. Weltweit leiden mehr als eine Milliarde Menschen unter akutem Wassermangel. Die Biodiversität der Ozeane wird durch die Verschmutzung des Wassers massiv reduziert. Jede Minute werden etwa 20 Tonnen Müll in die Meere gespült. Die Klimaveränderungen tragen zu verstärkten Trockenheiten ebenso wie zu Überschwemmungen bei.

Sakramentalität: Wasser als Gabe und nicht als Ware

Dem sakramentalen Element des Wassers haften politische Konflikte, ökonomische Ungerechtigkeit und ökologische Gefährdungen an. Zugleich ist Wasser ein Element, das in vielen Religionen den Zugang zum Heiligen, Numinosen oder zu verschiedenen Gottheiten vermittelt.

Marion Grau schlägt vor, im Angesicht der globalen Umweltkrise eine Ökospiritualität im interreligiösen Kontext zu entwickeln, in der den klassischen vier Elementen in ihrer spirituellen, politischen und theologischen Bedeutung besondere Aufmerksamkeit gewidmet wird. Die vier Elemente können in multireligiösen Kontexten Hilfestellungen bieten, in denen die ökologischen Herausforderungen einen globalen, grenzüberschreitenden Charakter haben. Sie können zur Entwicklung einer »heiligen Geografie« inspirieren, in der Menschen unterschiedlicher Religionen zusammenarbeiten, um das Fortschreiten der ökologischen Krise zu unterbrechen.[13] Für die Entwicklung dieser multireligiösen Kartographie ist es unabdingbar, dass zunächst die spezifische Bedeutung der Elemente in den jeweiligen Religionen herausgearbeitet wird.

Im Christentum ist das Element des Wassers unter anderem zentral für das Sakrament der Taufe. In der Taufe empfängt der Mensch Gottes Freispruch von den überwältigenden Mächten der Sünde, die sich in Strukturen äußern, die unser ganzes Leben, Leib und Seele, in Anspruch nehmen. In der

---

12 | Frank Kürschner-Pelkmann, Wasser – Erde – Theologie, in: Stimmen der Zeit 1 (2009) 17–28, hier 21.
13 | Vgl. Marion Grau, Elements of Renewal. Fourfold Wisdom, in: Anglican Theological Review 92/4 (2010) 687–706, hier 688.

Taufe spricht Gott die Menschen als Gottes Kinder an und setzt sie in einen Raum der Freiheit, der den beschriebenen Bedrohungserfahrungen nicht das letzte Wort überlässt.

Was aber bedeutet es, im Zeitalter der Bedrohung des Wassers, der Fragilität und Beschädigung der Ökosysteme von der Taufe als dem Sakrament der Rettung zu sprechen, in dem Kinder, Männer und Frauen von der Sünde gereinigt werden und das Wasser des Lebens, also die verwandelnde Christuspräsenz als Geschenk empfangen?

Ein erster Antwortversuch könnte im Aufbrechen der anthropozentrischen Grundierung sakramentaler Theologie bestehen. Rettung und Heiligung kann nicht allein im Hinblick auf den Menschen verstanden werden. Vielmehr sollte ebenso die Heiligung des Wassers hervorgehoben werden, die u. a. im göttlichen Schöpfungshandeln begründet liegt, bzw. in der Sintflutgeschichte oder der Taufe Jesu zur Sprache gebracht wird. Es geht darum, diejenigen rituellen Formen und theologischen Denkfiguren neu zu bedenken, in denen Wasser nicht einfach nur als nutzbare Ressource für den Menschen betrachtet wird und damit exklusiv als Objekt menschlicher Konsumtion wahrgenommen wird. Vielmehr ist Wasser als Teil der Schöpfung nicht nur Objekt in Bezug zum Menschen. Thomas Berry und viele andere, die an dieser Verschiebung des Mensch-Natur-Paradigmas interessiert sind, schlagen deshalb vor, vom Universum als Gemeinschaft von Subjekten zu sprechen.[14]

Von Texten der Kirchenväter und -mütter können wir lernen, dass das Eintauchen Jesu in die Wasser des Jordan als kosmisches Ereignis interpretiert wird, in dem alle Wasser der Welt geheiligt und erneuert werden.[15] So beschreibt Joseph von Serugh, dass alle Wasser der Erde von Christus besucht wurden, als er in die Tiefe des Jordans stieg: Seen, Tiefen, Flüsse und Quellen – alle flossen zusammen, um durch das Eintauchen Jesu in den Jordan gesegnet zu werden. Tertullian verweist darauf, dass die Wasser der Erde zu Beginn der Schöpfung gesegnet wurden und dass sie zum Ruheort des Geistes wurden. Durch die stetige Geistpräsenz werden die Wasser kontinuierlich in der sich entfaltenden Schöpfung geheiligt. In den Reden und Lehren des heiligen Gregorius, des Erleuchteten, Patriarch von Armenien, wird betont, dass die Wasser der ursprünglichen Schöpfung, den Pflanzen, den Reptilien, den wilden Tieren und den Bestien und den Vögeln ermöglichten, aus der Erde her-

---

14 | Vgl. Thomas Berry, The Sacred Universe, Earth, Spirituality, and Religion in the 21st Century, hrsg. von Mary Evelyn Tucker, New York 2009.

15 | Die folgenden Beispiele habe ich dem Essay von Mary E. McGann entnommen, der demnächst in den Proceedings der Societas Liturgica veröffentlicht werden wird: A Theopolitics of Water: Celebrating Baptism in a Time of Global Water Crisis. Ich danke der Autorin, die mir im Vorfeld diesen Text zur Verfügung gestellt hat.

vorzutreten. In der Taufe Jesu wird eine zweite Schöpfung hervorgebracht, die das Universum ein für allemal erfrischt und erneuert. In diesem Bild wird die Auffassung reflektiert, dass in der Taufe Jesu am Jordan das gesamte Universum durch die Kraft des Heiligen Geistes in seiner gesamten Materialität transfiguriert wird. In diesem Spektrum malt auch Gregor von Nazianz das Bild Christi, der, aus dem Jordan steigend, den gesamten Kosmos mit sich trägt.

Auch in der orthodoxen Theologie des 20. Jahrhunderts wird die kosmische Dimension der Taufe Jesu weiter hervorgehoben. Der orthodoxe Theologe Alexander Schmemann bezeichnet Wasser als *prima essentia*. In seiner natürlichen Beschaffenheit symbolisiert es alles Lebendige in der Schöpfung in einem kosmologischen Horizont. Gebete über dem Wasser während der Taufe, die zwischen heiligem und profanem Wasser unterscheiden, profanieren und entwerten letztendlich die Schöpfung. Für Schmemann geschieht die wirkliche Konsekration, wenn die Gebete die Epiphanie Gottes des Schöpfers, der alles Wasser heiligt, manifestieren.[16]

Die orthodoxen Traditionen, die von der Heiligung des Wassers erzählen, können auch protestantische Tauftheologien inspirieren, die ganz und gar auf die Rettung des Menschen konzentriert sind, sie vermögen den kosmischen Horizont zu weiten und die Elemente, wie z. B. das Wasser, mit zu bedenken.

Eine protestantische Spiritualität, die sich aus der Tauferinnerung speist, könnte den bewussten Umgang mit der Materie des Wassers ritualisieren und dabei auch von den Gesten der katholischen Liturgie erneut lernen. Beim Eintritt in einen Gottesdienstraum die Hand in das mit Wasser gefüllte Taufbecken einzutauchen und sich dann das Kreuz auf die Stirn zu zeichnen, ist eine Geste, die die Verbindung zwischen Korporalität und Kosmos herstellt. Gemeinden, die sich regelmäßig zum Dank- und Fürbittengebet um ein mit Wasser gefülltes Taufbecken versammeln, können lernen, die Tauferinnerung, die jede Gebetspraxis fundieren sollte, mit dem sakramentalen Verständnis des Gegebenseins der Schöpfungsgaben zu verbinden. Dass Wasser Gabe und nicht Ware ist, sinkt so – vielleicht – tiefer in die Herzen der Betenden.

Kirchen, die sich dem Projekt der Tauferinnerung und dem Verständnis der Taufe als lebenslangem Prozess verpflichtet wissen, werden sich nicht von einem Dualismus leiten lassen, der zwischen heiligem und profanem Wasser zu unterscheiden vermag. Vielmehr werden die benannten Konflikte rund

---

16 | Vgl. Alexander Schmemann, Of Water and the Spirit. A Liturgical Study of Baptism, Crestwood 1974, 128.

um das Wasser hineingezogen in das alltägliche Drama der Taufexistenz. Die Berücksichtigung der Ambivalenzen, die mit der Wasserthematik in stofflicher, ökologischer und politischer Hinsicht verknüpft sind, ist zentral für eine praktisch theologische Tauftheologie, die im 21. Jahrhundert nicht ignorieren kann, dass Wasser als lebensnotwendiges Element bedroht ist. Die Auseinandersetzung mit dem Naturelement des Wassers kann Jugendliche und Erwachsene in die Sakramentalität der Schöpfung einführen, in der die Heiligkeit göttlichen Schöpfungswirkens in ihrer fragilen Schönheit aufscheint. Stadtkinder, die noch nie eine Wasserquelle gesehen haben oder einem Wasserfall in all seinem gewaltigen Getöse gelauscht haben, sollten an diesen Orten die ambivalente Stofflichkeit des Elementes Wassers leiblich erforschen und dann mit den Wassergeschichten der Bibel konfrontiert werden, um im Anschluss daran in die Multivalenz des Taufthemas einzutauchen.[17]

Die Beschäftigung mit der Wassermaterie kann eine theologische Reflexion inspirieren, die zu erkunden sucht, was es bedeutet, dass Menschen Teil des interdependenten Ökosystems sind, das maßgeblich auf der Zirkulation des Wassers beruht, und dass der menschliche Körper selbst zu 70% aus Wasser besteht. Das radikale Gewahrwerden dieser systemischen Interdependenz trägt zu einem vertieften Verständnis einer Taufanthropologie bei, die die Getauften im Verhältnis zu dem Naturelement des Wassers zu verstehen sucht. Dabei geht es um die Entfaltung der Perspektive der sakramentalen Durchlässigkeit, die darauf abzielt, die alltäglichen Erfahrungen, die mit dem sakramentalen Element gemacht werden, in ihren lebensbejahenden, aber auch in ihren gewaltförmig zerstörerischen Aspekten mit in die theologische und praktische Reflexion einzubeziehen.[18]

Zur rituellen Gestalt ökologischer Taufkatechetik gehört auch die Einführung in den Lobpreis der Schöpfung, welche um jene göttliche Kreativität kreist, die aus den Tiefen der Chaoswasser Leben entstehen lässt. Eine Tauftheologie und -praxis wird in diesem Sinne nicht die *creatio ex nihilo* in Szene setzen, sondern die *creatio ex profundis*, in der die Fruchtbarkeit der Tiefe der Chaoswasser gewürdigt wird.[19]

---

17 | Vgl. Ben Stewart, The Role of Baptismal Water at the Vigil of Easter in the Liturgical Generation of Eco-Theology, unveröffentlichte Dissertation, Emory University, Atlanta 2009.
18 | Zur Entfaltung der Perspektive der sakramentalen Durchlässigkeit vgl. ausführlicher Andrea Bieler/Luise Schottroff, Das Abendmahl. Essen, um zu leben, Gütersloh 2007, 16–21.
19 | Vgl. Keller, Face of the Deep, 213–228.

Christoph Müller

Taufe als Vergegenwärtigung des Schöpfungsgeschehens
Feier des Schöpfungsglanzes und Abschied von lebensfeindlichen Tauftraditionen

Die EKD feierte das Jahr 2011 als »Jahr der Taufe«. Im Rahmen verschiedener Konferenzen, Tagungen und Expertenbefragungen referierte und diskutierte ich über Ergebnisse und theologische Perspektiven einer größeren empirischen Untersuchung aus Bern[1] – mit dem Schwerpunkt auf dem Teilprojekt »Taufe«.[2] Dabei wurde die Frage gestellt, ob in meiner Sicht die Taufe nicht zu einseitig als bloßes »kreatürliches« Geschehen erscheine und sie dabei auf eine Segenshandlung reduziert werde. Wenn die Taufe als Feier göttlicher Zuwendung erfahren wird, die menschliches Leben »von Anfang an« (und nicht erst kraft des Taufaktes) begründet, wo bleibt dann das spezifisch Christliche?

Meine These, die sich durch diese Gespräche profiliert hat, und die ich im Folgenden ausführe, lautet: Wenn die Taufe im Horizont biblischer Schöpfungs- und Segenstraditionen wahrgenommen wird, geraten verschüttete Aspekte der Taufe in den Blick. Die Schöpfungsdimension erschließt sich den an der Taufe Beteiligten. Sie können hierbei wichtige Erfahrungen und Zugänge zum christlichen Glauben entdecken.

Die »Vergegenwärtigung« biblischer Schöpfungstraditionen (in ihrer Vielschichtigkeit) ermöglicht eine kritische Distanz zu lebensfeindlichen,

---

[1] Es handelt sich um das Projekt »Rituale und Ritualisierungen in Familien. Religiöse Dimensionen und intergenerationelle Bezüge«. Es wurde vom Institut für Praktische Theologie der Theologischen Fakultät der Universität Bern im Rahmen des von der Schweizerischen Eidgenossenschaft finanzierten Nationalen Forschungsprogramms (NFP) 52 mit dem Thema »Kindheit, Jugend und Generationenbeziehungen im gesellschaftlichen Wandel« durchgeführt. In eigenständigen Teilprojekten wurden Weihnachten (Prof. M. Baumann und Team), Abendrituale (Prof. Chr. Morgenthaler und sein Team) und die Taufe (mein Team und ich) untersucht. Quer durch alle Teilprojekte wurde zudem die Position der Kinder in diesen Ritualen fokussiert (PD Dr. Kurt Schori). Im Rahmen des Institutsprojektes wurden auch zwei umfangreiche Surveys durchgeführt. Die Untersuchungen wurden alle in der Reihe Praktische Theologie heute (Kohlhammer) zwischen 2008 und 2011 publiziert.

[2] Vgl. Christoph Müller, Taufe als Lebensperspektive. Empirisch-theologische Erkundungen eines Schlüsselrituals, Stuttgart 2010. In diesem Tauf-Projekt führten wir 90 Interviews mit Taufeltern, Täuflingen, Patenleuten und Großeltern durch, zudem 26 Expertinnen- und Experteninterviews mit Pfarrerinnen und Pfarrern bzw. Gemeindeleiterinnen und Seelsorgerinnen (bei Vertreterinnen der römisch-katholischen Kirche). Ergänzt wurden die Interviews durch teilnehmende Beobachtung in Tauf-Gottesdiensten, in Tauf-Erinnerungsfeiern und im kirchlichen Unterricht (zum Thema Taufe).

kirchlichen und theologischen (Tauf-)Traditionen. Diese sind bis heute wirkungsvoll und haben die wechselseitigen Erhellungen und das »Ineinanderlesen« von Schöpfungs- und Segenstheologie, von Christologie, Pneumatologie und Tauftheologie in biblischen Texten und den Erfahrungen der an der Taufe Beteiligten immer wieder behindert oder unmöglich gemacht.

Ich setze bei Herausforderungen und Einsichten aus dem Berner Taufprojekt ein.

Taufe und Schöpfung

Wenn man Eltern und anderen an der Taufe Beteiligten die Frage stellt, was ihnen an der Taufe wichtig sei, geben diese oft an, sie wollen einen für sie nachvollziehbaren Zugang über den »Segen« gewinnen, sie berichten über die Sehnsucht nach *Schutz und Verbundenheit* sowie über das Empfinden von *Dank und Verwunderung*. Oft zeigt sich, dass dabei elementare Erfahrungen von *Gefährdung und Tod* eine wichtige Rolle spielen. Es werden auch Fragen wach nach dem, *was »zählt«* und was nicht zur Disposition stehen darf. Solche Erfahrungen und Fragen setzen beim eigenen Erleben ein. Sie transzendieren den privaten Bereich und gewinnen immer wieder umfassende Horizonte. Es sind oft Erfahrungen von »Selbsttranszendenz«[3] auf etwas Umfassendes, das sich in »kreatürlichen« Erfahrungen verleiblicht. Wird dadurch die Taufe ihres spezifisch christlichen bzw. kirchlichen Gehalts entkleidet?

Der (Schöpfungs-)Segen als elementare Dimension der Taufe: als Schutz, als atmosphärische Verbundenheit mit der Schöpfung, als Verwunderung und Dank

Eltern spüren in der Zeit der Schwangerschaft, bei der Geburt und in den Monaten vor der Taufe besonders deutlich, worauf sie und ihr Kind jetzt angewiesen sind, was Halt und Hoffnung gibt. Sie möchten den *Segen* für ihr Kind und die Familie. Die Vorstellung, »dass das Kind unter Gottes Segen steht«, wird von einem großen Teil der im Survey Befragten als wichtig eingeschätzt.

»Segen« erscheint in den Interviews oft parallel zu »Taufe«: »Wir taufen jetzt das Kind oder segnen es.« Manchmal wird »Segen« explizit gedeutet. Eine Mutter berichtet, dass der Segen für ihr Kind wichtig sei, es werde dadurch auf seinem Weg bestärkt. Und sie fügt bei: »Ich finde es einfach gut, dass ich weiß, dass es so ist.« Oder eine andere Mutter: »Wir ließen unsere Kinder taufen wegen des Segens und des Schutzes von Gott.« Sie sind »unter

---

3 | Hans Joas, Braucht der Mensch Religion? Über Erfahrungen der Selbsttranszendenz, Freiburg 2004, v. a. 12–31.

Gottes Hand, unter seinem Schutz.« Die Taufe gibt dem Kind den Segen »auf den Weg«. Durch den Segen lässt sich »etwas Bedingungsloses« erfahren.

Die Deutung der Taufe als Segen erschließt für viele Menschen einen Zugang zu diesem Ritual – auch wenn manchmal die Segnung explizit nicht stattfindet.[4] Eltern, Großeltern und Paten können so die Taufe mit Erfahrungen verbinden, die ihnen etwas bedeuten: Erfahrungen einer Kraft, die sich bedingungslos zuwendet, die bestärkt, schützt, den Anfang des nun mit dem Kind gewagten Weges markiert oder sie auf diesem Weg begleitet.

Solche Erfahrungen und Hoffnungen werden auch mit der Figur des *Schutzengels* verbunden, der in manchen Interviews erwähnt wird. Ein entsprechender Taufspruch wird nach Angabe von Pfarrerinnen und Pfarrern häufig gewählt:[5]

»Gott hat seinen Engeln befohlen, dass sie dich behüten auf allen deinen Wegen, dass sie dich auf den Händen tragen und du deinen Fuß nicht an einen Stein stößt« (Psalm 91,11f.).

Die Daten, die mir zur Verfügung stehen, geben keinen Anlass, die Deutung der Taufe als Segen und die Beliebtheit des Schutzengel-Symbols abzuwerten. Wenn Eltern davon erzählen, erweist es sich oft als vielschichtig und mehrdimensional, spricht sie persönlich an und wird als ebenso tröstlich wie umfassend empfunden.

Die Erfahrung des umfassenden Segens kann in der Tauffeier auch in Gefühlen des Verbundenseins zum Ausdruck kommen, wie vor dem Meer, im Berührtsein von der Orgelmusik, den Farben der Kirchenfenster, der Höhe und der geschichtlichen Tiefe des Kirchenraums, der atmosphärischen Wärme. Auf die Frage, was ihn am stärksten beeindruckt habe, sagt ein Vater:

»Das ist noch schwierig zu sagen, es ist eine Frage, die ich fast nicht beantworten kann, obschon ich (...) – also der Moment [sc. als die Kinder getauft wurden] hat mich schon auch sehr berührt, aber es war, glaube ich, nicht dieser Moment, ich glaube, es ist (...) – ich glaube, es waren wahrscheinlich die Kirchenfenster (lacht). Also, wahrscheinlich auch irgendwie so – oder ja, auch noch die Orgel. Also, wenn der Raum irgendwie so (...), also Sachen, die sehr privat sind in dem Sinn, also es sind einfach Gefühle, man ist dort und (...) – es ist der Raum, es ist die Höhe des Raums, und es ist die (...) Geschichthaftigkeit dieses Raums und (...) –, aber auch die (...) die Wärme, die sie [die Pfarrerin] da auch hineingebracht hat (...) Es ist vielleicht eher wie wenn man vor dem Meer sitzt oder irgendwo, einfach – ja, vor einem Sonnenuntergang, dann ist man da, und es ist einfach

---

4 | Eine Segnung erfolgt oft mit dem Taufspruch, wenn dieser einen Segen beinhaltet; ein Segen kann auch zusätzlich zugesprochen werden, beispielsweise: »Gott segne dich und mache dich zu einem Segen für andere Menschen.«
5 | Unter den »33 besten Taufsprüchen« von www.taufgeschenke.com/taufspruech/ [Zugriff: 18.5.2012] ist Ps 91,11 dreimal (in drei verschiedenen Versionen) aufgeführt.

tief, es ist intensiv, aber es ist noch schwierig zu sagen, was – also, es war nicht irgendwie ein spezieller Moment im Ritual.«

Das Umfassende kann in der atmosphärischen Verbundenheit mit dem Glanz der Schöpfung auch im Kirchenraum entdeckt werden. Frau B. hat es besonders beeindruckt, dass genau in dem Moment, als ihr Kind getauft wurde,

»die Sonne so schön durchs Kirchenfenster schien. Da dachte ich: Vielleicht schaut er (Gott) jetzt gerade schnell herein. (...) [Sie wendet sich ihrem kleinen Sohn zu.] Ja, er ist ein so fröhliches Kind und lacht oft.«

Speziell hervorgehoben werden Tauffeiern, die draußen stattfinden. So erzählt Herr M.:

»Und wie Anne schon sagte, fand ich auch diese Atmosphäre, diesen Ort, diese Örtlichkeit – halt draußen, im Weidendom; dass es halt nicht – ich sag jetzt mal – in einem dunklen Gemeindehaus oder einer Kirche irgendwie war. Das war schon mit ein ziemlich wichtiger Punkt, dass die Leute sich intensiver damit auseinandergesetzt haben.«

Offenbar versprechen Feiern, die »draußen« stattfinden, auch die Möglichkeit, sich von der Erfahrung mit Kirchenräumen zu befreien, die als unfreundlich und abweisend in Erinnerung geblieben sind oder z. B. schlimme Kindheitserlebnisse evozieren. Die »Natur« selbst wird als etwas Segnendes erlebt, bei Herrn M. als Dom, der nicht an die traditionellen Kirchenmauern gebunden ist; andere Eltern und Tauf-Beteiligte erzählen von der Taufe bei einem Brunnen (z. B. vor der Kirche), einem Fluss, wo das Taufwasser in seiner Materialität, seinem Schöpfungsglanz greifbar wird, von der Feier auf einer Alp – »die Himmel erzählen von der Schönheit Gottes.«[6]

Im Erleben von Schwangerschaft und Geburt, im Werden und Auftauchen der Person ihres Kindes, *in* dieser Welt nehmen Eltern wahr, dass dieses schöpferische Geschehen der Menschwerdung in umfassende Zusammenhänge gehört und wollen dieses Erleben im Fest der Taufe mit anderen Menschen teilen. Eltern erzählen oft von Gefühlen und Erlebnissen des Staunens und der Dankbarkeit für das Leben in dieser unvorstellbaren Welt. Eine Mutter sieht es so: »Es ist ein Wunder, dass das Kind zur Welt kommt. Mit der Taufe kann man selbst zeigen, dass man dankbar ist, das Geschenk bekommen zu haben.«

---

6 | »Die Himmel erzählen von der Schönheit Gottes. / Vom Tun seiner Hände kündet das Firmament. / Ein Tag sprudelt dem anderen Tag Worte zu / eine Nacht gibt der anderen Nacht Wissen weiter« (Ps 19,2f. Übersetzung: Bibel in gerechter Sprache); zu Ps 19 vgl. Karl Löning/Erich Zenger, Als Anfang schuf Gott. Biblische Schöpfungstheologien, Düsseldorf 1997, 178–190, mit spannenden Hinweisen zur Botschaft, die der Himmel im Auftrag des Schöpfergottes der Erde verkündet, und zur Tora als Licht der Schöpfung. Es wäre sehr spannend, auf die Zusammenhänge zwischen den Tora- (und ebenso den Weisheits- und den Logos-Theologien) und den Schöpfungstheologien einzugehen.

Ein Vater sagt: »Für mich gehört eine Taufe zur Geburt, vielleicht wie ein (...) Andere-teilhaben-Lassen an der Freude und der Dankbarkeit.«

Wenn die Eltern selbst einen *Taufspruch* für ihr Kind wählen können (was sie meistens gerne und sorgfältig tun), oder wenn Jugendliche oder Erwachsene einen Taufspruch für sich selbst aussuchen, leuchten dabei oft Aspekte der segnenden Gottheit auf: als Schutz und Begleitung, als Licht, als Quelle und Geschenk des Lebens, als Schöpfungskraft und in der Erfahrung von Glück, Zuwendung und der Chance neuer Anfänge. Die Tauf-Symbole Wasser und Licht (Tauf- und Osterkerze) werden als Schöpfungssymbole in neuer Weise zugänglich und sprechend.

»Segen« erscheint in vielen Facetten. Der Segen wird für Beteiligte an der Taufe als »Grundgeste des Christentums und des Judentums«[7] nachvollziehbar, als zentrale Dimension jüdischen und christlichen Glaubens: Der Täufling erfährt irdisch die Zuwendung Gottes und kann sich selbst, den anderen und der Kreatur in der Perspektive der göttlichen Zuwendung und der Zuwendung zu Gott begegnen. Es gehört zur Würde des Menschen (nicht bloß von Amtspersonen!), segnend am göttlichen Segnen teilnehmen zu können – und Gott zu segnen.[8]

Konstitutiv ist der Ur-Segen (»original blessing«), nicht die Erbsünde (»original sin«).[9] Gott segnet Menschen und Tiere, Menschen haben an dieser Segenskraft teil und segnen einander und Gott. Wenn Menschen sich darauf einlassen, tragen sie dazu bei, dass die Welt das wird, als was sie geschaffen und gedacht ist und wovon die Schöpfungsgeschichte erzählt: nämlich *sehr schön* (Gen 1,31) – der *Irrsal und Wirrsal* abgerungen (Gen 1,2).

Biblische Segenstraditionen lösen diese Spannung nicht auf und stellen keine Harmonisierungen her. »Schöpfung« ist kein idyllischer Zustand. Das zeigt sich auch in manchen Interviews:

»Taufe ist für mich eine Symbolhandlung, die das Geschenk des Lebens feiert. Sie drückt das Geheimnis des Lebens aus, das Staunen und den Dank. Ich erfahre ja, wie brüchig das Leben ist.«

7 | Fulbert Steffensky, Segnen. Gedanken zu einer Geste, in: Pastoraltheologie 82 (1993), 2–11, 4f. Für eine ausführlichere Darstellung biblischer Segenstraditionen und Hinweise auf entsprechende Literatur verweise ich auf Christoph Müller, Taufe als Lebensperspektive, im Register unter dem Stichwort »Segen«, v. a. 231–239; 264–272.

8 | Dies wird in vielen Übersetzungen, in denen von Gott »loben« oder »preisen« die Rede ist, unkenntlich gemacht. Am bekanntesten sind wohl die ersten Verse von Ps 103 und 104: »Lobe den Herrn, meine Seele« (Einheitsübersetzung) / »Segne *die Eine*, du meine Lebenskraft« (Bibel in gerechter Sprache).

9 | Dazu das informative, erhellende und weiterführende Gespräch von Brigitte Enzner-Probst/Elisabeth Moltmann-Wendel (Hg), Eintauchen ins Wasser des Lebens, in: Evangelische Frauenarbeit in Württemberg, Ins Leben eintauchen! Feministisch-theologische Beiträge zur Taufe, Bad Boll 2004, 13–32.

Ein Vater, der darüber nachdenkt, wie er die Geburt seines Kindes erlebt hat, fragt:

»Wann findet das Leben statt? Man rennt und rennt und plötzlich ist es fertig und man hat vielleicht mal vom Wunder des Lebens gesprochen, hat es aber gar nicht richtig wahrgenommen.«

Es sind oft Erfahrungen des Staunens über die »doxa« (die Schönheit, den göttlichen Glanz) der Schöpfung,[10] und gerade solches Staunen macht sensibel für »Irrsal und Wirrsal«, für Schutzlosigkeit, für Bedrohungen, für menschliche Endlichkeit und für das zerstörerisch Tödliche. »Schöpfung« ist nicht einfach »natürlich«, »kreatürlich«, »gegeben«. »Schöpfung« wird von der göttlichen Schöpferkraft immer wieder neu dem Tohuwabohu abgerungen[11] – und »Schöpfung« bleibt auch etwas dem endlichen menschlichen Verstehen unzugänglich Fremdes.[12]

Die Taufe als Setzen auf die schöpferische göttliche Kraft – angesichts des Zerstörerisch-Tödlichen

Eine Pfarrerin, die als Theologin entschieden gegen die Säuglingstaufe und für die Kinder- oder auch die Erwachsenentaufe eingetreten war, ließ dann für mich sehr überraschend ihr Kind als Säugling taufen. Die eigene Erfahrung als Mutter, so sagte sie, habe ihren theologischen Zugang zur Taufe verändert.

10 | Zur Schöpfungs-»doxa« vgl. Claudia Janssen, Lebens- und Todesräume. Aufstehen aus Unrecht und Erniedrigung (1 Kor 15,42–44), in: Susanne Lettow u. a. (Hg.), Öffentlichkeiten und Geschlechterverhältnisse. Erfahrungen, Politiken, Subjekte, Königstein/Taunus 2005, 203–224.
11 | Das ist eine zentrale These in der Monografie von Löning/Zenger, Schöpfungstheologien. – Was als »Schöpfer«, als »Schöpfung«, »kreatürlich«, »Natur«/«natürlich«, »Kosmos«/«kosmisch«, als »Schöpfungsordnung« usw. bezeichnet wird, ist also alles andere als selbstverständlich – und wird dort, wo dieser Anschein erweckt wird, Einfallstor der Mystifizierung und Immunisierung von Herrschaftsverhältnissen und entsprechenden Normen und Weltanschauungen.
12 | In der hebräischen Bibel klingt beides an: Einerseits, wie bei »Tohuwabohu«, »die Vorstellung eines öden und verwüsteten Landes wie nach einem Krieg« (Andreas Schüle, Die Urgeschichte (Genesis 1–11), Zürcher Bibelkommentar AT 1.1, Zürich 2009, 34) – anderseits auch das bei Hiob zum Ausdruck kommende tiefe Wissen darum, dass es Dimensionen der Schöpfung gibt, die sich »der menschlichen Einsicht, Berechenbarkeit und Kontrollierbarkeit« entziehen und deshalb noch lange nicht einer Weltdeutung widersprechen müssen, »die die Welt als eine Lebensgemeinschaft mit Gott begreift« (Löning/Zenger, Schöpfungstheologien, 47f., 38f.). – In der romanischen Kunst, v. a. auf den Kapitellen, wird dieser (nicht objektivierbare) Doppelaspekt des Beängstigenden greifbar in der unterschiedlichen Darstellung von bedrohlichen Tieren, gefährlichen Fantasiewesen und Monstern: Einerseits finden sich Figuren, die lebensfeindliche Kräfte darstellen; sie werden nicht verleugnet, sie begegnen im Kreuzgang, sind da, ohne damit »integriert« zu werden. Andererseits finden sich auch Gestalten, die etwas dem menschlichem Verstehen Unzugängliches und Fremdes darstellen und doch zur Schöpfung gehören, wie Leviathan in Ps 104, 26: Gott hat ihn geformt, mit ihm zu spielen, mit »jenem Tier, das sich in seiner Existenz allen auf Rationalität und Nutzen ausgerichteten Weltentwürfen widersetzt« (Jürgen Ebach, Ursprung und Ziel. Erinnerte Zukunft und erhoffte Vergangenheit. Biblische Exegesen, Reflexionen, Geschichten, Neukirchen-Vluyn 1986, 139).

Sie erzählte, wie sie Schwangerschaft und Geburt als eine starke Konfrontation und Auseinandersetzung mit Leben und Tod erlebte. Über ihr körperliches Erleben wurde ihr bewusst, wie verletzlich der Fötus ist und wie wenig selbstverständlich es ist, das Kind austragen zu können. Die Vorgänge um die Geburt nahm sie als intensive Übergänge vom Leben zum Tod und wieder zum Leben wahr. Sie spürte, dass auch die beste medizinische Versorgung keine Garantie bieten kann, und wurde dünnhäutiger gegenüber dem Bedrohlichen und Zerstörerischen in der Welt, in die ihr Kind hineingeboren würde: Gewalt in Familien, die immer größer werdende Schere zwischen arm und reich, weitgehend determinierende Wirkung der sozialen Herkunft, Plünderung und Missbrauch der »natürlichen« Lebensgrundlagen, Ungerechtigkeit und entwürdigende Armut, Brutalität und Krieg – Kennzeichen einer vom Zerstörerisch-Tödlichen gezeichneten Welt.[13] Sie bezog »Sterben« und »Auferstehen« aus dem häufig zitierten paulinischen Tauftext (Röm 6,1–11) auf die Grunderfahrung, aus der Leben hervorgeht, konkret in der Schwangerschaft und mit der Geburt des Kindes.

Und das, so spürte sie sehr deutlich, möchte sie in der Taufe des Säuglings feiern: die Konfrontation mit dem Lebenswunder, mit Glück, Schmerz und Grenzen – und auch das Vertrauen auf die göttliche Lebenskraft und »compassion« als elementare Hoffnungsperspektive, inmitten und trotz des immer wieder verspotteten und gekreuzigten Lebens.

Natürlich war sich diese Mutter, wenn sie ihre Erfahrung theologisch reflektierte, bewusst, dass Paulus in Röm 6 nicht Schwangerschaft und Geburt vor Augen hatte. Aber – so fragte sie sich – machte sie nicht auch solche Erfahrungen, die den widersprüchlichen Kräften, die Paulus im Blick hatte, entsprechen? Was gibt ihr die Kraft, *beides* wahr und ernst zu nehmen: dass sie *mit verwickelt* ist in diese Widersprüche – und dass es zur Menschenwürde gehört, *Verantwortung* tragen und *an der göttlichen »compassion« teilnehmen* zu können?

---

13 | Es scheint mir von biblischen Traditionen her geboten zu sein, »Tod« und »Tod« zu unterscheiden, gerade wenn diese Unterscheidung nicht ›objektiv‹-eindeutig vorgenommen werden kann: Einerseits ist der »Tod« die geschöpfliche Lebensgrenze. Leben wird als Gottesgeschenk wahrgenommen, in Momenten des Glücks und des Staunens, des Gotteslobs und der Erfahrung von Gerechtigkeit und »Schalom«, jetzt schon. Der Tod kann eine gute Begrenzung des Lebens sein – der das Leben vollendende Tod: »gleich wie die Garbe eingebracht wird zu ihrer Zeit« (Hi 5,26); es gibt ein gemeinsam mit Leben erfülltes Sterben. Andererseits erfahren Menschen den schrecklichen, den zerstörerischen Abbruch von Leben: den vorzeitigen Tod, den brutalen Tod durch Armut, Hunger, Ungerechtigkeit, Krieg, Zerstörung. Die Auferstehungshoffnung wird in diesem Kontext sprechend als Protest gegen den zerstörerischen Tod. Leitende Orientierung ist nicht der biologische Tod, sondern die Zugehörigkeit zum Schöpferisch-Lebendigen, trotz allem, was diese Zugehörigkeit in Frage stellt (vgl. Janssen, Lebens- und Todesräume).

Was diese Mutter berichtet, ist kein Einzelfall.[14] Taufeltern wie Kinder, Jugendliche und Erwachsene, die sich taufen lassen wollen, haben oft die schmerzliche und herausfordernde Erfahrung gemacht, wie verletzlich und bedroht das Leben ist. Sie wissen um das Zerstörerische oft sehr konkret, wenn es denn nicht ignoriert oder schöngeredet werden muss. Es ist berührend und eindrücklich, wenn angesichts solcher Widerfahrnisse auch von Augenblicken des Schöpfungsglanzes erzählt wird – oder wenn die schöpferische Zuwendung in diakonischen Konkretionen im Kontext der Taufe erfahren werden kann.[15]

In biblischen Schöpfungstraditionen ist das Zerstörerisch-Tödliche nicht ausgeblendet. Der göttliche Segen konfrontiert auch mit dem Fluch.[16] Die Schöpfung »und der Kampf für Gerechtigkeit haben auch nach biblischem Zeugnis etwas miteinander zu tun.«[17] Der Schöpfergott lässt sich

»so voll auf den Prozess von Chaotisierung und Strukturierung des Chaos ein (…), dass er diesen spannungsreichen Prozess geradezu selbst gespannt – wenn man so anthropomorph reden kann – miterlebt und miterleidet.«[18]

Die Jesus-Christus-Geschichte ist geprägt durch Geschichten vom Schöpfungsglanz, vom »Himmel zwischen uns«[19], vom gefolterten und gekreuzigten Leben und von der göttlichen und menschlich geteilten »compassion«. Auch für Paulus ist »Schöpfung« durch Spannungsverhältnisse bestimmt. Einerseits bezeichnet er Phänomene der Schöpfung wie die Sterne als Erscheinungen der »doxa«, des Schöpfungsglanzes (1 Kor 15,40f.), ebenso macht der schöpferische Ursprung der Menschen diese zu »Geschöpfen, die Gottes Glanz (doxa) widerspiegeln.«[20] Andererseits befindet sich die Schöpfung in Geburtswehen, in einem Kampf auf Leben und Tod (Röm 8, 18–39). »Kreative Erlösung«[21] ist von Anfang an konstitutiv, und die eschatologische Dimen-

---

14 | Die empirisch-theologische Untersuchung von Regina Sommer, Kindertaufe – Elternverständnis und theologische Deutung, Stuttgart 2009, fokussiert Tod und Leben als Spannungspole der Taufe: Die Eltern möchten ihren Kindern einen Lebensraum eröffnen – angesichts der vielfältigen Erfahrungen, wie gefährdet, verletzlich und des Staunens voll das Leben (auch ihr eigenes Leben) ist. Sie deuten die Taufe als »Handlungsmöglichkeit, um sich der Begrenztheit und Bedrohtheit des Lebens auszusetzen und darin und dadurch neue Lebensperspektiven zu gewinnen« (17).
15 | Beispiele dafür in Müller, Taufe als Lebensperspektive, 103–109; 175f.
16 | Vgl. ebd., 235f.
17 | Brigitte Enzner-Probst, Kreative Erlösung. Eine Perspektive auf Schöpfungstheologie und Christologie aus der liturgischen Praxis von Frauen, in: Elisabeth Moltmann-Wendel/Renate Kirchhoff (Hg.), Christologie im Lebensbezug, Göttingen 2005, 88–115, 92.
18 | Löning/Zenger, Schöpfungstheologien, 47.
19 | Ina Praetorius übersetzt den Anfang des Unservater: »DU im Himmel zwischen uns« (Ich glaube an Gott und so weiter … Eine Auslegung des Glaubensbekenntnisses, Gütersloh 2011, 87).
20 | Janssen, Lebens- und Todesräume, 207.
21 | Enzner-Probst, Kreative Erlösung: »Heilsgeschichte ist (…) nicht etwas Sekundäres gegenüber der Schöpfung«, 110 – Eine eindrückliche Darstellung dieser Sicht begegnet im »Schöpfungstep-

sion von »Schöpfung« wird in prophetischen und apokalyptischen Texten besonders profiliert. Ziel ist nicht die Auflösung oder die Vergleichgültigung, sondern Erneuerung und Vollendung der Welt *als* Schöpfung.[22]

Was »zählt«? Die Taufe als Vergegenwärtigung schöpferischer Anfänge und der Erfahrung von »Würde«

Wenn Menschen miteinander den Segen teilen, nehmen sie einander und sich selbst als solche wahr, die von der guten, heilenden und ermutigenden göttlichen Lebenskraft leben und sehen sich so auch in ihrer einzigartigen Menschenwürde. Sie feiern, dass sie einen »Namen« haben. Sie benennen das, was ihr Leben begründet, was ihnen Halt gibt und was es unvergleichlich und kostbar macht.

»Wann findet das Leben statt?« fragte der oben zitierte Vater. Eltern erleben die Geburt v. a. des ersten Kindes oft als eine radikale Veränderung ihres bisherigen Lebens und ihrer Lebensperspektiven: Schwangerschaft, Geburt und die Monate danach werden als »ganz verrückte Zeit« beschrieben, als

»extremer Lebensübergang, als eine Wucht. – Verändert hat sich das ganze Leben. Der Alltag wird ganz anders, geradezu absurd anders. – Es wird wirklich nie mehr so sein, wie es vorher gewesen ist. – Plötzlich ist das Kind da – und du bist für alles verantwortlich.«

Frau B. formuliert es so:

»Es ist einfach etwas, das man sich ewig lange immer vorstellt, und es ist immer ganz anders, als man es sich vorstellt. Weil man es sich nicht vorstellen kann, wie es ist (lacht). (...) Ja, es stellt das Leben auf den Kopf. Es bekommt alles einen anderen Sinn.«

Vieles, das vorher unentbehrlich erschien, wird nebensächlich. Was ist wirklich wichtig? Eltern stellen sich damit der Frage nach dem, was denn eigentlich im Leben *zählt*, wofür es sich lohnt zu leben, mit einem Kind zu leben. Sie fragen, ob es sinnvoll ist, nach »triftigen Gründen, zu leben und zu hoffen.«[23]

Die Taufe ist ein ausgezeichneter ritueller Ort, eben dies gemeinsam zu feiern: Wir leben von der Chance neuer, schöpferischer Anfänge, trotz zerstörerischer Kräfte, trotz eigener Schuld. Es muss ja noch mehr geben als das, worin man sich eingerichtet hat, es gibt die Erfahrungen des Nichtverrechenbar-Queren, des Überraschend-Lebensvollen, des Geheimnisses, des unfassbar Bösen. Frau R. sagt:

    pich«, der im Museum der Kathedrale von Girona ausgestellt ist (Manuel Castineiras, Le Tapis de
    la Création, Girona. o. J.).
22 | Vgl. Löning/Zenger, Schöpfungstheologien, 252.
23 | Pasqualina Perrig-Chiello, Zwischen Fun und bitterem Ernst, in: moneta 2 (2002).

»Man wird sich einfach der Sachen, die einem wichtig sind, plötzlich bewusst (...) (lacht ein wenig). Wenn man Kinder hat, oder? Welche Werte möchte man weitergeben? Was ist einem wichtig? (...) Ja, als Lebenswert, den man weitergeben möchte?«

Diese Fragen nach Sinn und Werten führen zur Frage nach der Würde. Tauf-Beteiligte spüren oft sehr deutlich: Die Würde des Kindes, die eigene Würde darf nicht etwas sein oder werden, das zur Disposition steht. Das Kind hat *seinen* Namen, die Jugendliche ist eine unverwechselbare Person, der erwachsene Täufling ist nicht erst aufgrund seiner Leistungen etwas wert.

Mit der Taufe feiern Menschen gemeinsam das, was nach jüdisch-christlichem Glauben für menschliches Leben immer schon konstitutiv ist: Jeder Mensch trägt eine unantastbare Würde.[24] Sie feiern ihre Würde als »Söhne (und Töchter) Gottes«[25]. Damit werden – paradigmatisch in dem oft gar nicht oder nur an den kirchlichen Rändern ernst genommenen Tauftext Gal 3,26– 28 – soziokulturelle und religiöse Herrschafts- und Gewaltverhältnisse und die entsprechenden Werte in Frage gestellt: nicht mehr Juden und Griechen, nicht Sklaven und Freie, nicht Mann und Frau.

Christliche Gemeinden vergegenwärtigen also mit der Taufe das, was im Ursprung von »Schöpfung« als segnende und befreiende Zuwendung Gottes angelegt ist und nie aufgekündigt wird.

Perspektiven

Die Vergegenwärtigung schöpfungstheologischer Grundeinsichten verhilft dazu, wichtige Erfahrungen der an der Taufe Beteiligten zu erschließen und zentrale theologische Perspektiven der Taufe neu zur Geltung zu bringen – und vor allem im Hinblick auf das Verhältnis von *Taufe und Segen*, auf die *wechselseitige Erhellung von Schöpfungstheologie, Christologie und Pneumatologie und auf den Abschied von langen, lebensfeindlichen Tauftraditionen.*

Der Schöpfungs-Segen als elementare Dimension der Taufe – die Taufe als ein spezifisch christlicher Zugang zum Schöpfungs-Segen

Die Taufe verliert wesentliche Aspekte, wenn sie von ihrer Verbundenheit mit dem Schöpfungsgeschehen geschieden wird. Das hat sich paradigmatisch in Bezug auf den Segen gezeigt. Das Problem ist nicht, dass die Taufe *nur* als Segen gefeiert würde; es liegt vielmehr darin, dass die Taufe *nicht wirklich* als

---

24 | Diese wird in den Schöpfungsgeschichten des AT nicht nur in der »Gottebenbildlichkeit« verankert, sondern in der »allen Menschen gemeinsame(n) Art der Entstehung«; siehe Othmar Keel/Silvia Schroer, Schöpfung. Biblische Theologien im Kontext altorientalischer Religionen, Göttingen/Fribourg 2002, 156.
25 | Röm 8,14; im atl. Zitat von 2 Kor 6,18 explizit auch »Töchter«.

Segens-Feier ernst genommen und die Weite und Intensität biblischer Segenswirklichkeit ignoriert wird. Taufe wird desavouiert, wenn ein Segensverständnis praktiziert wird, in dem »Segen« verharmlost und banalisiert wird und seine Widerständigkeit, Gefährlichkeit, schöpferische Potenz, erlösende Kraft und kosmische Weite verschwindet.[26]

Das Verhältnis von Segen und Taufe kommt neu in den Blick, wenn Taufe (auch) als Feier des lebensbegründenden, befreienden und von der Jesus-Christus-Geschichte her neu erzählten Schöpfungs-Segens wahrgenommen wird. Essenzielle Aspekte der Taufe treten deutlicher hervor, wenn Taufe im Horizont des göttlichen Segens und des dadurch ermöglichten menschlichen Segnens gedeutet wird. Die Taufe ist dadurch als *spezifisch christliches* Segensritual gekennzeichnet, da es in einem einmaligen Ritual auf den Namen des *kyrios Jesus* oder auf den Namen des Vaters, des Sohnes und der heiligen Geistkraft vollzogen wird – inspiriert von den Jesus-Christus-Traditionen und dem Vertrauen darauf, dass die umfassende göttliche Zuwendung, »compassion« und Vergebung konstitutiv sind.

In der Taufe feiern Menschen die segensvolle göttliche Zuwendung, die immer auch überraschend und umstürzend ist. Diese Segenstraditionen sind deshalb nie *ab*segnend.[27] Sie werden daran gemessen, ob die Würde der Schöpfung und jedes Menschenlebens eben dadurch ernst genommen wird, dass gerade im Antlitz der missachteten Menschen das Antlitz Jesu Christi entdeckt (Mt 25, 31–46) und der Schöpfung, auch Gestirnen und Tieren, eine nicht zur Disposition stehende »doxa« zuerkannt wird.

Diese christliche Tauftradition ist offen zu fragen: Wo und wie feiern andere Religionen und »belief systems« das, was die Würde geschöpflichen Lebens konstituiert und soziokulturelle und religiöse Herrschafts- und Gewaltverhältnisse und die entsprechenden Werte in Frage stellt?

Wechselseitiges Erhellen und Ineinander-Lesen von Schöpfungstheologie, Christologie und Pneumatologie

Der göttliche Segen kann als bleibende und tragende Nähe der göttlichen Schöpfungskraft wahrgenommen werden. Ebenso steht der Segen in Kontexten von Befreiung und Erlösung und wird auch mit dem Gottesgeist verbunden.

---

26 | Typisch ist die Banalisierung der (oft noch als Legitimation der Säuglingstaufe missbrauchten) Geschichte von der Segnung der Kinder durch Jesus (Mk 10,13–16; 9,36f.); zur Exegese vgl. Martin Ebner, »Kinderevangelium« oder markinische Sozialkritik? Mk 10,13–16 im Kontext, in: ders. u. a. (Hg.), Gottes Kinder, Neukirchen-Vluyn 2002, 315–336.

27 | Ich vermute, dass durch den leichtfertigen Gebrauch des Wortes »ab-segnen« das Verständnis von »Segen« und »segnen« nachhaltig beschädigt wird.

»Die biblischen Verbindungen von Segen und Geist charakterisieren den Segen als ein universales, eschatologisch ausgerichtetes Geschehen, und, vor allem im Neuen Testament, den Geist als *die* Segensgabe Gottes« (vgl. Eph 1,3).[28] Es ist deshalb unsachgemäß, den Segen auf die Schöpfungslehre zu beschränken und die Christologie als etwas ganz anderes dagegen zu setzen. Die Gleichungen ›,Segen = Schöpfergott‘ bzw. ,Sakrament = Erlösergott‘ gehen nicht auf.«[29] Alt- und neutestamentliche Segenstraditionen widersprechen sich im Segensverständnis nicht. *Beide* setzen darauf, dass der göttliche Segen der Welt gerade auch in ihrer konkreten, leiblichen Dimension oft kontrafaktisch und auch im Scheitern zugewandt ist. In beiden Testamenten ist Segen nicht eine die Macht des »Faktischen« absegnende Kraft und Schöpfung keine statische Größe – Segen und Schöpfung sind mit unterschiedlichen Gotteserfahrungen verbunden.

In der Taufliturgie werden diese Bezüge zu unterschiedlichen Gotteserfahrungen in einer wichtigen Sequenz aufgenommen, sofern sie nicht zur bloßen Ritualistik verkommen ist. Interviews und Gespräche mit Tauf-Beteiligten zeigen: Die *trinitarische Taufformel* kann neue emotionale, kognitive, spirituelle und theologische Aspekte entfalten, wenn die Formel und die Zugehörigkeit des Namens des Täuflings zu den unterschiedlichen Namen Gottes den Beteiligten im Taufgespräch erläutert und mit ihnen gedeutet werden. Mir selbst ist eindrücklich geworden, wie Eltern sich auf solche lebensweltliche Deutungen der Formel einlassen. Im gemeinsamen Erschließungsprozess wird sichtbar, dass in der Formel in komprimierter Weise unterschiedliche Gotteserfahrungen und -begegnungen sowie entsprechende Perspektiven auf die Lebenswirklichkeit zum Ausdruck kommen und »ineinander« gelesen werden können: Im Wahrnehmen der Lebenswirklichkeit werden Gotteserfahrungen entdeckt und in Gottesbegegnungen scheint Lebenswirklichkeit auf.

Die Formel wird dann als Zugang zu solchen Erfahrungen nachvollziehbar, die Taufeltern gerade im Zusammenhang mit der Geburt ihres Kindes aufgegangen sind: das Ineinandersein des Schöpfungswunders, des neuen Lebens, der Gefährdung und Zerbrechlichkeit und des Angewiesenseins auf eine ermutigende, begeisternde und heilende Geistkraft. Manchmal zeigt sich darin auch eine Chance, gängige Gottesbilder in Frage stellen zu können und zu erfahren, dass es noch andere Zugänge zu Gott gibt als diejenigen Gottesbilder, die eine atheistische Reaktion geradezu provozieren.

Unter den dargestellten Vorzeichen eignen sich »Schöpfung« und »Segen« als zentrale Dimensionen jüdischen und christlichen Glaubens nicht für *Ex-*

---

28 | Marianne Varelmann, Segensfeiern. Theologie – Geschichte – Praxis, Würzburg 2008, 252.
29 | Ebd., 255.

klusivitätsansprüche. Ein verkirchlichter Segen wäre ein eingeschnürter Segen. Wären »Schöpfung« und »Segen« auf eine einzig richtige Weise der Transzendenzerfahrung festgeschrieben, würden sie zu Bestandteilen einer beliebig missbrauchbaren Ideologie werden.

Mit »Schöpfung« und »Segen« wird in biblischen Traditionen etwas *alle* Menschen Verbindendes benannt – über soziokulturelle, konfessionelle und religiöse Grenzen und über eine anthropozentrische Fixierung hinweg. Wenn »Christologie« nicht als isoliertes Lehr- und Glaubenssystem, sondern als eine alle Wirklichkeit betreffende und gleichzeitig sehr konkrete Weltauslegung verstanden wird, erschließt sich die Relevanz des christlichen Glaubens und der Jesus-Christus-Geschichte in einer solchen Weltauslegung als eine, die nie abgeschlossen werden kann und auf die gemeinsame Suche nach der Wahrheit und die Bitte um das Kommen des Geistes angewiesen bleibt. Ich halte es für eine zentrale Aufgabe christlicher Theologie, Christologie in einer solchen Weise auch schöpfungstheologisch weiterzudenken, damit der kritische Dialog mit anderen Religionen und »belief systems« noch intensiver und lebensbezogener geführt werden kann.

Auch das Taufgeschehen ist dann nicht durch Exklusivitätsansprüche der Kirchen und ihrer Lehren charakterisiert. Es verhält sich eher umgekehrt. Die Kirchen werden von Tauf- und Segenstraditionen heilsam in Frage gestellt:

- Ist Kirche ein Ort, wo Menschen ihre Zugehörigkeit zum schöpferischen Ursprung, zur Mitte und zum Ziel allen Lebens erfahren?
- Ist sie ein Ort, an dem die unbedingte und nicht kündbare Würde jedes Menschen respektiert und gefeiert wird?
- Ist sie ein Ort, wo Menschen die bleibende Gegenwart Jesu im Angesicht der Notleidenden und Vergessenen, der seufzenden und geschundenen Kreatur entdecken?
- Ist sie der Ort der festlich begangenen Vision eines Lebens, das sich der Herrschaft tödlicher Mächte nicht unterwirft?
- Ist sie ein Ort, an dem die Statusunterschiede und das Machtgefälle zwischen »Juden und Griechen, Sklaven und Freien, Männern und Frauen« verabschiedet werden?
- Wird sichtbar, dass auch Kirche durch den unverfügbaren Schöpfergeist konstituiert ist?
- Ist sie ein Ort, wo Menschen miteinander ihre Mündigkeit und Verantwortung vor Gott leben und gemeinsam nach der Wahrheit und der Gerechtigkeit des »Gottesreiches« suchen?

- Werden Taufen so vorbereitet, gefeiert und erinnert, dass dadurch etwas von dem vergegenwärtigt wird, was geschöpfliches Leben immer schon konstituiert und erneuert?[30]

Abschied von lebensfeindlichen (Tauf-)Traditionen

Unsere Untersuchungen weisen darauf hin: Viele Taufeltern, Täuflinge und Paten möchten die Tradition der Taufe mit ihrer konkreten lebensgeschichtlichen Situation so in Verbindung bringen, dass die Taufe für sie einen nachvollziehbaren und wirklichkeitsrelevanten Sinn bekommt. Tauf-Gespräche, Tauffeiern und Taufvergegenwärtigungen, in denen dies möglich wird, werden gesucht und geschätzt.

Das beinhaltet auch den Abschied von lebensfeindlichen Traditionen, die über viele Jahrhunderte mit der Taufe verbunden wurden und immer noch weiterwirken. Es impliziert den Abbruch jener mächtigen Tradition, in der die christliche Taufe nur negativ auf das Geborensein bezogen wurde (nämlich »als dessen geistliche Überwindung«), und in der man »ausführlich die Sündhaftigkeit des – oft mit Weiblichkeit verknüpften – Körpers« diskutierte und sie »als Gegensatz zu einem vergeistigten Göttlichen« etablierte.[31] Die Taufe wurde lange von einer Tradition begleitet, die Frauen, Kinder und Körperlichkeit disqualifizierte. »Eine auf Erbsünde, Sünde – Erlösungsdenken fixierte theologische Kultur hat uns lange die Schöpfung vergessen lassen.«[32] Damit wurde auch die Jesus-Christus-Geschichte verflüchtigt und missachtet.

Die Interviews mit Beteiligten, gerade auch mit Liturginnen und Liturgen, und eine Relecture biblischer Schöpfungs-, Segens- und Tauftraditionen geben Grund zur Hoffnung, dass es nicht bei solchem Vergessen bleiben muss, sondern ein In- und Miteinander von Schöpfungs- und christologischen Traditionen, von erlösender Befreiung und Sehnsucht nach Segen und Schöpfungsglanz entdeckt werden kann.

---

30 | Eine Mutter formulierte es so: »Gott ist schon vorher, und er ist mitten drin, und er ist nachher. Er ist immer dabei.«
31 | Ina Praetorius, Handeln aus der Fülle. Postpatriarchale Ethik in biblischer Tradition, Gütersloh 2006, 97, vgl. auch 162.
32 | Elisabeth Moltmann-Wendel, Einführung, in: Evangelische Frauenarbeit in Württemberg (oder Janssen, Lebens- und Todesräume), 10–12, 11; vgl. auch Enzner-Probst/Moltmann (oder Janssen, Lebens- und Todesräume) und Johanna Christine Janowski, »Was wird aus den Kindern ...?« Einige Anfragen an die klassische Theologie in Zuspitzung auf die eschatologische Perspektive, in: JBTh 17 (2002), 337–367.

Andreas Marti

Die neue Erde, den neuen Himmel besingen
Elemente von Schöpfungsspiritualität in Liedern der reformierten Tradition

Kein Platz für die Schöpfung?

Aus einer reformierten Tradition heraus zum Nachdenken über die Schöpfung zu gelangen, erscheint zunächst alles andere als evident. Ein doppeltes Problem stellt sich. Erstens, was reformiert ist, lässt sich kaum schlüssig und schon gar nicht einheitlich definieren. Zu verschieden sind die Erscheinungsweisen dessen, was unter dieser Konfessionsbezeichnung firmiert, in Gottesdienst, Bekenntnis und Spiritualität durch die Epochen und über die Weltgegenden hin. Die Bestimmung dessen, was als »reformiert« gilt, lässt sich am ehesten auf historischem Weg deutlich machen, in der Herleitung von der Reformation Zwinglis, Calvins, Bullingers, der niederländischen Synoden, der englischen Puritaner. Und damit erhebt sich das zweite Problem: Ist die Reformation als ganze schon stark christozentrisch orientiert – »solus Christus« ist einer der Schlüsselbegriffe –, so gilt dies gerade für die reformierte Linie in ausgeprägtem Maße. Der »Berner Synodus« von 1532 entwickelt die gesamte theologische Systematik aus dem zweiten Artikel des Glaubensbekenntnisses, beginnend mit der Feststellung, »[d]as die gantze leer der eynig Christus sye.«[1] Calvins »Institutio« und die Confessio Helvetica Posterior beziehen sich in ihrer Argumentation durchgehend auf Christus, den »Mittler« und das »einzige Haupt der Kirche«.

Nicht dass der erste Artikel des Glaubensbekenntnisses ganz verschwunden wäre, aber er trat doch zurück: Gotteserkenntnis ist nur über den »mediator Christus« möglich, der im Bild des neuen Menschen das Bild Gottes ist. Die Rückbesinnung auf die reformatorischen Ansätze, wie sie durch Karl Barth und andere Theologen in der ersten Hälfte des 20. Jahrhunderts vorgenommen wurde, verschärfte dieses Linie bis zur expliziten Ablehnung der »natürlichen Theologie«, in Abgrenzung sowohl gegen die Aufklärungs-

---

1 | Gottfried Wilhelm Locher u. a. (Hg.), Der Berner Synodus von 1532. Edition und Abhandlungen zum Jubiläumsjahr 1982 (Bd. I), Neukirchen 1982, 38. »Eynig« bedeutet »einzig« und entspricht dem »solus Christus« als dem eigentlichen Inhalt jeder christlichen Glaubenslehre.

theologie als auch gegen eine Theologie der Schöpfungsordnungen, deren Perversion in »deutschchristlichen« Rassetheorien nur allzu deutlich geworden war.

Kann schon diese christozentrische Linie zu einer gewissen Schöpfungsvergessenheit führen, wird diese noch verschärft durch einen ebenfalls in der Reformationszeit verankerten Anthropozentrismus. Was interessiert, ist das heilsgeschichtliche Schicksal des Menschen. »Von des Menschen Elend – Von des Menschen Erlösung – Von des Menschen Dankbarkeit« – so die Hauptkapitel des über Jahrhunderte hinweg wirkungsmächtigen Heidelberger Katechismus. Natur und Schöpfung sind da kein eigenes Thema. Korrekturen dieser anthropozentrischen Engführung stehen aber keineswegs im Widerspruch zum reformierten Ansatz. Zwei Lieder aus dem 20. Jahrhundert, die später vorgestellt werden, werden dies verdeutlichen: die Weiterdichtung des 8. Psalms durch Wilhelm Vischer (Kapitel 2), wo die Christologie kosmische Dimensionen erhält, und das Lied von Kurt Marti über den »Himmel, der kommt« (Kapitel 6).

Psalmen

Nun aber wenden wir den Blick von der theologischen Systematik auf den Gesang und damit von der sekundären, der Reflexionsebene auf die primäre, diejenige der geistlichen Vollzüge.

Reformierter Kirchengesang ist zunächst einmal Psalmengesang. Und zwar steht der reformierte Psalmengesang nicht unter dem lutherischen hermeneutischen Schlüssel »was Christum treibet«, sondern unter dem humanistischen Prinzip der »veritas hebraica«, der Treue zum hebräischen Text. Im hymnologischen Sprachgebrauch werden die Genfer Fassungen deshalb als »Liedpsalmen« – in Abgrenzung zu den lutherischen »Psalmliedern« – bezeichnet.

Man setzte zwar im Genfer Psalter vor die Lieder Kurzerklärungen, »arguments« genannt, in denen da und dort christologische Interpretationen begegnen; doch behält der Text seinen eigenen Klang, seine eigene Aussage. Naheliegend wäre die Betrachtung eigentlicher Schöpfungspsalmen wie Psalm 104. Interessanter ist es aber, da anzusetzen, wo die Schöpfung nicht direkt das Thema ist, sondern in einen Gedankengang einbezogen wird. Dies ist z. B. der Fall bei Psalm 98, »Singt dem Herrn ein neues Lied, denn er hat Wunder getan«. Der Aufruf zum Gotteslob überschreitet zuerst die Grenze Israels hin zu allen Völkern (»Jauchzt dem Herrn, alle Länder«, Vs. 4) und nimmt dann mit der Aufforderung an Berge, Ströme und Meer (»Es brause das Meer und was es erfüllt, der Erdkreis und die darauf wohnen. Die Ströme sollen in die Hände klatschen, die Berge jubeln im Chor«,[2] Vs. 7f.) auch den Bereich der Menschheit, die Natur, die Schöpfung und letztlich die kosmische Dimension in den Blick.

Im französischen Text von Théodore de Bèze (1562) fehlt zwar das Meer, aber Flüsse und Felsen werden wie im Psalm zum Lob aufgefordert: »Que devant Dieu les fleuves mesme | Frapent des mains tous esjouis, | Voire crier de joye extreme, | Les plus durs rochers soyent ouis.«[3] Interessanterweise fügt Ambrosius Lobwasser in seiner Psalmnachdichtung auf die Genfer Melodien das Meer wieder ein – ein Beweis, dass er sich nicht lediglich auf den französischen Text, sondern auf den Psalmtext selbst (wohl in Luthers Übersetzung: wie dort »frohlocken« die Ströme, statt dass sie »in die Hände klatschen«) gestützt hat:

»Das Meer prauß/ | die Erd gleicher massen/ | Und was auff erd ist und im Meer. || Die wasserström für Gott dem Herren | Frolocken jhm all in gemein/ | Sich frewen wollen Gott zu ehren/ | Die hohen berg und harten stein.«[4]

In Johannes Stapfers Psalmbereimung für das Berner Psalmenbuch 1775 beginnt die vierte Strophe: »Preis ihn, du Erde und ihr Meere«, ähnlich im heutigen Reformierten Gesangbuch (Nr. 55): »Preist ihn, ihr Länder und ihr Meere.« Flüsse und Berge bzw. Felsen kommen nicht mehr vor, und mit dem Wechsel von »Erde« zu »Länder« hat zusätzlich eine Verschiebung von der natürlichen zur menschlichen Umwelt stattgefunden. Das bedeutet im Ganzen also eine (vermutlich nicht bewusst vorgenommene) Abschwächung des Schöpfungsbezugs von Psalm 98, die in Matthias Jorissens Nachdichtung von 1798 so nicht geschehen ist; dort sind Meer, Flüsse und Berge alle noch genannt (Evangelisches Gesangbuch 286,4).

In den Psalmen findet sich durchaus eine Gotteserkenntnis aus der Natur. Psalm 19 lässt den Himmel die Ehre Gottes erzählen, und in Christian Fürchtegott Gellerts Liedfassung »Die Himmel rühmen des Ewigen Ehre« (RG 12) hat dieser Satz erhebliche Verbreitung erfahren. Es gibt aber Vorbehalte. Im Text von Bachs Kantate Nr. 76, »Die Himmel erzählen die Ehre Gottes« sind sie ausführlich dargestellt und theologisch aufgearbeitet: Die Einladung der Natur zur Erkenntnis Gottes wird von den Menschen ebenso wenig angenommen wie die Einladung zum großen Gastmahl in dem bekannten Gleich-

---

2 | Zürcher Bibel 2006.
3 | Clément Marot/Théodore de Bèze. Les psaumes en vers français avec leurs mélodies. Fac-similé de l'édition genevoise de Michel Blanchier, 1562, Genève 1986.
4 | Ambrosius Lobwasser, Der Psalter deß Königlichen Propheten Dauids, hrsg. und kommentiert von Eckhard Grunewald/Henning P. Jürgens, Hildesheim/Zürich/New York 2004.

nis Jesu (Lk 14,15–24, Mt 22,1–14). Erst die liebende Hingabe Jesu und der Menschen untereinander schafft die Erkenntnis, bringt den Himmel auf die Erde.

Dass Psalm 8, der andere große Gesang von der Selbstkundgabe Gottes in der Schöpfung, auf dem Hintergrund der traditionsbewussten reformierten Theologie des 20. Jahrhunderts nicht unkommentiert stehenbleiben konnte, leuchtet ein, auch wenn deswegen die »veritas hebraica« überschritten werden musste. Die formale reformierte Tradition der Texttreue musste hinter der inhaltlichen des »eynig Christus« zurücktreten. Die Liedfassung des Psalms von Wilhelm Vischer, wie sie im Reformierten Gesangbuch (RG 7) und im Evangelischen Gesangbuch (EG 271) steht, ist nämlich eine Relecture aus dem Blickwinkel paulinischer Theologie (Rö 8,22; Phil 2,5–11; auch Kol 1,15; 3,9). Nach der metrischen Nachdichtung des Psalmtextes in den Strophen 1–5 folgt eine theologische Ausweitung:

»Doch ach, der Mensch ist von den Wesen allen | am tiefsten in die Schuld und Schand gefallen. | Statt Herr ist er der Sklave der Natur; | nach seiner Freiheit seufzt die Kreatur. || Drum stieg herab von seinem Himmelsthrone | Jesus und ward zum wahren Menschensohne, | erniedrigte sich selbst bis in den Tod | und wendete der Menschheit Schand und Not. || Die ganze Schöpfung soll sich vor ihm beugen, | Menschen- und Engelzungen es bezeugen, | dass er ihr Herr zur Ehr des Vaters ist. | Wie herrlich strahlt dein Name, Jesus Christ!«

Der »Sündenfall« als Chiffre für Gottferne, Gespaltenheit und Widersprüchlichkeit menschlicher Existenz hat die Schöpfung mit sich gerissen – angesichts des heutigen Umgangs mit den natürlichen Ressourcen wahrlich keine absurde Vorstellung. Die in der Schöpfungsgeschichte den Menschen aufgetragene »Herrschaft« über die Natur ist zur Tyrannei und Ausbeutung pervertiert. Dagegen steht die »Herrschaft« Christi, die durch die Selbsterniedrigung gegangen ist und unter dem Kriterium der »Ehre Gottes« steht. Sie stellt im Vergleich zur menschlich pervertierten Herrschaft eine Art »Anti-Herrschaft« dar. Und da Christus als das neue Bild Gottes eine neue Gottebenbildlichkeit des Menschen begründet (Kol 3,9), wird auch die schöpfungsgemäße »Herrschaft« über die Natur eine grundsätzlich andere Qualität erlangen. Die Wiederherstellung der Gottesbeziehung greift auch auf die Schöpfung aus, der »mediator Christus« erscheint in kosmischer Dimension.

Reformierte Pietisten

Eine freie Lieddichtung, wie sie von Anfang an das Luthertum begleitet hat, beginnt auf reformierter Seite erst viel später, und zwar vor allem bei den beiden reformierten Pietisten Joachim Neumann/Neander[5] (1650–1680) und Gerhard Tersteegen (1697–1769). Im Titel seiner Ausgabe nennt Neander die Lieder »Bundeslieder und Dankpsalmen«. Das verweist einerseits auf die reformierte Psalmentradition, andererseits auf das theologisch-hermeneutische Konzept der Bundestheologie, die im 17. Jahrhundert in den Niederlanden und in Nordwestdeutschland entwickelt wurde. Sie sieht die Geschichte Gottes mit den Menschen als eine Heilsgeschichte, die sich in einer Kette von Bundesschlüssen durch die Bibel zieht, von der Schöpfung bis zum »Neuen Bund« in Christus. Diese Integration der Schöpfung in einen theologischen Zusammenhang überholt den reformatorischen, insbesondere den lutherischen Antagonismus von Gesetz und Evangelium und öffnet den Blick für das Alte Testament überhaupt und dazu auch für die Schöpfung, für die Natur als solche. Hier liegt beispielsweise ein grundlegender Unterschied zwischen den beiden so berühmten Naturliedern von Paul Gerhardt und Joachim Neander, zwischen »Geh aus, mein Herz, und suche Freud« (RG 537, EG 503) und »Himmel, Erde, Luft und Meer zeugen von des Schöpfers Ehr« (RG 530, EG 504). Gerhardts Naturbeschreibung, so poetisch, farbig und eindrücklich sie auch ist, erweist sich doch in der zweiten Hälfte des Liedes als Schritt auf einem Gedankenweg, der ganz woanders hinführt, nämlich hin zum Leben vor Gott als ein im Glauben verwurzelter »guter Baum« und hin zum »himmlischen Garten«, für den die irdischen Gärten lediglich ein Gleichnis, einen Vorgeschmack abgeben.

In Neanders Lied dagegen geht es um die Natur als solche, freilich nicht ohne theologische Interpretation. Aber es ist die Natur selbst, die auf Gottes Ehre und Größe hinweist und damit den Menschen zu Demut und Bescheidenheit ermahnt: »drücke stets in meinen Sinn, was du bist und was ich bin.« In dem noch bekannteren Neander-Lied »Lobe den Herren, den mächtigen König der Ehren« (RG 242, EG 316) fehlt auch eine solche anthropologische Schlusswendung; es geht ausschließlich um das Lob Gottes als Schöpfer und Erhalter – mit Anspielungen an Psalm 103 – ganz in der reformierten Traditionslinie des Psalmensingens.

Komplexer sind die Lieder von Gerhard Tersteegen, der meist mit dem etwas summarischen Etikett des »Mystikers« versehen wird. Und tatsächlich nimmt er in den letzten Strophen von »Gott ist gegenwärtig« den alten »mystischen Dreischritt« von Reinigung, Erleuchtung und Einung auf:

---

5 | Er stammte aus einer Pastorenfamilie, die sich nach damaliger Sitte von Neumann in Neander umbenannte.

»mach mich reinen Herzens, | dass ich deine Klarheit | schauen mag in Geist und Wahrheit; | lass mein Herz | überwärts | wie ein Adler schweben | und in dir nur leben. || Herr, komm in mir wohnen.« (RG 162, EG 165).

Da verengt sich der Blick auf die in der Sprache der Liebe beschriebene Gottesbeziehung, und eine diesen Horizont ins Kosmische überschreitende Dimension scheint zu fehlen. Aber gerade in diesem Lied legt Tersteegen auch eine andere Spur:

»Luft, die alles füllet, | drin wir immer schweben, | aller Dinge Grund und Leben, | Meer ohn Grund und Ende (...) Du durchdringest alles.«

Sicher geht es zunächst darum, die Gottesvorstellung aus der Beschränkung personalistischer Bilder zu befreien, Gottes Größe und Allgegenwart mit angemesseneren Begriffen zu beschreiben – oder besser: den Unbegreiflichen, Unfassbaren in vorsichtiger Annäherung zu umschreiben. Diese besondere Bildhaftigkeit, die Suche nach sprachlichem Ausdruck für das Nicht-Sagbare gilt es in Rechnung zu stellen, ehe man in Tersteegens Versen eine Art Pantheismus, ein Ineinanderfallen von Gott und Kosmos vermuten würde. Aber dennoch ist eine distanzierende Unterscheidung, eine Trennung von Schöpfer und Geschöpf zumindest relativiert, wenn es heißt: »Du durchdringest alles.« Und so führt die vom Mystiker ersehnte Einung mit Gott gerade nicht aus der Schöpfung hinaus, sondern in den Urgrund allen Seins und damit in die innigste Verbindung mit dem Kosmos.

Christian Fürchtegott Gellert

Von reformierter Liedtradition zu sprechen, muss immer auch heißen, einen lutherischen Autor in Betracht zu ziehen, dessen Lieder jedoch intensiver und nachhaltiger bei den Reformierten aufgenommen wurden: Christian Fürchtegott Gellert (1715–1769). Seine »Geistlichen Oden und Lieder« (Leipzig 1757) verbreiteten sich rasch über das deutsche Sprachgebiet. In der reformierten deutschsprachigen Schweiz wurden sie zudem bald ein wichtiger Teil oder sogar Kern des Liedrepertoires: Bibel, Katechismus, Psalmenbuch und der »Gellert« bildeten zeitweise den Kanon der Schulbücher, in bernischen oder zürcherischen Vertonungen eroberten die Lieder die Schul- und Wohnzimmer, und sie zogen – wenn nicht neben dem Gesangbuch ohnehin eine Gellert-Ausgabe separat gebraucht wurde – auch in die kantonalen Gesangbücher des 19. Jahrhunderts in bedeutender Zahl ein. Auch heute noch enthält das Reformierte Gesangbuch etwas mehr Gellert-Texte als das Evangelische, nämlich zehn gegenüber acht, während in den Vorgängergesangsbüchern von 1952 bzw. 1950 das Verhältnis noch etwas deutlicher elf zu sieben stand.

Die Gründe für dieses Rezeptionsphänomen lassen sich unschwer ausmachen: Die lange Dominanz der Genfer Psalmlieder im 17. und 18. Jahrhundert hatte ein Vakuum entstehen lassen, das nun mit neueren Liedern gefüllt werden konnte; Gellerts von der Bibel und vor allem von den Psalmen genährte Sprache schloss ziemlich direkt an das gewohnte Psalmensingen an; der humanistisch-rationale Zug reformierter Tradition machte diese empfänglicher für die Aufklärung; die Auffassung vom »dritten Gebrauch des Gesetzes« (»tertius usus legis«, »usus in renatis«) als einer guten Weisung Gottes für die durch seine Gnade »Wiedergeborenen« verhinderte, anders als im Luthertum, die Skepsis gegenüber der praktischen Ethik der Aufklärung. Schließlich fand in der Schweiz nach 1815 längst nicht jene dezidierte Restauration statt, wie sie in Deutschland das Rad vor französische Revolution und Aufklärung zurückzudrehen versuchte, mit den bekannten Folgen in der durchweg negativen Bewertung der Aufklärung in der Hymnologie (die Ausläufer dieser antiaufklärerischen Welle sind bis heute da und dort spürbar).

Die Schöpfung ist in Gellerts Liedern gut vertreten – auf dem Hintergrund aufklärerischer Theologie, die das Gewicht stärker auf den ersten Artikel des Glaubensbekenntnisses legt, ist das nicht anders zu erwarten. Auf Gellerts Version von Psalm 19 wurde schon hingewiesen, »Die Himmel rühmen des Ewigen Ehre« (RG 12), ein eigentliches Schöpfungslied ist »Wenn ich, o Schöpfer, deine Macht« (RG 729). In »Gott ist mein Lied« (RG 730) dominiert der Gedanke der »Erhaltung«, der Fürsorge Gottes für seine Schöpfung, wiederum durchtränkt von der Sprache der biblischen Psalmen:

»Der kleinste Halm | ist deiner Weisheit Spiegel. | Du, Luft und Meer, ihr, Auen, Tal und Hügel: Ihr seid sein Loblied und sein Psalm. || Du tränkst das Land, | führst uns auf grüne Weiden, | und Nacht und Tag und Korn und Wein und Freuden | empfangen wir aus deiner Hand.« (Str. 12f.)

In allen diesen Liedern zeichnet Gellert ein grundsätzlich positives Bild der Welt, der guten Schöpfung des liebenden Gottes. Das gilt auch für das Menschenbild, allerdings nicht in aktuellem, sondern in potenziellem Sinn: Durch gutes Handeln und geleitet von Gottes Geist, von Gottes Wort kann der Mensch seiner schöpfungsmäßigen Bestimmung gerecht werden:

»Der Mensch, ein Leib, den deine Hand | so wunderbar bereitet; | der Mensch, ein Geist, den sein Verstand | dich zu erkennen leitet: | Der Mensch, der Schöpfung Ruhm und Preis, | ist sich ein täglicher Beweise | von deiner Güt und Größe.«[6]
»Mich zu erneun, | mich dir zu weihn, | ist meines Heils Geschäfte. | Durch meine Müh | vermag ich's nie; | dein Wort gibt mir die Kräfte.«[7]

---

6 | »Wenn ich, o Schöpfer, deine Macht« RG 729,5.
7 | »Gott ist mein Hort« RG 687,7.

Gerechtigkeit – Frieden – Bewahrung der Schöpfung

In den letzten etwa dreißig Jahren ist die Schöpfung wieder zum Thema theologischer Reflexion und kirchlicher Diskussion geworden. Die Vollversammlung des Ökumenischen Rates der Kirchen 1983 in Canberra hat einen »konziliaren Prozess« unter der Leitlinie »Gerechtigkeit – Frieden – Bewahrung der Schöpfung« angestoßen, und die »Weltversammlung« in Seoul 1990 hat einen »Bundesschluss für Gerechtigkeit – Frieden – Bewahrung der Schöpfung« formuliert, der sich als Antwort auf Gottes Bund mit den Menschen versteht. Das oben erwähnte Konzept der Bundestheologie aus der reformierten Tradition hat diesen Prozess erkennbar mit geformt,[8] und so verwundert es nicht, dass der »GFS«-Prozess gerade in manchen reformierten Kirchen eine intensive Resonanz gefunden hat. Zu verweisen ist hier etwa auf die Arbeit der »Schweizerischen Evangelischen Synode« in den 1980er Jahren, die 1987 in einem Schlussdokument zusammengefasst wurde.[9]

Konfessionelle Besonderheiten oder gar Abgrenzungen haben aber – glücklicherweise – viel von ihrem früheren Gewicht verloren, erst recht in diesem so umfassend angelegten Prozess. Darum ist es auch kaum noch möglich und sinnvoll, ein spezifisch reformiertes Liedrepertoire zu dieser Thematik auszumachen. Immerhin gibt es aber ein Lied, dessen Text von einem reformierten Autor stammt (RG 534):[10]

»In uns kreist das Leben, | das uns Gott gegeben, | kreist als Stirb und Werde | dieser Erde. || Ruhig leuchten Felder, | dunkel stehn die Wälder: | Ohn sie kann's kein Leben | für uns geben. || Vögel in den Höhen, | Fische in den Seen: | Ohn sie kann's kein Leben | für uns geben. || Gottes Kreaturen | füllen Hügel, Fluren: | Ohn sie kann's kein Leben | für uns geben. || Schön im Stirb und Werde | kreist die Mutter Erde, | trägt, was ihr gegeben: | Gottes Leben.«

Der Text grenzt sich nicht nur durch seine ausschließliche Beschränkung auf die Schöpfung von einem Großteil der christlichen Liedtradition ab, sondern auch durch sein zyklisches Konzept (»kreist«, »Stirb und Werde«). Gegenüber dem in der Tradition weithin vorherrschenden linear-geschichtlichen Konzept, das durchaus in Verbindung mit einer gewissen Schöpfungsvergessen-

---

8 | Vgl. Bundestheologie und Bundestradition, hrsg. von der theologischen Kommission des Schweizerischen Evangelischen Kirchenbundes, Bern 1987.
9 | Schweizerische Evangelische Synode, Bund für Gerechtigkeit, Frieden und Bewahrung der Schöpfung 1987. – European Ecumenical Assembly Peace with Justice, 15–21 May 1989 Study documents = Documents d'étude = Studiendokumente [Konferenz Europäischer Kirchen, Consilium Conferentiarum Episcopalium Europae], Genf 1988.
10 | Textautor ist der Berner Pfarrer und Dichter Kurt Marti, geb. 1921. Um den üblichen Nachfragen zuvorzukommen: Ich wäre zwar stolz, mit einem der bedeutendsten »Theo-Poeten« unserer Zeit verwandt zu sein, doch trifft dies nicht zu.

heit gesehen werden kann, bedeutet das eine Korrektur, die es nicht nur zu bedenken, sondern auch singend umzusetzen gilt.

Der Himmel, der ist

Vom selben Autor stammt der Text des Liedes, das ganz am Schluss des Reformierten Gesangbuchs steht (RG 867):

»Der Himmel, der ist, ist nicht der Himmel der kommt, | wenn einst Himmel und Erde vergehen. || Der Himmel, der kommt, das ist der kommende Herr, | wenn die Herren der Erde gegangen.|| Der Himmel, der kommt, das ist die Welt ohne Leid, | wo Gewalttat und Elend besiegt sind.|| Der Himmel, der kommt, das ist die fröhliche Stadt | und der Gott mit dem Antlitz des Menschen. || Der Himmel, der kommt, grüßt schon die Erde, die ist, wenn die Liebe das Leben verändert.«

Was wir sehen, wird vom Glauben überschritten. Die Schöpfung, so wie wir sie wahrnehmen und erleben, ist noch nicht das, was Gott letztlich mit der Welt und mit uns vorhat. Diese – durchaus auch politisch gemeinte – Kritik aus der Zukunft, aus dem Herzukommen Gottes, ist an jede in sich kreisende Schöpfungsspiritualität anzulegen. So öffnet sich der Blick auf die kommende »fröhliche Stadt«, die nicht in einer mythischen Zukunft oder einem Jenseits liegt. Der »Himmel, der kommt«, zeigt in kosmischen Dimensionen das Bild einer neuen Welt, die ihre Wirkung jetzt schon auf die gegenwärtige ausübt. Darum besingen wir in der Schöpfung, die ist, immer zugleich die neue Schöpfung, die kommt, den »neuen Himmel und die neue Erde«.

Meine Fürbitte
Meine Fürbitte –
dank vielen Strömen von weit her
in mir geboren,
da habe ich kein Verdienst –
kann mir keiner nehmen
nichts aber nichts
kann mir die Fürbitte nehmen,
sie erstarkt durch die Schwachen,
zu denen sie geht,
im Widerstand gegen das Entsetzliche.

Meine Fürbitte lacht sich hindurch
durch Unverstand und Gleichgültigkeit.
Wir sind fast verloren und holen uns
Kraft aus dem Blick der Geschändeten
in den Strömen weit her.
ROLAND STIEFEL

Weitere Texte von Roland Stiefel siehe www.schweigewanderungen.ch.

Angela Berlis

Kleine Gebetsétude zum Wettersegen

In Kirchen katholischer Tradition ist der Wettersegen ein alter Brauch, der anstelle des üblichen Segens am Ende der Eucharistiefeier gespendet wird. In der Christkatholischen Kirche der Schweiz ist es üblich,[1] den Wettersegen an Sonntagen zwischen dem 3. Mai (Fest der Kreuzauffindung) und dem 14. September (Fest der Kreuzerhöhung) zu spenden.

Der Wettersegen – hat er heute noch eine Bedeutung?

Der Wettersegen ist vor allem in ländlichen Gegenden üblich, schließt aber auch in Stadtgemeinden – etwa in der christkatholischen Gemeinde in Bern – regelmäßig den sonntäglichen Gottesdienst ab. Man könnte einwenden, ein Wettersegen habe in Stadtgesellschaften seine Bedeutung verloren. Es stimmt, dass in landwirtschaftlich geprägten Gegenden das Bewusstsein für die Beziehung zwischen Mensch und Schöpfung noch besonders stark ist; doch erfahren auch Menschen in der Stadt die Abhängigkeit von der Natur gewissermaßen in der zweiten Reihe: durch Bilder im Fernsehen, die Umweltkatastrophen, Überschwemmungen oder große Dürre und Waldbrände zeigen. In wechselnde Jahreszeiten eingebunden zu sein, bestimmt auch heute den direkten Lebens- und Erfahrungsraum der Menschen. Allerdings wird dieser Erfahrungsbezug dort eingeschränkt, wo – wie z. B. in den Industrieländern – der Jahresrhythmus mit seinen Zeiten des Wachsens und Ruhens der Erde unbekannt ist. Wo Erdbeeren das ganze Jahr über erhältlich sind, verblasst die Erfahrung, dass Obst und Gemüse nur jahrzeitgebunden zur Verfügung stehen. Andererseits gibt es gerade in den Städten derzeit viele Menschen, denen ein umweltbewusstes Leben, die Sorge um Klima und Ökologie am Herzen liegen. Deswegen ist es aus meiner Sicht angebracht, den überlieferten Wettersegen, der sich vor allem auf den Schutz des Gewächses und Gehöftes vor Ungewitter und Schaden richtet, mit einem deutlicheren Schöpfungslob zu ergänzen, um so die Teilhabe an der Schöpfung und das eigene Geschaffensein in Erinnerung zu rufen. Wenn heute das Wort »Geschöpf« für viele Menschen vor allem Abhängigkeit, vielleicht auch Ausgeliefertsein oder »ein Rädchen im Getriebe sein« bedeutet, so ist dem entgegen-

---

1 | Die Christkatholische Kirche der Schweiz ist eine der drei Landeskirchen (römisch-katholisch, reformiert, christkatholisch). Sie gehört – wie das Katholische Bistum der Alt-Katholiken in Deutschland – zu den Alt-Katholischen Kirchen der Utrechter Union.

zuhalten, dass aus biblischer Sicht das Geschöpf keine Marionette, sondern Teil der Schöpfung ist und an ihr Teil hat.

Der Wettersegen in der Christkatholischen Kirche der Schweiz – Versuch einer Aneignung

Der am Ende dieses Beitrags abgedruckte, neu formulierte Wettersegens lehnt sich an das Gebet- und Gesangbuch der Christkatholischen Kirche der Schweiz an.
Der darin abgedruckte ursprüngliche Text lautet:

»P: Vor Blitz, Sturm und Ungewitter
G: Bewahre uns, o Herr.
P: Herr, erhöre unser Gebet.
G: Und lass unser Rufen zu dir kommen.
P: Lasset uns beten.

Gott, himmlischer Vater, du hast uns durch Deinen Sohn gelehrt, Dich anzurufen um das tägliche Brot, und du weißt, was uns nottut an irdischer Speise. Blicke gnädig auf unsere Arbeit und Sorge, lass gedeihen die Früchte der Erde, die wir Menschen pflanzen, und schütze vor Unglück, Wohnung und Fluren. Gib, dass wir Deine Gaben recht gebrauchen und in Liebe mit allen teilen, die unserer Hilfe bedürfen.
Durch Christus, unsern Herrn.
G: Amen.
P: Der Name Gottes sei gepriesen
G: Von nun an bis in Ewigkeit.
P: Unsere Hilfe ist im Namen des Herrn,
G: der Himmel und Erde erschaffen hat.
P: Der Segen des allmächtigen Gottes, des Vaters und des Sohnes und des Heiligen Geistes, komme herab auf euch, auf Häuser und Felder, und bleibe bei euch alle Zeit.
G: Amen.«[2]

Wie eignen wir uns überkommene Gebete an? Wenn ich bete, will ich als Gläubige Gesagtes mitvollziehen. Ich will mich auf ein Gebet einlassen, es soll mir – obwohl es nicht mir »gehört« – aus dem Herzen sprechen. Gleichzeitig ist mir Tradition wichtig: Wer ein Gebet formuliert, kann und braucht nicht alles neu zu erfinden. Die Sprache der Bibel, insbesondere der Psalmen bietet einen reichhaltigen Schatz an Gottesbildern, Lebenssituationen und poetischer Sprache. Wenn ich bete, will ich durch evokative Sprache erbaut und angespornt werden zu verändertem Denken und Handeln – in einer Sprache, die mir bekannt und gleichzeitig neu ist. Manchmal lassen oft gehörte Formeln plötzlich innehalten und einen neuen Sinn erfahren, manchmal braucht es

---

[2] Gebet- und Gesangbuch der Christkatholischen Kirche der Schweiz, hrsg. von Bischof und Synodalrat der Christkatholischen Kirche der Schweiz, Basel (2005), Nr. 123.

aber auch neue Formulierungen, da Althergebrachtes nicht mehr »kompatibel« ist mit unserem heutigen Erfahrungshorizont. In allen Jahrhunderten gab es Gottespoeten und Gottespoetinnen, die ihre Gotteserfahrung in Sprache verwandelt haben, die zum Sprachschatz der Kirche geworden sind: Basilius von Caesarea, Thomas von Aquin, Hildegard von Bingen, Juliane von Norwich … und heute Kurt Marti, Janet Morley, Dorothee Sölle, Nicola Slee, Brigitte Enzner-Probst, um nur eine kleine Auswahl zu nennen. Von vielen der schönsten Gebete der Tradition kennen wir weder Autor oder Autorin noch die Entstehungssituation. Aber ihre Bilder und ihre Schönheit wirken weiter und rühren Menschen immer wieder neu an.

Wettersegen gibt es in verschiedenen Kirchen und Textfassungen. Alle haben ähnliche Aussagen (Unheil – Heil) und einen ähnlichen Aufbau (Bitte und Segen). Im Folgenden soll der oben genannte prägnante Text als Grundlage dienen, um einen daran angelehnten, an bestimmten Stellen jedoch erweiterten oder veränderten Text zu formulieren. Die Überlegungen, die an einzelnen Stellen zu Um- oder Neuformulierungen geführt haben, folgen im Anschluss. Sie spiegeln den Prozess meiner Lektüre des Wettersegens, sind also meine Art, wie ich ihn mir an- oder zugeeignet habe. Schon jetzt soll festgehalten werden: Der Wettersegen war für mich ein ungewohnter Text. Durch die Beschäftigung mit ihm, seinem Aussageinhalt und -gehalt ist er mir nahegekommen. Die neue Fassung – die nicht mehr als eine private Étude ist – ist am Ende dieses Beitrages vollständig abgedruckt.

Lobpreis von Schöpfer und Schöpfung

Der Wettersegen beginnt mit einem Wechselgebet zwischen Priester/Priesterin (P) und Gemeinde (G). Es geht um ein Gebet, gerichtet an Gott, um die Bewahrung und den Schutz vor Unwetter jeglicher Art [1]. Dazu bittet die Priesterin/der Priester im Namen der Gemeinde um Erhörung des Gebets. Statt dem bisherigen Antwortruf, »Und lass unser Rufen zu dir kommen« wird in der überarbeiteten Fassung ein Ruf gewählt, der die empfangende Haltung des Menschen vor Gott andeutet. Wir Menschen stehen vor Gott mit geöffneten Händen, als Symbol für das Offenwerden des Menschen mit all seinen Sinnen vor Gott. Es ist sinnvoll, dies auch tatsächlich zu vollziehen, indem zum Beispiel die klassische Oranten-Gebetshaltung eingenommen wird. Der Mensch *ruft* Gott nicht nur an, sondern öffnet sich Gott mit seinem ganzen Körper und all seinen Sinnen als Teil von Gottes Schöpfung.

Dem Aufruf »Lasset uns beten« folgt nach Möglichkeit eine kurze Stille, in der alle sich sammeln. Das anschließende Gebet des Priesters/der Priesterin [2–4] erweitert die ursprüngliche Fassung erheblich. Der Lobpreis des Schöpfers und der Schöpfung [2] tritt hinzu. Dazu bietet sich die jüdische Gebetsform der *berachah* an. Die Betenden reihen sich damit in das Lob der Menschheit ein, die – wie etwa auch in den Psalmen – staunend vor der Kreativität und Unfassbarkeit von Natur und Schöpfung steht. Auf den Schöpferlobpreis folgt die Erinnerung an den Sohn, der uns gelehrt hat, um das zu bitten, was wir brauchen. Darin eingeschlossen ist die Bitte, dass der Mensch täglich das bekommt, was er braucht – reichlich und genug. So wie Israel während der Wüstenwanderung jeden Tag ausreichend zu essen bekam, so klingt dies auch in der Bitte im Vaterunser an. Aus dieser Hoffnung heraus leben wir – mit geöffneten Händen. Es würde sich lohnen, hier über das »genug« weiter zu reflektieren – über den einen Teil der Menschheit, der heute im Übergenug lebt, und den anderen Teil, der Hunger leidet. Ein Gebet wie dieses kann uns daran erinnern, dass wir Menschen mitverantwortlich sind für die Verteilung der Güter der Erde. Dieser Aspekt wird in der folgenden Bitte [4] formuliert. Die Bitte um Schutz vor der übermächtigen Natur steht am Anfang. Die Bitte, Mitverantwortung und Mitsorge für alles zu übernehmen, was auch tatsächlich zur Schöpfung gehört, erhält demgegenüber mehr Raum.

Die Teile [2–4] werden jeweils durch die Akklamation »Gepriesen bist Du in Ewigkeit« der Gemeinde bekräftigt. Damit wird deutlich: Zwar spricht nur eine Person den Lobpreis aus, aber alle sind im Herzen mit dabei und können das Gesagte bejahen. Es ist die Gemeinde, die betet, die das Gotteslob zelebriert.

Ein Segen auch für aufgeklärte moderne Menschen

Das Gebet endet mit dem trinitarischen Segen [5], der in Kirchen katholischer Tradition vom Priester bzw. der Priesterin mit dem Altarkreuz gespendet wird.

Vom »allmächtigen« Gott wird in der Neufassung bewusst nicht gesprochen. Die Erfahrung der Allmacht Gottes und des »in der Hand Gottes Seins« ist fragmentiert. Bist Du auf der Seite Gottes, so bist Du auf der sicheren Seite: Diese Erfahrung ist in der Geschichte des 20. Jahrhunderts gründlich zerstört worden. Der behütete Gottesglaube wurde gebrochen durch die Erfahrung, radikal unbehütet zu sein. Die Erfahrung von Naturkatastrophen der jüngsten Zeit macht deutlich, dass die Menschen heute nicht mehr ohne weiteres nachvollziehen können, was sie unter einem allmächtigen Gott verstehen sollen. Gott ist kein deus ex machina, der automatisch alles richtet, was zerstört ist.

Während demnach die *All*mächtigkeit gegenwärtig auf eine falsche Spur führt, wird am Anfang des Wettersegens [1] Bezug genommen auf die Macht

Gottes, die ein wichtiger positiver Aspekt im Gottesbild bleibt. Beim Abschluss des Segens [5] wurde die bisherige Allmächtigkeit Gottes durch eine andere Gottesbezeichnung ersetzt, die adäquater und wirklichkeitsnäher erscheint: Die Erfahrung der Barmherzigkeit Gottes. Sie schließt Gottes Handlungsfähigkeit ein. Der barmherzige Gott bleibt ein Wesen, das keinerlei Grenzen kennt. Gott ist aber auch kein Wesen, das weit weg über den Menschen thront, sondern ein Gott, der den Menschen nahe ist. Die hebräische Bezeichnung des Wortes Barmherzigkeit weist auf den beschützenden Mutterschoß Gottes, in dem die Menschen Geborgenheit und Zuflucht finden.

An der Formel »Vater, Sohn und Heiliger Geist« wurde festgehalten wegen der Kontinuität dieser Formel, die uns mit Christinnen und Christen anderer Orte und Zeiten verbindet.

»Vor Blitz, Sturm und Ungewitter ...« Als ich den Wettersegen vor einigen Jahren bewusst hörte, war ich amüsiert: Da beten in einem geschützten Kirchenraum lauter gebildete und aufgeklärte Menschen, die nichts zu fürchten haben, ein Gebet, das ganz elementare Kräfte und Gewalten anspricht. Ist das nicht völlig anachronistisch oder sogar abwegig? Der archaische Charakter des Gebets ist nicht zu leugnen. Doch dann wird mir bewusst: Wenn der Blitz irgendwo eingeschlagen hat, wenn eine Wassermasse oder eine Schlammlawine uns überrollt, zerbricht unsere Kulturschale und wir reagieren genauso elementar, geschockt und hilflos. Da ist es gut, wenn wir Gebete und Worte in einer Erfahrungssprache zur Verfügung haben, die solchen überwältigenden Erfahrungen gerecht wird.

Wettersegen – Versuch einer neuen Formulierung

[1]
P: Vor Blitz, Sturm und Unwetter
G: Bewahre uns, mächtiger Gott.
P: Erhöre unser Gebet.
G: Wir stehen vor Dir mit geöffneten Händen.
P: Lasset uns beten.

[2]
Gepriesen bist Du, ewiger, heiliger Gott, Schöpfer des Himmels und der Erde.
Alles, was ist, hast Du erschaffen.
Gräser und Blumen lässt Du wachsen und blühen,
Korn und Früchten gibst Du Sonnenschein und Regen,
den Tieren auf der Erde, in der Luft und im Wasser ihre Nahrung.
Die ganze Schöpfung verkündet Dein Lob.

G: Gepriesen bist Du in Ewigkeit.

[3]
P: Durch Deinen Sohn hast Du uns gelehrt, Dich anzurufen um das tägliche Brot.
Du weißt, was uns nottut an irdischer Speise, jeden Tag neu.
Wir danken Dir für alles, was wir zum Leben brauchen:
Die Luft, die wir atmen,
das Wasser, das wir trinken,
die Sonne und das Licht,
die Früchte der Erde und der menschlichen Arbeit,
die Menschen um uns herum.
Wir danken Dir, dass du uns reichlich und genug gibst.

Wir danken Dir für unser Leben
Für alles, das die Erde bewohnt,
Für die Hoffnung, die Du in unsere geöffneten Hände legst.

G: Gepriesen bist Du in Ewigkeit.

[4]
P: Wir bitten Dich:
Lass' gedeihen die Früchte der Erde und der menschlichen Arbeit,
und schütze Wohnung, Felder und Fluren vor Unheil.
Gib, dass wir Deine Gaben in rechter Weise pflegen und nutzen,
und in Liebe mit allen teilen, die unserer Hilfe bedürfen.
Durch Christus, unseren Herrn.
G: Amen.

[5]
P: Der Name des Ewigen sei gepriesen
G: auf dem ganzen Erdkreis, bis in alle Ewigkeit.
P: Unsere Hilfe ist im Namen des Heiligen,
G: der Himmel und Erde erschaffen hat.
P: Der Segen des barmherzigen Gottes, des Vaters und des Sohnes und des Heiligen Geistes komme herab auf euch, auf Häuser, Felder und Fluren, und bleibe bei euch alle Zeit.
G: Amen.

Liturgie – Gottesdienst – Meditation

Karin Tschanz Cooke

Übergänge bewältigen
Erfahrungen aus der Begleitung Sterbender und ihre Bedeutung für die Bewältigung gegenwärtiger Wandlungsaufgaben

Der folgende Beitrag berichtet über einen kleinen Ausschnitt menschlicher Sterbeerfahrungen. Es handelt sich um sterbende Menschen, von denen über 90 Prozent das 80. Altersjahr überschritten hatten, die zu Hause, in einem Spital, Alters- oder Pflegezentrum in der Schweiz starben und entweder der römisch-katholischen oder der evangelisch-reformierten Kirche angehörten. Der Fokus dieser Erörterungen liegt auf den emotionalen und spirituellen Herausforderungen und weniger auf den körperlichen Veränderungen. Grundlegend für die folgenden Ausführungen sind die persönlichen Begleitungen Sterbender als Gemeinde- und Spitalpfarrerin im Zeitraum von zwanzig Jahren sowie Erfahrungsberichte aus persönlich geleiteten Supervisionen von 150 Palliative Care Begleitpersonen.[1] Zwei Drittel dieser Begleitpersonen waren freiwillige Begleitende von Sterbenden und ein Drittel waren betreuende Fachpersonen von Sterbenden aus den Bereichen Pflege, Medizin und Seelsorge.

Wie leben, lehren und lernen Sterbende Schöpfungsspiritualität und was lehren sie uns über Wandlungsprozesse? Diesen Fragen geht dieser Beitrag nach, nicht um sie zu beantworten, sondern um Erfahrungen Sterbender und ihrer Begleitpersonen aufzunehmen und sie in die größeren Zusammenhänge der ökologischen Krise zu stellen.

Sterben ist der letzte Übergang des Lebens, an dem Menschen körperliche, psychische und spirituelle Grenzerfahrungen machen. Oft fordert der Sterbeprozess beide, die Sterbenden und ihre Begleitpersonen bis zum Äußersten heraus. Sie begegnen spirituellen Fragen, Prozessen und Geheimnissen, die sie gleichzeitig faszinieren und überfordern, sie aber auch berühren und verändern. Die Grundlage der folgenden Abhandlung bilden Erlebnisberichte von Sterbenden und ihren Begleitpersonen. Es handelt sich um persönliche Zeugnisse, die von einer je unterschiedlichen, individuellen Interpretation geprägt sind und daher auch angreifbar und nicht über alle Zweifel erhaben

---

1 | Es werden echte Erfahrungen und Begegnungen beschrieben. Alle Namen wurden geändert.

sind. Doch, weil es sich um einen Grenzbereich handelt, mag ein erzählendes Vortasten an mögliche Erkenntnisse angebracht sein.

Sterben – eine Erfahrung begleitet von Angst, Unsicherheit und Schmerzen

Menschen, die mit dem eigenen Sterben und Tod oder mit dem eines ihnen nahestehenden Menschen konfrontiert werden, erleben Angst, Unsicherheit und Schmerz. Das eigene Sterben ist eine unbekannte Erfahrung, die nur zum Teil vorbereitet oder eingeübt werden kann. Menschen sterben heute öfter allein, auch dann, wenn sie medizinisch und pflegerisch gut versorgt werden. Dies hat die verschiedensten Gründe. Einmal ist dies demografisch begründet: Das Durchschnittsalter sterbender Menschen ist heute so hoch wie noch nie zuvor, was zur Folge hat, dass viele Verwandte und Bekannte der Sterbenden bereits verstorben sind. In unserer mobilen Gesellschaft kommt hinzu, dass Angehörige zum Teil große Distanzen überwinden müssen, um an der Seite ihrer Nächsten zu sein. Zu erwähnen sind auch wirtschaftliche Aspekte. So wird ein unbezahlter Urlaub zur Begleitung eines sterbenden Angehörigen von vielen Arbeitgebenden nicht unterstützt. Neben diesen strukturellen Gründen müssen die emotionalen thematisiert werden: Einen sterbenden Menschen zu begleiten, löst Angst aus und die Frage, ob diese Aufgabe nicht eine Überforderung darstellt. Sterben ist zudem ein sehr persönlicher Prozess, der emotional äußerst herausfordernd sein kann. Die Rollen vertauschen sich oft. Menschen, die vielleicht ein Leben lang starke, bestimmende und hilfsbereite Persönlichkeiten waren, brauchen jetzt Unterstützung und müssen sich an die Rolle einer geschwächten, auf Hilfe angewiesenen Person gewöhnen. Die Angst vor Schmerzen und vor dem Verlust der eigenen Autonomie beschäftigt die Betroffenen, aber auch spirituelle Fragen und Bedürfnisse werden wichtiger. Deshalb ist die kompetente Betreuung und Begleitung durch Fachpersonen der Medizin, Pflege, in psychosozialen Berufen und in der Seelsorge für die Sterbenden von großer Bedeutung. Dennoch weckt der Moment des Sterbens, des Aushauchens des letzten Atemzugs und das folgende Kalt-, Starr- und somit Fremdwerden des Verstorbenen für viele Menschen Ängste, die sie zum Fernbleiben veranlassen. Und doch beschreiben Angehörige, Fachpersonen aus Medizin und Pflege, Seelsorgende und andere Fachpersonen und freiwillige Begleitpersonen diesen Moment oftmals als eine wertvolle oder spirituelle Erfahrung und sind dankbar, dass sie in der letzten Stunde dabei sein konnten.

Nicht zuletzt muss der Umgang mit Schmerz in der modernen, westlichen Gesellschaft als ein Grund erwähnt werden, weshalb Sterbende oft allein gelassen werden: Schmerz ist ein Tabu geworden, dem Menschen ausweichen.

Schmerzen, so gilt die weitverbreitete Meinung, müssen und dürfen nicht sein. Sie werden als sinnlos empfunden. Bei Leidenden liegt der Fokus auf der modernen Medizin, die verspricht, die Schmerzen in den Griff zu bekommen. Und tatsächlich hat die Schmerzlinderung eine noch nie dagewesene Qualität und Präzision erreicht. Die Kehrseite der medizinischen Erfolge im Schmerzmanagement liegt in einem wachsenden Anspruch auf ein schmerzfreies Leben und Sterben. Mit abnehmender Schmerztoleranz werden die Stimmen lauter, die fragen, wie viel Leiden menschlich verantwortbar ist und ob es einen Punkt gibt, an dem der Sinn und die Daseinsberechtigung eines Menschenlebens aufhört.

Ohne an dieser Stelle in diese ethische Debatte einzusteigen, bleibt festzuhalten, dass Leiden am Ende des Lebens ein Schicksal ist, das von einer Mehrheit der Bevölkerung früher oder später für eine kürzere oder längere Zeit geteilt wird. Menschen mit lebenslangen körperlichen, geistigen oder psychischen Einschränkungen fordern unsere Gesellschaft heraus. Solange sie nicht als Bestandteil der Gesellschaft akzeptiert werden, wird ihr Dasein zunehmend mit der unterschwelligen Frage gekoppelt, ob dieses Leid und damit auch das Leben dieser auf Hilfe angewiesenen Menschen überhaupt noch lebenswert und finanziell tragbar ist. Bei der Sinnfrage gibt es häufig eine Außen – und eine Innensicht. Außenstehende sehen das Leben von hilfs- und pflegebedürftigen Menschen eher als eine Katastrophe an, in dem sie wenig Sinn erkennen, während die Betroffenen trotz ihrer Krankheit oder Pflegebedürftigkeit Beziehungen knüpfen, Ziele verwirklichen und Freud und Leid mit anderen teilen und ihr Leben in vielfältiger Weise als sinnvoll erleben.

Ähnlich ertragen Sterbende ihre Schmerzen und Beschwerden oft mit beachtlicher Geduld und Durchhaltevermögen. Sie entwickeln eine erstaunliche Leidensfähigkeit, die als Mut, Tapferkeit und innere Stärke beschrieben werden kann, aber eher wenig gewürdigt wird. Diese innere Kraft und Akzeptanz des Leidens drückte ein Sterbender in einem kurzen Gebet folgendermaßen aus: »Herrgott, wenn ich leiden muss, dann leide ich und wenn ich nicht leiden muss, dann danke ich dir.« Anders ist es bei Schmerz, der bewusst in Kauf genommen wird, um Spitzenleistungen und emotionale Gipfelerfahrungen zu erreichen.

Menschen erdulden und ertragen zum Teil große Schmerzen für ein Ziel, das ihnen wichtig ist. Beispiele dafür können etwa die Anstrengungen sein, einen Marathon zu laufen, eine Beförderung zu erhalten, ein Hobby zu lernen, die Familie zu ernähren, die Kinder zu fördern und zu schützen oder sich für die Umwelt, die Nachbarschaft oder die Familie einzusetzen. Cicely Saunders, die Begründerin der modernen Hospizbewegung, wies darauf hin, dass zur Schmerzerfahrung, neben dem körperlichen Schmerz, auch der psychische, soziale und spirituelle Schmerz gehört, mit anderen Worten die Erfahrung des Leidens in der gesamten Bandbreite, wie sie die Situation eines Sterbenden mit sich bringt.[2] Diese schließt den Schmerz der Trauer und des Abschieds von geliebten Menschen, Tätigkeiten, Tieren und besonderen Orten ebenso ein wie jenen Schmerz, der durch Angst, Unsicherheit, Schuld, Sinn- und Glaubenskrisen erfahren wird. So betrachtet, ist Schmerz ein häufiger Begleiter jeden Lebens, was nicht heißt, dass jedes Leben, das häufig von Schmerz durchdrungen ist, ein unglückliches und sinnentleertes Leben ist. Es lässt sich vielmehr zeigen, dass manche Schmerzen zu tiefen Erfahrungen führen können, von denen Menschen sagen, sie möchten sie nicht missen, obschon sie schmerzhaft waren. Angehörige und Begleitpersonen von Sterbenden bestätigen diese Feststellung, wie das folgende Beispiel einer Sterbebegleitung zeigt.

An einem Samstagnachmittag traf ich den 66-jährigen Herrn Kopp zu einem Gespräch. Vor einem Jahr war seine Frau, die Mutter der zwei gemeinsamen Kinder, an Krebs gestorben. Herr Kopp erzählte:

»Ich bin dankbar, dass es möglich war, meine Frau bis zum Schluss zu begleiten. Es war die emotional schwerste Aufgabe meines Lebens, aber ich möchte keinen Tag missen. Es war eine unbeschreiblich wichtige und wertvolle Erfahrung, obschon ich manchmal lieber davongelaufen wäre. Wenn mir jemand gesagt hätte, dass ich meine Frau pflegen und im Sterben begleiten werde, hätte ich gesagt, dass ich das nicht kann.«

So beschrieb Herr Kopp das letzte Jahr, das er mit seiner Frau verbrachte, nachdem Knochenkrebs mit Metastasen diagnostiziert wurde. Diese Diagnose erreichte das Paar wie ein Blitz aus heiterem Himmel, drei Monate nach seiner Pensionierung. Herr Kopp hatte sich durch die Sterbebegleitung seiner Frau verändert. Während den vierzig Jahren Ehe war seine Frau für die sozialen Kontakte und die emotionale Begleitung der gemeinsamen Beziehungen (des Sohnes und der Tochter) zuständig gewesen. Er war der strukturierte, gut organisierte Techniker, der seine Frau unterstützte. Als sie krank wurde, bewahrte er die Übersicht über die vielen Termine. Er tat es mit der Hoffnung und dem Ziel vor Augen, dass der Krebs besiegt oder wenigstens gestoppt werden könne. Die Erkenntnis, dass sämtliche Behandlungen und Eingriffe nicht zum Ziel führten, war ernüchternd, die Hilflosigkeit, die ihn nun erfasste, war unerträglich. Er konnte nicht zuschauen, wie seine Frau litt und schwächer wurde, und tat es doch. Er war da und blieb da bis zum Schluss, wusch seiner Frau den Schweiß von der Stirn, hörte ihr Stöhnen und erwiderte ihre Blicke. Als nicht mehr viel Lebenszeit blieb und die Kräfte schwanden, wurde

---

2 | Vgl. Cicely Saunders, Brücke in eine andere Welt, Freiburg, 1999; dies., Sterben und Leben. Spiritualität in der Palliative Care, Zürich 2009.

ein Pflegebett gemietet mit Blick auf den Garten. Menschen kamen, um Abschied zu nehmen. Es wurde ab und zu gesungen und Musik gehört – gefolgt von Stille. An manchen Tagen waren alle unsicher, ob sie diese Situation aushalten würden. Sie überlegten, ob nicht vielleicht nun der Moment gekommen war, um Frau Kopp zurück ins Spital zu bringen, dennoch blieb sie einen weiteren Tag zu Hause. Die Gemeindepfarrerin besuchte sie ein bis zweimal wöchentlich. Bei ihr äußerte Frau Kopp ihre Zweifel und Krisen, klagte und trauerte. Bei jedem Besuch wünschte Frau Kopp zum Schluss noch ein Gebet. An einem Samstag trafen sich alle zur Feier des gemeinsamen Abendmahls auf Wunsch von Frau Kopp. Es war wohltuend und traurig zugleich und der feierliche Rahmen ermöglichte Worte des Dankes, der Liebe und der Würdigung, die sonst schwer auszudrücken waren.

Der Sterbeprozess als Trauerprozess

Sterben ist die Verlusterfahrung schlechthin und ist daher mit einem intensiven Trauerprozess verbunden. Im Sterben steht der Mensch vor der Tatsache, das, was sein Leben erfüllt und ihm lieb geworden ist, zu verlieren, seine Mobilität, seine Autonomie, sein Hab und Gut, seine Beziehungen und am Schluss sein Leben. Je nach gesundheitlicher und sozialer Situation, je nach psychischer und spiritueller Verfassung wird das Sterben unterschiedlich erlebt und durchgestanden. Jedes Sterben ist individuell und unvergleichlich, persönlich und einzigartig. Und doch gibt es gewisse Gemeinsamkeiten und Grundlinien, die den Sterbeprozess prägen. Einige dieser fundamentalen, situationsübergreifenden Merkmale des Sterbeprozesses wurden von Elisabeth Kübler-Ross als Ergebnis ihrer jahrzehntelangen Sterbeforschung veröffentlicht.[3] Sie war die erste, die den Sterbeprozess als Trauerprozess in fünf Phasen mit den folgenden Schwerpunkten beschrieb: Nichtwahrhabenwollen, Zorn, Verhandeln, Depression und Akzeptanz. Von späteren Trauerforschern wie John Bowlby[4], Yorick Spiegel[5], Verena Kast[6] und Kerstin Lammer[7] wurde

---

3 | Vgl. eine Auswahl ihrer bis heute aktuell gebliebenen Bücher: Elisabeth Kübler-Ross, Interviews mit Sterbenden, Freiburg ⁴2012; dies., (Hg.), Reif werden zum Tode, Stuttgart ⁴1978; dies., Was können wir noch tun? Antworten auf Fragen nach Sterben und Tod, Stuttgart ³1977; dies., Verstehen, was Sterbende sagen wollen. Einführung in ihre symbolische Sprache, München 2008.
4 | Vgl. John Bowlby, Verlust, Trauer und Depression; Frankfurt a. M. 1998.
5 | Vgl. Yorick Spiegel, Der Prozess des Trauerns. Analyse und Beratung, Gütersloh ⁸1995.
6 | Vgl. Verena Kast, Trauern. Phasen und Chancen des psychischen Prozesses, Stuttgart ⁵1985 und ²⁰1999.
7 | Vgl. Kerstin Lammer, Den Tod begreifen. Neue Wege in der Trauerbegleitung, Neukirchen-Vluyn 2010; dies., Trauer verstehen. Formen – Erklärungen – Hilfen, Neukirchen-Vluyn 2010; Susanne Breit-Kessler/Norbert Dennerlein/Kerstin Lammer/VELKD (Hg.), Jeden Tag bist du mir nahe. Sterben – Tod – Bestattung – Trauer. Eine evangelische Handreichung für Menschen, die trauern und für die, die sie in ihrer Trauer begleiten, Gütersloh 2009.

ihre Phasentheorie in ihren Grundsätzen, aber nicht in ihrem chronologischen Ablauf übernommen und als Strategien der Bewältigung von Verlusterfahrungen weiterentwickelt. Wie die fünf Aspekte der Trauerbewältigung während des Sterbeprozesses erlebt werden können, soll am Beispiel von Erfahrungen von Sterbenden und ihren Begleitpersonen verdeutlicht werden. Sie drückten in ihren eigenen Worten aus, wie sie die fünf Phasen im Sterbeprozess als Nahestehende oder Betroffene durchmachten. Je tiefgreifender eine Verlusterfahrung ist, desto notwendiger ist eine gewisse Betäubung des Schmerzes nach dem Vernehmen der schlimmen Nachricht. Das Nichtwahrhabenwollen und Nichtglaubenkönnen der tragischen Situation kann deshalb als eine Art Anästhesie verstanden werden.

Eine Mutter, die ihr bewusstloses sechsjähriges Kind, das beim Schwimmunterricht ertrank, mit der Ambulanz in die Notfallaufnahme begleitete, wiederholte immer wieder die Worte: »Das kann nicht wahr sein. Ich bin im falschen Film.« Sie hoffte, dass sich herausstellen würde, dass ihre Tochter nicht so schlimm verletzt war und wieder erwachen würde, obschon sie von den Ärzten hörte, dass ihre Tochter im Sterben lag.

Ähnlich geht es Menschen, die zum ersten Mal mit der Information konfrontiert werden, dass sie in absehbarer Zeit sterben werden.

Ein Arzt erzählte, wie er einem Patienten und seiner Frau die schwere Diagnose und ihre terminalen Konsequenzen während zwei verschiedenen Gesprächen in aller Deutlichkeit erklärte. Dennoch hatten die Pflegenden in den nächsten Wochen den Eindruck, der Patient und seine Frau seien nicht vom Arzt informiert worden. Immer wieder sprachen sie davon, was sie alles gemeinsam unternehmen werden, nachdem der Patient wieder zu Hause sein wird, nach dem Motto: Es wird alles wieder gut.

Ein Mensch braucht Zeit, bis er eine tragische Botschaft in ihrem ganzen Ausmaß erfassen kann. Die schlimme Nachricht wird für eine Zeit von der Gefühlsebene ferngehalten, um handlungsfähig zu bleiben, die nötige Verantwortung übernehmen zu können und Entscheide zu treffen. Sobald das Nötigste getan wurde, löst sich die innere Verkrampfung und die Gefühle brechen wie eine Sturmflut aus. Intuitiv entscheiden die Trauernden, ob sie der Heftigkeit der Gefühle und der Intensität des inneren Schmerzes standhalten können oder nicht. Je nach eigener Einschätzung suchen Menschen einen Weg, die Wucht der zum Teil angsterregenden Gefühle zu dosieren. Dies kann durch das Beteuern, dass es ganz sicher nicht so schlimm ist und wieder gut wird oder durch die Betäubung des Schmerzes durch Medikamente oder Alkohol erfolgen. Eine weitere Überlebensstrategie bei gewaltigen inneren Schmerzen ist die Verdrängung. Andere benutzen die Ablenkung als Prävention des inneren Absturzes. Sie gehen aus, treffen Freunde, vergnügen sich, packen Projekte an, erledigen scheinbar Wichtiges, sind aktiv und sehr beschäftigt.

Doch trotz dieser Überlebensstrategien nach der Übermittlung einer tragischen Nachricht kommt der Moment, in dem Sterbende und ihre Angehörigen von ihren Gefühlen überwältigt werden. Trauernde erleben oft ein Wechselbad der Gefühle. Sie werden zwischen Trauer, Verzweiflung, Zorn, Hader, Depression, stoischer Gefasstheit und Wut hin und hergeworfen. Die Reihenfolge ist dabei unbedeutend.

Ich erlebte, wie ein Mann, dessen Frau soeben das erste Kind geboren hatte, das einige Stunden nach der Geburt starb, die Pflegefachfrauen im Korridor des Spitals außer sich vor Wut anschrie, sodass diese befürchteten, er werde gewalttätig.

Häufiger als in Wutausbrüchen drückt sich Trauer aber im Weinen, Klagen und in Tränen aus. Besonders ältere Männer, die ein Leben lang nach der Regel lebten, dass ein Mann nicht weint, entschuldigen sich oft für ihre Tränen.

Herr Adler wurde mit 64 Jahren durch eine Krebserkrankung aus seinem Betrieb herausgerissen. Nach einer Anzahl von Operationen und Bestrahlungen sagte ihm sein Arzt, dass er ihm keine weiteren Behandlungen anbieten könne, um den Krebs zu stoppen. Um diese Nachricht zu erfassen, brauchte Herr Adler mehrere Tage. Erst nach einer Woche begann er von der Sorge um seine Frau und seine Kinder zu sprechen wie auch von der Zukunft seines Betriebes, der sein Lebenswerk war. Dabei liefen ihm die Tränen über das Gesicht, für die er sich entschuldigte. Er lag sehr ruhig und gefasst da und flüsterte mit deutlichen Worten: »Man sollte Wichtiges nicht aufschieben.« Danach bat er mich, das Gespräch mit seiner Frau zu suchen.

Mit der grundsätzlichen Akzeptanz des Todes wird die noch verbleibende Lebenszeit in ihrer Kürze und Begrenztheit anders gelebt.

Psychosoziale und spirituelle Fragen und Nöte treten in den Vordergrund

Sich auf das eigene Sterben vorzubereiten, kann nur, wer sich mit seiner eigenen Endlichkeit auseinandergesetzt und sie angenommen hat. Die meisten Menschen verschieben wichtige Aufgaben. Sogar bei hochbetagten und sterbenskranken Menschen kann es vorkommen, dass sie sich nicht mit Sterben und Tod befassen und es vielleicht erst tun, wenn es keinen Ausweg mehr gibt.

Ein schwerkranker Patient, den ich im Spital besuchte, war sich bewusst, dass er dem Thema Sterben ein Leben lang ausgewichen war. Nun war er mit der Diagnose Krebs mit Metastasen im fortgeschrittenen Stadium konfrontiert und wollte darüber sprechen. Mit großer Ernsthaftigkeit betonte er, dass er es bereute, sich nicht früher mit seinem Sterben und der Endlichkeit seines Lebens befasst zu haben, dies nun aber tun wollte. Er bat um ein seelsorgliches Gespräch, in dem er seine Glaubensfragen und Zweifel sowie seine Schuld und verschiedenen Nöte ausbreitete. Zum Schluss bat er mich, mit ihm und für ihn zu beten. Er war dankbar, dass ihm die Kraft für dieses Gespräch geschenkt wurde und war entschlossen, seinen erwachsenen Kindern zu sagen, was im schon lange auf dem Herz lag. Während unserem Austausch nahm er ein Buch, das auf seinem Nachttisch lag in die Hand und las mit bewegter Stimme Worte von Jean-Jacques Rousseau vor, die auch seine Situation sehr treffend ausdrückten:

»Wir betreten die Rennbahn bei unserer Geburt und verlassen sie wieder mit unserem Tod. Ist es wirklich sinnvoll, kurz vor dem Ziel zu lernen, wie man den Wagen besser lenkt? Nein, man sollte darauf sinnen, wie man die Fahrt glimpflich beendet. Ein Greis braucht nur noch eine Befähigung: er muss sterben lernen. Aber genau darum bemühen sich Leute meines Alters am wenigsten; man befasst sich mit allem, bloß damit nicht. Greise hängen mehr am Leben als Kinder und sperren sich viel heftiger als junge Menschen dagegen, es aufzugeben. Kein Wunder: sie haben ja immer nur für dieses Leben gearbeitet und sehen nun, da sein Ende naht, ihr ganzes Mühen verloren. All ihr Hab und Gut, das sie so viel Fleiß und Schweiß gekostet hat, lassen sie zurück, wenn sie dereinst fortgehen. Ein Leben lang fiel ihnen nicht ein, etwas zu erwerben, das sie im Tode mitnehmen könnten.«[8]

Das Aussprechen und Ablegen von belastenden psychischen und spirituellen Konflikten und Nöten und die Bitte um Vergebung ist ein wichtiger Prozess für eine Mehrzahl von Sterbenden, unabhängig davon, ob sie der Kirche nah oder fern stehen.

Abschiednehmen und Trauern

Abschiednehmen erfordert Mut, innere Kraft und letztlich die Erkenntnis, dass der Tod als endgültige Grenze nahe ist, eine Erkenntnis, die einen schmerzhaften Trauerprozess auslöst.

Während eines Bereitschaftsdienstes im Spital wurde ich um drei Uhr morgens ans Bett von Frau Furter gerufen. Sie war 62 Jahre alt und schwer herzkrank, lag aber nicht im Sterben. Unruhig und verschwitzt fixierte sie mich, sobald ich neben ihr Platz nahm und kam gleich zur Sache:

»Morgen früh habe ich eine Herzoperation. Die Chancen stehen nicht sehr gut, da es ein großes Risiko ist, mein Herz zu operieren, doch ich hatte keine Wahl, entweder ich willigte in die Operation ein und habe möglicherweise die Chance, noch mehrere Jahre zu

---

8 | Jean-Jacques Rousseau, Träumereien eines einsamen Spaziergängers, Stuttgart 2003.

leben oder ich lasse mich nicht operieren und muss jederzeit mit dem Tod rechnen. Vielleicht ist das meine letzte Nacht. Ich habe etwas auf dem Herzen.«

Und sie berichtete davon, wie sie ihrem Mann vor dreißig Jahren eine flüchtige Beziehung zu einer anderen Frau nicht vergab, sich scheiden ließ und ihre beiden Kinder alleine, fern von ihrem Vater aufzog und seither oft mit ihrem Schicksal haderte. Sie erwähnte, wie sie durch ihre Härte sich selbst, ihren Kindern und ihrem Mann gegenüber, der sie liebte, unglücklich machte und ihr Stolz es nicht zuließ, dies einzugestehen und umzukehren, als es noch möglich war. Sie weinte bitterlich über den eigenen Schmerz und den Schmerz, den ihre Töchter und ihr Mann durch die Scheidung und den jahrelang fehlenden Kontakt erlitten. Sie bat mich, für sie, für ihre Töchter und für ihren Mann zu beten, ihre Erkenntnis, Reue und Trauer in Worte zu fassen und Gott um Hilfe und Erbarmen zu bitten. Nach dem Gebet wurde es still im Zimmer. Ihr Atem ging regelmäßig. Ihr Kopf lag erschöpft auf dem Kissen. Sie hatte sich entschlossen, falls sie die Operation überleben würde, ihre Töchter und ihren Mann aufzusuchen und um Vergebung zu bitten.

Nicht immer tauchen Belastungen so deutlich erkennbar und beschreibbar auf. Manchmal erscheinen vergangene Beziehungen und Taten verwirrend und unklar und können nicht entflochten werden. Hilfreich ist oft die Frage nach Gelungenem und Beglückendem, nach Geliebtem und Tröstlichem. Dabei tauchen Erinnerungen auf, die wohltuend sind, ein Lachen oder Tränen der Trauer und Dankbarkeit hervorrufen. Sehr bewegend ist die gegenseitige Würdigung, zwischen Sterbenden und ihren Nahestehenden. Anwesende spüren instinktiv, dass am Schluss die Liebe bleibt. In den letzten Tagen und Stunden des Abschiednehmens – seien es Besuche von wenigen Minuten oder durchgehende Tag- oder Nachtwachen – geschieht in den Beziehungen und im eigenen Trauerprozess Wesentliches. Durch die Begegnung mit den Sterbenden und in der Auseinandersetzung, die dadurch im Innern geschieht, beginnt eine Wandlung.

Sterben als Wandlungsbewegung hin zum Wesentlichen

Die Erfahrung des Sterbens und des Todes rüttelt Menschen auf. In der Erfahrung von Herrn Kopp zeigte sich die innere Wandlung hin zum Wesentlichen auf unterschiedliche Weise sowohl in ihm als auch in seiner Frau. Er war derjenige, der sich, während er seine sterbende Frau begleitete, fast ständig an den Grenzen des für ihn Machbaren bewegte. Er lernte Rücksichtnahme und Aufmerksamkeit und wurde herausgefordert, seine Bedürfnisse, seine Wünsche und seine Grenzen zu kommunizieren. Er pflegte die Beziehungen mit Verwandten und Bekannten in dieser schwierigen Zeit. Er begann sich zu verändern. Dies geschah ohne sein ausdrückliches Wollen und eher gegen seinen Willen. Er, der es gewohnt war, Befehle auszuteilen, wurde Befehlsempfänger. Er, der zurückgezogene Intellektuelle, wurde gefordert, sich nach Gefühlen und Befindlichkeiten seiner Frau zu erkundigen, und musste einsehen, dass auch er seine Emotionen, Wünsche und Bedürfnisse aussprechen musste, damit es möglich war, in den neuen Rollen als Mann und Frau unter einem Dach zu leben. Nicht nur seine sozialen und emotionalen Grenzen expandierten neben den neuen pflegerischen und haushälterischen Fertigkeiten, die er sich angeeignet hatte, sondern in der Stille im Zimmer seiner Frau wurden andere Gespräche geführt als vor der Krankheit. Sie sprachen über Gott und die Welt, über die Vergangenheit, die Kinder und die Zukunft, über das Sterben, den Tod und die Ewigkeit, über Musik und Technik, Verlust, Trauer und Hoffnung. Was Herr Kopp am Anfang dieses Weges als unmöglich erachtet hätte, nämlich die Begleitung seiner Frau in den letzten Tagen und Stunden, war nun für ihn eine Selbstverständlichkeit geworden, trotz der Überforderung, die diese Begleitung für ihn bedeutete. Die innere Wandlung, die sich bei Herrn Kopp durch die nahe Begleitung seiner kranken Frau vollzogen hatte, zeigte sich in neugewonnenen fürsorglichen, gefühlvollen, sozialen und spirituellen Seiten. Ähnliche Erfahrungen machen Menschen, die Sterbende im Beruf oder als Freiwillige begleiten. Sie berichten, wie sie dadurch bewusster, intensiver und dankbarer zu leben begannen, ihre Prioritäten kritisch überprüften und ihre Gesundheit, Beziehungen, Fähigkeiten sowie die schönen Seiten des Lebens zunehmend schätzen lernten.

Auch in den Sterbenden vollzieht sich ein Wandlungsprozess. Die meisten machen Zeiten durch, in denen sie sich gegen ihr Schicksal wehren, hadern, klagen, schweigen, sich aufbäumen oder versuchen, vor dem Unausweichlichen zu fliehen. Während dieses Prozesses erhalten Tätigkeiten, Gedanken, Hoffnungen, Wünsche, Beziehungen zur Familie, zu Freunden, Bekannten und zu Gott eine neue Dringlichkeit. Was noch gesagt oder getan werden muss, wird, soweit wie dies möglich ist, mit Nachdruck und Überzeugung getan. Wenn die Kräfte nachlassen, beginnt sich aus der alltäglichen Welt etwas zu lösen. Einige sprechen etwa von Bildern oder Träumen, die schwer einzuordnen sind und zum Teil den Eindruck von Verwirrtheit oder Desorientierung machen. Elisabeth Kübler-Ross beschrieb diese Ausdrucksweise Sterbender als Symbolsprache.[9] Ein häufiges Symbol für das nahe Abschiednehmen und Sterben ist die »Reise«. Eine sterbende Frau sprach zum Beispiel immer wieder davon, sie müsse noch die Koffer packen, der Zug würde bald

---

9 | Vgl. Elisabeth Kübler-Ross, Was Sterbende sagen wollen – Einführung in ihre Symbolsprache, Stuttgart ⁵1990.

abfahren. Ein weiteres wiederkehrendes Bild ist das eines prächtigen Gartens, den Sterbende sehen. Einige sprachen vom nach Hause gehen.
Eine Patientin fragte mich:

»Darf ich ihnen etwas Besonderes anvertrauen? Gestern war es, als sähe ich meinen verstorbenen Mann auf mich zukommen. Er sah sehr freundlich aus. Was denken Sie darüber, dass ich so eine Erscheinung hatte?«

Eine Begleitende erlebte, wie eine Sterbende, die tief im christlichen Glauben verwurzelt war, auf außergewöhnliche Weise starb, indem sie in Zwiesprache mit Gott, ihm ihr Leben übergab und ihren Atem aushauchte. So berichtete die Begleiterin einer katholischen Ordensschwester, dass diese ihre Nächsten bat, sich um ihr Bett zu versammeln. Sie dankte allen von Herzen für ihre Liebe und Zuwendung, die sie über Jahre von ihnen erfuhr, sprach ein Gebet und einen Segen für sie und schloss mit den Worten: »Nun bin ich bereit. Auf Wiedersehen.« Wenige Augenblicke später starb sie zum Erstaunen der Anwesenden.

Im Übergang des Sterbens ist ein Abschiedsritual mit Sterbesegen und Fürbitte zusammen mit Angehörigen oft ein Bedürfnis sowohl für Sterbende als auch für Trauernde. In reformierten Kreisen ist dies oft der Wunsch nach einem Gebet und in der katholischen Tradition wird am Ende des Lebens ein Priester gerufen, um das Sakrament der Krankensalbung zu feiern. In Angst und Schwäche, aber auch in der Trauer des Abschieds sind Worte des Trostes und des Eingebundenseins in Gottes Liebe und Zukunft von Bedeutung.[10] Beim gemeinsamen Vaterunser kommt es immer wieder vor, dass Sterbende, die vorher nicht mehr ansprechbar waren, am Schluss des Gebetes »Amen« sagen oder kurz die Augen aufschlagen und mit einer kleinen Bewegung zu verstehen geben, dass sie zuhören. Eine kurze Abschiedsliturgie kann helfen, mit dem Geheimnis des Sterbens umzugehen und weist auf die bevorstehende Wandlung der Auferstehung hin, ohne das Geheimnis oder die Wandlung erklären zu können.

Sterben als Geheimnis – Gottes Heimat als Vorahnung und Verheißung

Sterbende fragen oft nach Gott und nach dem Leben nach dem Tod. Die Bibel bietet einen Reichtum an Texten und Bildern, die sowohl Gottes Wesen als auch sein Handeln und seine Zusagen umschreiben. Psalm 23 spricht von

---

10 | Vgl. Liturgie- und Gesangbuchkonferenz der evangelisch-reformierten Kirchen der deutschsprachigen Schweiz (Hg.), Liturgie. Taschenausgabe, Zürich 2011; Neues Evangelisches Pastorale. Texte, Gebete und kleine liturgische Formen für die Seelsorge, Gütersloh ³2007.

Gott als einem guten Hirten, während Psalm 36 Gott als den Ursprung von Leben und Licht umschreibt. In Psalm 27 wird Gott als Licht, Lebenskraft und Heil beschrieben. Das Rufen eines Menschen in Not finden wir in Psalm 121. Neben Gottes Begleitung und Hilfe ist Sterbenden insbesondere Gottes Güte und Vergebung wichtig. Das Gleichnis von den zwei Söhnen in Lukas 15,11–32 beschreibt Gott als denjenigen, der sich über alle, die zu ihm finden, von Herzen freut und sie aufnimmt. Ein besonders bewegendes Zeugnis des Erbarmens und der Annahme Gottes ist in den letzten Worten Jesu am Kreuz in Lukas 23,39–43 zu finden. Jesus antwortet dem Verbrecher, der neben ihm gekreuzigt wurde und ihn bat: »Jesus, gedenke an mich, wenn du in dein Reich kommst!«. »Wahrlich, ich sage dir: Heute wirst du mit mir im Paradies sein.« Der Übergang im Sterben wird mehrfach in den Worten über die Auferstehung beschrieben, so spricht Jesus in Johannes 11,25: »Ich bin die Auferstehung und das Leben. Wer an mich glaubt, der wird leben, auch wenn er stirbt; und wer da lebt und glaubt an mich, der wird nimmermehr sterben.« In 1 Korinther 15 lesen wir: »die Toten werden auferstehen unverweslich, und wir werden verwandelt werden.« Und in Offenbarung 21,3–4 wird der Trost konkret umschrieben mit den Worten: »Gott wird abwischen alle Tränen von ihren Augen, und der Tod wird nicht mehr sein, noch Leid noch Geschrei noch Schmerz wird mehr sein.« Solche Texte können für Sterbende eine Kraftquelle sein und werden auf ihren Wunsch oder als Angebot gelesen.

Sterbende als Lehrende für die Lebenden

> *Unterricht*
> Jeder der geht
> belehrt uns ein wenig
> über uns selber.
> Kostbarster Unterricht
> an den Sterbebetten.
> Alle Spiegel so klar
> wie ein See nach großem Regen,
> ehe der dunstige Tag
> die Bilder wieder verwischt.
>
> Nur einmal sterben sie für uns,
> nie wieder.
> Was wüßten wir je
> ohne sie?

Ohne die sicheren Waagen
auf die wir gelegt sind
wenn wir verlassen werden.
Diese Waagen ohne die nichts
sein Gewicht hat.

Wir, deren Worte sich verfehlen,
wir vergessen es.
Und sie?
Sie können die Lehre
nicht wiederholen.

Dein Tod oder meiner
der nächste Unterricht:
so hell, so deutlich,
daß es gleich dunkel wird.
HILDE DOMIN

Zum Abschluss der Berichte über Erfahrungen von Sterbenden und ihren Begleitpersonen bleibt die Frage, was Sterbende uns lehren können über Schöpfungsspiritualität und einen heilsamen Umgang mit der Schöpfung. Die Erfahrungsberichte zeigten, dass die Suche nach Frieden und Versöhnung mit sich selber, mit Angehörigen und mit Gott für Sterbende wichtig wurde. Durch ihr Beispiel wurden Sterbende zu Lehrenden der Bewältigung des letzten Übergangs. In den Beschreibungen des Sterbeprozesses traten fünf Merkmale des inneren Prozesses im Umgang mit Sterben und Tod hervor. Sie unterscheiden sich zum Teil von den bereits erwähnten fünf Phasen des Sterbeprozesses nach Elisabeth Kübler-Ross. Es handelt sich, erstens, um die Verdrängung und das Nichtwahrhabenwollen, zweitens, um das Aufbrechen der Gefühle von Angst, Zorn, Trauer und Verzweiflung, drittens, um den inneren, emotionalen und spirituellen Prozess der Auseinandersetzung, der hin zur Akzeptanz führen kann, aber nicht muss, viertens, um die Folgen und Auswirkungen der Annahme des Unausweichlichen, die sich in bewussten Vorbereitungen, Worten, Gesten und Gesprächen zeigt und zuletzt in den bei einigen Sterbenden deutlich ausgeprägten Glaubenserfahrungen und angsterfüllten oder hoffnungsvollen Erwartungen über den Tod hinaus.

In den folgenden Überlegungen werden diese fünf Merkmale in den Zusammenhang von menschlichen Reaktionen und menschlichem Handeln angesichts der Umweltkrise und der teilweisen Zerstörung der Schöpfung gebracht. Der Umgang mit dem globalen Ausmaß sicht- und spürbarer Verluste ähnelt den Verhaltensweisen von Menschen, wie sie in Sterbe- und Trauerprozessen auftauchen können. Die Menschengemeinschaft steht vor der dringlichen Herausforderung, Lösungen für die Umweltkrise zu finden. Dazu bedarf es der intensiven Zusammenarbeit von Ländern und Völkern. Ein erster Schritt der Bewältigung der Umweltkrise ist die Bereitschaft, sich zu informieren und die Prozesse, die zur Krise führten, zu analysieren und zu verstehen. Ähnlich wie im Sterbeprozess, trifft auch im Umgang mit der angeschlagenen Schöpfung das erste Merkmal zu, dass Menschen gewisse Informationen nicht glauben und nicht für wahr halten. Auch sie schauen weg und befassen sich nicht mit ökologischen Fragen. Das zweite Merkmal im Umgang mit schlimmen Nachrichten ist eine emotionale Reaktion. Menschen reagieren zornig, ängstlich, traurig oder verzweifelt. Schuldige werden gesucht, gefunden und angeklagt. Manchmal verharren Menschen in ihren Emotionen, anstatt sich, gemäß dem dritten Merkmal der Auseinandersetzung mit großen Verlusten, in einen inneren emotionalen und spirituellen Prozess zu vertiefen, in dem die Tatsachen angenommen werden und nach der eigenen Verantwortung gefragt wird. In der Reflexion reifen persönliche, sachliche und spirituelle Gründe, die zu einem Engagement führen können. Erst jetzt kann das vierte Merkmal des Umgangs mit herausfordernden Tatsachen – das zielgerichtete Handeln und die Bereitschaft, mögliche Lösungen zu erforschen – erfolgen. Gleichzeitig ist es wichtig, über bleibende Verluste in der Schöpfung zu trauern und präventive Maßnahmen zu ergreifen, damit ähnliche Fehler in Zukunft verhindert werden. Das fünfte Merkmal zeichnet Menschen aus, die sich aus Glaubensüberzeugung und persönlichem Engagement für die Bewahrung der Schöpfung einsetzen. Im Umfeld der christlichen Kirchen geschieht dies durch die Vertiefung des Glaubens an Gott als Schöpfer, durch das kritische Hinterfragen des Verhältnisses von Mensch und Schöpfung und durch die intensive Suche nach Gottes Absichten, Zielen, Aufträgen und Verheißungen in Bezug auf die Schöpfung, die Menschheitsfamilie und das eigene Leben. Um den Aufgaben gewachsen zu sein und an den kleinen Fortschritten nicht zu verzweifeln, erfolgt die Bitte: »Dein Reich komme, wie im Himmel so auf Erden.« Es ist die Absicht Gottes, sein Reich aufzurichten, ein Reich, in dem Frieden, Versöhnung und Gerechtigkeit in den Beziehungen zwischen den Menschen, den Völkern und zwischen Mensch und Schöpfung besteht. Gott braucht dazu Menschen mit ihren Schwächen und Begrenzungen und mit ihren Begabungen und Stärken. Entscheidend für das verantwortungsvolle Handeln und die engagierte Zusammenarbeit zur Bewahrung der Schöpfung ist die Art und Weise, wie Menschen dieses Reich Gottes verstehen. Tom Wright weist auf eine missverständliche und angesichts der ökologischen Krise auch gefährliche Ansicht hin, die christliche Hoffnung als ein

‚in den Himmel Kommen' aufzufassen, als eine Erlösung, bei der es wesentlich um eine Bewegung aus dieser Welt heraus geht.[11] Gott wollte die Menschen nicht aus der Schöpfung heraus retten, er wollte die Menschen retten, damit die Menschen seine rettenden Sachverwalter der Schöpfung seien.[12] Wichtig ist die diesseitige Dimension der neuen Schöpfung:

»‚Himmel' ist in der Bibel keine zukünftige Bestimmung, sondern die andere, verborgene Dimension unseres ganz normalen Lebens – Gottes Dimension, wenn man so will. Gott erschuf Himmel und Erde; zuletzt wird er beide neu machen und auf ewig vereinen.«[13]

Als Gottes Geliebte, Versöhnte und Berufene erhalten Menschen die nötige Vision, Kraft und Ausdauer, um sich den großen Verlusten, Verletzungen und Traurigkeiten des Lebens zu stellen. Gleichzeitig sind sie eingeladen, die Schönheit und den Reichtum der Schöpfung und des Lebens zu feiern und sich für die Schöpfung und für ein Zusammenleben in Frieden und Gerechtigkeit einzusetzen im Wissen um die Begrenztheit und Fülle des Daseins im Leben und im Sterben zur Ehre Gottes.

---

11 | Vgl. Tom Wright, Von Hoffnung überrascht. Was die Bibel zu Auferstehung und ewigem Leben sagt, Neukirchen-Vluyn 2011, 5, 217.
12 | Vgl. ebd., 217.
13 | Ebd., 30.

Brigitte Enzner-Probst

Kosmische Erziehung
Über die Möglichkeit, Schöpfungsspiritualität zu lehren angesichts der ökologischen Krise

»Nach uns die Sintflut …?« – Die ökologische Krise als Herausforderung einer erneuerten Schöpfungsspiritualität

»Nach uns die Sintflut …« – so ließe sich in etwa das gegenwärtige Verhalten der Menschheit angesichts der ökologischen Krise beschreiben. Die Krise selbst ist unübersehbar und nimmt in ihrem Verlauf an Geschwindigkeit zu: Die Polkappen schmelzen, unser Planet Erde erwärmt sich, der Wasserpegel der Ozeane steigt. Irreversible Feedbackschleifen sind schon in Gang gesetzt, die sich durch menschliche und technische Kräfte nicht mehr werden aufhalten lassen. Wüsten im Süden und Überschwemmungen im Norden machen deutlich, wie sehr jetzt schon das Gleichgewicht der Erde außer Balance geraten ist. Ein »biosphärischer Holocaust« droht, der menschliches, aber auch mitmenschliches Leben in die Vernichtung schickt.[1] Die Grenze der Belastbarkeit des Planeten ist überschritten.[2]

Doch diese bedrückenden Informationen lösen bei vielen Menschen, nicht zuletzt bei Jugendlichen, Gleichgültigkeit oder Aggression aus. Was macht es noch für einen Sinn, sich zu engagieren? Wer jedoch keinen Sinn im Ganzen mehr sieht, wird depressiv und Depression verhindert zukunftsgerichtetes Denken.[3] Wo also muss angesetzt werden, damit wir aus dieser negativen mentalen Feedbackschleife herausfinden? Welche »Arche«-Typen gibt es, die uns aus dieser »Sintflut« erretten?

Anstrengungen, die Richtung unseres individuellen, gesellschaftlichen und globalen *Handelns* zu ändern, gibt es seit dem Bewusstwerden der ökologischen Krise in den 70er Jahren des vorigen Jahrhunderts viele. Ebenso stellen Denkschriften und Leitlinien im politischen und kirchlichen Kontext

---

1 | Vgl. Hoimar von Ditfurth, So lasst uns denn ein Apfelbäumchen pflanzen. Es ist so weit, Hamburg 1985, 15.
2 | So im Bericht »Global 2000. Der Bericht an den Präsidenten«, Frankfurt 1981, 92: »Der Rückgang der Belastbarkeit der Erde, der schon heute in ganz unterschiedlichen Gebieten zu beobachten ist, verweist auf ein Phänomen, das sich bis zum Jahr 2000 sehr viel weiter ausbreiten könnte (…) dass die Weltbevölkerung im Jahr 2000 vielleicht nur noch wenige Generationen von dem Zeitpunkt entfernt ist, wo sie die Grenze der Belastbarkeit des gesamten Planeten erreicht hat.«
3 | Vgl. den visionären Aufsatz von Gina Schibler, Ökologische Seelsorge als Zukunftsperspektive religiös-existentieller Beratung, in: Nachdenkliche Seelsorge – seelsorgliches Nachdenken, FS für Christoph Morgenthaler zum 65. Geburtstag, Göttingen 2012, 216–231.

die Tatsachen unmissverständlich dar und fordern zum *Umdenken* auf.[4] Gerade im politischen Diskurs wird eine »Große Transformation« der Werte, Strukturen und Inhalte unserer Gesellschaft gefordert.[5] Dabei reichen die kognitive Ebene (Denkschriften) wie die handlungsorientierte Ebene (Aktionen) nicht aus. Deshalb wird in letzter Zeit verstärkt auf *Bildung* gesetzt, d. h. auf einen ganzheitlichen Ansatz, durch den Bewusstwerdung und Handeln vernetzt vermittelt werden.[6] Mit dieser Forderung ist aber auch eine schöpfungsbezogene *Didaktik* impliziert. Wie können Menschen, vor allem junge Menschen befähigt werden, anders mit dieser Erde umzugehen, als dies in den Generationen vorher üblich war? Welche *Werte* sind zu vermitteln? Welche Rolle spielt in diesem Zusammenhang *Spiritualität?* Im Folgenden möchte ich zwei Konzepte vorstellen,[7] die wichtige Antworten zu den Bedingungen und Zielen der Vermittlung von Schöpfungsspiritualität liefern.

Zum einen ist dies die »Kosmische Erziehung« im pädagogisch-didaktischen Konzept von Maria und Mario Montessori. Einen zweiten Zugang bietet das Konzept von Joseph Cornell, einem zeitgenössischen amerikanischen Naturpädagogen. Beide Ansätze fordern die Praktische Theologie dazu heraus, neu über eine zukunftsfähige Didaktik nachzudenken, die Schöpfungsspiritualität so vermittelt, dass eine gemeinsame Zukunft aller auf diesem Planeten möglich bleibt.

»Kosmische Erziehung« und die »Reise zum Herzen der Natur« als pädagogisch-didaktische Konzepte der Vermittlung von Schöpfungsspiritualität

»Kosmische Erziehung« bei Maria und Mario Montessori[8]
Maria Montessori, geboren am 31.8.1870 in Italien, studierte als erste Frau in Italien Medizin und schloss dieses Studium gegen viele Widerstände erfolg-

---

4 | So wurde im Vorfeld der UN-Konferenz Rio+20 vom 20.–22.6.2012 ein bundesweiter Aktionstag zum Thema »Nachhaltigkeit« ausgerufen. Im deutschen Bundestag wurde ein fraktionsübergreifender Antrag zur UN-Dekade »Bildung für nachhaltige Entwicklung« gestellt, der die Bildung in den Mittelpunkt stellt.

5 | Das Hauptgutachten des Wissenschaftlichen Beirats der deutschen Bundesregierung zum Thema »Globale Umweltveränderungen (WBGU) trägt den Titel »Welt im Wandel. Gesellschaftsvertrag für eine Große Transformation«; vgl. www.wbgu.de [Zugriff: 12.8.2012].

6 | Ein Gutachten der Bundesregierung sieht die »Transformation der Gesellschaft nur mit Bildung und Forschung« gegeben. Vgl. ökopädNEWS 228, März 2012.

7 | Die Waldorfpädagogik, die sich von Rudolf Steiner und seiner anthroposophischen Lehre herleitet, muss an dieser Stelle ebenfalls genannt werden. Vgl. dazu Ehrenhard Skiera, Reformpädagogik in Geschichte und Gegenwart, München ²2010.

8 | Vgl. Maria Montessori, »Kosmische Erziehung«. Die Stellung des Menschen im Kosmos, hrsg. von Paul Oswald/Günter Schulz-Benesch, Freiburg/Basel/Wien 1988.

reich ab. Als Assistenzärztin wurde sie zunächst im Krankenhaus auf einer Station für geistig behinderte Kinder eingesetzt. Sie war entsetzt über die Zustände, die sie dort antraf. Die Kinder wurden verwahrt – und verwahrlosten zugleich seelisch durch den Mangel an Herausforderungen zum Lernen und zum Entwickeln ihrer Fähigkeiten und Potenziale.

Diese Situation war der Gründungsimpuls der Erziehungsreform Montessoris! Mit geistig und körperlich behinderten Kindern erarbeitete sie die Anfänge ihrer pädagogisch-didaktischen Grundlagen. Bald übertrug sie die gewonnenen Einsichten auf die Arbeit mit so genannten »normalen« Kindern. Die Leitung eines Kindergartens wurde ihr angeboten. Nun hatte sie die Möglichkeit, ihr Konzept praktisch zu erproben.

Schon rasch kam es zur Bildung von Netzwerken, die die Montessori-Pädagogik über Italien hinaus im europäischen Raum verbreiteten. Maria Montessoris Sohn Mario führte das Projekt einer neuen Pädagogik und Didaktik weiter.

In ihrem durch den Zweiten Weltkrieg erzwungenen zehnjährigen Aufenthalt in Indien wurde die »Kosmische Erziehung« klarer ausgearbeitet und zum Mittelpunkt ihres Denkens und Lehrens.

Während des Dritten Reiches verboten, wurde die Montessori-Pädagogik erst wieder in den 1960er- und 1970er-Jahren des vorigen Jahrhunderts in Deutschland bekannt. Allerdings ist das Kernstück ihrer Pädagogik und Didaktik, die Kosmische Erziehung, im Deutschland der Nachkriegszeit nicht vermittelt worden. Was sind nun die Eckpunkte ihrer Pädagogik?

Für Montessori ist *jedes Kind ein »Baumeister seiner selbst«*[9]. Sein Potenzial zu fördern, seinem Wesen zur Entfaltung zu verhelfen, ist oberste Aufgabe der Lehrenden im Kinderhaus wie im schulischen Unterricht. In einer »vorbereiteten Umgebung« wird den Kindern »die ganze Welt« nahegebracht. Das Kind darf dabei wählen, mit welchem Thema, welcher Frage es sich näher beschäftigen möchte. Die Hilfe der Lehrenden ist subsidiär. Der Grundsatz lautet: »Hilf mir, es selbst zu tun!« und »Hilf mir, mich selbst zu finden!«[10] In diesem eigenständigen Entdecken der Welt zeigt sich das Kind immer deutlicher in seinem Wesen.

9 | Waldschmidt, Montessori, 39.
10 | Vgl. Waldschmidt, Montessori, 41.

Was und wie gelernt wird, hängt ab von »sensiblen Phasen«, von denen Montessori vier unterscheidet.[11] Den »sensiblen Phasen« entsprechen die »vier Lernschritte« oder »Lernetappen«[12]

Zunächst gibt es beim ganz kleinen Kind (0 bis 3) das unbewusste Aufnehmen von Sinneseindrücken sowie die Sehnsucht nach einer verlässlichen Umwelt (Ordnung). Es ist die Phase des »absorbing mind«[13]. Es folgt beim Kinderhauskind (3 bis 6) die Phase des stärker nach außen Gerichtetseins, des naturwissenschaftlich-mathematischen Eroberns und Nachbuchstabierens menschlicher Kulturleistungen. Eigenständige soziale Beziehungen zu Gleichaltrigen werden wichtig, aber auch die Erkundung von Natur durch Exkursionen, durch Analysieren und Experimentieren. Hier werden, wie dann auch in der folgenden Phase, nach Montessori die meisten »Interessens-Samen«[14] gesät. In panoramaartigen Überblickserzählungen soll das Ganze dargeboten werden. Statt Einzelwissen zu vermitteln, werden Zusammenhänge deutlich gemacht. In der dritten Phase schließlich (Schulkind, 6–12) geht es um moralische Wertungen, Gruppenbildung und die Erforschung geografischer, biologischer und physikalischer Naturerscheinungen.[15] Zum Schluss folgt das Pubertäts- und Jugendalter (12–18), eine Zeit, in der soziale und gesellschaftliche Prozesse analysiert werden. Der Sinn für Gerechtigkeit und Menschenwürde wächst. Wissenschaftliche Erkenntnisse werden aufgenommen und politische Verantwortung übernommen.[16]

All dies zusammen hilft dem Kind, seine Aufmerksamkeit zu »polarisieren«[17] oder zu konzentrieren. Der wesentliche erste Schritt ist dabei die innere Beteiligung des Kindes, das Inter-esse vom Zentrum aus, ein »Sichauftun des Geistes (...) das von starken Gemütsbewegungen begleitet ist und das

---

11 | Vgl. Maria Montessori, The Four Lanes of Education. Lecture given in London 1939, hrsg. von Mario Montessori, in: AMI-Communications, 1971, H 4, 4–10, zitiert nach Ela Eckert, Maria und Mario Montessoris Kosmische Erziehung, Berlin ²2007, 86. Ebenso Ingeborg Waldschmidt, Maria Montessori, Leben und Werk, München ²2006.

12 | Zu den Lernetappen vgl. Eckert, Kosmische Erziehung, 89, hier werden die Stufen im Überblick darstellt.

13 | Waldschmidt, Montessori, 43–45.

14 | Dieser von Montessori selbst geprägte Ausdruck bedeutet, weniger auf das konkrete Einzelwissen hinzuwirken, sondern Interesse an Zusammenhängen, Beziehungen, Themen implizit zu bekommen, die dann im Lauf der Jahre entfaltet und ausgearbeitet werden können. »Deshalb ist dies die Periode, in der die Saat von allem gesät werden kann und der Geist des Kindes wie ein fruchtbares Feld bereit liegt zu empfangen, was zur Bildung keimen will. Wird aber der Geist des Kindes während dieser Periode vernachlässigt oder in seinen vitalen Bedürfnissen frustriert, so wird er unnatürlich abgestumpft und widersteht fortan der Wissensvermittlung.« In: Montessori, Kosmische Erziehung, 38.

15 | Vgl. Waldschmidt, Montessori, 47.

16 | Vgl. Eckert, Kosmische Erziehung, 90, Eckert zeigt das Originalschaubild, das Montessori zur Erläuterung dieses Konzeptes der sensiblen Phasen 1950 erstellt hatte.

17 | Waldschmidt, Montessori, 50f.

man daher wie ein inneres Erlebnis verspürt.«[18] Es folgt das Sich-einlassen auf die Gesetzmäßigkeit der Sache, ein Sich-abmühen und Üben. Diese intensive Beschäftigung wird abgeschlossen mit einer Phase der inneren Sammlung, bevor sich das Kind einer neuen Tätigkeit zuwendet.

Die genannten pädagogischen Einzelaspekte sind für Montessori die Konkretion des Herzstücks ihrer Pädagogik und Didaktik, der »*Kosmischen Erziehung*« von Kindern und Jugendlichen. In der Perspektive der formalen Didaktik stellt sie die »core theory« ihrer gesamten pädagogisch-didaktischen Arbeit dar.[19] Vermittelt wird sie durch Übungen, Materialien und Aufgaben.[20] In Schaubildern und Zeitleisten erweckt Montessori das Staunen der Kinder über die Größe der kosmischen Entwicklung, aber auch ihre Bereitschaft, sich an diesem gigantischen Gemeinschaftswerk zu beteiligen.[21] Ihr Grundsatz war »Das Ganze geben, indem man das Detail als Mittel gibt.«[22] Dabei sind die *Beziehungen* untereinander wichtig. »Einzelheiten lehren bedeutet Verwirrung stiften. Die Beziehung unter den Dingen herstellen bedeutet Erkenntnisse vermitteln.«[23] Oberster Grundsatz ist es, den Kindern die »*ganze Welt*«, kindgerecht erzählt und dargeboten, zuzumuten.[24] Das Kind selbst vertieft diese Impulse, unterstützt durch die Lehrenden sowie wie durch die didaktischen Materialien.

Zusammenfassend geht es in ihrer Kosmischen Erziehung und didaktischen Umsetzung darum, Kinder und Jugendliche zu befähigen, ihre *Stellung und Verantwortung im Ganzen des Kosmos* zu entdecken. Kinder sind, so die Überzeugung Montessoris, Experten der Entwicklung, sofern sie ihr eigenes Wesen entfalten. Sie verstehen deshalb, wie wichtig die Verantwortung für ein sich entfaltendes, weiter wachsendes Ganzes, das Kosmos genannt wird, ist! Daran beteiligt zu sein und dafür verantwortlich zu sein, verleiht ihrer eigenen, noch im Wachsen begriffenen Existenz Würde und Bedeutung.

---

18 | Maria Montessori, Schule des Kindes, Freiburg 1976, 204, zitiert nach Waldschmidt, Montessori, 50f.
19 | Vgl. Maria Montessori, The Cosmic Task of Man, in: AMI-Communications, 1974, H. 4-3-8.
20 | Es ist in diesem Zusammenhang nicht möglich, die Facetten dieser Kosmischen Erziehung nach Maria und Mario Montessori vollständig wiederzugeben. Vgl. dazu die Dissertation von Ela Eckert, Maria und Mario Montessoris Kosmische Erziehung, Vision und Konkretion, Berlin ²2007.
21 | Vgl. das Schaubild, das den holistischen Charakter der Kosmischen Erziehung zeigt, in: Eckert, Montessoris Kosmische Erziehung, 56.
22 | Montessori, Kosmische Erziehung, 124.
23 | Ebd., 126.
24 | Vgl. Maria Montessori, Menschliche Potentialität und Erziehung, 41–42: »Wird dem Kind die Vorstellung vom Universum in der richtigen Weise dargeboten, so wird sie in ihm mehr als nur das Erwachen des Interesses bewirken, es wird in ihm Bewunderung und Staunen hervorrufen, ein erhabeneres und erfüllenderes Empfinden als jedes Interesse. Der Geist des Kindes wird nicht länger umherwandern, er festigt sich und kann arbeiten.«

Montessori orientierte sich dabei an den damals zugänglichen Erkenntnissen der Naturwissenschaft. Sie entwirft auf diesem Hintergrund eine pädagogisch-didaktisch ausgerichtete *kosmologische Theorie*. Was Menschen erforschen, denken, tun, dient der Weiterentwicklung dieses Planeten, dessen Evolution einem kosmischen Plan, einem Telos, folgt.[25] Im Nacherzählen der Entwicklungsgeschichte des Planeten, im Nachvollziehen der Erkenntnisse der Kosmologie, Paläontologie und Physik bis hin zu den heutigen kulturellen Errungenschaften der Menschheit, kann vermittelt werden, dass hinter dem Wunder des so fein aufeinander abgestimmten Universums ein Schöpfer waltet, der auf geheimnisvolle Weise, »ohne Hände«, den kosmischen Plan steuert.[26] Montessori bezieht sich dabei auch auf die biblischen Schöpfungsgeschichten.

So wichtig die Entfaltung des je eigenen Potenzials auch ist, die Aufgabe selbst ist eine *gemeinschaftliche*. Alle sind füreinander da, jeder Beitrag ist wichtig. Insofern hat Montessori, ohne den Begriff zu verwenden, schon früh die systemische Perspektive in ihre pädagogische Arbeit integriert. Dieses Füreinander gilt auch im größeren Ganzen einer Gruppe, in der menschlichen Gesellschaft wie in der Schöpfung. Dabei sind die sozial-kulturell gewachsenen und von Menschen geschaffenen Lebenszusammenhänge eine Fortführung der »natürlich« vorgegebenen Bereiche.[27] Überall gilt, dass das fein abgestimmte Miteinander und Füreinander nicht gestört werden darf, weil sonst das eigene Leben zerstört wird.[28]

Nicht nur die Menschen, sondern alle Lebewesen sind aufgerufen, ihre Teilaufgabe im großen Schöpfungsplan zu erfüllen und zum Gesamtergebnis beizutragen.[29] Ziel und Konsequenz der Kosmischen Erziehung ist eine Haltung der Dankbarkeit gegenüber dem Schöpfer. Ebenso ist Achtung ge-

25 | Vgl. zur Entgegensetzung von teleologischem und kausalem Denken Eberhard Schockenhoff, Ethik des Lebens. Ein theologischer Grundriß, Mainz 1993, 59–65.
26 | Mit Mario Montessori zusammen hat sie im indischen Exil während des Zweiten Weltkriegs immer wieder die biblischen Schöpfungserzählungen mit den naturwissenschaftlichen Erkenntnissen abgeglichen. Vgl. Eckert, Kosmische Erziehung, 45–50.
27 | Diese nennt sie »Supra-Natur«. Ähnlich wie bei Teilhard de Chardin ist für Montessori die sozialkulturelle Entwicklung der Menschheit eine natürliche Fortsetzung in der Entwicklung des Lebenszusammenhangs. Chardin nennt diese Sphäre im Gegensatz zur Biosphäre »Noosphäre«. Vgl. Teilhard de Chardin, Der Mensch im Kosmos, München ⁴2010.
28 | Schon im Jahr 1937 meinte Montessori: »Heute weiß zum Beispiel jeder, dass das Aussterben einer Tierart an einem bestimmten Ort die Harmonie stört, denn, ich wiederhole, das Leben des einen steht in Beziehung zum Leben des anderen.« In: Maria Montessori, Die Macht der Schwachen [Vertrauen statt Kampf: Abrüstung in der Erziehung – Frieden in der Erziehung – Spannungsfeld Kind-Gesellschaft-Welt], hrsg. von Paul Oswald/Günter Schulz-Benesch, Freiburg 1989, 87. Vgl. das Daisy-Experiment von James Lovelock, in: ders, Das Gaia-Prinzip. Die Biographie unseres Planeten, Zürich 1991; ders., Gaias Rache. Warum die Erde sich wehrt, Berlin 2008.
29 | Der Veranschaulichung dieser Erzählungen dienen auch die vielfältigen Materialien, die Montessori dazu geschaffen hat; die Vielzahl der Globen, der Atlanten, der Kontinent-Puzzles usw. Vgl. Waldschmidt, Montessori, 58–59.

genüber allen Lebewesen, ganz besonders auch die Achtung gegenüber allen Menschen ein zentraler Grundsatz. Diese ist die Grundlage für die Erziehung zur Friedensfähigkeit. Schon früh weist sie darauf hin, dass es nur *eine* »nazione unica«, eine globale Menschheitsgesellschaft geben kann.[30] Insofern formuliert Montessori in ihrem Konzept der Kosmischen Erziehung einen klaren Gegenentwurf zur Ideologie des Dritten Reiches![31]

Was bedeutet dieser Grundsatz nun für die *Stellung des Menschen im Kosmos*? Wo ist der Platz der Menschen? Montessori ordnet »Teilsein« und »Verantwortlichsein«, indem sie schreibt: Die Dinge und Lebewesen sind »intelligent geschaffen«. Gott aber hat den Menschen selbst mit »Intelligenz ausgestattet«[32]. Dies bedeutet, dass er frei, aber auch in besonderem Maße verantwortlich ist, sich für das große Ganze der Schöpfung und ihre »Voll-endung« einzusetzen oder aber sich zu verweigern.

Um dieses »Panorama« der großen Entwicklungslinien der kosmischen Entwicklung der Erdgeschichte bis hin zu den kulturell-sozialen und naturwissenschaftlichen Erkenntnissen der menschlichen Gesellschaft zu schildern, bedient sich Montessori der sogenannten »*Cosmic Tales*«[33]. In kindgerechter, anschaulicher Sprache und dennoch die naturwissenschaftlichen Erkenntnisse wiedergebend, wird darin die kosmische, tellurische wie menschheitliche Entwicklungsgeschichte bis heute nacherzählt. Montessori versteht diese Cosmic Tales als »Schlüsselgeschichten«, mit denen sie sich speziell an Kinder im Grundschulalter wandte.[34]

Ganz entscheidend dabei ist das *Erzählen* als Einweisung in die großen, universalen Zusammenhänge. Gerade die narrative Methode ist es, die zum Herzen der Kinder vordringt und sie für das größere Ganze begeistern kann. Zugleich wird durch das Erzählen der großartigen Entwicklung der Schöpfung und der Geschichte unseres Planeten die *Imagination* geweckt, die Kraft,

---

30 | »Welterschütternde Kräfte lassen heute die Verwirklichung der menschlichen Einheit zu einer dringenden Notwendigkeit werden. Die Zeit ist vorbei, da irgendwelche Rassen oder Nationen zivilisiert sein können und andere dabei in Knechtschaft und Unwissenheit belassen. Das Beharren in diesen belebten Vorstellungen kann nur zu weiteren Kriegen und zur Selbstzerstörung führen.« In: Montessori, Kosmische Erziehung, 108.

31 | Vgl. ihre Genfer Friedensrede, 1932, beschrieben in: Eckert, Kosmische Erziehung, 37f; dort allgemein zu ihren Friedensreden.

32 | »Wenn Gott die Wesen intelligent bewegt, gibt Er dem Menschen Intelligenz selbst«, in: Montessori, Kosmische Erziehung, 17.

33 | Zu den »cosmic tales« vgl. Eckert, Kosmische Erziehung, 65–83. Brian Swimme unterzieht sich dieser Aufgabe in seinem immer noch aktuellen Buch: Brian Swimme, Das Universum ist ein grüner Drache, München ²1994.

34 | Vgl. Eckert, Kosmische Erziehung, 65. Margret Stephenson, eine Kennerin der Montessori-Pädagogik, nennt fünf solche von Maria Montessori und später von ihrem Sohn erzählten »Cosmic Tales«, wovon eine veröffentlicht wurde unter dem Titel »Gott, der keine Hände hat«. Vgl. Margaret Stephenson, »The Secret of Childhood« and »To Educate the Human Potential«, in: AMI-communications, 1996, H. 1, 21. Diese Geschichte ist abgedruckt in Eckert, Kosmische Erziehung, 69–75.

mit dem Herzen zu sehen. Vom Risiko des Scheiterns des »Projekts Erde« und damit auch der Menschheit angesichts dieser großen Aufgabe spricht Montessori meines Wissens nicht. Ihr Vertrauen in die Lernfähigkeit von Kindern erscheint grenzenlos.

Diese Grundsätze einer systemischen Didaktik der Schöpfungsspiritualität im Konzept von Montessori sollen im Folgenden nun korreliert werden mit einem Ansatz, der aktueller, aber auch enger fokussiert, die Beziehung von Kindern, Jugendlichen und Erwachsenen zur »Natur« thematisiert.

»Journey to the Heart of Nature« – das Konzept der Naturpädagogik von Joseph Cornell[35]

Zwei Generationen nach Montessori wurde Joseph Cornell 1950 in Kalifornien geboren. Er erwarb seinen Studienabschluss an der California State University im Fach »nature awareness« und 1979 an der Universität von Boulder Creek, Kalifornien. Schon früh begann Cornell ein eigenes Konzept zu entwickeln, um Natur zu erleben und dies anderen zu vermitteln. Seine Bücher zu den Themen Naturpädagogik und Naturerfahrungsspiele und vor allem sein Buch »Mit Kindern die Natur erleben« bilden heute die Grundlagen jedes naturpädagogischen Angebots.[36] »Journey to the Heart of Nature« bringt sein Naturverständnis sowie sein pädagogisch-didaktisches Vorgehen wohl am deutlichsten zum Ausdruck.

Cornells Bestreben ist es, Menschen und insbesondere Kindern und Jugendlichen, die aus dem städtischen Lebensraum kommen und den direkten Bezug zur Natur verloren haben, eine vertiefte Wahrnehmung der Natur und eine lebendige Beziehung zu ihr zu ermöglichen.[37]

»*Natur*« (nature) ist für Cornell der zentrale Begriff, um den Lebenszusammenhang, der uns umgreift, zu benennen. Von »Schöpfung« spricht er nicht expressis verbis, doch wird die spirituelle Fundierung dessen, was »Natur« ist, in seinen Ausführungen deutlich. Ohne dass ein personales Gegenüber vorausgesetzt wird, ist Natur für Cornell doch mehr als nur ein biologischer

---

35 | Joseph Cornell/Michael Deranja, Journey to the Heart of Nature, Dawn Publications 1995.
36 | Vgl. Joseph Cornell, Mit Kindern die Natur erleben, Mühlheim ²1999. Eine parallele Entwicklung ist in der Gründung von »Waldkindergärten« zu sehen, die sich gerade in Deutschland immer größerer Beliebtheit erfreuen. Der erste Waldkindergarten in Deutschland wurde Ende des vorigen Jahrhunderts in Flensburg gegründet. Vgl. auch Richard Louv, Das letzte Kind im Wald? Geben wir unseren Kindern die Natur zurück, Weinheim 2011.
37 | Vgl. auch der mit Cornells Konzept verwandte Ansatz von Michael Kalff, Handbuch der Natur- und Umweltpädagogik, Tuningen ³2001, 49–58. Dort beschreibt er vier Ebenen der Naturbegegnung, die ebenfalls aufeinander aufbauen. Die meditative Verbundenheit steht bei ihm am Schluss, bei Cornell in der Mitte des »flow learning«.

Zusammenhang. Sie ist eine eigenständige Entität, wirkt als Subjekt.[38] Sie hat ihre Würde, ihre Sprache, ihre Bedürfnisse. Sie hat ein »Herz«, ist beseelt, kann leiden.[39] Doch wir *Menschen* sind ihr entfremdet. Erwachsene wie Kinder sind Analphabeten gegenüber ihren Äußerungen geworden. Wir verletzen und beschädigen sie aus Unkenntnis. Von einer besonderen Stellung der Menschen in der Natur oder ihr gegenüber spricht Cornell nicht. Die Sprache der Natur wieder zu erlernen, ist vor allem im eigenen Interesse notwendig. Der Kontakt zu ihr ist für das physische wie emotionale Überleben aller Menschen wichtig.

Damit Kinder, Jugendliche, Menschen die »Sprache der Natur« neu erlernen, braucht es Anleitung, braucht es SprachlehrerInnen. Als ein solcher »*nature's interpreter*« versteht sich Cornell selbst. Anhand von Übungen, Spielen und Aufgaben kann die elementare »Natursprache« wieder erlernt werden. Verstehen wird wieder möglich. Achtsamkeit und das Gefühl für die wechselseitige Verbundenheit können wieder wachsen. Das »Tor« der Kommunikation mit der Natur sind die *Sinne,* ist *die sinnliche Wahrnehmung*. Da sie Teil unseres Körpers sind, sind auch wir Teil dieser Natur. Sie müssen trainiert und geschärft werden.[40]

Über das Fühlen wird die *Gefühlsebene* aktiviert. Kommunikation mit der Natur geschieht emotional. Es geht um Empathie, um die Erfahrung von Freude und Zuwendung, um Liebe, um Gefühle, die auch erwidert werden. In der Stille, durch Meditation, Cornell nennt dies die »Konzentrierte Aufmerksamkeit«, beginnt die Natur zu »sprechen«. Die Beziehung zur Natur ist keineswegs eine Einbahnstraße, sondern eine wechselseitige Begegnung. *Werte* wie Achtsamkeit und Feingefühl usw. müssen nicht eigens expliziert werden. Sie wachsen in der Begegnung mit Natur.

Seine didaktischen Lehr- und Lernerfahrungen fasst Cornell, ähnlich wie Montessori, in unterschiedliche Etappen des pädagogisch-didaktisch induzierten Naturerlebens zusammen. 1980 veröffentlichte er sein Konzept der vier Phasen des Kennenlernens von Natur, die er »Flow-Learning« nennt.[41]

---

38 | Vgl. die Resolution der UNO am 22.4.2009, in der die Erde als »Mutter Erde« bezeichnet wird, eine wichtige Umkehr vom machtförmigen Zugriff auf Natur, der jahrhundertelang in Europa vorherrschte. Allerdings wartet diese Resolution noch auf ihre Konkretionen. Vgl. Leonardo Boff, Zukunft für Mutter Erde. Warum wir als Krone der Schöpfung abdanken müssen, München 2012, 43–50.
39 | Eine gewisse Nähe zur Naturspiritualität der indigenen Völker Amerikas wird darin deutlich, ohne dass Cornell darauf reflexiv eingeht.
40 | Cornell stellt Übungen vor, die nur dem Fühlen, Greifen und Tasten gewidmet sind und mit Händen und Füßen ausgeführt werden. Andere wiederum stellen den Hörsinn in den Mittelpunkt. Eine Geräusch- und Stimmenkarte wird angelegt. Riechen und Schmecken der unterschiedlichsten Gerüche, der Erde, der Blätter von Bäumen stehen ebenso auf dem Programm.
41 | Vgl. Cornell, Mit Kindern die Natur erleben, 45.

Damit legte er ein didaktisches Konzept vor, durch das die Wahrnehmung von Natur gelernt und gelehrt werden kann. Diese Schritte sind breit rezipiert worden und haben die gesamte Naturpädagogik beeinflusst. »Flow-Learning« ist insofern ein treffender Begriff, als die einzelnen Phasen fließend ineinander übergehen. Des Weiteren ist ihr Ziel, in den Kindern, Jugendlichen selbst ein »flow«-Erlebnis zu ermöglichen,[42] das »Fließen« in der Herzensbeziehung zu einem Baum, einem Tier, der Erde selbst zu erfahren. Die vier Phasen werden von Cornell beschrieben mit *Begeisterung wecken, Konzentrierte Wahrnehmung, Unmittelbare Erfahrung, Mitteilung der eigenen Erkenntnisse an andere*. Gerade der letzte Schritt verdeutlicht, dass auch für Cornell der *Gruppen- und Gemeinschaftsaspekt* entscheidend ist. Im gemeinsamen Erkunden der Natur findet jede und jeder etwas anderes und bringt es in die Gruppe zurück. Gemeinsam erst wird die Vielfalt des Lebens und der Reichtum der Natur sichtbar. Im Mitteilen der zunächst noch intuitiv erfahrenen Erkenntnis wird das Wissen derer, die sich mitteilen, gefestigt.

Cornells naturpädagogisches Konzept ist primär auf den außerschulischen Kontext gerichtet. Allerdings sind seine Einsichten und Anregungen durchaus auch im schulischen Kontext rezipiert und weiterentwickelt worden. Seine Impulse haben immerhin bewirkt, dass das Fach »Umweltpädagogik« schulfähig geworden ist.[43] Abgesehen von den alternativen Schulkonzepten und den vorschulischen wie außerschulischen Angeboten lässt die tatsächliche Integration dieser Einsichten in den staatlichen Lehrplan nach wie vor zu wünschen übrig. Es ist den einzelnen Lehrkräften überlassen, inwieweit sie sich – oft genug außerhalb der Lehrzeiten – dem Aufbau eines Schulgartens, den aufwendigen Exkursionen in den Wald oder in stadtnahe Naturräume widmen. Mittlerweile wird im schulischen Kontext eher von »Naturbildung« gesprochen. Nicht das Reparieren von Umweltsünden steht im Mittelpunkt. Vielmehr ist dies erst möglich, wenn eine positive, emotionale Beziehung zum Ganzen der Natur aufgebaut worden ist.

Treten wir einen Schritt zurück und fragen nach den praktisch-theologisch reflektierten Übersetzungsmöglichkeiten für die Didaktik einer erneuerten Schöpfungsspiritualität heute. Folgende Stichworte scheinen mir dafür wesentlich zu sein.

---

42 | Vgl. Mihaly Csikszentmihalyi, Flow. Das Geheimnis des Glücks, Stuttgart ⁵1996.
43 | Vgl. Kalff, Handbuch, 200–201, dort weitere Literaturhinweise.

Praktisch-theologische Aspekte einer Didaktik von Schöpfungsspiritualität

Den »kosmischen Sinn« wecken und die Berufung der Menschheit beschreiben

Antoine de Saint Exupery hat Anfang der dreißiger Jahre des vorigen Jahrhunderts schon die »Weltraumperspektive« als »Linse eines Mikroskops« beschrieben, mit der wir die Weltgeschichte neu lesen können.[44] Durch die Möglichkeiten der Riesenteleskope und der Raumfahrt hat sich dies intensiviert. So wurde das Foto vom »Erdaufgang« über dem Mondhorizont, aufgenommen von Apollo 8 im Dezember 1968, zu einem entscheidenden »kosmischen Augenblick« in der kollektiven Psyche der Menschheit.[45] Dieser kosmische Blick entwickelt sich nicht erst dadurch, dass wir Fakten aufzählen oder Flugzeuge besteigen. Erst durch das Einordnen des Gesehenen in einen umfassenden Zusammenhang, der mich einschließt, wird meine Empfindung geweckt. Neue »cosmic tales« sind gefragt, die die Ergebnisse der Naturwissenschaft aufnehmen und uns zum Staunen bringen über diese Zusammenhänge. Ein solches »cosmic tale« erzählt Brian Swimme in seinem Buch »Das Universum ist ein grüner Drache«.[46] Auch Hans-Peter Dürr »erzählt« immer wieder, um die komplexen Zusammenhänge sich und seinen LeserInnen deutlich zu machen. Auch die Naturwissenschaften »erzählen« also, brauchen Metaphern, Geschichten, um den großen Zusammenhang, den wir Kosmos nennen und in dem die Erde selbst nur ein winziges Staubkorn darstellt, zu beschreiben. »Schöpfung« oder »Natur« werden darin sichtbar als eine gigantische Performance, als Wirkzusammenhang, der sich unaufhörlich verändert und ausdehnt.[47] Beide, Theologie und Naturwissenschaften, sprechen in Gleichnissen und Gleichungen, mit denen sie jeweils

---

44 | Vgl. Antoine de Saint Exupery, Wind, Sand und Sterne, in: Romane, Dokumente, Düsseldorf 1966, 193: »Das Flugzeug hat uns die wahre Luftlinie kennengelehrt. (...) Wir beurteilen den Menschen mit Weltraumperspektive. Das Fenster am Führersitz ist die Linse eines Mikroskops, und mit neuen Augen lesen wir darin die Weltgeschichte.« Vgl. etwa die planetarischen Führungen, die von einzelnen Sternwarten mittlerweile angeboten werden. In ihnen können sich die Zuschauenden auf imaginären Raketen von der Erde wegbewegen und den interstellaren Raum erkunden.

45 | Vgl. Ursula King, Auf der Suche nach Sinn und Erfüllung. Eine Spiritualität für die Welt von heute, Oberursel 2010, 72. »Dieses Bild von großer Schlichtheit und Schönheit lässt sich als symbolischer Ausdruck unserer Entwicklung hin zu Einheit und Inspiration deuten.«

46 | Vgl. Swimme, Universum, 16: Die Menschheit ist die »jüngste, frischeste, unreifste und neueste Spezies unter allen höheren Lebensformen der Erde (...) Wir sind gerade erst angekommen. Wenn wir formbar bleiben, wenn wir mit unserem Fragen, unserer Entwicklung und unserer Hoffnung nicht aufhören, wenn wir es schaffen, in Ehrfurcht und tiefempfundenem Staunen zu leben, dann können wir uns weiter in den einzigen Prozess hineinbegeben, auf den es jetzt ankommt – die echte und glaubwürdige Reifung unserer Spezies. Auf diesem Weg (...) können wir die Erde dazu bringen, noch einmal zu erblühen.«

47 | Vgl. Hans-Peter Dürr, Wir erleben mehr als wir begreifen. Freiburg ⁵2011.

nur abbildhaft Wirklichkeit repräsentieren.[48] Der seit der Aufklärung sich verschärfende Antagonismus zwischen Naturwissenschaft und Theologie beginnt sich angesichts dieser Erkenntnis zu verflüchtigen.[49] Eine neue Aufgeschlossenheit für die unterschiedlichen Ebenen von Wirklichkeitserfassung und Sprache ermutigt dazu, neue cosmic tales zu erfinden.

Der »kosmische Sinn« von Kindern und Jugendlichen wartet nur darauf, durch solches Erzählen der großen Zusammenhänge »geweckt« zu werden. Kinder brauchen das Wissen um einen größeren Zusammenhang, in dem sie sich geborgen und sicher fühlen können. Und auch wir Erwachsene werden dankbar diese Erweiterung unseres Denkens und Verstehens zulassen. Mit Montessori ist festzuhalten, dass das Lehren von Einzelheiten den Geist tötet, die Beziehungen zu erkennen, weckt dagegen den Geist. Der Geist, der die Schöpfung durchdringt, ist jenseits von Materie und Energie ein »In-Beziehung-Stehen« der Schöpfung selbst, die informative Grundierung des »Seinszusammenhangs«.

Statt der noch immer vorherrschenden anthropozentrischen Engführung gerade auch protestantischer Denktraditionen ist es nun unsere Aufgabe, die biblische Weite der kosmischen Perspektive, etwa in der priesterschriftlichen Schöpfungserzählung, wiederzugewinnen.[50] Die Berufung unseres Menschseins kann in neuer Weite erzählt werden.

»Wir müssen lernen, das Menschsein innerhalb der der Erde einwohnenden Dynamik zu begreifen. Wir sind dem Kosmos entfremdet und so sehr in unserem engen Bezugsrahmen gefangen, dass wir keine Ahnung davon haben, was wir als Spezies zu tun haben. Nur wenn wir das Menschsein als eine Dimension des erwachenden Universum neu erfinden, werden wir entdecken, dass uns eine größere Rolle zugedacht ist.«[51]

Weder die Retroperspektive traditioneller Religiosität noch die theologische Virtualität eschatologischer Termini können diesen innersten »kosmischen Sinn« wecken. Erst das Zusammenschauen, Erzählen und Beschreiben von

---

48 | Vgl. Hans-Peter Dürr, Auch die Wissenschaft spricht nur in Gleichnissen, Freiburg/Basel/Wien ⁵2008.
49 | Vgl. Brian Swimme, Universum, Vorwort von Matthew Fox, 14: »Unsere religiöse Tradition zog sich vorsichtig auf eine Erlösungstheologie zurück und beschloss, dass ›Schöpfung‹ sie nichts anginge.«
50 | Die Verengung gilt auch für die verwandten monotheistischen Religionen des Judentums und des Islam. Nur das amerikanische Reformjudentum hat sich der Frage nach einer veränderten ökologischen Haltung gewidmet, vgl. dazu die »Pittsburgh Principles«, ein Positionspapier, in dem Stellung bezogen wird zu den drängenden ökologischen Fragen. Das orthodoxe Judentum widmet sich in den USA wie in Israel weitgehend religlösen oder militärischen Fragen. Im Islam, der immer wieder zur Schöpfungsdankbarkeit aufruft, gibt es gegenwärtig nur erste Ansätze einer konkreten Umwelterziehung. Eine Ausnahme bildet der Ägypter Ibrahim Abouleish, Gründer von »Sekem«, einem biologisch-dynamischen Landwirtschaftsprojekt in der Wüste südlich von Kairo. Vgl. dazu auch den Bericht über Sekem in Teil III.
51 | Swimme, Universum, 14f.

Anfang und Ende und der dazwischen liegenden Entwicklung des großen Ganzen, das wir »Kosmos« nennen, schafft Raum für die staunende Frage von Psalm 8: Was ist der Mensch? Was ist darin seine Stellung, seine Berufung, seine Aufgabe? Gerade junge Menschen sind in ihrem Tasten und Suchen, Ausprobieren und Verwerfen ein exemplarisches Beispiel für die Menschheit im Ganzen. Auch diese sucht, fragt, erprobt und verwirft schon immer und gegenwärtig im gesteigerten Maß die Lebensmöglichkeiten, die eine gute und lebbare, hoffnungs- und sinnvolle Zukunft versprechen. Die individualpsychologische und menschheitsgeschichtliche Entwicklung überschneidet sich in dieser Fragestellung! Weil Menschen »sinnhungrige Wesen« sind, sind sie darauf angewiesen, ihren Platz im größeren Ganzen zu erkennen, um ihr Potential entfalten und ihr Bestes geben zu können.

Nur im Blick auf das verletzliche Ganze werden Menschen die Kraft finden, sich in ihrem wissenschaftlich-technischen Zugriff auf eben diese Wirklichkeit zu beschränken, werden Sie ihrer Verantwortung gerecht, für eine zukunftsfähige Entwicklung der biosphärischen und kosmischen Zusammenhänge zu sorgen. Nicht schon im Menschen, sondern erst im »Sabbat« der »Performerin Gott« wird das Telos der Schöpfung erreicht. Dies lässt uns »Kosmische Demut« erlernen.[52] Die Performance dauert noch an. Bis dahin aber sind noch viele Schritte zu gehen. Wir können uns noch nicht ausruhen.[53]

Für uns als weltweit zusammenwachsende Menschheitsgesellschaft stellt sich deshalb die Aufgabe, sowohl das kindlich-romantische Abhängigkeitsgefühl von »Mutter Natur« als auch die pubertäre »Allmannssucht« der gegenwärtigen Naturbeherrschung und -ausbeutung hinter uns zu lassen. Vielmehr müssen wir zu einem erwachsenen und das heißt respektvollen Umgang mit dem großen Lebenszusammenhang kommen. Dies hat Cornell in seiner naturpädagogischen Didaktik eindrücklich beschrieben. Es geht darum, uns als Geschwister in einer solidarischen Schöpfungsgemeinschaft einzuordnen. Und wir müssen lernen, erfahren, wie sehr wir als Menschen mit einer ungleich höheren Wirkkraft im Vergleich zu den anderen Mitgeschöpfen begabt sind. Was wir bewirken, verändern, ausrotten oder gentechnisch in die Welt setzen – es verändert auch unsere Lebensgrundlage und die der Generationen nach uns!

Dies hat Folgen für die theologische Rede von der *Ebenbildlichkeit* der Menschen. Nicht mehr das Individuum, auch nicht die Dyade von Mann und Frau,[54] sondern die *Menschheit insgesamt* ist offensichtlich aufgerufen, Für-

---

52 | Vgl. den Beitrag von Jürgen Moltmann in diesem Buch.
53 | Vgl. Montessori, Kosmische Erziehung, 62.
54 | Vgl. Karl Barth, Kirchliche Dogmatik (Bd. III/1, Die Lehre von der Schöpfung) 1957, 209ff; zu Barths Schöpfungstheologie im Blick auf das Geschlechterverhältnis vgl. auch Matthias Morgen-

Sprecherin und Repräsentantin des großen Lebenszusammenhangs zu sein.[55] In Lob, Dank, Staunen, in Arbeit und Weiterentwicklung, im Bewahren und Stärken, in Kunst und Technik, in Wissenschaft und Poesie soll sie das Ganze repräsentieren, ausdrücken, darstellen.

Die Frage nach *Frieden und Gerechtigkeit* ist folgerichtig die andere Seite des »kosmischen Sinnes«, den es zu entwickeln gilt. Dem gewaltigen Entwicklungssprung der Menschheit in der Beherrschung der äußeren Gegebenheiten seit der industriellen Revolution muss nunmehr ein innerer »Quantensprung«[56] folgen, um die Verantwortung für unseren Heimatplaneten übernehmen zu können. Dies ist eine gigantische Aufgabe, wie sie noch nie da gewesen ist, die sich zugleich aber dringlich und unaufschiebbar stellt! Die *systemische* Perspektive dieser Gedankengänge leuchtet unmittelbar ein. Jede und jeder ist Teil eines größeren Ganzen und trägt zum Gelingen oder Verderben dieser kosmischen Performance bei.

Diese Aufgabe wird nur gelingen, wenn *Frauen und Männer* sie gemeinsam angehen. Montessori und Cornell gehen selbstverständlich vom gleichen Potenzial und ebenso von der gleichen Verantwortung von Mädchen und Jungen, von Männern und Frauen aus. Leider ist im Kontext der christlichen Kirchen wie im theologischen Denken noch immer die patriarchale Spaltung und hierarchische Über- und Unterordnung der Geschlechter virulent. Der männlich überlegene Blick eines »maitre et possesseur de la nature«[57] auf eine unterlegene Natur spiegelt sich in der Minderbewertung von Frauen. Gerade in theologischen Sprach- und Denkräumen muss deshalb besonders deutlich thematisiert werden, dass eine zukunftsfähige kosmische Entwicklung nur gemeinsam gestaltet werden kann. Frauen wie Männer sind als »geschaffene MitschöpferInnen« dazu berufen, Ja zu dieser Schöpfungsgemeinschaft und Ja zu ihrer eigenen Verantwortung zu sagen. Feministische Schöpfungsspiritualität hat dies seit vielen Jahrzehnten bekräftigt.[58]

---

stern/Christian Boudignon, Christiane Tietz (Hg.), Männlich und weiblich schuf Er sie, Göttingen 2011.
[55] Vgl. Moltmann, Schöpfung, 47–54.
[56] Erwin Laszlo, Der Quantensprung im globalen Gedächtnis, Petersberg 2008.
[57] René Descartes, Discours de la Méthode, 1692, Mainz 1948, 145, zitiert nach Moltmann, Gott in der Schöpfung, 41; vgl. Waldschmidt, Montessori, 43–45.
[58] Vgl. Rosemary Radford Ruether (Hg.), Women Healing Earth, Third World Women on Ecology, Feminism, and Religion, New York 1996; dies., Gaia und Gott, Luzern 1994; Sallie McFague, The Body of God. An Ecological Theology, London 1993; Dorothee Sölle, lieben und arbeiten. Eine Theologie der Schöpfung, Stuttgart ³1986.

Die Bedeutung der Herzdimension: Erkennen durch Lieben

Schöpfungsspiritualität[59] in diesem vorgestellten Sinne impliziert das Konzept einer »immanenten göttlichen Transzendenz«[60]. »In, mit und unter« ganz natürlichen Lebensvorgängen zeigt sich Gott »als Geheimnis der Welt«[61]. Die »sakramentale Dignität« der Schöpfung, ihre eigene Würde, die weit über unsere rein menschlichen Belange hinausgeht, will von daher neu erfasst werden.[62] Schöpfung ist ein multidimensionaler, systemisch verknüpfter Seins- und Lebenszusammenhang, dem ein Eigenrecht innewohnt, das sich unserem instrumentellen Zugriff und unserer denkerischen Analyse verweigert. Nur im Erkennen auf der Herz-Ebene öffnet sich auch umgekehrt das »Herz der Schöpfung«, hören wir die Sprache der Natur, spüren und erfahren wir uns als Teil dieses größeren Ganzen. Auch die Erde ist von dieser immanent-transzendenten Schöpferinnenkraft durchwirkt. Das 2008 von den Delegierten vieler Religionen verabschiedete Uppsala Interfaith Climate Manifesto bekräftigt diese Einsicht.[63]

Die Didaktik einer zukunftsfähigen Schöpfungsspiritualität zielt auf das Berührtwerden im Herzen, das Erfahren von Freude, Mitgefühl und Liebe. Virtuelle Welten allein lassen die Herzen der Kinder und Jugendlichen verkümmern. Die Einübung von Empathie lässt sich laut neuesten neurowissenschaftlichen Untersuchungen empirisch festhalten. Die entsprechenden Gehirnregionen verändern sich signifikant.[64] Dies lässt die Vermittlung einer auf Mitgefühl basierenden Beziehung zur Natur noch einmal dringlicher erscheinen. Durch die bewusstseinsmäßige Spaltung von Menschheit und

---

59 | Vgl. zur Definition King, Sinn und Erfüllung, bes. 71–78.
60 | Vgl. Ulrich Beuttler, Gott und Raum, Theologie der Weltgegenwart Gottes, Göttingen 2010, 512–530, der den Begriff der »immanenten Transzendenz« von verschiedenen Raumvorstellungen aus interpretiert. Vgl. auch Moltmann, Schöpfungslehre, 27–30; dieser spricht von gegenseitiger Durchdringung.
61 | So Eberhard Jüngel, Gott als Geheimnis der Welt, Tübingen ⁸2010.
62 | Vgl. Sigurd Bergmann, Raum und Geist, Göttingen 2010, 49–57: »Die Heiligkeit des Erd-Raums. Utopisierung und Globalisierung in der ökologischen Spiritualität.« Die Heiligkeit (sacredness) des universalen Seinszusammenhangs betont auch Anne Primavesi in ihrem Buch »Sacred Gaia. Holistic Theology and Earth System Science«, 2000; vgl. auch Thomas Berry, The Sacred Universe, Earth, Spirituality, and Religion in the Twenty-First Century, hrsg. von Mary Evelyn Tucker, New York/Chichester 2010.
63 | Vgl. das Uppsala Interfaith Climate Manifesto, o. J. 2008, 52: »All of these diverse faith traditions may help us to understand that peace is the way, that attention to the moment, awareness of holiness in every moment and in every being is a way of resisting the influence of dominant cultural creeds that preaches that consumption is the path to happiness.«
64 | Vgl. dazu etwa die Forschungen der Neurowissenschaftlerin Tanja Singer. In ihrer Untersuchung meditierender Mönche konnte sie dies messbar belegen. Das Einüben von Mitgefühl verändert die Gehirnregionen. Vgl. Tanja Singer, The neuronal basis and ontogeny of empathy and mind reading, Review of literature and implications for future research. In: Neuroscience and Biobehavioral Reviews (2006) 30, 6, 855–863; Frans de Waal, Das Prinzip Empathie: Was wir von der Natur für eine bessere Gesellschaft lernen können, München 2011.

Schöpfung sind diese Gehirnregionen seit Generationen untrainiert geblieben.

Ähnlich wie der »kosmische Sinn« des Geistes geweckt werden will, will das »Herz« berührt werden, durch *Stille,* durch Meditation.[65] Wie beim Erlernen einer Sprache müssen sowohl Wörter, d.h. einzelne Erfahrungen, als auch die Grammatik, die großen Zusammenhänge, angeeignet werden, um sich verständigen zu können. Je mehr Lust und Freude, je mehr »flow learning« dabei walten, desto eher verinnerlichen sich die gewonnenen Erkenntnisse.[66]

Was »kosmischen Sinn« und »flow learning« auf der Herzebene verknüpft, ist die Erkenntnis, dass Lernen generell am fruchtbarsten vonstattengeht, wenn das Erarbeiten des Einzelnen im Zusammenhang des Ganzen steht. In diesem Sinn ist die Vermittlung von Schöpfungsspiritualität als *»visionäres Lernen«* zu bezeichnen, als Ausrichtung auf die Vision eines sich, auch durch meine Mitwirkung, durch mein Lernen und Üben, vervollkommnenden Universums. Auch die Vermittlung von Schöpfungsspiritualität wird eine »visionäre Didaktik« sein müssen, die auf ein Ziel hinarbeitet, das sich der Operationalisierung entzieht. »Schöpfung« oder »Natur« beschreiben ein Beziehungsgeschehen, eine Beziehung von Wesen zu Wesen. Schöpfungsspiritualität aktiviert, wie schon die biblischen Zeugnisse weisheitlicher Tradition belegen, unser *Herzenswissen.* Der neue Bund, der zwischen Jahwe und seinem Volk geschlossen wird und von dem der Prophet Jeremia spricht,[67] besteht darin, dass das »Gesetz« – das Wissen um die kosmische Ordnung und Stellung der Menschen – nicht von außen an die Menschen herangetragen werden muss. Weder symbiotische Abhängigkeit noch pubertäre Trennung, sondern die Entwicklung und Vermittlung einer erwachsenen, reifen Schöpfungsspiritualität ist das Ziel einer solchen schöpfungsbezogenen Pädagogik und Didaktik.

---

65 | Vgl. Günter Altner, Bewahrung der Schöpfung und Weltende, in: ders. (Hg.), Ökologische Theologie. Perspektiven zur Orientierung, Stuttgart 1989, 409–423, 418: »Die Entdeckung der Empathie als fundamentale Alternative im Angesicht der Überlebenskrise hat einerseits dazu geführt, dass die Natur, die bislang immer nur als Umwelt des Menschen und als Objekt menschlicher Erkenntnis- und Nutzungsinteressen aufgefasst wurde, nun auch wieder als Mitwelt erfahrbar wird.«

66 | Vgl. Montessori, Kosmische Erziehung, 41: »Wie können wir das Kind zwingen, interessiert zu sein, wenn Interesse nur von innen her erwachen kann?«

67 | Jer 31,33–34 nach der Einheitsübersetzung: »Denn das wird der Bund sein, den ich nach diesen Tagen mit dem Haus Israel schließe – Spruch des Herrn: Ich lege mein Gesetz in sie hinein und schreibe es auf ihr Herz. Ich werde ihr Gott sein und sie werden mein Volk sein. Keiner wird mehr den andern belehren, man wird nicht zueinander sagen: Erkennt den Herrn!, sondern sie alle, Klein und Groß, werden mich erkennen – Spruch des Herrn. Denn ich verzeihe ihnen die Schuld, an ihre Sünde denke ich nicht mehr.«

Die Liebe zur Schöpfung mitteilen und weitergeben

Das in primärer und eigener Erfahrung gewonnene Verstehen der »Sprache der Natur« wird durch *Teilen, Weitergeben, Mit-teilen* gefestigt. Die Lehrende lernt am meisten. Und zugleich erkennen wir das Fragmentarische unseres Erkennens, vernetzen unsere eigene Erkenntnis mit der der anderen. Wir brauchen deshalb zum Erkennen notwendigerweise *Gemeinschaft und Beziehung*. Schöpfungsspiritualität zu lehren und zu lernen, ist deshalb immer gemeinschaftsorientiert. Erst gemeinsam, im Zusammentragen der Erkenntnisfragmente wird die Vielfalt des Schöpfungszusammenhangs deutlich. Die liturgische Praxis von Frauen, etwa die sich signifikant durchhaltende Kreisform ihres Feierns, die große Bedeutung des gemeinschaftlichen Austauschs gewinnt aus dieser Perspektive schöpfungsspirituelle Bedeutung.[68] Das Mitteilen, das eine Änderung bewirkt, geschieht im Modus des *Erzählens*. Mit *Imagination* zu arbeiten, ist keine Spielerei, sondern die Bedingung dafür, Natur als Lebenszusammenhang zu erkennen. Erst wenn wir lernen, über das Fühlen und Greifen, Hören und Schmecken uns ein »Innen« der Lebewesen vorstellen zu können, ohne sie zu zerstören, werden wir uns als Teil des großen Ganzen wieder erleben können. Die von orthodoxer Seite aus angeregte »Schöpfungszeit«[69] bietet in liturgischer Hinsicht Raum für solche gemeinschaftlichen Erfahrungen, für ihre symbolische Gestaltung und ihren rituellen Ausdruck.

Hier haben dann auch Kampagnen, Tagungen, Netzwerke ihre didaktisch sinnvolle Funktion. Mit einem durch primäre Erfahrung geweckten Herzen, hineingenommen in die Kommunikation mit »Natur«, werden wir mutig, uns auch politisch-gesellschaftlich einzumischen. Die Möglichkeiten kirchlicher Bildungsarbeit, der Religions- und KonfirmandInnenunterricht, die Kirchliche Unterweisung, die Jugend- und Ferienlager, aber auch die Erwachsenenbildung werden zu wichtigen Kommunikationsorten.

Treten wir nach diesen Überlegungen einen Schritt zurück. Die Schöpfung ist noch nicht am Ende. Das ist im doppelten Sinn eine hoffnungsvolle Aussage. Sie befindet sich noch immer in einer grandiosen Entwicklung, deren Abschnitte, zumindest was unseren kleinen Planeten Erde betrifft, wir

---

68 | Vgl. Brigitte Enzner-Probst, Frauenliturgien als Performance. Die Bedeutung von Corporealität in der liturgischen Praxis von Frauen, Neukirchen 2008, besonders Kap. V.2., 178–197.

69 | Bereits 1989 rief der damalige orthodoxe Patriarch von Konstantinopel, Dimitrios I. (1914–1991) dazu auf, den 1. September als einen »Tag der Bewahrung der natürlichen Umwelt« zu begehen. Diesen Vorschlag aufnehmend, schlug das »Europäische Christliche Umweltnetz« (ECEN) 1999 vor, die Zeit zwischen Erntedank (Anfang September) und dem Geburtstag von Franz von Assisi (4.10.) zu einer »Zeit für Gottes Schöpfung« zu bestimmen. Dieser Vorschlag wurde auf der 2. Europäischen Ökumenischen Versammlung der Kirchen 2007 in Sibiu, Rumänien, für die europäischen Kirchen akzeptiert. Vgl. auch Isolde Schönstein/Lukas Vischer (Hg.), Eine Zeit für Gottes Schöpfung, Genf 2006.

dank der Arbeit von paläontologischen NaturwissenschaftlerInnen staunend wahrnehmen. Eine Didaktik der Schöpfungstheologie und -spiritualität, die den naturwissenschaftlichen Erkenntnissen wie den biblischen Grundüberzeugungen gerecht werden will, wird im Erzählen, im spielerischen Zugang, in den verschiedenen Etappen des flow learnings im umfassenden Sinn »poetisch« sein. In einer umfassenden Liebe zu allem Geschaffenen, im Staunen über die Größe des Universums und die Winzigkeit unseres Planeten, in Dankbarkeit und Demut erfinden wir neue Erzählungen, die es uns erlauben, uns neu zu verorten und den Katastrophen Einhalt zu gebieten.

Und zugleich wird die immense ethische, politische, pädagogisch-didaktische Aufgabe deutlich, ein vorzeitiges, menschengemachtes »Ende« zu verhindern. Es braucht die Mit-teilung vieler Erkenntnisse, wie wir als zusammenwachsende Menschheitsgesellschaft friedlich zusammenleben lernen. Im Wissen um diese pädagogisch-didaktische, bewusstseinsmäßige wie ethisch-politische Aufgabe nähern sich gegenwärtig die Ansätze von NaturwissenschaftlerInnen und TheologInnen konstruktiv an. Gemeinsam sollten wir auf diesem Weg mit Psalm 104, dem Pfingstruf der Kirche, bitten: »Sende aus deinen Geist und das Antlitz der Erde wird neu.« Wir als globale Menschheitsgesellschaft sind das Antlitz der Erde!

Der Gesang der Bäume
Die Bäume singen
hörst du nicht
den mächtigen Klang
aus Rinde und Rispe
Wurzel und Weide
aus Zweig und Blatt
sie singen mit ihrem Sein
hoch wölbt sich ihr Lied
über mir
als ich in ihrer Mitte
Tanze
BRIGITTE ENZNER-PROBST

Marion Küstenmacher

Erleuchtete Augen des Herzens
Ein Psalm zu den Farben der Schöpfung

Großer Gott,
Schenke mir erleuchtete Augen des Herzens
für das Silber, in das sich der ewig wachsende Mond
und die unermüdlichen Lachse im Wasser kleiden,
um gleißend noch in der Dunkelheit und Tiefe
deine Vollkommenheit zu preisen.

Schenke mir erleuchtete Augen des Herzens
für das Rot, mit dem der Klatschmohn
sein demütiges Herz für jeden Morgen öffnet
und mit dem ein reifer Apfel sich lächelnd verschenkt,
deine süß duftende Liebe verströmend.

Schenke mir erleuchtete Augen des Herzens
für das Gelb, mit dem die Sonne ins Ährenfeld springt,
fruchtbar und prall, voller Geschmack am Leben
wie der Ball einer Melone auf einem spanischen Feld.
Deine Hoffnung steckt in ihrem Leuchten!

Schenke mir erleuchtete Augen des Herzens
für das Violett einer im Heimweh schwimmenden Wolke,
von der Extravaganz eines Caligofalters ganz zu schweigen,
und für deine Exklusivität im violblauen Aroma
eines, ach, so ganz gewöhnlichen Veilchens.

Schenke mir erleuchtete Augen des Herzens
für das Blau auf dem Rücken pazifischer Wale,
in der Stille einer Glockenblumenkathedrale,
für deine strömende Weisheit und Wahrheit,
höchste Versenkung im Glanz von Beryll und Saphir.

Schenke mir erleuchtete Augen des Herzens
für das Braun, mit dem die Rinde vor der Kälte schützt,
für die Anmut einfacher Dinge: Leitern, Zäune und Körbe –
im Choral aller erdigen Töne geben sie Halt.
Deine wachsame Liebe stärkt und verbindet sie alle.

Schenke mir erleuchtete Augen des Herzens
für das Grün, mit dem das Gras nach der Mahd
wieder aufersteht ewig jung in unergründlichem Spiel.
Für Weintraubensüße und Froschgesang.
Abertausend mal lachst du im Dschungel mit smaragdenem Blick.

Schenke mir erleuchtete Augen des Herzens
für Schwarz auf Weiß im Flug von Elster und Schwan,
für die Kraft der Bänder, die Zebra und Onyx vereint,
für Eisberge, turmhohe Unschuld in unbezähmbarer See.
Alles wild Gestreifte, Gefleckte beugt allein sich vor dir.

Schenke mir erleuchtete Augen des Herzens
für das Gold, das plötzlich im Herbst den Ahorn entflammt,
seine stillen Tage verändert, alles in seiner Nähe erhöht.
Im goldenen Gebrüll eines Löwen ehrt es dich weiter –
jeder Atemzug eine safrangelbe Offenbarung.

Großer Gott,
schenke mir erleuchtete Augen des Herzens
auch für die Farben in den Herzen der Menschen,
damit ich deine Schönheit in ihnen erkennen kann,
damit ich dich selbst in allem erkennen kann.
Amen.

Teil III:
Schöpfungsspiritualität leben

Tiefer als jede Reflexion oder mentale Struktur, tiefer auch als jede Emotion graben sich Meditation und Liturgie, rituelle Handlungen und Texte in unser kollektives Bewusstsein ein. In ihnen erreichen wir den Seelengrund menschlicher Existenz. Es ist notwendig, auch hier das Vorhandene zu sichten und Neues zu schaffen.

In den *Perlen der Schöpfung* vergegenwärtigen wir uns unsere Mit-Welt, in der wir nur ein Teil sind. Die Texte *der Herz-Meditation* und *Kosmischen Liturgie* sind Experimente aus der liturgisch-didaktischen Vermittlungsarbeit, die zur Weiterentwicklung anregen wollen. Der *Brunnenpilgerinnenweg* lädt ein, entlang der Orte einer Stadtlandschaft die Sprache der Schöpfung neu zu hören. Die *Alpen-Messe* – eine Bergpredigt von großer Mächtigkeit – konfrontiert uns als Menschen mit der Ausbeutung und Vergiftung unserer Mitwelt. Eine *Frauenliturgie* zeigt, wie die Elemente der Schöpfung gewürdigt und gehört werden können. Das *Schöpfungslied* aus altkatholischer Tradition stärkt die Hoffnung, dass Gott größer ist als unser ängstliches Herz und diese Schöpfung nicht fallen lassen wird. Das *Vaterunser* in seiner aramäischen Rückübersetzung ruft neu ins Gedächtnis, dass dieses zentrale Gebet der Christenheit, ebenso wie das Glaubensbekenntnis, grundsätzlich von einer kosmischen Perspektive aus spricht. Die durch einen Impuls der orthodoxen Tradition entstandene *Schöpfungszeit* als neue Kirchenjahreszeit schafft den Raum, damit diese Themen mehr und tiefer als bisher in die kirchliche Praxis integriert werden.

Doch Texte sind nur die eine Möglichkeit ins Nachdenken zu kommen, dem notwendigen Wandlungsprozess zu entsprechen. Erzählungen, biografische Berichte machen Mut, Neues zu wagen. So werden die Zukunftswerkstatt *Schloss Tempelhof* oder die Lebens- und Wirtschaftsgemeinschaft *Sekem* in Ägypten zu Orten der Hoffnung, die Krise als Lernchance zu sehen und meistern zu können.

Weitere *Netzwerke* werden exemplarisch genannt. Es ist erfreulich, wie viele es davon mittlerweile gibt. Die hier gegebene Auswahl ist eher zufällig getroffen worden und beruht auf einem biografischen Hintergrund. Auch werden sogenannte »ökologische Credos« vorgestellt, in einer Auswahl, die ebenfalls nur ein Hinweis auf die viel zahlreicheren Verpflichtungstexte kirchlicher und weltpolitischer Gremien sein kann. Es ist wichtig, sie zu kennen. Es ist wichtiger, sie viel mehr als bisher zur Grundlage im kommunalen, schulpolitischen, kirchengemeindlichen Alltag zu machen. Es müssen Strukturen verändert werden, es muss sich das Bewusstsein vieler kleiner Gemeinschaften verändern. Christinnen und Christen sind aufgerufen, als »Salz« in der Suppe, als »Licht« auf dem Berg, als »Hefe« in einem Teig die notwendigen Veränderungen voranzutreiben. Und bei sich selbst anzufangen.

Learning by heart – die neue, achtsame, liebe- und respektvolle Beziehung zur Erde, zum Ganzen des Kosmos ist eine spirituelle Aufgabe, eine Glaubensaufgabe. Erst wenn wir neu lernen, aus dieser Herzdimension zu handeln, wird die Krise zur Chance der Wandlung.

Marion Küstenmacher

Perlen der Schöpfung
Eine Litanei des Herzens

Einleitung und Anleitung

In vielen religiösen Traditionen gibt es Gebetsketten mit Perlen wie etwa der Rosenkranz, die Mala, Komboloi oder die Tasbih. Bei allen Gebetsschnüren lässt man die Perlen zur Andacht langsam durch die Finger gleiten. Laut oder leise betend durchwandert man so den Perlenkranz und erfährt durch den Halt der Perlenkette eine Unterstützung bei der inneren Sammlung. Eine relativ junge, christliche Variante für diese Art von Wiederholungs- oder Mantrengebet sind die »Perlen der Seele«.[1] Das Armband besteht aus neun farbigen Perlen, welche die neun typischen Charakterfärbungen repräsentieren, wie sie das Enneagramm beschreibt.[2] Acht kleine weiße Perlen bilden dazwischen einen Raum für Stille, Innehalten und Gewahrwerden. Dazu kommt eine durchsichtige »Gottesperle«, die für Transzendenz und Transformation steht. Diese größte Perle erinnert an unsere Gottessehnsucht und die Gottesbegabung der Seele.

Das Begleitbuch zu den »Perlen der Seele« bietet unterschiedliche Gebetsweisen, Anliegen und Lebensthemen an. Sie verknüpfen unser Beten vor allem mit der Weisheit der Kirchenmütter und -väter, der mystischen TheologInnen der christlichen Tradition. Es enthält zum Beispiel auch den »Kranz der kosmischen Liebe«, basierend auf einem Text der kosmischen Prophetin Hildegard von Bingen. Angesichts der heutigen Globalisierung und der fortschreitenden Erkenntnisse im Mikro- und Makrobereich wächst unter uns Menschen der Wunsch nach einem geistig-kosmischen Rahmen, der alles Seiende umarmt und niemanden ausschließt.

Das für dieses Buch hier erstmals formulierte Gebet »Perlen der Schöpfung« lädt zu einer kosmischen »Litanei des Herzens« ein, bei der sich unsere Herzen mit dem kosmischen Reichtum verbinden können. Die »Perlen der

---

1 | Andreas Ebert/Marion Küstenmacher, Die Perlen der Seele. Meditieren mit dem Enneagramm, München 2009. Das komplette Set in einer Schachtel enthält das Begleitbuch mit Gebeten, ein Meditationsarmband mit farbigen Perlen aus Glas und Halbedelsteinen sowie ein kleines Leporelloheft für die Tasche.

2 | Das Enneagramm ist ein psychologisches wie spirituelles Typenmodell zur seelischen Reifung. Es beschreibt neun Persönlichkeitsmuster mit ihren jeweiligen Schwächen, Gaben und Entfaltungsmöglichkeiten. Zur Einführung empfohlen: Andreas Ebert/Richard Rohr, Das Enneagramm – Die neun Gesichter der Seele, München [46]2010.

Schöpfung« möchte uns hineinnehmen in das Gebet, in die Anbetung, das Lob, die Freude, die alles, was ist, immerzu darbringt, ausströmt, laut werden lässt. Wir selbst gleichen dann immer mehr kostbaren Perlen, die Gott in das Netz seiner kosmischen Liebe eingeflochten hat, um es zum Strahlen zu bringen. Lassen wir uns einladen in die kosmische Allverbundenheit, um in das Lob der schöpferischen Weisheit und Liebe einzustimmen.

Die Litanei kann mit und ohne Perlenarmband, alleine oder auch als Wechselgebet in einer Gruppe und bei einem Gottesdienst gebetet werden.

Perlen der Schöpfung

Blaue Perle
Ich verbinde mich mit dem WASSER und dem blauen Planeten Erde.
Ich verbinde mich mit den Weltmeeren, mit den Flüssen und Bächen, den Quellen und Seen.
Ich verbinde mich mit den Tränen der Freude und des Leids.
Ich verbinde mich mit dem Wasser in mir.

Weiße Perle
Ich spüre sie in meinem Herzen.

Braune Perle
Ich verbinde mich mit dem ERDBODEN, über den ich gehe.
Ich verbinde mich mit durchwurzeltem Grund, mit Ackerland, mit Moor und Schlamm.
Ich verbinde mich mit den sandigen Wüsten, mit der Steppe, mit den vertrockneten Gebieten der Erde.
Ich verbinde mich mit allem Tragfähigen, Festen und Dürren in mir.

Weiße Perle
Ich spüre sie in meinem Herzen.

Grüne Perle
Ich verbinde mich mit allem, was GRÜNT und blüht auf dieser Erde.
Ich verbinde mich mit den Regenwäldern, mit den Urwäldern, mit den Wiesen und Wäldern.
Ich verbinde mich mit der Grünkraft, die Knospen treibt und Früchte schenkt.
Ich verbinde mich mit allem, was in meinem Leben wächst und gedeiht.

Weiße Perle
Ich spüre sie in meinem Herzen.

Schwarz-weiße Perle
Ich verbinde mich mit dem ALL und der Milchstraße und den unzähligen Galaxien, mit denen die Erde unterwegs ist.
Ich verbinde mich mit den Milliarden von Jahren des verborgenen Werdens im Kosmos.
Ich verbinde mich mit dem Erwachen des kosmischen Bewusstseins und dem Neuen, das durch uns geboren werden will.
Ich verbinde mich mit den Prozessen des Werdens in mir.

Weiße Perle
Ich spüre sie in meinem Herzen.

Goldene Perle
Ich verbinde mich mit den SCHÄTZEN auf und unter der Erde.
Ich verbinde mich mit den Erzen und Metallen, den Seltenen Erden und Rohstoffen, aus denen wir schöpfen.
Ich verbinde mich mit den Bausteinen des Lebens, den Molekülen und Atomen, den Protonen, Neutronen und Quarks.
Ich verbinde mich mit meinen Zellen und dem Wunderwerk ihres Zusammenwirkens.

Weiße Perle
Ich spüre sie in meinem Herzen.

Silberne Perle
Ich verbinde mich mit der Milde und Schönheit des MONDES.
Ich verbinde mich mit der Nacht und dem Reich der Träume.
Ich verbinde mich mit der Kraft des Unbewussten und der Fähigkeit, mit dem Herzen zu sehen.
Ich verbinde mich mit den Lebensträumen in mir.

Weiße Perle
Ich spüre sie in meinem Herzen.

Rote Perle
Ich verbinde mich mit allen, durch deren Adern BLUT fließt.
Ich verbinde mich mit den Unschuldigen, deren Blut vergossen wurde.

Ich verbinde mich mit denen, deren Blut und Organe Leben retteten.
Ich verbinde mich mit den Müttern und Vätern aller Zeiten.
Ich verbinde mich mit der Nabelschnur des Lebens, die mein Sein ermöglichte.

Weiße Perle
Ich spüre sie in meinem Herzen.

Gelbe Perle
Ich verbinde mich mit der Energie und Kraft der SONNE.
Ich verbinde mich mit allem, was die Sonne spiegelt, speichert und mir ihre Wärme sendet.
Ich verbinde mich mit dem Tag und der Arbeit der Menschen.
Ich verbinde mich mit allem, was in mir an Kreativem und Tätigem ist.

Weiße Perle
Ich spüre sie in meinem Herzen.

Violette Perle
Ich verbinde mich mit allen Kräften der WANDLUNG, die es im Kosmos gibt.
Ich verbinde mich mit allen schwangeren Wesen auf dieser Welt.
Ich verbinde mich mit allen, die gutes Neues gebären.
Ich verbinde mich mit den Kräften der Wandlung, zum Neubeginn in mir.

Weiße Perle
Ich spüre sie in meinem Herzen.

Durchsichtige Perle
Ich verbinde mich mit dem GROSSEN GANZEN.
Ich verbinde mich mit der Weisheit und Liebe, die das Universum durchströmt.
Ich verbinde mich mit der unendlichen Liebe Gottes.
Ich verbinde mich mit dem göttlichen Ebenbild in mir.

Weiße Perle
Ich spüre und feiere sie in meinem Herzen.
Amen.

Brigitte Enzner-Probst

Herz-Meditation
Sich mit Erde und Himmel verbinden

ICH ÖFFNE MEIN HERZ
Ich gehe mit meiner inneren Aufmerksamkeit in den Herz-Raum.
Er öffnet sich, weitet sich.
Ohne Druck und Gewalt.
»Wie die zarten Blumen willig sich entfalten und der Sonne stille halten ...«

Ich bleibe für einige Zeit in diesem Entfalten, Weiten und Öffnen.
Der physischen Ebene entspricht die seelische Ebene.
Ich wecke meine Sehnsucht zu lieben, mein Potenzial, in Beziehung zu sein.
Damit es sich zeigt und entfaltet.
In allen Zellen,
in meinem ganzen Wesen.
Vor meinen Herzens-Augen erscheinen die Menschen, mit denen ich verbunden bin.
Ich begrüße mein Inneres Kind.
Ich begrüße die Menschen, mit denen ich verbunden bin, wo immer sie leben.

Ich öffne auch die geistige Ebene.
Vor mir erscheint ein großes Licht.
Es ist nicht wichtig, woher es kommt, es ist da und erwärmt mich.
Ein warmes, heilsames Licht erleuchtet meinen Herz-Raum.
Ich öffne mich diesem Licht.
Und ich nehme wahr, wie mein Herz antwortet auf dieses Licht, auf diese Liebe.
Wie die Blume sich der Sonne zuwendet, so wendet sich mein Herz dieser größeren Sonne zu.

ICH REINIGE MEIN HERZ
Ohne, dass das Öffnen und Weiten unterbrochen wird, kommt nun eine zweite Bewegung hinzu.
Alles, was diesem Licht widerspricht, nehme ich wahr.
Alles, was meiner Sehnsucht zu lieben, widerspricht, halte ich ins Licht.
Zeige es, stelle es vor mich hin.
Damit es verwandelt werden kann.

Allen Schmerz, alle Erinnerungen von Zurückweisung,
Alle bitteren Situationen,
alle Ablehnung
zeige ich, damit sie verwandelt werden.

Ich verbinde mich mit dem Herzen der Erde und des Himmels
Ich verbinde mich mit dem Herzen der Erde, mit dem innersten Kern der ganzen Schöpfung.
Ich spüre, wie sie verletzt und beschädigt ist, wie sie trauert und empört ist.
Ich verbinde mich mit ihr in Liebe und Dankbarkeit.
Sie ist es, die mich trägt.
Ich bin ein Teil von ihr, ein wahrnehmender, fühlender, denkender Teil.
Ich nehme alle Mitwesen neben mir wahr, in ihrer Würde, in ihrem Sosein – die Tiere, die Pflanzen.

Ich verbinde mich mit dem Herzen des Himmels, des ganzen Universums.
Und spüre die Kraft, die mich nach oben zieht, aufrichtet.
Ich nehme sie dankbar wahr, lasse mich aufrichten.

Liebe strömt.
Liebe richtet mich auf.

Ich stehe aufrecht
Aufgerichtet stehe ich.
Aufrichtig bin ich bereit, dass sich Himmel und Erde in mir verbinden.
In meinem Herzen verbinden sie sich.
Ich bin berufen, diese Verbindung, diese Verbundenheit von Erde und Himmel zu leben.
In meinem Herzen.

Ich sage Ja zu meinem Leben
Und so sage ich Ja zu meinem Leben.
Aufrichtig aufgerichtet.
Ganz und ohne Vorbehalt.
Ohne Klausel und Klammern,
ohne Wenn und Aber.
Sage Ja zu aller Freude und allem Schmerz,
zu allen Kräften und Grenzen,
zu allem Werden und Vergehen
zu allem Sterben und Auferstehen.

Ich schließe diese Herz-Meditation, indem ich beide Hände auf den Herz-Raum lege und eine Weile dort lasse.
Der Herz-Raum schließt sich in meiner inneren Vorstellung.
Die Verbundenheit bleibt.

Hermann Probst

Kosmische Liturgie
Auf dem Altar der ganzen Schöpfung[1]

Zwei Impulse haben zu dieser Schöpfungsliturgie geführt:
Als evangelische und römisch-katholische Christinnen und Christen befinden wir uns gegenwärtig in einer Phase von fruchtlosem Streit über die gegenseitige Zulassung und Einladung von Christinnen und Christen zur Eucharistie, zur Teilhabe an der Wirklichkeit, die Christus uns mitteilen will. Um ein Zeichen zu setzen, feiern wir diese kosmische Liturgie deshalb ausgeweitet auf die ganze Schöpfung. Brot und Wein, die zum interkonfessionellen Anstoß geworden sind, fehlen. Dafür wird die ganze Schöpfung zum Altar, wie es Teilhard de Chardin es in seiner »Messe über die Welt« vorgeschlagen hat. Wir übernehmen Worte von Chardin, formulieren aber manches neu. Christlicher Glaube bezieht sich in vielem auf eine »innere« Welt, die nicht kompatibel erscheint mit dem, was uns die Naturwissenschaft an Weltbildern liefert. Es gibt aber nur diese eine Wirklichkeit. Wie lassen sich die von uns geglaubte und erfahrene Christuswirklichkeit und das spätmoderne Weltbild aufeinander beziehen? Auch hier, im Nachdenken über die Erfahrungen des Glaubens, drängt alles in Richtung einer neuen Konvergenz. Die Feier der Kosmischen Liturgie versucht, dies symbolisch-rituell deutlich zu machen. Diese Liturgie ist ein erster Anfang und will zum Nachdenken und Erproben ermutigen.[2]

Kosmische Liturgie

Beginn
Ruf (alle): Auf dem Altar der ganzen Schöpfung – lasst uns gemeinsam Gottes Geheimnisse feiern!
Lied

Herz-Meditation
Als eine gute Form der Bereitung, ähnlich dem Confiteor im Sonntagsgottesdienst, üben wir gemeinsam die Herz-Meditation in ihren 5 Schritten.
Ich öffne mein Herz

---

[1] Allerdings soll die überkommene Feier der Eucharistie nicht ersetzt werden. Die Kosmische Liturgie möchte die Eucharistie vertiefen, nicht aufheben.
[2] Vgl. Teilhard de Chardin, Lobgesang des Alls. Die Messe der Welt – Christus in der Materie – Die geistige Potenz der Materie, Olten 1961.

Ich reinige mein Herz
Ich verbinde mich mit dem Herzen der Erde und des Himmels
Ich stehe aufrecht – in meinem Herzen berühren sich Himmel und Erde
Ich sage Ja zu meinem Leben
Sofern die Herz-Meditation vorher ausführlich geübt wurde, beten wir gemeinsam:
Mit einem offenen Herzen wende ich mich dir zu, mein Gott!
Mit einem gereinigten Herzen erbitte ich deine Weisung.
Verbunden mit Erde und Himmel
Sage ich Ja zu meinem Leben.
Nimm mein Herz-Gebet an und erfülle mich mit deinem Licht!
Lied

Lesung und Austausch
Wir hören einen Abschnitt aus der Bibel. Wir lesen reihum.
Jede und jeder wiederholt, was ihr oder ihm an diesem Text wichtig geworden ist.
Lied

Hingabegebet *(alle)*
Gott, große Liebe, überfließende Weisheit! Auf dem Altar der ganzen Erde wollen wir dir darbringen die Schönheit und Anmut dieser Welt. Wir bringen dir dar mit Dank, was gelungen ist in unserem Leben, was wächst, was sich entfaltet.
Jede/r kann an dieser Stelle etwas mitteilen von der Freude der vergangenen Zeit.
Als Zeichen dafür zündet sie/er ein Licht an oder legt eine Blume in die Wasserschale.
Gott, große Liebe, überfließende Weisheit! Auf dem Altar der ganzen Erde bringen wir dir aber auch die Arbeit und den Schmerz dieser Welt. Bringen wir dir dar die Mühe unseres Lebens, das Scheitern, die Schwäche, die Kraftlosigkeit, unsere Ohnmacht.
Jede/r kann an dieser Stelle etwas mitteilen von der Mühe der vergangenen Zeit
Als Zeichen dafür legt sie/er einen Stein in die Wasserschale oder ein anderes Symbol in die Mitte.
Und so begreifen wir:
Alles, was im Lauf dieses Tages in der Welt zunehmen, alles, was abnehmen und auch alles, was sterben wird – siehe, Gott, wir bemühen uns, es in uns zu versammeln, um es dir darzureichen.
Stille

Einsetzungsworte *(alle)*
Wir sprechen gemeinsam:

Über alles Leben, das an diesem Tage keimen, wachsen, blühen und reifen wird, sage du jetzt neu: »Das ist mein Leib!«
Stille
Und über alles Leben, das abnehmen, welken, sterben wird, sage neu: »Das ist mein Blut!«
Stille

Austeilung *(eine/r)*
Unsere Eucharistie »Auf dem Altar der ganzen Erde« feiern wir ohne ein eingegrenztes sakramentales Symbol.
Alles in dieser Schöpfung ist, wenn wir es sehen können, Zeichen der schöpferischen göttlichen Gegenwart.
Als Christinnen und Christen glauben wir:
Im Sein, im Sich-Entfalten und im Vergehen inkarniert und manifestiert diese Schöpfung die Wirklichkeit des Christus.
So lasst uns alles, was unser Leben ausmacht, das Wachsen und das Vergehen, annehmen als Gabe des Christus.
So wollen wir immer mehr zu dem werden, was wir sind:
In unserem Sein, in unserem Tun wie im Vergehen und Erleiden manifestieren wir miteinander und füreinander Leib und Blut Christi.

Kommunion *(alle)*
Wir geben uns die Hände und verbinden uns in der Stille und von unserem Herzen aus.
Wir teilen miteinander das Wissen und die Erfahrung, Teil dieser Schöpfung zu sein.
Wir danken füreinander als Gabe und Manifestation der geheimnisvollen Gegenwart Christi.
Wir geben uns und nehmen einander an.
Stille
Lied
Segen (alle)
Der Segen unseres schöpferischen Gottes sei mit uns.
Der Segen der bedingungslosen Liebe des Christus sei mit uns.
Der Segen der Mut machenden göttlichen Ruach sei mit uns. Lasst uns gehen im Frieden. Amen.
Oder:
Gott, du große Liebe, überfließende Weisheit, segne uns!
Christus, du schöpferisches Wort, wirke in uns!
Atem Gottes, Ruach, stärke uns!

Werkstatt Ökumene München

BrunnenpilgerInnenweg[1]
Auf dem Weg zu einer gastfreundlichen Kirche

Ein Brunnenpilgerinnen und -pilgerweg auf dem Ökumenischen Kirchentag 2010 in München – warum?

Die Gruppe »Werkstatt Ökumene München – WÖM« lud am 2. Ökumenischen Kirchentag in München zu einem Pilgerinnen- und Pilgerweg ein. Entlang von sieben Brunnen sollten die Pilgernden der Sehnsucht nach einer gastfreundlichen Ökumene der Kirchen Ausdruck verleihen. Im Kontext biblischer Verheißung, historischer Stadtgeschichte, besonders aber im Hören auf die Botschaft des Wassers hörten die Teilnehmenden viele Stimmen der Ermutigung. Die Brunnen waren jeweils unterschiedlichen Themen zugeordnet. Die Pilgernden erfuhren im Abgehen der sieben ausgewählten Stadtbrunnen, dass es mitten im Alltag immer wieder Oasen gibt, Stationen der Ermutigung, an denen sie sich niederlassen konnten, dass es Brunnen und Wasserquellen gibt, an denen sie gestärkt wurden und miteinander Brot und Wasser teilten. Impulse und Gebete ermutigten dazu, voller Hoffnung auf dem Weg zu einer selbstverständlichen Gastfreundschaft der Kirchen auch über den Ökumenischen Kirchentag hinaus weiter zu pilgern!

Wittelsbacher Brunnen[2]

Wasser ist ein gewaltiges Element, das viel bewegen, aber auch zerstören kann. Dieser Brunnen fordert uns auf, unsere Kraft für das Leben einzusetzen.

Historische Information
Dieser Brunnen wurde 1895 von Adolf von Hildebrand gestaltet, nachdem die Wasserleitung aus dem Mangfalltal zur Versorgung aller Münchener Haushalte fertig gestellt worden war. Im Zentrum der monumentalen Anlage er-

---

1| An der Erarbeitung BrunnpilgerInnenwegs waren beteiligt: Else Meindl, Genevíere Günther, Christiane Schäfer, Brigitte Enzner-Probst.
2| Lensbachplatz, München.

hebt sich eine zweistöckige Kalksteinschale, die rechts und links von Marmorgruppen gerahmt ist. Ein Mann reitet auf einem Pferd und schleudert einen Stein. Damit wird die zerstörerische Kraft des Wassers dargestellt. Die andere Figur, eine Frau, reitet auf einem Wassertier und hält eine Schale in der Hand. Sie symbolisiert den ruhigen Strom, der das Land befruchtet. Die Macht, aber auch die Fürsorge des Königs für das Volk sollte dadurch ausgedrückt werden.

Biblisches Wort: Psalm 1[3]

Glücklich sind die Frau, der Mann, die nicht nach den Machenschaften der Mächtigen gehen, nicht auf dem Weg der Gottlosen stehen noch zwischen Gewissenlosen sitzen, sondern ihre Lust haben an der Weisung GOTTES, diese Weisung murmeln Tag und Nacht. Wie Bäume werden sie sein – gepflanzt an Wasserläufen, die ihre Frucht bringen zu ihrer Zeit, und ihr Laub welkt nicht. Was immer sie anfangen, es führt zum Ziel. Nicht so die Machtgierigen: Wie Spreu sind sie, die ein Wind verweht.

Wir beten

Von deiner Macht, Gott, leben wir, Tag um Tag. Hilf uns, aufbauend und nicht zerstörend zu wirken. In deiner Güte nehmen wir dankbar an, was wir zum Leben brauchen. Amen.

Wir singen

Taizé-Lied: »Jubilate deo« – Freut euch im Herrn.[4]

Mose-Brunnen[5] *– VERTRAUEN*

Unser Lebensweg ist oft beschwerlich. Auch der Weg der christlichen Kirchen aufeinander zu ist steinig. Das Ziel erscheint noch weit entfernt. Manches ist wie ausgetrocknet. Wie kommt wieder etwas in Fluss? Woher bekommen wir Einfälle? Hat sich nicht alles wieder verhärtet? Unser Vertrauen ist gefragt. Vertrauen in Gotteskraft: Verhärtete Strukturen werden aufgebrochen, neues Leben beginnt zu sprudeln.

---

3 | Nach der Übersetzung »Bibel in gerechter Sprache«.
4 | Nach einem Lied von Michael Prätorius, 16. Jahrhundert.
5 | Lenbachplatz Innenhof/Maxburg.

Historische Information

1955 wurde der von Josef Henselmann entworfene Brunnen erbaut. Der Findling stammt aus dem Fichtelgebirge. Dargestellt ist Mose, der mit einem Stab an den Felsen schlägt und Wasser sprudelt heraus.

Biblisches Wort: 2. Mose 17,1–6[6]

Auf Befehl des Herrn zog die ganze Gemeinde Israel von der Wüste Sinai aus weiter. Einmal schlugen sie ihr Lager bei Refidim auf. Dort gab es kein Trinkwasser. Da machten die Israeliten Mose schwere Vorwürfe und forderten: »Gib uns Wasser zum Trinken!« Mose erwiderte: »Warum macht ihr mir Vorwürfe? Warum stellt ihr den Herrn auf die Probe?« Aber die Leute von Israel hatten großen Durst, sie murrten gegen Mose und sagten: »Wozu hast du uns aus Ägypten herausgeführt? Nur damit wir hier verdursten?« Da schrie Mose zum Herrn: »Was soll ich mit diesem Volk machen? Es fehlt nicht viel und sie steinigen mich!«. Der Herr antwortete ihm: »Rufe ein paar von den Ältesten Israels zu dir und geh mit ihnen dem Volk voran. Nimm den Stock in die Hand, mit dem du ins Nilwasser geschlagen hast. Dort drüben auf dem Felsen, am Berg Horeb, werde ich dich erwarten. Schlag an den Felsen, dann wird Wasser herauskommen und das Volk kann trinken.« Vor den Augen der Ältesten Israels tat Mose, was der Herr ihm gesagt hatte.

Wir beten

Du Gott der Wunder, wir bitten dich, erfrische unsere ausgedörrten Seelen, bringe ins Fließen, was in uns und in unseren Kirchen verhärtet ist. Amen.

Wir singen

Taizé-Lied: »Nada te turbe«

Karmelitinnen-Brunnen[7] *– STILLE*

Dieser Brunnen ist wie eine Oase der Ruhe mitten in der Stadt. Draußen sind Trubel und Hetze, hier dagegen ist ein Platz zum Stillwerden. Wir horchen in uns hinein, steigen aus der Zeit aus. Unerwartetes kann sich dann einstellen.

---

6 | Gute Nachricht Bibel 2000.
7 | Brunnenanlage im ehemaligen Karmelitinnenkloster.

Historische Information
Diese Brunnenanlage stammt aus dem 18. Jahrhundert und war Teil des ehemaligen Karmelitinnenklosters. Heute ist der Brunnen umgeben von einem Kloster und Bürogebäuden. Der Innenhof ist nicht immer zugänglich.

Biblisches Wort: Jesaja 30,15[8]
Denn so spricht der Herr, der Heilige in Israel: »Wenn ihr umkehrt und stille bleibt, so wird euch geholfen, durch Stillesein und Hoffen werdet ihr stark sein.«

Wir beten
Wie Kinder, die weinen und schreien, von ihren Eltern gestillt, genährt und versorgt werden, sodass sie sich beruhigen und wieder lachen – so stille auch du uns, Gott. Im Getriebe unseres Lebens, im Weinen unserer Seele, in der Hast unserer Verpflichtungen – nähre und versorge uns, kraftspendender Gott. Amen.

Wir singen
Taizé-Lied: »Bei Gott bin ich geborgen«

Nornen-Brunnen – LEBEN[9]

Die drei Schicksalsgöttinnen, Urd (Vergangenheit), Verdandi (Gegenwart) und Skuld (Zukunft) lenken in der germanischen Mythologie die Geschicke der Menschen, indem sie die Fäden des Schicksals spinnen und weben. Auch wir sind durch unsere Geburt hineingewoben in einen Lebenszusammenhang.

Durch die Taufe sind wir aber auch eingeknüpft in den Vertrauenszusammenhang der Glaubenden und herausgefordert, an diesem Netzwerk mit zu spinnen, sodass ein gastfreundliches Miteinander zwischen den Kirchen und Konfessionen, zwischen Menschen, Religionen und Nationen entsteht. Wie kann ich diesen Faden aufnehmen und weiterspinnen?

Historische Information
Dieser Brunnen wurde 1907 von Hubert Netzer gestaltet. Er ist aus Kirchheimer Muschelkalk herausgeschlagen und wird in seinem Aufbau von der magischen Zahl 3 bestimmt. Dargestellt sind die 3 germanischen Schicksalsgöttinnen, die den Lebensfaden spinnen, abmessen und wieder abschneiden. Sie

---

8 | Luther-Übersetzung.
9 | Maximiliansplatz 4.

lehnen an einem großen Becken, aus dem sich Wasser in 3 untere Becken ergießt. Deutlich hat die verrinnende Zeit an diesem Brunnen ihre Spuren hinterlassen.

Biblisches Wort: Römer 6,3–4[10]

Paulus schreibt: Ihr müsst euch doch darüber im Klaren sein, was bei der Taufe mit euch geschehen ist. Wir alle, die »in Jesus Christus hinein« getauft wurden, sind damit in seinen Tod hinein getauft, ja hinein getaucht worden. Durch diese Taufe wurden wir auch zusammen mit ihm begraben. Und wie Christus durch die Lebensmacht Gottes, des Vaters, vom Tod auferweckt wurde, so ist uns ein neues Leben geschenkt worden, in dem wir nun auch leben sollen.

Wir beten

Du Gott des Lebens, durch unsere Geburt sind wir in ein Geflecht des Lebens hineingewoben, das uns verbindet. Durch unseren Glauben sind wir in ein Netzwerk von Liebe und Hoffnung hinein getauft, das uns trägt. Aber so manche Fäden sind zerrissen. Nur mühsam können wir noch Verbindungen erkennen. Zeig uns, wie wir zueinander finden und am Netz des Lebens weiterknüpfen können. Amen.

Wir singen

Taizé-Lied: »Ubi caritas«

Nymphen-Brunnen – QUELLE[11]

Dieser Brunnen ist der einzige Brunnen Münchens, der aus dem Grundwasser schöpft. Gerade das Grundwasser ist so besonders, ist lebenswichtig, denn es ermöglicht Bäumen, längere Zeiten der Trockenheit durchzustehen. Auch unsere Kirchen finden da zusammen, wo sie sich auf das Grundwasser besinnen, auf das, worauf Jesus von Nazareth und viele Religionsstifter hinweisen: Gottes Liebe und Vergebung, die Vision von einem Miteinander aller Menschen. Wir nähren uns von dieser Quelle, wenn wir uns heute um ein neues Miteinander der Konfessionen und Religionen bemühen.

---

10 | Gute Nachricht Bibel 2000.
11 | Odeonsplatz, Hofgarten.

Historische Information
1852 wurde dieser Brunnen nach einem Entwurf von Ludwig von Schwanthaler errichtet und 1962 erneuert. Dargestellt ist eine Nymphe, in der antiken Mythologie die Hüterin einer Wasserquelle.

Biblisches Wort: Johannes 4,7–10[12]
Da kam eine samaritische Frau zum Wasser holen. Jesus sagte zu ihr: »Gib mir einen Schluck Wasser!« Seine Jünger waren ins Dorf gegangen, um etwas zu essen zu kaufen. Die Frau antwortete: »Du bist ein Jude und ich bin eine Samariterin. Wie kannst du mich da um etwas zu trinken bitten?« – Die Juden vermeiden nämlich jeden Umgang mit Samaritern. Jesus antwortete: »Wenn du wüsstest, was Gott den Menschen schenken will und wer es ist, der dich jetzt um Wasser bittet, dann hättest du ihn um Wasser gebeten und er hätte dir lebendiges Wasser gegeben.«

Wir beten
Du unerschöpflicher Brunnen der Güte, du Grundwasser unseres Lebens, du unser Gott – immer wieder lass uns hinabsteigen und uns sättigen in der Gemeinschaft mit dir. Mach uns bereit, miteinander zu teilen, was wir geschöpft, was wir erfahren und was wir erlitten haben. Amen.

Wir singen
Taizé-Lied: »Confitemini Domino«

Tauben-Marie-Brunnen[13] – SCHEIN

Dieser Brunnen ist zum größten Teil zugeschüttet, das Wasser fließt fast nicht mehr. Der Brunnen erfüllt nicht mehr seinen Dienst, er hat seinen Sinn verloren und ist nur Dekoration, schöne Hülse, aber ohne Inhalt. Sind auch unsere Kirchen nur noch leere Hülsen? Mehr auf Dekoration bedacht, als lebendiges Wasser zu fördern?

Historische Information
Die Majolika-Figur gehörte ursprünglich zu einer 1958 von Josef Henselmann geschaffenen Brunnenanlage, die es nicht mehr gibt. Sie erinnert an die Münchner Bürgerin Therese Schedlbauer, die trotz aller Verbote unbeirrt ihre Tauben fütterte und deshalb mit den Stadtvätern in Konflikt geriet.

---

12 | Gute Nachricht, Bibel 2000.
13 | Salvatorstraße 3, Amira-Passage, Fünf Höfe.

Biblisches Wort: Matthäus 23,1–5[14]

Darauf wandte sich Jesus an die Menschenmenge und an seine Jünger und sagte: »Die Gesetzeslehrer und die Pharisäer sind die berufenen Ausleger des Gesetzes, das Mose euch gegeben hat. Ihr müsst ihnen also gehorchen und tun, was sie sagen. Aber nach ihrem Verhalten dürft ihr euch nicht richten; denn sie selber tun gar nicht, was sie lehren. Sie schnüren schwere, kaum tragbare Lasten zusammen und laden sie den Menschen auf die Schultern, aber sie selbst machen keinen Finger krumm, um sie zu tragen. Alles, was sie tun, tun sie nur, um von den Leuten gesehen zu werden.«

Wir beten

Zu schnell geben wir uns zufrieden, Gott, mit dem äußeren Schein und merken erst spät, dass wir von der Quelle abgeschnitten sind. Du aber willst, dass wir nicht nachlassen, nach dem Wasser des Lebens zu bohren. Segne unser Suchen und unser Unbequemsein. Amen.

Wir singen

Taizé-Lied: »In dunkler Nacht woll'n wir ziehen«

Brunnenanlage am Dom[15] – GEMEINSCHAFT

Dieser Brunnen ist ein sozialer Treffpunkt. Menschen kommen und gehen, ruhen sich aus, gönnen sich etwas Zeit zwischendurch. Wir brauchen ein Drittes, um uns zu begegnen, ein Medium, damit wir zusammenkommen. Communio, Gemeinschaft, ist die Teilhabe an einem Dritten. Der Brunnen stiftet Gemeinschaft. Viele haben Teil an seinem Wasser, an der Möglichkeit, sich zu setzen, zu erfrischen und anderen zuzuschauen. Wir alle haben Teil an einem Dritten, an Gottes Freundlichkeit und Güte, an der Offenheit, die wir an Jesus von Nazareth lernen können, an Gottes Geist, der uns immer wieder aufhilft.

Historische Information

Dieser Brunnen wurde 1972 von Bernhard Winkler gestaltet. Seine Form erinnert an »Wasserpilze«. Die schattigen, tribünenartig angeordneten Granitstufen der Brunnenanlage werden von Einheimischen und Fremden gerne zum Ausruhen und Verweilen benutzt.

---

14 | Gute Nachricht Bibel 2000.
15 | Frauenplatz 1.

Biblisches Wort: Lukas 15,1–2[16]
Es nahten sich ihm aber allerlei Zöllner und Sünder, um ihn zu hören. Und die Pharisäer und die Schriftgelehrten murrten und sprachen: »Dieser nimmt die Sünder an und isst mit ihnen.«

Wir beten
Gott, gib uns etwas von deiner Großzügigkeit. Gib uns den Mut, über unseren Schatten zu springen. Lass uns Gemeinschaft suchen mit denen, die wir kennen, aber besonders auch mit denen, die uns fremd erscheinen. Amen.

Wir singen
Taizé-Lied: »Spiritus Jesu Christi«

Wir beenden unseren gemeinsamen Pilgerinnen- und Pilgerweg an diesem Brunnen. Wir haben den Weg unter unseren Füßen gespürt und freuen uns, wenn wir uns nun setzen dürfen.

Wir sind hungrig und durstig geworden und möchten uns jetzt, wenn wir miteinander Brot und Wasser teilen, auf unserem gemeinsamen Weg stärken.

Lasst uns miteinander Agape feiern.

Agapefeier vor dem Dom

Votum
Im Namen der schöpferischen Kraft,
die alles ins Leben gerufen hat – auch uns!
Im Namen der göttlichen Liebe,
die den glimmenden Docht nicht auslöscht
und den geknickten Halm nicht gänzlich
zerbricht.
Im Namen der göttlichen Geistkraft,
die uns begeistert und führt.

Wir beten
Du unsere Quelle, du unser Meer,
du unser Brot und unser Leben,
du Anfang und Ende, zu dir wenden wir uns
am Ende unseres Pilgerweges.

---

16 | Luther-Übersetzung.

Wir haben Hunger und Durst nach einer
Gastfreundschaft unter den Kirchen,
die selbstverständlich gelebt werden kann,
ohne Verbote und ohne Drohungen,
ohne Grenzen und ohne schlechtes Gewissen.
Wir bitten dich, lass uns nicht müde werden,
dies einzufordern, dafür zu werben,
dafür zu leben. Amen.

Wir singen
Meine Hoffnung und meine Freude, meine Stärke,
mein Licht, Christus, meine Zuversicht, auf dich
vertrau' ich und fürcht' mich nicht, auf dich vertrau'
ich und fürcht' mich nicht.

Segen über Brot und Wasser
Gesegnet das Brot:
Gewachsen auf unterschiedlichen Feldern, geerntet,
gedroschen, gereinigt, gemahlen, zu einem Teig
vermengt, gebacken, verkauft, gekauft und für uns
heute ausgeteilt.
Gesegnet das Brot der Einheit.
Möge es uns stärken auf unserem Weg!

Gesegnet das Wasser:
Aus dem Mangfalltal hergeholt, frisches,
klares Wasser, notwendig zum Leben, zum Trinken,
zum Reinigen, zum Wachsen.
Gesegnet das Wasser des Lebens.
Möge es uns stärken auf unserem Weg!

Gina Schibler

Alpen-Messe
Oder: Eine etwas andere Bergpredigt

Die nun folgenden Worte und Bilder sind inspiriert vom Motiv der *Bergpredigt* oder anders übersetzt, *der Bergrede Jesu*. Diesen Ausdruck verstehe ich doppeldeutig: Als Rede Jesu auf dem Berg, aber auch als Rede des Berges an uns.

Vielleicht ist es kein Zufall, dass die berührenden Bilder von Jesu Botschaft von einem Berg inspiriert wurden.[1] Die Berge haben – so vermute ich – ein Wort mitgeredet.

Einführung

Schweizer Berge, Gletscher und Pflanzen haben in der nun folgenden Alpenmesse mitgeredet: Der Piz Diavel im Nationalpark, in dem Dinosaurierspuren zu erkennen sind und der 100 Millionen Jahre alt ist, der sich davor fürchtet, Geschichte zu werden (Introitus), der schmelzende Muoteratsch-Gletscher, der in den Sommermonaten mittlerweile jeden Tag um 20 Zentimeter schmilzt, sodass seine Pracht in wenigen Jahrzehnten verschwunden sein wird, und die Feuer-Lilien am Faulensee im Alpsteingebiet (Das Lied der Feuerlilie.) In den Bergen ist der Klimawandel nicht graue Theorie, sondern wird anschaubare Wirklichkeit. Schöpfung mit allen Sinnen wahrnehmen, bedeutet, ihre Veränderung wahrzunehmen.

Zusätzlich gewähre ich dem biblischen Verführer (Mt 4) eine Stimme (Öl-Geflüster 1 und 2). Jesus zog sich anfänglich für 40 Tagen in die Wüste zurück und wurde vom Teufel versucht, der ihm Wohlstand, Weltherrschaft und die Fähigkeit des Fliegens versprach – wenn er denn ihn, den Teufel anbete. Lockte er damals nicht mit ähnlichen Versuchungen, wie sie die Energie des Erdöls uns heute bietet? Wir haben unseren Lebensradius unwahrscheinlich erweitert, fliegen rund um den Erdball und aus der Schutzhülle der Atmosphäre in den Weltraum. Zumindest in den Ländern der sogenannten Ersten Welt haben wir Nahrung im Überfluss und gebieten über imposante technisch-industrielle Kräfte. Vieles davon beruht auf der Ausbeutung der Ressource Erdöl. Sind uns nicht genau die Möglichkeiten beschert, die der biblische Text damals im Fokus hatte? Um nicht falsch verstanden zu werden:

1| Mt 5–7.

Nicht das Erdöl ist des Teufels, es ist ein überaus wertvoller Stoff. Erst unser gedankenloser, verschwenderischer Gebrauch ist des Teufels.

Haben Sie einen Lieblingsbaum? Ich habe mit meinem ein Zwiegespräch geführt, er steht im Arvenwald von Tamangur (Bergrede des Geschwister-Baums.) Auf biologischer Ebene gelingt dieser Austausch in jeder Sekunde: Wir leben dank des Kreislaufes Bäume – Pflanzen – Mensch. Pflanzen und Bäume nehmen CO_2 auf und produzieren Sauerstoff. Dieser dient uns als Lebensodem, den wir erneut als CO_2 ausstoßen. Jeder Mensch hat damit einen Zwilling, mit dessen Atmung er verbunden ist. Wir leben gemeinsam, als Tandem. Mein Ausatmen ist Einatmen der Bäume – und umgekehrt. In Wirklichkeit braucht es durchschnittlich acht Bäume, um den Sauerstoffbedarf eines Menschen zu decken.

Gras bildet gewöhnlich den Untergrund, achtlos treten wir darüber hinweg. In Wirklichkeit stellen Gräser wahre Wunderwerke dar. Sie wachsen auch noch in höchster Höhe. Jesus bewundert sie in seiner Bergrede: Gras und dessen Blüte ist für ihn Sinnbild für göttliche Sorglosigkeit, für Kraft, Stärke, ja Glaube (Credo der Gräser).[2]

Liturgie der Alpen-Messe

Introitus – Das Raunen der Berge

Hört ihr unseren Klang? Es braucht Stille, um ihn zu erhorchen. Wir raunen von langen Zeiträumen und riesenhaften Kräften des Entstehens und Werdens. Wir zeugen von gewaltsamen Anfängen. Steine wispern Rat. Auf steinerne Tafeln geschrieben, sind die Gesetze des Lebens. Ihre erstaunliche Botschaft: Langsame, unbewegliche Zeugen des Wandels! Ein Hauch nur ein Jahr, vergänglich und unbedeutend ein Menschenleben.

Oder etwa doch nicht? Eingekerbt in die tektonische Platte des Piz Diavel beispielsweise der einzigartige Moment: Eine Dinosaurierherde überquert friedlich einen morastigen Meeresboden. Spuren wie von gestern. Geschehen vor 100 Millionen Jahren. Jetzt sichtbar auf 3000 Metern Höhe.

Welche Spuren hinterlasst ihr, als steinerne Altäre in den Himmel gereckt? Heute, jetzt?

---

[2] Mt 6, 28–30: »Betrachtet die Lilien des Feldes. Sie arbeiten nicht und spinnen nicht, und doch war auch Salomo in all seiner Pracht nicht gekleidet wie sie. Wenn aber Gott dieses bloße Gras, das heute steht und morgen in den Ofen geworfen wird, so kleidet, wird er das nicht viel mehr euch tun?«

Gloria – Das Rauschen der Wasser

Quellen, murmeln, fließen, strömen, gurgeln, sprudeln, rauschen, fluten, sich ergießen, brausen, brodeln, schäumen, toben, überschwemmen, wirbeln, wüten, wogen, rasen, branden, auslaufen, rinnen, plätschern, tröpfeln, versickern, versiegen.

Spiegeln, schillern, glänzen, reflektieren, leuchten, abbilden, wiedergeben.

Spiegel-Augen des Himmels mitten auf der Erde.

Leben wie Wasser. Hinter Schaum und Gischt lauert Verletzlichkeit, Leben, Stärke und – bisweilen, entfesselt durch das Klima-Ungleichgewicht – bedrohliche Gewalt.

Öl-Geflüster 1

Kommt, greift zu beim Teufelssaft Öl. Öl schenkt euch Leichtigkeit. Es spendet euch die Herrschaft über die Welt. Schaut nur: Alle Kulturen und Nationen, ja sogar die Religionen der Welt sind ihm verfallen, alle Regierungen beten es an. Seit Jahrzehnten schenkt es euch Menschen Wohlstand, Gesundheit, Reichtum und Macht. In Dünger verwandelt, ernährt es euch, sodass ihr euch fast ins Unermessliche vermehrt habt. Es hilft euch, den Menschheitstraum Fliegen zu verwirklichen. Euren Politikern verleiht es Macht, euren Technikern ist es Werkstoff, euch Konsumenten beschert es Dinge ohne Ende. Dank Öl führt ihr Kriege, angetrieben von der Begierde danach führt ihr Feldzüge. Gebt es zu: Alle beten mich an – und diejenigen, die über mich verfügen. Ich gewähre Macht und Reichtum.

Ihr wollt es nicht wahrhaben, aber bald einmal werde ich zu Ende gehen, löse mich auf – wie steht ihr dann da? Verwöhnt, verführt, zahlreich wie Sand am Meer, hungrig, abhängig, ohne Alternativen ... Doch nicht genug: Vorher beeinträchtige ich eure Atmosphäre, die verletzliche Klimahülle, eure von Gott geschenkte Heimat. Was wird euch bleiben? Ein verpestetes Klima, ausgesogene Vorräte, eine zu warme Welt?

Manche reden euch ins Gewissen – hört nicht darauf, sie sind zu sittsam, zu tugendhaft, zu puritanisch und überhaupt: anstrengend! Welchen Vorteil gewähren denn ihre Wege? Keinen! In Wirklichkeit verbieten sie euch nur euren Spaß und alle Freude am Leben. Moralinsaure Moralpauke, das ist es, was sie bieten. Zu Fuß gehen, soll Spiritualität beinhalten? Dass ich nicht lache! Verherrlichung von erbärmlicher Rückständigkeit und Elend. Zu Fuß gehen, zeigt nur eines: verächtliche Armut. Es lebe der Rausch der Geschwindigkeit. Er zeigt, was ihr seid: Götter!

Bergrede des Wanderpredigers

Hier hinauf gelangt man nur aus eigener Kraft – folgt mir nach. Ich bin zu Fuß unterwegs – verkauft eure Luxuslimousinen. Ich residiere nicht in ölgeheizten oder gekühlten Villen – macht's nach. Ich gehe und schweife durch Felder und Hügel – tut es mir gleich. Baut euch CO_2-neutrale Häuser und Autos. Lebt einen enkeltauglichen Lebensstil. Verwurzelt euch im Erdreich. Alles, was ihr tut, gerät euch dann wohl.

Öl-Geflüster 2

Ich bin das Blut der Dinosaurier und der Urwälder, ich bin ein Teufelssaft. Was aber, wenn ich mich euch entziehe? Dann steht ihr vor dem Abgrund.

Traut nicht allein auf mich, baut nicht allein auf mein Fundament. Ich dauere nicht ewig. Seht euch vor, lasst euch nicht täuschen. Merkt ihr denn nicht: Ich mache euch reich, um euch arm zu machen. Ich schenke euch glitzernde Dinge, die versprechen, den Himmel auf die Erde zu holen, doch sie machen nicht satt. Verloren im Dschungel der tausend Dinge, die es zu haben gibt, verliert ihr das Sein. Ihr sterbt den Tod am Öl allein.

Ich flüstere es nur, damit niemand mich hört: Ich bin der – glänzende – Verführer. Ich bin Segen und Fluch zugleich. Gebraucht mich mit Maß und Verstand, lasst euch nicht verbrauchen.

Bergrede vom Geschwister-Baum

Gewachsen, nicht gemacht. Hingeweht, nicht gepflanzt. Wir zählen jedes Jahr. Wir sind das Gedächtnis von Jahrhunderten. Sind Wurzel, Stamm, Ast, Krone und Laub.

Ich zum Beispiel wachse hier seit 600 Jahren. Meine Krone reicht in die Lüfte. Vögel des Himmels nisten darauf. Meine Wurzeln reichen in die Unterwelt – Mineralien der Erde durchfluten und ernähren mich. In meinen Adern fließt der Schatz im Acker. Mich ernährt Mutter Erde – so wie dich.

Ich verwandle deinen Hauch in neuen Atem. Du und ich – wir sind ein Paar: Ich bin dein Geschwister-Riese. Zu jedem Menschen gehört ein Baum. Ich bin deine stämmige Frage: Sind deine Wurzeln genügend tief? Ist dein Wuchs auch unbeugsam? Reckst du deine Antennen – Haare und Finger – auch wirklich stolz in den Himmel? Bilden deine Laubblätter oder Nadeln im Austausch mit der Luft Kraftwerke heiliger Lebensenergie? Übrigens: Jedes meiner Laubblätter ist einzigartig gezeichnet. Wie lebst du deine Fingerbeeren? Aus welchem Holz bist du geschnitzt, in welcher Erde wurzelst du?

Credo der Wiesen und Gräser

Biegsam und dennoch stärker als härtestes Holz. Stürme können uns nicht brechen – wir geben nach. Im Herbst vergehen wir, um vom Winter nicht gefällt zu werden. Im Frühjahr auferstehen wir zum zarten Tanz der beugsamen Stärke. Wir überleben überall: in höchsten Gebirgswüsten, in den Ritzen des Asphalts, im Dschungel der Stadt. Zumeist trittst du achtlos auf uns herum. Wir waschen und streicheln dabei deine Füße. Der Barfuß-Messias hat das Demut genannt. Hast du unser Geschenk schon einmal bewusst gespürt? Versuch es doch. Ertaste auf uns die Kraft der Auferstehung.

Das Lied der Feuer-Lilie

Schöner als Madonna und Prince, als Penelope Cruz oder Britney in ihrem neuesten Kleid von Dior, schöner als Salomo in all seiner Pracht – bin ich, die Lilie vom Feld. Wie mir das gelingt? Ich verberge meine Vergänglichkeit nicht. Vergänglich und verletzlich bin ich schön. Du verehrst in mir den Triumph über den Tod – und schaudernd erahnst du mein baldiges Fallen. Denn morgen bin ich tot, verwelkt, verschwunden, wieder zurückgekehrt zu meinen Wurzeln. Dennoch blühe ich sorglos. Es gibt kein Scheitern. Es gibt nur Werden, Sein und Vergehen.

Fürbitten zu singen

Pflegst du mich, ernähre ich dich. Erhalte mich, so trag' ich dich. Ich, die Erde bitte euch: Ihr seid meine Kinder, werdet weise. Ihr seid meine Kinder, spürt die Angst vor dem großen Wechsel, den ihr bewirkt, vor dem großen Wind, den ich errege, dem Feuersturm, den ihr in Brand setzt. Ihr seid meine Kinder, sorgt vor. Ihr seid meine Kinder, nicht meine Herren. Werdet endlich erwachsen!

Der Segen der Wolken

Wir ziehen, wohin es uns zieht. Sind wir getrieben oder treiben wir? Wir sind, wo wir sein werden. Wir werden und vergehen. Dampf steigt auf, bildet uns, regnet aus, löst uns auf und wir verschwinden. Gesegnet, wer keine blutigen Spuren hinterlässt. Wer Wind sät, wird Sturm ernten. Gesegnet, wer keinen Wind sät.

Joachim Vobbe

Schöpfungslied
In deiner Schöpfung birgt sich dein Gesicht

1. In deiner Schöpfung birgt sich dein Gesicht,
in stiller Ordnung, die den Kosmos hält,
in Pflanze, Tier und Vielfalt dieser Welt.
Was du geschaffen hast, verlässt du nicht.

2. Welt ist nicht nur, was Menschenaugen sehn,
und Ordnung mehr, als wir davon verstehen.
Anfang und Ziel – dir, Einziger, gehört's,
denn größer bist du Gott, als unser Herz.

3. Im Brot und Wein enthüllst du dein Gesicht.
In dem, was wir gesät auf unserem Feld,
kommt Christus, deine Liebe, in die Welt.
Du lässt dein pilgernd Volk verhungern nicht.

4. Brot bleibt nicht Brot und Wein bleibt nicht nur Wein:
Dein Kind macht Schwaches stark und Großes klein.
Auflebt die Saat, der Keim treibt himmelwärts,
Denn größer bist du, Gott, als unser Herz.

5. Im Menschenantlitz schaun wir dein Gesicht.
In seinen Wunden und in seiner Angst
zeigst du, dass du um Heilung mit uns bangst.
Du löschst die schwache Glut des Dochtes nicht.

6. An unsren Kreuzen bleibt die Sehnsucht heil:
Wir nehmen, Gott, an deinem Leben teil.
Schuld bleibt nicht Schuld und Schmerz ist nicht mehr Schmerz,
denn größer bist du, Gott, als unser Herz.

Brigitte Enzner-Probst

Feuer, Erde, Wasser, Luft – Elemente des Lebens feiern[1]

Eine Schöpfungs-Frauenliturgie

Einführung

Die vier Elemente: Feuer, Erde, Wasser, Luft sind Urkräfte unseres Lebens. Sie sind um uns als Gebirge, Acker und Land, die uns tragen und nähren. Als Flüsse und Seen, als Wind und Sturm, als Sonnenschein und feuerspeiende Berge. Und wir haben die vier Elemente in unserem Körper: Knochen, Haut und Muskeln, unser fließendes Blut, unsere Körperwärme, unseren Atem.

Feuer, Erde, Wasser und Luft, die Grundlagen unseres Lebens, schreien heute wie damals den Todesschrei der Natur: »Wir stinken schon nach Pest und vergehen vor Hunger nach der vollen Gerechtigkeit« (Hildegard von Bingen).

In der folgenden Liturgie sollen die missbrauchten Elemente und damit das Leben selbst gefeiert und geehrt werden. Wir holen sie in unsere Mitte und erinnern uns an ihre Heilkräfte, durch die Gott in unser Leben wirkt.

Ablauf der Liturgie

Einzug

Jede Gottesdienstteilnehmerin bekommt am Eingang eine Blume. In einer Kette, die Blume in der linken Hand, die rechte Hand auf der linken Schulter der Vorderfrau, ziehen alle, von fröhlicher Einzugsmusik begleitet, in den Gottesdienstraum ein, finden sich in einem Kreis. In dessen Mitte steht eine große Vase. Zu dieser Mitte hin liegen vier große Seidenstoffbahnen in den Farben der vier Elemente. Sie kommen aus den vier Himmelsrichtungen: Feuer (rot) = Süden; Wasser (blau) = Westen; Erde (braun oder grün) = Norden; Luft (hellblau) = Osten.

---

1 | Nach einer Liturgie in: Brigitte Enzner-Probst/Andrea Felsenstein-Roßberg (Hg.), Wenn Himmel und Erde sich berühren, Texte, Lieder und Anregungen für Frauenliturgien, Gütersloh 1993, 222–231.

Begrüßung

Ich begrüße euch herzlich. Als Zeichen der Einmaligkeit jeder Einzelnen und der Verbundenheit miteinander bitte ich jede von euch, ihre Blume in die große Vase zu stecken.

Eröffnung

Alles durchdringst Du, die Höhen, die Tiefen und jeglichen Abgrund.
Du bauest und bindest alles.
Durch Dich träufeln die Wolken, regt ihr Schwingen die Luft.
Durch Dich birgt Wasser das harte Gestein, rinnen die Bächlein und quillt aus der Erde das frische Grün.
Du auch führest den Geist, der Deine Lehre trinkt, ins Weite.
Wehest Weisheit in ihn und mit der Weisheit die Freude.[2]

Tanz

Dieser Tanz richtet unsere Aufmerksamkeit auf die vier Himmelsrichtungen und auf die vier Elemente.

Kanon zu 4 Stimmen: »Jeder Teil dieser Erde«

Wir stellen uns im Kreis oder lose im Raum verteilt auf, ohne Handfassung. Auf jede Zeile des Kanons gehen wir vier langsame Schreitschritte vorwärts oder zurück zu unserem Ausgangspunkt. Wir wenden uns dabei nacheinander jeder Himmelsrichtung zu und laufen dadurch eine Kreuzform.

Jeder Teil dieser Erde
4 Schritte zur Mitte, rechts beginnend, dabei langsam die Arme heben

Sei deinem Volk heilig
4 Schritte zurück zum Ausgangspunkt, rechts beginnend, dabei langsam die Arme senken, eine viertel Drehung nach rechts; wir blicken in die nächste Himmelsrichtung

Jeder Teil dieser Erde
4 Schritte zur Mitte, rechts beginnend, dabei langsam die Arme heben

Sei deinem Volk heilig
4 Schritte zurück zum Ausgangspunkt, rechts beginnend, dabei langsam die Arme senken, eine viertel Drehung nach rechts; wir blicken in die nächste Himmelsrichtung
Die Kreuzform ist vollendet, wenn der Kanon zwei Mal gesungen wurde.

---

2 | Hildegard von Bingen (1098–1179), An den Heiligen Geist.

Einführung
Die Leiterin führt in das Thema des Gottesdienstes ein.
Begrüßung und Heiligung der Elemente

Anrufung – Elementegruppe Feuer
Einige Frauen aus dem Vorbereitungskreis treten vor zur roten Seidenbahn, blicken in die Richtung Süden und sprechen im Chor:

Wir rufen Euch,
Ihr Kräfte des Feuers,
Ihr Kräfte des Südens,
Ihr Kräfte des Sommers.

Eine Frau bringt eine Ölflamme entlang der roten Seidenbahn herein, stellt sie in die Mitte.
Einzelne: Heilig ist das Feuer, das Gott erschaffen hat. Heilig ist die Kraft der Sonne, die mit wärmenden Strahlen das Leben hervorlockt, es wachsen und reifen lässt.
Heilig ist das Licht, das die Dunkelheit vertreibt, der helle Tag, in dem das Leben tanzend hervorbricht.
Ich staune über die Kraft des Feuers. Es ist die Kraft der Wandlung. Sie brennt Ton zu festen Gefäßen, backt Brot im Offen und schmilzt Gold aus der Schlacke.
Das Feuer birgt die Kräfte der Lust, der Leidenschaft und Sinnlichkeit. Es weckt meine Lebendigkeit und bringt mich zum Strahlen.
Alle: Heilig ist das Feuer, das uns wärmt in der Kälte und uns Licht gibt im Dunkeln.
Musik: Orgel- oder Trommelimprovisation zum Thema »Feuer«.

Anrufung – Elementegruppe Wasser
Einige Frauen aus dem Vorbereitungskreis treten vor zur blauen Seidenbahn, blicken in Richtung Westen und sprechen im Chor:

Wir rufen Euch,
Ihr Kräfte des Wassers,
Ihr Kräfte des Westens,
Ihr Kräfte des Herbstes.

Eine Frau trägt einen Glaskrug mit Wasser herein und bringt ihn entlang der blauen Seidenbahn zur Mitte, wo sie Wasser in eine Schale gießt.

Einzelne: Heilig ist das Wasser, das Gott erschaffen hat. Heilig sind die Quellen, die aus der Erde hervorsprudeln und sie tränken, die die Pflanzen sprießen und grünen lassen und den Durst der Tiere stillen. Heilig sind die Flüsse, Seen und Meere, in denen Gott das lebensspendende Wasser bewahrt. Heilig ist das Wasser, das mich belebt, erfrischt und reinigt. Seine fließenden Kräfte lehren mich, Altes loszulassen, Neue zuzulassen. Es begleitet meine Gefühle und umhüllt und schützt das Leben in mir.
Alle: Heilig ist das Wasser, das in Luft, Erde und im Menschen zugegen ist.
Musik: Harfe- oder Gitarrenimprovisation zum Thema »Wasser«

Anrufung – Elementegruppe Erde
Einige Frauen der Vorbereitungsgruppe treten vor zur braunen/grünen Seidenbahn, blicken in Richtung Norden und sprechen im Chor:

Wir rufen Euch,
Ihr Kräfte der Erde,
Ihr Kräfte des Nordens,
Ihr Kräfte des Winters.

Eine Frau bringt eine Schale mit Erde entlang der braunen/grünen Seidenbahn zur Mitte.
Einzelne: Heilig ist die Erde, die unseren Schritten Festigkeit und Halt gibt. Kostbar ist ihre Fruchtbarkeit, ihr unendlich kunstvoll verflochtenes Gewebe des Lebens, in die die Saat aller Kräuter und Pflanzen gelegt ist, die uns ernähren und stärken, die Atemluft, Duft und Schönheit schenken. Heilig ist die Erde, deren Rhythmen von Werden und Vergehen auch mein Leben prägen. Sie nährt und schützt uns und nimmt Mensch, Tier und Pflanze im Tod wieder in ihren Schoß auf.
Alle: Heilig ist die Erde, auf der immer wieder neues Lebens entsteht.
Musik: Orgel- oder Trommelimprovisation zum Thema »Erde«

Anrufung – Elementegruppe Luft
Einige Frauen der Vorbereitungstruppe treten vor zur hellblauen Seidenbahn, blicken in Richtung Osten und sprechen im Chor:

Wir rufen Euch,
Ihr Kräfte der Luft,
Ihr Kräfte des Ostens,
Ihr Kräfte des Frühlings.

Eine Frau trägt einen Fächer entlang der hellblauen Seidenbahn zur Mitte.

Einzelne: Heilig ist die Luft, Atem, Windbraus des Lebens. Ringsum umgibt sie mich, durchdringt mich, in jedem Atemzug strömt sie in mich ein und aus. Alles Lebendige atmet in ihr. Ihre Atemluft, fein bereitet aus Blattgrün und Licht, erhält uns am Leben. Heilig die Luft, die mich erfrischt und belebt, mit ihrer Würze erquickt und ihrem Duft erfreut. Heilig ist die Luft, die uns leicht macht und beschwingt, dass wir aufrecht gehen können und tanzen und singen.
Musik: Harfen- oder Gitarrenimprovisation zum Thema »Luft«
Eine: Der Kreis ist gebildet. Die Elemente sind in unserer Mitte.
Lied: »Luft bin ich«[3]

Erfahrung der heilenden Kräfte der Elemente – Erde
Eine: Wir wenden uns jetzt den einzelnen Elementen zu und wollen sie genauer wahrnehmen und erfahren.
Eine: Die Erde trägt uns sicher und fest. Wir können auf ihr stehen, liegen oder sitzen. Wir können auf ihr gehen, stampfen und tanzen. Die Erde schenkt uns auch ihre Energien. Energien für unser Leben, für die Arbeit und für die Lust.
Stehmeditation: Ich bitte Euch, Euch so hinzustellen, dass die Füße etwa hüftbreit stehen. Lockert die Fußgelenke, die Kniegelenke, das Becken. Prüft die Beweglichkeit des Rückgrats und die Lockerheit der Schultern.
Schließe jetzt Deine Augen, wenn Du magst. Nimm Deinen Atem wahr. So, wie der Atem jetzt kommt und geht, ist es gut.
Ich stelle mir vor: Aus meinen Fußsohlen wachsen Wurzeln in die Erde. Mit jedem Ausatmen dringen sie tiefer in das Erdreich vor. Ich stelle mir jetzt vor, wie ich mit meinen Wurzeln Kraft aus dem Boden ziehe. Mit jedem Einatmen ziehe ich mehr Kraft in mich hoch ... über die Füße ... das Becken ... den Bauch ... in die Brust. Bis in die Hände ... in den Kopf. Ich atme tief ein und aus. Ich genieße die Energie in meinem Körper ...
Ich lasse jetzt langsam wieder die Energie in die Wurzeln und in die Erde zurückfließen ...
Bewegt Euch langsam, streckt Euch, und öffnet langsam die Augen.
Lied: »Jeder Teil dieser Erde«
Zuerst ansummen, dann langsam zu singen beginnen.

Erfahrung der heilenden Kräfte der Elemente – Feuer
Eine: Die Kraft des Feuers steht für Verwandlung. Es bäckt den Teig zu Brot, es brennt den geschmeidigen Ton zu festen Gefäßen. Feuer schafft Neues. Es

---

3 | Aus: Wenn Himmel und Erde sich berühren, Liedheft, Gütersloh 1993, Nr. 77, 197.

kann auch negative Energien wandeln. Diese Wandlungskraft wollen wir für uns nutzen.

Eine: Ich bitte Euch, Euch in Dreiergruppen zusammenzusetzen und darüber zu sprechen, was Euch hindert, Eure Wünsche zu verwirklichen. Welche Verhaltensweisen sind mir hinderlich, wenn ich mich neuen Lebensmöglichkeiten öffnen will?
Bitte schreibt etwas davon auf die bereitgelegten Zettel.
Wir werden sie in einem symbolischen Akt verbrennen.
Die Energie, die dabei entsteht, geht nicht verloren, sondern bleibt als Wärme und Licht im Raum.

Erfahrung der heilenden Kräfte der Elemente – Luft

Kanon: »Der Himmel geht über allen auf«
Eine: Luft steht für Gedanken, Ideen, Visionen. Sie sind Teil unserer Lebenskraft. Wir können mit ihnen spielen. So bleiben wir lebendig.
Eine: Auch wir können es wieder lernen, mit unseren Wünschen zu spielen, neue Visionen zu entdecken. Wichtig ist der Freiraum des Spielens. Die Umsetzung in die Realität erwächst daraus.
Luftballons austeilen. Jede bläst einen auf. Freies Spiel zu beschwingter Musik.
Luftballons mit Wünschen/Visionen beschriften.
Lied: »Luft bin ich«[4]

Erfahrung der heilenden Kräfte der Elemente – Wasser

Eine: Wasser erneuert und stärkt uns. Wir brauchen Kraft und Frische für den Aufbruch. Quellen auf unserem Weg. Wasser ist weich und höhlt doch den Stein. Wir wünschen uns diese gelöste Beharrlichkeit als Wegbegleitung.
Die Hände in frisches Wasser (Schüssel) tauchen; sich gegenseitig frisches Wasser zu trinken geben.
»*Segen*«:
Möge dein Weg dir freundlich entgegenkommen, Wind dir den Rücken stärken, Sonnenschein deinem Gesicht viel Glanz und Wärme geben.
Der Regen möge deine Felder tränken und bis wir beide, du und ich, uns wiedersehen, halte Gott schützend dich in seiner hohlen Hand.

---

4 | Liedheft, ebd., Nr. 77, S. 197

Brigitte Enzner-Probst

Das aramäische Vaterunser
Ein kosmisches Gebet

Das Vaterunser ist das Gebet, das Jesus von Nazareth die gelehrt hat, die mit ihm auf seinem Weg als Wanderprediger mit umherzogen.

Es ist ein Gebet der kosmischen Weite und globalen Perspektive. Schon mit seinem Beginn nimmt es die Betenden hinein in den Horizont des kosmischen Schöpfungsprozesses. Es spricht von einem weltweiten »Uns«, das wir erst jetzt zu realisieren beginnen. Wir sollten uns dessen stärker als bisher bewusst werden. Gerade als Christinnen und Christen sollten wir demütiger als bisher uns in diesen weiten Horizont einordnen.

Der folgende Text ist aus der Rückübersetzung des griechischen Textes in die aramäische Sprache entstanden. Neil Douglas-Klotz hat aus vielen Übersetzungsmöglichkeiten diese folgende ausgewählt. In seinem Buch »Das aramäische Vaterunser« lassen sich die Varianten und die aramäische Schriftform nachlesen.[1] Die uns vertraute Übersetzung ist jeweils eingerückt abgedruckt.

Das aramäische Vaterunser

Vaterunser im Himmel
O Du, atmendes Leben in allem, Ursprung des schimmernden Klanges. Du scheinst in uns und um uns, selbst die Dunkelheit leuchtet, wenn wir uns erinnern.

Dein Name werde geheiligt.
Hilf uns einen heiligen Atemzug zu atmen, bei dem wir nur Dich fühlen – und Dein Klang in uns erklinge und uns reinige.

Dein Reich komme.
Lass Deinen Rat unser Leben regieren und unsere Absicht klären für die gemeinsame Schöpfung.

Dein Wille geschehe wie im Himmel so auf Erden.
Möge der brennende Wunsch Deines Herzens Himmel und Erde vereinen durch unsere Harmonie.

Unser tägliches Brot gib uns heute.

---

[1] Vgl. Neil Douglas-Klotz, Das aramäische Vaterunser, Meditationen und Körperübungen zum kosmischen Jesusgebet, München 2007.

Gewähre uns täglich, was wir an Brot und Einsicht brauchen: das Notwendige für den Ruf des wachsenden Lebens.
Und vergib uns unsere Schuld, wie auch wir vergeben unseren Schuldigern.
Löse die Stränge der Fehler, die uns binden, wie wir loslassen, was uns bindet an die Schuld anderer.
Und führe uns nicht in Versuchung, sondern erlöse uns von dem Bösen.
Lass oberflächliche Dinge uns nicht irreführen, sondern befreie uns von dem, was uns zurückhält.
Denn dein ist das Reich und die Kraft und die Herrlichkeit in Ewigkeit. Amen.
Aus Dir kommt der allwirksame Wille, die lebendige Kraft zu handeln, das Lied, das alles verschönert und sich von Zeitalter zu Zeitalter erneuert.
Wahrhaftige Lebenskraft diesen Aussagen!
Mögen sie der Boden sein, aus dem alle meine Handlungen erwachsen.
Besiegelt im Vertrauen und Glauben. Amen.

Eine andere Fassung der Rückübersetzung

O Gebärer(in), Vater-Mutter des Kosmos,
Bündele Dein Licht in uns – mache es nützlich:
Erschaffe Dein Reich der Einheit jetzt.
Dein eignes Verlangen wirkt dann in unserem – wie in allem Licht, so in allen Formen.
Gewähre uns täglich, was wir an Brot und Einsicht brauchen.
Löse die Stränge der Fehler, die uns binden, wie wir loslassen, was uns bindet an die Schuld anderer.
Lass durch oberflächliche Dinge uns nicht irreführen, sondern befreie uns von dem, was uns zurückhält.
Aus Dir kommt der allwirksame Wille, die lebendige Kraft zu handeln, das Lied, das alles verschönert und sich von Zeitalter zu Zeitalter erneuert.

Amen.

Charta Oecumenica

»Schöpfungszeit«
Die neue Kirchenjahreszeit

Die Gestaltung eines besonderen Schöpfungstages oder einer im Kirchenjahr fest verankerten Schöpfungszeit ist eine ökumenische Initiative und stammt aus orthodoxer Tradition.[1] Bereits 1989 schlug der Ökumenische Patriarch in Konstantinopel vor, dass der 1. September, mit dem das orthodoxe Kirchenjahr beginnt und der der Schöpfung gewidmet ist, zum europäischen Schöpfungstag erklärt wird. Dies wurde aufgenommen in der 2001 von vielen Kirchen unterzeichneten Charta Oecumenica.[2] In der Leitlinie 9 »Schöpfung bewahren« heißt es: »Wir empfehlen, einen ökumenischen Tag des Gebets für die Bewahrung der Schöpfung in den europäischen Kirchen einzuführen.«[3] Die Dritte Europäische Versammlung 2007 in Hermannstadt/Sibiu hat dies bedacht und vorgeschlagen, mit dem orthodoxen Schöpfungstag zu beginnen, das Erntedankfest zu begehen und die Schöpfungszeit mit dem Tag des Franz von Assisi zu beenden.

»Wir empfehlen, dass der Zeitraum zwischen dem 1. September und 4. Oktober dem Gebet für den Schutz der Schöpfung und der Förderung eines nachhaltigen Lebensstils gewidmet wird, um den Klimawandel aufzuhalten.«[4]

Innerhalb dieses Zeitraums legen die Kirchen und Gemeinden fest, welcher Tag oder welche Tage sich für eine Schöpfungszeit am besten eignen könnten.

Beim Zweiten Ökumenischen Kirchentag 2010 in München hat die Arbeitsgemeinschaft Christlicher Kirchen in Deutschland einen zentralen ökumenischen Schöpfungstag ausgerufen, der jährlich stattfinden soll. Dieser wird seit 2010 stets am zweiten Freitag im Monat an verschiedenen Orten in Deutschland gefeiert.[5] Somit stehen Schöpfungstag und Schöpfungszeit in der Tradition des Konziliaren Prozesses für Gerechtigkeit, Frieden und Bewahrung der Schöpfung. Dieser Prozess wurde 1983 bei der sechsten Vollversammlung des Ökumenischen Rates der Kirchen in Vancouver angeregt.[6]

---

1 | Vgl. www.kirchliche-dienste.de/themen/92/1461/0/0/0.htm [Zugriff: 1.8.2012].
2 | Nähere Informationen zur Charta Oecumenica finden sich unter www.oekumene-ack.de/Charta-Oecumenica.17.0.html [Zugriff: 1.9.2012].
3 | www.oekumene-ack.de/uploads/media/charta-oecumenica.pdf [Zugriff; 1.9.2012].
4 | www.schoepfungstag-hessen.de/geschichte/ [Zugriff: 1.9.2012].
5 | Vgl. www.oekumene-ack.de/Tag-der-Schoepfung.24.0.html [Zugriff: 1.8.2012].
6 | Vgl. www.kirchliche-dienste.de/themen/92/1461/0/0/0.htm [Zugriff:1.9.2012].

Schon auf der Ersten ökumenischen Europäischen Versammlung in Basel 1989 wurde betont:

»Zur Glaubwürdigkeit von Kirchen und Christen gehört auch ihr Engagement für die Bewahrung der Schöpfung. Heute führt besonders der Klimawandel vor Augen, dass die drei Aspekte des Konziliaren Prozesses – Gerechtigkeit, Frieden und Bewahrung der Schöpfung – zusammengehören. Von seinen Auswirkungen sind Menschen, die ihn am wenigsten verursacht haben, besonders stark betroffen: Arme und Angehörige zukünftiger Generationen. Der Klimawandel ist also auch ein Gerechtigkeitsproblem. Die entstehenden Knappheiten an fruchtbaren Böden und Wasser bedrohen vielerorts den Frieden und führen schon zu ersten Kriegen. Schöpfungsbewahrung heißt in diesem Sinne also, der Gerechtigkeit zu dienen und den Frieden zu erhalten.«[7]

7| www.kirchliche-dienste.de/themen/92/1461/0/0/0.htm [Zugriff:1.9.2012].

Netzwerke und Projekte

Marie Luise Stiefel

Zukunftswerkstatt Schloss Tempelhof
Lebensgemeinschaft und Ökologie des Herzens

»Ein Leben in Verbundenheit,
mit der Kraft, die uns alle bewegt,
mit der Schöpfung, die all das hervorgebracht,
mit dem Geist, der in uns lebt.
Das ist die Sehnsucht, die uns berührt.
Das ist die Sehnsucht, die uns zusammenführt.
Tempelhof, Dich zum Leben erwecken,
Deine Kraft neu entdecken,
Du bist wie eine Tür, Tempelhof,
Menschen Heimat zu geben,
für ein sinnvolles Leben,
dafür brennen wir.«[1]

Die Zukunftswerkstatt Schloss Tempelhof ist eine im Jahr 2010 entstandene ökologische Lebensgemeinschaft von inzwischen 75 Erwachsenen und 23 Kindern im äußersten Nordosten von Baden-Württemberg.

Wie bin ich dazu gekommen, mich dort einzulassen?

»Ich suche meinen Stamm« – so habe ich viele Jahre meine innere Unruhe und mein Sehnen umschrieben. Obwohl ich meine Wohnung über alles liebte, meine Arbeit mich lange Zeit erfüllte, war unterschwellig immer ein grundlegendes, mir nicht erklärliches Gefühl von Vorläufigkeit. Mich trieben – beruflich und persönlich – die Fragen um: Wie kommt Neues in die Welt? Wie kommen wir aus den gewohnten Denkrillen heraus? Wie gelingt gelingendes Leben?

Eines Tages habe ich aus einem inneren Impuls heraus mit schlafwandlerischer Sicherheit meinen gut bezahlten unkündbaren Leitungsjob gekündigt, ohne zu wissen, was ich dann mache. Da war ich 56. Es gab in mir ein grundlegendes Vertrauen ins Leben, ein Wissen, dass ich nicht verloren gehe. Ich wurde Freiberuflerin, lernte neue Szenen kennen, entdeckte, wie viele Menschen materiell prekär, aber sinnerfüllt ihren individuellen Weg gingen.

---

[1] Aus dem Tempelhof-Lied von Rike, einer Dorfbewohnerin.

2010 war ich dabei, mit drei anderen Menschen ein Haus für eine WG zu suchen, als ich durch sie vom Tempelhofprojekt hörte. Die etwa zwanzigköpfige Gründergruppe hatte zu einer ersten Informationsveranstaltung eingeladen und suchte weitere Mitglieder, um dieses große Projekt anzupacken. Wir fuhren alle Vier dorthin.

Ich kann sagen: Ich kam, sah und blieb! Ohne irgendein Zaudern, ohne den kleinsten Zweifel. Das seit fast 20 Jahren unter aller oberflächlichen Zufriedenheit liegende Grundgefühl des »Nochnichtangekommenseins« war schlagartig weg. Ich habe meinen Stamm gefunden. Die freiberufliche Solo-Tätigkeit war, im Nachhinein gesehen, eine notwendige Zwischenphase, ohne die ich für ein Projekt wie Tempelhof nicht offen, bereit und in der Lage gewesen wäre.

Jetzt bin ich 61 und lebe die dichteste, glücklichste und freieste Zeit meines Lebens. Ich fühle mich als Teil eines Lebensstroms, einer evolutionären Entwicklung, der ich mit allem, was ich kann und habe, zur Verfügung stehe. Alles, was ich je im Leben gelernt habe, kann ich hier einsetzen. Sogar Traktorfahren! Was ich mir sehnlich gewünscht habe – die Einheit von Arbeit und Leben, von Kopf, Herz und Hand; die Verbindung von Spiritualität und Wirken in der Welt; Gesprächsräume, in denen sich kollektive Intelligenz zeigen kann – hier erfüllt sich alles. Und Vieles, was ich immer auch noch gerne gemacht hätte in meinem Leben, kommt an Möglichkeiten wie von selbst auf mich zu.

Ich bin in die Betreuung unserer zahlreichen Gäste eingestiegen, weil es nötig war und ich schon immer mal gerne »Hausmutter« gewesen wäre. Ich habe Organisationsstrukturen mitentwickelt und aufgebaut, weil ich das kann und mich das soziale Miteinander am meisten interessiert. Ich bin Teil des Teams, das im Rahmen unseres Seminarhauses Kurse mit den Schwerpunkten Gemeinschaftsbildung, Kommunikations- und Persönlichkeitsentwicklung anbietet, Symposien zu zivilgesellschaftlich wichtigen Themen durchführt und kulturelle Veranstaltungen organisiert. Und jetzt werde ich auch noch Schulgründerin.

Alles, was ich mache, egal an welcher Stelle, macht Sinn – weil es ein Beitrag zur Verwirklichung einer von mir gewählten größeren Vision ist.

Übrigens: Während ich das schreibe, höre ich den Gong, der mich jetzt zum Mittagessen ruft in unserer Kantine. Ich habe gleich ein frisch gekochtes leckeres Essen mit Salat und Gemüse von unseren Feldern auf dem Teller, vielleicht auch Ziegenkäse aus unserer Käserei, Brot vom eigenen Getreide und frisch geschleuderten Honig.

Geschichte des Projektes

Im Jahr 2000 gab es weltweit rund 100 000 Ökodörfer, heute sind es etwa eine Million. Und eines davon ist die Zukunftswerkstatt Schloss Tempelhof.

20 Menschen aus vielfältigen Gesellschafts-und Weltanschauungsrichtungen hatten drei Jahre lang intensiv an einer Vision vom gemeinschaftlichen Leben gearbeitet und über eine ökologisch nachhaltige, sozial gerechte und sinnerfüllte menschliche Daseinsform nachgedacht. Ziele sind die Selbstversorgung mit Lebensmitteln auf der Grundlage einer nachhaltigen Bodenbewirtschaftung, autarke Energieversorgung und eine sich selbsttragende solidarische Ökonomie. Ein Leben als Teil der Natur, in Achtung und Respekt vor der Schöpfung.

Zu den Werten zählen u. a.: gemeinschaftlicher Einsatz für ein neues Wir, getragen von radikaler Selbstverantwortung und der Bereitschaft zur Selbstreflexion, All-Leader (also: kein »Chef« oder Guru an der Spitze), transparente offene Beziehungs-und Kommunikationskultur, Vielfalt an Weltanschauungen, in der gleichzeitig alle auf ihre je eigene Weise eine geistige Wirklichkeit anerkennen, die größer ist als unsere persönliche; ökonomische Transformation (unsere Wirtschaftsweise soll den Menschen dienen und lebensförderliche Prozesse anregen).

Es war derart schwierig, für dieses Vorhaben ein geeignetes Areal zu finden, dass die Gruppe fast aufgegeben hätte. Eine Google-Suche Anfang 2010 mit dem Stichwort »Dorf kaufen« brachte dann den Volltreffer: Tempelhof, ein alleinstehendes kleines Dorf mit Wohn- und Arbeitsmöglichkeiten für 150–200 Menschen. Tempelhof war im letzten Jahrhundert ein Kinderheim, in den 80er Jahren dann eine Behinderteneinrichtung. Zum Dorf gehören Wohnhäuser, Landwirtschaftsgebäude, ein Schloss aus dem 17. Jahrhundert in Gestalt eines großen Herrenhauses, eine Kapelle, eine Mehrzweckhalle mit Bühne, eine ehemalige Behindertenwerkstatt und zwei Großküchen. Es bietet mit 31 ha Land, davon 4 ha Baugrund und 27 ha Agrarland, Raum für gemeinschaftliches Wohnen und vielfältige Möglichkeiten für gewerbliche Betriebe und kreative Projekte. Innerhalb kurzer Zeit erweiterte sich die ursprüngliche Projektgruppe auf über 60 Erwachsene und 10 Kinder. Ende 2010 war der Kauf des Ganzen getätigt, bis April 2011 waren zwei Wohnhäuser soweit hergerichtet, dass der erste Schwung der Pioniere einziehen konnte. Es wurden Gewächshäuser aufgebaut, im Mai kamen 25 Ziegen, 50 Hühner und zahlreiche Bienenvölker dazu, im Juli 2011 wurde das Gäste-und Seminarhaus in Betrieb genommen, Photovoltaik kam auf die meisten Dächer und die Kantine, in der die gesamte Gemeinschaft verköstigt wird (wenn man das will), wurde erweitert.

Für 2012 sind zwei Neubauten für weitere 20 Erwachsene und 15 Kinder geplant. Privatbesitz an Grund und Boden gibt es nicht. Die gemeinnützige Schloss Tempelhof Stiftung hat die Liegenschaft erworben und per Erbpachtvertrag an die Schloss Tempelhof Genossenschaft vergeben. Zusätzlich wurde ein Verein als Träger für gemeinnützige und soziale Projekte gegründet. Das beschreibt die Entwicklung auf der äußeren Ebene.

Wir tun auch einiges für unsere innere Entwicklung. Gemeinschaft entsteht nicht automatisch, weil mehrere Menschen dasselbe wollen. Sie braucht Impulse und Raum, um gepflegt zu werden. Neben dem täglichen Morgenkreis während des Frühstücks, dem wöchentlichen Sozialplenum, das immer Mittwoch abends stattfindet und bei dem das Miteinander der Gemeinschaft Thema ist, finden sechsmal im Jahr die sogenannten Wir-Prozesse (Community Building nach Scott Peck) statt. Ohne vorgegebene Themen, ohne eine moderierende Begleitung, nur den Gesprächsempfehlungen von Scott Peck folgend, kommt das zur Sprache, was Einzelne aktuell bewegt. Dies ist ein Raum, in dem erfahren werden kann, wovon Gemeinschaft lebt und genährt wird: vom authentischen Sich-zeigen, vom aufrichtigen, aus dem Herzen kommenden Sprechen. Anfangs mochten viele von uns diesen Wir-Prozess nicht. Je öfter wir ihn jedoch praktizieren, desto schneller gelingt es uns, die Masken abzulegen und von der, um mit Buber zu sprechen, »Vergegnung« in die »Begegnung« zu kommen. Oft entsteht ein heiliger Raum! Das ist Seelenpflege für den WIR-Organismus des Tempelhofes.

Es ist uns zur Gewohnheit geworden, fast jede Besprechung, fast jede Sitzung mit einer kurzen gemeinsamen Stille und einer Befindlichkeitsrunde zu beginnen. Das hilft, sich auf das Gemeinsame einzuschwingen und einzustimmen. Die Qualität des Miteinanders ist danach eine andere. Es gibt einen siebenköpfigen Inneren Entwicklungskreis, der wie ein Seismograf seine Fühler in der Gemeinschaft hat und Themen aufspürt, die angeschaut werden wollen, entweder in Arbeits-und Projektgruppen, bei einzelnen Menschen oder in der gesamten Gemeinschaft. Entsprechend kreiert er dann den Raum für Feedback, für Gehörtwerden, für Begleitung, Coaching oder was immer hilfreich erscheint.

Schule für freie Entfaltung Schloss Tempelhof i. Gr.[2]

»Es wäre also an der Zeit, aufzuwachen und unsere Schulen in das umzuwandeln, was sie sein müssten: Werkstätten des Entdeckens und Gestaltens, Erfahrungsräume zur Entfaltung der in allen Kindern angelegten Potenziale, Begegnungsorte für das Voneinan-

---

2 | Zum Zeitpunkt des Schreibens dieses Beitrages ist das Genehmigungsverfahren noch nicht abgeschlossen.

der- und Miteinanderlernen, Basislager des Erlebens von gegenseitiger Achtung und Wertschätzung und des Gefühls, aneinander und miteinander über sich hinauswachsen zu können.«[3]

Schon bald, nachdem die ersten Familien eingezogen waren, entstand der Impuls, eine eigene, freie Schule aufzubauen. Kinder als sich selbst bildende Wesen darin zu begleiten, wie sie ihre Umwelt forschend begreifen und das ihnen innewohnende Potenzial entfalten, ist unser Anliegen. Lernen im wirklichen Leben ist unser Ansatz. Unsere Schule ist, ganz im Sinne von Gerald Hüther, eine Lebensschule, eingebettet in ein ganzes Dorf und mitgetragen von allen DorfbewohnerInnen. Eltern und Dorfbewohner vertrauen, wie Maria Montessori dies ausdrückte, »*auf die inneren Wachstumskräfte der Kinder*«, und sie wollen als Erwachsene mit ihnen gemeinsam wachsen. Sowohl das Lernen der Kinder als auch das der begleitenden Erwachsenen dient zutiefst der Realisierung unserer Vision von einem zukunftsfähigen Miteinander.

So wie das gesamte Zukunftsprojekt Tempelhof auf die Initiativkraft und Eigenverantwortung sowie die Einsicht in das Gemeinwohl von Einzelnen setzt, so unterstützen wir auch bei den Kindern ein Lernen aus ihren eigenen Impulsen und ihrer Begeisterung heraus, fördern jedoch auch soziale und ethische Verantwortung. Die Kinder und Jugendlichen finden im Dorf neben den eigentlichen LernbegleiterInnen Erwachsene mit unterschiedlichsten Qualifikationen, weltanschaulichen Hintergründen und aus verschiedenen Ländern: Bildende KünstlerInnen, MusikerInnen, HandwerkerInnen, GärtnerInnen und Landwirte, BiologenInnen, PhysikerInnen, EnergieexpertInnen, Computerfachleute, UnternehmerInnen, GeisteswissenschaftlerInnen, Gesundheits- und Heilberufe, SportlerInnen, TänzerInnen, Yoga- und Qi-Gong-LehrerInnen, Meditierende aus verschiedenen Traditionen, französische, amerikanische, spanische und rumänische Muttersprachler, deren Wissen die Kinder nach Bedarf »anzapfen«.

Sie haben aber auch ganz konkret die Möglichkeit, in den folgenden Bereichen Erfahrungen zu sammeln und gegebenenfalls auch intensiver einzutauchen und dabei Verantwortung zu übernehmen:

- Landwirtschaft mit Gärtnerei, Acker- und Obstbau, Kräuter und Heilpflanzen, Permakultur, Imkerei, Hühner- und Ziegenstall, Käserei sowie Veredelungsbetrieb für landwirtschaftliche Produkte
- Küche, Bäckerei
- Seminarbetrieb/Verwaltung, Gästehaus/Hauswirtschaft, Catering
- Gesundheitshaus

---

3 | Gerald Hüther, Einführung in: Margret Rasfeld/Peter Spiegel, EduAction. Wir machen Schule, Hamburg 2012.

- Dorfladen
- Holz- und Metallverarbeitung
- Schneiderei
- Graphik-Design-Werkstatt
- Buchhaltungsbüro, Steuerberatung
- Bauhütte (Renovierungsarbeiten Altbau, Strohballen-, Niedrigenergiehäuser ...) mit regenerativen Energiequellen
- Reparaturwerkstatt für Fahrräder
- Bildhauerei und Malerei, Musik
- Dorfselbstorganisation, -verwaltung, Straßenmeisterei
- Öffentlichkeitsarbeit/Internet/Veranstaltungen
- Themenkino und Disco

Das Erleben und Denken in Kreisläufen und Systemzusammenhängen (Geben und Nehmen, Ich und Wir, Geburt und Tod, Jahreszeiten, Nahrungskette, Funktion eines Gemeinwesens, ökonomische Zusammenhänge usw.) ergibt sich im Alltag des Dorfes auf natürliche Weise.

In unserer Schule legen wir auch besonderen Wert auf Gemeinschaftsbildung und demokratische Entscheidungsprozesse. Die Kinder lernen in der Schule dieselben transparenten, basisdemokratischen Kommunikations- und Entscheidungsprozesse und dieselben Konfliktlösungswege kennen, wie sie in der Erwachsenengemeinschaft auch praktiziert werden.

Unsere Schule öffnen wir auch externen Familien mit ihren Kindern und streben dadurch eine ähnliche Vernetzung mit der Region an, wie das bereits in anderen Bereichen (solidarische Landwirtschaft, gemeinsame Energiekonzepte, Seminare/Veranstaltungen) seit Längerem geschieht.

Ökonomie des Herzens[4]

Gemeinschaft lebt, wenn es um ökonomische Fragen geht, vor allem von der Bereitschaft und Freude zu geben: Zeit, Geld, all meine Talente und Fähigkeiten. Das ist meine tiefe Einsicht nach eineinhalb Jahren Tempelhof. Wie wenig Lebensqualität mit materiellem Besitz oder der Menge des verdienten Geldes zu tun hat, erfahre ich hier jeden sinnerfüllten, begegnungsreichen Tag. »Vor Tempelhof« fand ich allein die Frage, ob ich mir vorstellen könne, mein »bescheidenes« Vermögen in einen gemeinsamen Topf zu geben, empörend. Ein bisschen Freiheit wollte ich mir dann doch noch bewahren! Je tiefer ich in die Gemeinschaft, in das WIR eintauche, mich als Teil des Gemeinschaftkörpers erfahre, desto absurder kommt es mir vor, für mich persönlich

---

[4] Das ist ein großes Thema und hier sind nur einige erste Überlegungen ausgeführt.

Geld zurückhalten zu wollen (für künftige Bedürfnisse), wenn in der Gegenwart mit dem Geld etwas Sinnstiftendes in der Gemeinschaft realisiert werden kann, von der ich ja ein Teil bin.

Solche Erfahrungsräume und Einsichten sind hilfreich auf dem Weg zu einer Ökonomie des Herzens. Eine Ökonomie des Herzens kappt die sonst übliche Verknüpfung von Arbeit/Leistung und Einkommenshöhe, trennt den persönlichen Wert eines Menschen von der Höhe seines Einkommens oder Besitzes, misst dem Geld keinerlei Zusatzbedeutungen bei. Es wird lediglich als praktisches Mittel zur Vereinfachung von Abläufen eingesetzt. Vielleicht werden wir intern eines Tages überhaupt auf Geld verzichten, aber für die Austauschbeziehungen mit der Außenwelt brauchen wir es weiterhin.

Wir haben uns im ersten Schritt entschieden, am Tempelhof Bedarfseinkommen einzuführen. Idealerweise bedeutet Bedarfseinkommen: Du bekommst das Geld, das du (in der Gegenwart) wirklich brauchst, um die Arbeit in der und für die Gemeinschaft tun zu können, die dir wirklich am Herzen liegt. Praktisch ermittelt wird das Bedarfseinkommen, in dem ich eine Liste aller meiner Ausgaben erstelle, die ich im Lauf eines Jahres habe. Das ist ein interessanter Prozess, weil er die Klarheit fördert, was mir wirklich, wirklich wichtig ist. Wir reduzieren uns dabei nicht auf eine spartanische Lebensführung, wägen aber zwischen individuellem Lebensstil und dem Potenzial der Gemeinschaft sorgsam ab. Denn wir können uns nicht mehr Geld auszahlen, als wir einnehmen und alles, was wir von den Einnahmen der Gemeinschaft nicht als Bedarfseinkommen auszahlen, steht für die Realisierung von Projekten (z. B. Renovierung des Schlosses, Bau neuer Häuser, neue Energiekonzepte, Verlebendigung der Böden, die Schule usw.) zur Verfügung. Die Höhe der jeweiligen Bedarfseinkommen ist für alle transparent und wird von der Dorfgemeinschaft entschieden.

Wir haben uns darauf verständigt, vom Bedarfseinkommen nur das Geld für die fixen Kosten individuell auszuzahlen und das Geld für die variablen Ausgaben (z. B. Kleidung, Essen gehen, Geschenke, Urlaub) in einen gemeinsamen Topf zu geben, aus dem jede nimmt, was sie braucht. Wir befinden uns mit diesem Experiment nun in der Halbzeit (vorgesehen ist ein Jahr) und sind gespannt, ob am Ende des Jahres das Geld im Topf für alle gereicht hat oder ob sogar noch etwas übrig ist.

Eine kleine Gruppe am Tempelhof ist bereits einen Schritt weitergegangen und hat sich zu einer Einkommensgemeinschaft zusammengeschlossen.

Die Ökonomie des Herzens hat mindestens zwei Voraussetzungen

Die Möglichkeit, mich in Aufgaben auszudrücken, die die Gemeinschaft braucht und die mir am Herzen liegen
Je weiter mein Bewusstseinsfeld wird und je mehr es die Bedürfnisse der anderen Mitglieder unserer Gemeinschaft und unserer Gäste einschließt, desto breiter wird das Tätigkeitsfeld, das für mich Sinn macht. Das kann dann selbst das Reinigen der Toiletten sein. Ich bin also ständig zur Achtsamkeit und Reflexion herausgefordert: Warum mache ich dies oder jenes? In welcher Haltung mache ich es? Steigt in mir die Frage auf nach gerechter Verteilung von Zeitaufwand und Einkommen, beginne ich, mich mit anderen zu vergleichen, dann kann ich davon ausgehen, dass ich an meiner Aufgabe leide, sie mein Herz nicht mehr erfüllt, ich sie aus »herzfernen« Gründen tue. Wir als Gemeinschaft sind gefordert, die einzelnen Mitglieder darin zu unterstützen, den ihrem Innersten entsprechenden Beitrag zur Realisierung unserer gemeinsamen Vision zu finden und ihren Platz einzunehmen.

Vertrauen
Bei einer Ökonomie des Herzens ist Vertrauen die Währung. Geben, was ich habe, weil es gebraucht wird, kann ich nur im Vertrauen, dass ich das, was ich wirklich brauche, dann auch bekomme, wenn ich es brauche. Ein solches Vertrauen entsteht durch Beziehung zwischen Menschen, durch In-Beziehung-Sein, durch offene wahrhaftige Begegnung von Mensch zu Mensch, von Herz zu Herz. Und durch ein grundlegendes Vertrauen in die Fülle des Lebens. Wenn ich beginne, an meiner ökonomischen Situation zu leiden, dann kann ich davon ausgehen, dass ich aus der Beziehung gefallen bin: zu meinem Herzen, zur Gemeinschaft. Dieses Vertrauen ist nicht von vornherein da, sondern wächst in dem Maß, wie die Kommunikation in der Gemeinschaft offener und authentischer wird.

Auch die Kommunikation über Geld. Zu Beginn unserer Auseinandersetzung mit dem Thema »Ökonomische Transformation« haben wir alle unsere Finanzen transparent gemacht: Einkommen, Bedarf, Schulden, Vermögen. Wir haben uns ausgetauscht über Ängste, Hoffnungen, Blockaden im Zusammenhang mit Geld, über Sicherheits- und Freiheitsbedürfnisse, über die bisherige Bedeutung von Geld in unserem Leben, über unser Verhältnis zum Geben und Nehmen, über Mangel- und Füllebewusstsein, über unsere Werte und Glaubenssätze im Zusammenhang mit Geld. Dieser Prozess war sehr erhellend – und gemeinschaftsstiftend!

Alle ca. 30 Tempelhofer BewohnerInnen, die ein Bedarfseinkommen beziehen, setzen diesen Austausch regelmäßig fort. Denn die ökonomische

Transformation fordert bisherige Denkgewohnheiten und Glaubenssätze vielfach heraus:

Wenn wir uns am Bedarf orientieren, dann ist die Betrachtung von »gerechter Entlohnung« ausgesetzt. Bei uns erhalten Menschen bei selber Arbeitsleistung ganz unterschiedliche Bedarfseinkommen. Die Logik ist nicht: Wer essen will, soll arbeiten. Sondern: Damit jemand in der Gemeinschaft seinen Platz einnehmen kann, erhält er/sie das nötige Einkommen. Und alle Zusatzbedeutungen, die wir gewohnt sind, mit Geld zu verbinden, behindern die Ökonomie des Herzens. Ohne diese Klarheit der Zusammenhänge verkommen Instrumente wie Bedarfseinkommen, Einkommens- oder Vermögensgemeinschaft leicht zur Ideologie und führen in Unfreiheit und innere wie auch äußere Disharmonie. Es braucht eine beständige Achtsamkeit und radikale Ehrlichkeit. Und insofern unterstützen sich Ökonomie des Herzens und Gemeinschaftbildung wechselseitig.

Zusammenfassung/Ausblick

Faktisch lebt die Tempelhofer Gemeinschaft jetzt (Juli 2012) seit knapp eineinhalb Jahren zusammen und ist beständig am Weiterwachsen. Spätestens im Frühsommer nächsten Jahres sollten die ersten beiden neuen Wohnhäuser fertiggestellt sein, die Platz für weitere rund 30 BewohnerInnen schaffen, vor allem für junge Familien. Was aktuell ansteht, ist die Entwicklung und Umsetzung eines Energiekonzeptes, das uns der autarken Energieversorgung ein gutes Stück näherbringt und die hohen Ölkosten senkt. Und eine Intensivierung der Carsharing-Nutzung und Reduzierung der privaten Autos.

Im kommenden Jahr hoffen wir, im Erdgeschoß unseres Schlosses ein Cafe und einen größeren Hofladen zu eröffnen, in dem dann u. a. die Produkte aus unserer Landwirtschaft, Käserei und Bäckerei verkauft werden.

Unser Dorf bietet insgesamt ein großes, noch lange nicht ausgeschöpftes Potenzial. Ein Tempelhofer Prinzip ist: keine Planung auf Vorrat. Was sich entfaltet, wurzelt in Gegenwärtigkeit, in einem Gespür für Kairos und in der Initiativkraft der BewohnerInnen. Über die Aktivitäten im Seminar- und Veranstaltungsbereich entstehen höchst lebendige Kontakte zu anderen Pionieren (z. B. Sinn-Stiftung, Gemeinwohlökonomie), auch das ist ein Nährboden für neue Projekte.

Nicht zuletzt entfaltet sich am Tempelhof eben das, was bei engagierten, zukunftsoffenen und neugierigen Menschen auf Resonanz trifft. Es können viele Menschen teilhaben an der Entwicklung der Zukunftswerkstatt Schloss Tempelhof, auch wenn sie hier gar nicht leben und wohnen. Sie können ihre Vision von einer besseren Zukunft in den Tempelhof hinein verweben und lebendig werden lassen, in dem sie hier investieren: Sie können ihre Talente und Fähigkeiten zur Verfügung stellen und zeitweise bei uns leben und mithelfen. Sie können sich mit ihren finanziellen Möglichkeiten einbringen.

Wir Tempelhofer möchten nicht nur für uns ein gutes Leben – im Rahmen dessen, was unser Planet verträgt. Wir gehen einen experimentellen Weg und freuen uns, wenn dies viele Menschen inspiriert, auf ihre Weise an ihren Lebensorten neu in die Zukunft aufzubrechen.

Martin Enzner

»Die Wüste soll blühen ...« (Jes 35,1–2)
Die Lebens- und Wirtschaftsgemeinschaft Sekem in Ägypten

»Sekem« ist ein ägyptisches Schriftzeichen, eine Hieroglyphe, und bedeutet »Vitalität der Sonne«. Von der Vitalität der Erde, von ökologischem Landbau träumte der Ägypter Ibrahim Abouleish im Jahr 1977. Er kaufte deshalb ein Stück Land, eine Tagesreise nordwestlich von Kairo. Nur – das Land war Wüste, unfruchtbar und ohne Leben! So wie fast 95 % des Landes, in dem er geboren und aufgewachsen war. Allein entlang der Lebensader des Nils waren immer schon Leben, Kultur und Religion gewesen. Die Wüsten dagegen, lebensfeindlich, menschenfeindlich, lagen Jahrtausende brach. So begann Abouleish die Wüste urbar zu machen, Schritt für Schritt.

35 Jahre später ist Sekem für viele zu einem Vorbild für eine zukunftsfähige Form von Landwirtschaft (1) geworden. Aber mehr noch – in und mit Sekem hat sich auch eine tragfähige Form des gemeinschaftlichen Lebens, der Balance von »Einzelsein« und Gemeinschaft (2) herausgebildet, das weit über Ägypten hinaus bekannt geworden ist. Und zugleich ist damit eine Form des Wirtschaftens (3) verknüpft, die es den Menschen ermöglicht, gut zu leben und dies im Einklang mit der Erde zu tun. Sekems Auffassung von nachhaltiger Entwicklung vereint deshalb ökonomische, kulturelle und gesellschaftlich-soziale Komponenten. Wie lässt sich Sekem, wie lassen sich diese drei Bereiche näher beschreiben?

Die Erde pflegen und bebauen – Ökologische Landwirtschaft

Auf knapp 700 Hektar ehemaligem Wüstengebiet wird ökologische Landwirtschaft betrieben. Matthias Keitel, seit zwei Jahren Projektmanager bei Sekem, sagt:

»Mich fasziniert die integrative Wertschöpfungskette der landwirtschaftlichen Produkte. Es beginnt mit der eigenen Züchtung von Samen, führt sich fort über den ökologischen Anbau, die Weiterverarbeitung bis hin zur Vermarktung und die natürliche Nutzung von organischen Abfällen.«

2008 wurde das Konzept von Sekem an drei weiteren Standorten in Ägypten (Sinai, Minya, Bahareya) erprobt. Es gelang, zusätzliche Wüstengebiete in landwirtschaftliche Nutzfläche umzuwandeln. Neue Größendimensionen werden angestrebt. In der Endausbaustufe sollen insgesamt 2630 Hektar ökologische Anbaufläche im bisherigen Wüstenland entstehen, gegenüber 700 Hektar, die es jetzt umfasst. Darüber hinaus werden knapp 3000 Hektar Land durch Zulieferer angebaut. Diese wurden zuvor in ökologischen Anbaumethoden geschult und zertifiziert.

Die Anbaumethoden von Sekem basieren auf dem Grundsatz, dass die Lebensvielfalt, die Biodiversität, die Stabilität der ganzen Lebens- und Wirtschaftsgemeinschaft erhöht. Angebaut werden deshalb auf dem Feld oder im Gewächshaus eine große Vielfalt von Gemüsesorten und Kräutern, u. a. Tomaten, Auberginen, Zwiebeln, Brokkoli, Kartoffeln, Gurken, Bohnen, Hafer, Roggen, Minze, Koriander, Fenchel, Kamille, Dill, Petersilie, Paprika, Limetten, Orangen und Datteln. Ein wichtiger Zweig der ökologischen Landwirtschaft ist zudem die Züchtung des eigenen Saatguts, um unabhängig von internationalen Konzernen zu werden. Die Samenbank verfügt über 136 verschiedene Samenarten, das Ziel für 2013 sind 220 Arten. 73 % der Samen sind aus eigener Produktion, im Jahr 2013 sollen es 100 % sein.

Ein weiterer Grundsatz ist, dass, da die Natur keinen »Abfall« im Sinn von unnützem Müll produziert, sondern alles wieder in den Kreislauf des Wirtschaftens und Lebens einfließen soll. Alle Produkte der Lebens- und Wirtschaftsgemeinschaft können entweder verkauft oder für den Anbau wiedergenutzt werden. Dadurch entsteht drittens ein Kreislauf, der seinerseits nachhaltig wirkt. Die Verwendung von Kompost und anderen organischen Düngemitteln einerseits und die Verrottung der Kulturpflanzen andererseits verbessern die Qualität des Bodens. Für den Anbau der Pflanzen werden keinerlei chemische Düngung oder Pestizide verwendet. Die Viehzucht beinhaltet Rinder, Schafe, Bienen und Tauben.

Das Konzept von Sekem basiert auf den Überzeugungen des biologisch-dynamischen Anbaus nach Rudolf Steiner. Dennoch misst man diesem »Überbau« keinen Wert an sich bei, um den gestritten werden muss. Wichtiger ist, dass diese Überzeugung gelebt, umgesetzt und mit vielen geteilt wird.

Zukunftsfähig wirtschaften – Sekem als Wirtschaftsgemeinschaft

Die in der Landwirtschaft gewonnenen Erzeugnisse werden in Sekem selbst weiterverarbeitet. Sekems Hauptgeschäft ist die Urbarmachung der Wüste, der ökologische Landbau und die Herstellung von Lebensmitteln, pflanzlichen Medikamenten und Textilprodukten.[1] Die Firmen der Sekem Group

---

1| Die Firmen MIZAN (Setzlinge), LIBRA (Anbau) und SLR (Landgewinnung) betreiben landwirtschaftliche Produktion. Die Weiterverarbeitung geschieht durch LOTUS (Kräuter und Gewürze)

beschäftigen knapp 1700 Mitarbeitende, die aus den umliegenden ländlichen Gemeinden kommen. Die Stiftung beschäftigt weitere 176 Angestellte. Sekem ist damit zum größten Arbeitgeber der ganzen Region geworden.

Zudem ist es gelungen, sogenanntes »soft money« anzuziehen. Zahlreiche internationale Investoren konnten für die Finanzierung verschiedener Teilprojekte gewonnen werden.[2] Die deutsche Gesellschaft für Internationale Zusammenarbeit (GIZ) ist zum Beispiel in der Berufsausbildung involviert. Derzeit werden 250 junge Menschen im Berufsbildungszentrum ausgebildet.

Das Revolutionsjahr 2011 mit seinen turbulenten Ereignissen und die Geschehnisse auf dem Tahir-Platz in Kairo haben natürlich auch Sekem betroffen. Helmy Abouleish wurde für drei Monate in Untersuchungshaft genommen. Er nutzte die Zeit zu persönlichen Studien und seiner inneren Neuausrichtung. Freiwillige aus der Nachbarschaft beschützten die Firmen und das Gelände, sodass die Mitarbeitenden keinen Tag verloren, an dem sie nicht hätten arbeiten können. Die Umsätze der Sekem Gruppe, d. h. der Firmen, die die Produkte des ökologischen Landbaus verarbeiten und vermarkten, brachen im Vergleich zu vielen anderen Firmen im Land signifikant weniger ein. In diesem Sinne bedeuten Nachhaltigkeit und zukunftsfähiges Wirtschaften auch eine Resilienz, eine bessere Überlebensmöglichkeit gegenüber externen Widerständen, Einflüssen und politischen Konflikten.

Mittlerweile erzielen die Firmen der Sekem Group einen Umsatz von ca. 30 Millionen Euro im Jahr. Sie wurden nach 14 internationalen Standards für Nachhaltigkeit, Zukunftsfähigkeit, ökologische Ausrichtung zertifiziert[3]. Die Hauptanteile des Familienunternehmens liegen mit 76 % in der Familie Abouleish. Jeweils knapp 12 Prozent besitzen die ethischen Banken GLS und Triodos.

Sekem ist keineswegs eine Charity-Organisation. Auch wenn ein großer Teil der Gewinne in soziale und kulturelle Projekte investiert wird, so sind es letztlich keine philanthropischen Motive, die die Gründer oder die Lebensgemeinschaft bewegen. Bloße Spenden für einen guten Zweck schwächen die Eigeninitiative. Das Geschäftsmodell von Sekem richtet sich vielmehr auf das klare Erreichen von wirtschaftlichen Zielen. Immer wieder werden vorhandene Initiativen weiterentwickelt und neue gegründet. Helmy nennt das eine

---

und HATOR. Die Endprodukte werden durch ISIS (Lebensmittel), Naturetex (Kleidung) und ATOS (Medikamente) hergestellt. Ein Kreislauf schließt sich z. B. dadurch, dass organische Abfälle von LIBRA kompostiert werden und wiederum von SLR für die Urbarmachung der Wüste verwendet werden.

2 | Dazu gehören u. a. USAID, BMZ und die EU.
3 | So wurde Sekem z. B. von Demeter, Fairtrade, ISO etc. zertifiziert.

»living & learning organization«. Dazu gehören auch Forschungsprojekte. Auf einigen Feldern werden mit Partnern neue Anbaumethoden ausprobiert. Derzeit werden solarbetriebene Wasserkocher testweise für die Firmen eingesetzt. All diese Aktivitäten und die dadurch erzielten Gewinne sind jedoch nicht Selbstzweck, sie dienen nicht der Bereicherung Einzelner auf Kosten vieler.

Miteinander gut leben – Das soziale und kulturelle Leben in Sekem

Vielmehr fließen die Überschüsse wieder in soziale, kulturelle und ökologische Projekte. Deshalb wird in die Entfaltung der Lebensgemeinschaft und in Bildung investiert. Folglich wird aber auch in die Weiterentwicklung der ökonomischen und ökologischen Projekte investiert. Dies alles soll im Einklang mit der Natur geschehen.

Helmy Abouleish, der Sohn des Gründers Ibrahim, betont: »*We are not doing farming. We are doing agriculture. Agri-Culture.*« Es geht um ein »Kultivieren« des Landes, um einen kultivierten Umgang mit der Erde und miteinander und mit allen Lebewesen. Zehn Prozent der Profite der Sekem Group werden in die »SEKEM Development Foundation« reinvestiert. Diese Stiftung betreibt eine Schule, ein medizinisches Zentrum, eine Berufsschule und unterhält mehrere Forschungs- und Trainingsprogramme. Die Gründung einer Universität im Kairoer Stadtteil Heliopolis ist als nächstes Projekt geplant. Die Studierenden sollen lernen, wie sie zu einer Transformation aller Gesellschaftsbereiche beitragen können.

Musik, Kunst, Tanz, Eurythmie spielen im Alltag eine große Rolle. Die Mitarbeitenden der unterschiedlichen Firmen versammeln sich jeden Morgen im Kreis und beginnen den Tag mit einem gemeinsamen Ritual. Zehn Prozent ihrer Arbeitszeit widmen sie ihrer persönlichen Entwicklung.

Als Muslim hebt Ibrahim Abouleish, der Sohn des Gründers, die Übereinstimmung von Sekem mit dem Islam hervor:

»Alle verschiedenen Aspekte der Firma, ob kulturelle oder ökonomische, wurden entsprechend dem Islam entwickelt. Wir glauben, dass es möglich ist, Leitprinzipien für die Pädagogik, die Künste, die Ökonomie vom Islam abzuleiten.«

Sekem hat eine Vision. Und diese Vision will gelebt, weiterentwickelt und mit vielen geteilt werden. Mehr und mehr kommen Interessierte, Gäste aus aller Welt, junge Menschen, die eine Zeitlang mit leben wollen. In Adleya, dem Zentrum von Sekem, gibt es ein Gästehaus mit 30 Betten, ein Restaurant und einen Konferenzraum. Die Gäste werden mit ökologischen Lebensmitteln aus der eigenen Landwirtschaft versorgt. Sie sind willkommen. Sie beobachten.

Sie lassen sich inspirieren. Sie erzählen weiter. Auf diese Weise wird Sekem wie von selbst zu einer Bildungseinrichtung für zukunftsfähiges Wirtschaften, inspirierendes Zusammenleben, eine neue Kultur des Maßes.[4]

Sekem wirkt überzeugend durch das Vorleben der gemeinschaftlichen Vision. Obwohl im Islam begründet, wird durch Sekem auch die Botschaft des Propheten Jesaja Wirklichkeit: »Die Wüste wird blühen!« Sekem gibt Menschen die Hoffnung, dass es möglich ist, auf der Basis des gemeinschaftlichen Lebens und Wirtschaftens auch die »Wüsten« des eigenen Lebens, der eigenen Gesellschaft, unserer Städte, unseres Landes wieder zu Lebensräumen für viele werden zu lassen.[5]

---

4 | Aboluiesh wurde für seine Arbeit vielfach ausgezeichnet. Darunter fallen der »Right Livelihood Award«, besser bekannt als »Alternativer Nobelpreis« (2003) und der »Outstanding Social Entrepreneur« der Schwab Foundation und der Ashoka Foundation (2004).
5 | Die Jahresberichte mit weiteren Informationen zu Sekem können im Internet unter www.sekem.com heruntergeladen werden.

»Netzwerk OEKU«
Kirche und Umwelt e. V. in der Schweiz

»oeku Kirche und Umwelt« ist eines der Netzwerke, die eine viele höhere Aufmerksamkeit verdienen, als ihnen in unserer Gesellschaft zuteilwird. Aus diesem Grund soll die »oeku« in aller Kürze vorgestellt werden.

»oeku Kirche und Umwelt« ist ein schweizerischer Verein, der bereits 1986 gegründet wurde. Mittlerweile gibt es in der Schweiz rund 600 Kirchengemeinden, kirchliche Organisationen und Einzelpersonen, die sich als Mitglieder verzeichnen.

Die »oeku« erarbeitet Grundlagen für die Umweltarbeit in Kirchengemeinden. In den letzten Jahren entstanden so Materialien zu Themen wie Energie, Klimawandel, Mobilität, Umweltmanagement, Umwelterziehung, Mobilfunk und nachhaltige Entwicklung. Auch führt die »oeku« Energiekurse durch, deren Ziel es ist, Kirchenverwalter, Sigristinnen und Sakristane zu einem umweltschonenden Energieeinsatz anzuleiten.

Die Grundlage, auf der die »oeku« ihr Engagement ausübt, ist christlich und konzentriert sich weitgehend auf das kirchliche Umfeld. In diesem Punkt unterscheidet sie sich von anderen Umweltorganisationen, mit denen sie aktiv zusammenarbeitet.[1]

---

[1] Weitere Informationen zu diesem schweizerischen Netzwerk finden sich unter www.oeku.ch.

Kirchengemeinde Uttenreuth

Der GRÜNE GOCKEL in einer bayerischen Kirchengemeinde[1]
Kirchliches Umweltmanagement (EMAS) erfolgreich umgesetzt

Der Grüne Gockel ist ein kirchliches Umweltmanagement, dem sich bundesweit sowohl evangelische Landeskirchen als auch zahlreiche katholische Bistümer und auch vermehrt einzelne Kirchengemeinden angeschlossen haben. Im Folgenden wird eine Kirchengemeinde beispielhaft vorgestellt, die dieses Umweltmanagement konkret umsetzt und als nachhaltigen Prozess gestaltet, um kontinuierlich Verbesserungen zu erreichen. Dazu gab man sich in Selbstverpflichtung folgende Richtlinien:[2]

Umweltpolitik der Evangelisch-Lutherischen Kirchengemeinde Uttenreuth (Schöpfungsleitlinien)

»Wir Christen bekennen Gott als den Schöpfer und Ursprung unseres Lebens. Er hat uns die Erde anvertraut (Gen 1,27–28; 2,15). Wir sind für unseren Umgang mit der Schöpfung verantwortlich vor Gott, vor den heutigen Menschen und vor den künftigen Generationen. Deshalb setzen wir uns dafür ein,
- die natürlichen Lebensgrundlagen zu schützen und zu pflegen,
- die nachhaltige Entwicklung zu fördern und
- den Umweltschutz im Denken und Handeln zu verankern.

1. Als Kirchengemeinde haben wir Schöpfungsverantwortung
Wir betrachten den Schutz der Natur und der Umwelt als eine wichtige Aufgabe, die alle Bereiche kirchlichen Handelns berührt. Dabei halten wir die geltenden Umweltschutzbestimmungen ein und verfolgen das Ziel, unsere Umweltleistung nach dem Stand der Wissenschaft kontinuierlich zu verbessern.

---

1 | Vgl. dazu die Webseiten zum »Grünen Gockel« der Evangelisch-Lutherischen Landeskirche in Bayern und der Evangelischen Landeskirche in Baden-Württemberg mit weiteren Hinweisen zur Methodik der Umweltzertifizierung.
2 | Der Text zur Umweltpolitik entstammt mit geringen Änderungen der Umwelterklärung 2009 des Kirchenamtes der EKD/S. 6.

2. Wir achten das Lebensrecht künftiger Generationen und der Menschen in anderen Regionen

Wir berücksichtigen bei unserem Wirtschaften die begrenzte Regenerationsfähigkeit der Ökosysteme und die beschränkte Verfügbarkeit von Energievorräten und Rohstoffen. Wir suchen Entscheidungen, deren Auswirkungen in allen Regionen der Welt auch künftigen Generationen Raum zum Leben lassen. Wir wollen deshalb mit den Rohstoffen dieser Erde so umgehen, dass unsere Lebensqualität nicht Klimaveränderung, Umweltzerstörung, Ungerechtigkeit und Armut in der Einen Welt fördert.

3. Wir achten und schützen Pflanzen und Tiere als Mitgeschöpfe

Die Vielfalt, Eigenart und Schönheit von Pflanzen und Tieren und ihren Lebensräumen wollen wir bei unserem Wirtschaften schonen und fördern.

4. Wir wirtschaften dauerhaft umweltgerecht und sozialverträglich

Wir suchen bei allen Vorhaben die Wege, die die Umwelt am wenigsten belasten, und fördern nachhaltiges Wirtschaften. Das bedeutet:

- Wir nutzen Energie und Wasser sparsam und umweltgerecht. Die Verringerung von Verschwendung und der Übergang zu regenerativen Ressourcen erhalten besonderes Augenmerk.
- Wir beschaffen bevorzugt die in Herstellung, Gebrauch und Entsorgung insgesamt umweltfreundlichsten Produkte, Verfahren und Dienstleistungen sowie Waren aus dem fairen Handel.
- Wir sorgen dafür, dass in allen Bereichen Abfälle vermieden und unvermeidbare Abfälle verwertet oder umweltverträglich entsorgt werden.
- Wir achten bei Bau- und Sanierungsmaßnahmen auf die Umweltverträglichkeit und hohe Energieeffizienz.
- Wir führen unsere Dienstreisen möglichst umweltverträglich durch.
- Wir berücksichtigen bei der Auswahl unserer Geschäftspartner ökologische Zielsetzungen.

5. Wir handeln als lernende Solidargemeinschaft

Wir fördern das Verantwortungsbewusstsein und das aktive Handeln aller Beschäftigten für den Umweltschutz durch Information und Fortbildungsangebote. Damit streben wir eine Organisationskultur an, die maßgeblich auf dem Umwelt- und Qualitätsbewusstsein sowie dem Mitdenken und der Motivation aller Beteiligten aufbaut.

6. Wir fördern ein kirchliches Umweltmanagement

Als Instrument zur Umsetzung unserer Grundsätze haben wir ein Umweltmanagementsystem (Grüner Gockel/ EMAS) eingeführt, das einen kontinuierlichen Prozess zur Optimierung unserer Umweltwirkungen begründet. Wir führen regelmäßig Umweltprüfungen durch, vereinbaren Handlungsprogramme und benennen Verantwortliche, veröffentlichen die Ergebnisse in einer Umwelterklärung und stellen uns damit der öffentlichen Diskussion.

Der Kirchenvorstand der Evangelisch–Lutherischen Kirchengemeinde Uttenreuth am 13.07.2011.«[3]

---

3 | www.uttenreuth-evangelisch.de/gruener_gockel.html [Zugriff: 1.8.2012].

»Aktion Kirche und Tiere« (AKUT)
Mitgefühl für Mitgeschöpfe

Auch »AKUT« setzt sich für einen besseren Umgang mit Tieren ein. Grundlage der »AKUT« ist die Auffassung, dass Gott der Schöpfer aller Wesen ist und dass alle Geschöpfe miteinander verbunden sind. Aus dieser ganzheitlichen Sicht wendet sich AKUT in besonderer Weise dem Tier zu, im Bewusstsein dessen, dass sich auch dieses Engagement nicht vom Ganzen lösen darf.

Seinen Handlungsauftrag charakterisiert das Netzwerk wie folgt:

»Wir sehen unsere Arbeit als wichtigen Impuls für eine zeitgemäße Kirche. Die Tiere, ihre Lebensqualität und ihre Stellung zu uns Menschen müssen Teil christlich verantworteten Denkens und Handelns sein. Die Nächstenliebe, die Jesus von seinen Nachfolgern erwartet, schließt unseres Erachtens die Tiere mit ein. Die Welt ist nicht nur für die Menschen da, sondern für alle Geschöpfe Gottes. Jedes Geschöpf hat sein eigenes Lebensrecht. Jede auch unscheinbarste Art, ist in sich vollkommen und hat ihre Bedeutung im Schöpfungsganzen. Menschen und Tiere sind fühlende Wesen, mit Sinnen begabt, fähig zu genießen und zu leiden. Gott ist ein Freund des Lebens. Wer Gott liebt und ehrt, der liebt und ehrt auch seine Geschöpfe. Wir schulden den Tieren kein Mitleid, sondern Gerechtigkeit.«[1]

Als Ziele formuliert »AKUT« auf seiner Homepage:

»AKUT-CH will mit einer Praktischen Theologie der Schöpfung den lebensfeindlichen Tendenzen in- und außerhalb der Kirche begegnen
AKUT-CH propagiert den Verzicht auf Fleisch bei kirchlichen Anlässen
AKUT-CH ist parteipolitisch und konfessionell neutral und dient ausschließlich gemeinnützigen Zwecken«[2]

Anton Rotzetter

Schöpfungstheologie und Lebensstil

Unsere Zeit nötigt die Theologie und die Kirchen zu einer epochalen Umkehr. Denn unser Planet fordert aufgrund seiner apokalyptischen Aussichten ein neues Denken und ein neues Verhalten. Es braucht heute, so sagt der deutsche Wirtschaftswissenschaftler Niko Paech, eine »Kunst der Reduktion« und

---

1| www.aktion-kirche-und-tiere.ch/akut.html [Zugriff 1.8.2012].
2| Ebd.

fügt hinzu: »Reich ist nicht, wer viel hat. Reich ist, wer wenig verbraucht.« Hartmut Rosa, Professor für Soziologie an der Universität Jena, beschreibt eine neue Theorie des glückenden Lebens:

»Der Neoliberalismus hat aus sich selbst heraus keinerlei kulturelle Ressourcen, um das aberwitzige, selbstzerstörerische Steigerungsspiel mit Motivationsenergie zu versorgen. Er tut so, als sei der immer härtere Wettbewerb eine naturgegebene Tatsache; aber er verfügt über keine Erzählung, kein Wertesystem, das ein Sehnsuchtsziel für das menschliche Handeln, eine Idee des gelingenden Lebens zu definieren vermöchte.«[3]

An dieser Stelle sind Theologie und Kirchen gefragt. Sie wenigstens sollten eine solche sinnvermittelnde Erzählung, ein solches Sehnsuchtsziel, ein solches Wertesystem, eine Idee vom gelingenden Leben vertreten und in der Praxis prophetisch vorleben. Diese Überzeugung steht hinter dem »Aufruf an die Kirchen«, wie sie AKUT-CH formuliert.

Die Kirchen sind jedoch immer noch sehr davon entfernt, ihre Botschaft und ihre Lebensform auf die wahren Bedürfnisse unserer Zeit auszurichten. Die Erfahrungen beim Unterschriftensammeln machen dies schmerzhaft bewusst. Wie oft mussten wir doch erfahren, dass Menschen sich wegen dieser Defizite von der Kirche abgewandt haben. Selbst wenn sie die Ziele des Aufrufs teilen, von den Kirchen erwarten allzu viele diesbezüglich überhaupt nichts mehr. Besonders fromme Leute gaben uns zu verstehen, dass unser Einsatz am »Kerngeschäft« der Kirche vorbeigeht. Da war bei einer unserer Standaktionen eine evangelikale Bibelgruppe unsere Nachbarin. Sie konnten kein Verständnis dafür aufbringen. Wichtig seien nur die Verbindung mit Gott, das Gebet und das Gotteslob. Eine Frau, die bei der Caritas arbeitet, distanzierte sich vehement von unserer Art der Bibelauslegung. Und ein katholischer Pfarrer schickte den Unterschriftenbogen zurück mit dem Vermerk »Intelligenter wäre, sich für den wahren katholischen Glauben einzusetzen.«

Nicht dass die Kirchen dieser Auffassung wären. Aber allzu sehr sind sie Spiegelbild der Konsumgesellschaft. Aber eine wirkliche Schöpfungstheologie ist noch ein Postulat und zum Tier haben sie keinerlei Beziehung, wo es doch in der Bibel heißt: »Gott rettet Menschen und Tiere« (Ps 37,7). Die Kirchen selbst müssen ihre Grundlagentexte einer gründlichen Relecture unterziehen, um heute die ethische und mystische Botschaft von der Schöpfung durch Gott zu bezeugen. Doch das neue Denken genügt nicht, wenn dies nicht durch einen entsprechenden Lebensstil zum Ausdruck gebracht wird.

---

3 | Hartmut Rosa in: Le monde diplomatique (2012).

Evangelische Kirche in Deutschland

10 Schritte zum schöpfungsgerechten Handeln
Für Gottes Schöpfung eintreten

Die Synode der Evangelischen Kirche in Deutschland hat auf ihrer Tagung in Bremen 2008 die im Folgenden aufgeführten Leitsätze beschlossen. Die Mitgliedskirchen verpflichteten sich, diese »10 Schritte zum schöpfungsgerechten Handeln« in ihrem konkreten Tun umzusetzen.

Auf allen Ebenen und in allen Bereichen, vor allem aber in den Kirchengemeinden an der Basis können sich Menschen auf die »10 Schritte zum schöpfungsgerechten Handeln« berufen und konkrete Entscheidungen davon ableiten.

»1. Für Gottes Schöpfung eintreten

Christenmenschen bekennen und bezeugen die belebte und unbelebte Natur als Gottes Schöpfung. Als Menschen sind wir von Gott zur Mitverantwortung für die Bewahrung der Schöpfung berufen. Deshalb müssen wir den Klimaschutz als eine Querschnittsaufgabe verstehen. Als Christenmenschen und Kirchen wollen wir auf lokaler, nationaler und internationaler Ebene dafür Sorge tragen, dass das Klima konsequent geschützt wird. Dies bedeutet vor allem eine Reduzierung des Ausstoßes von Treibhausgasen.

2. Schöpfungsverantwortung einüben

Die Gottebenbildlichkeit und der Herrschaftsauftrag des Menschen in der biblischen Schöpfungsgeschichte begründen nicht die uneingeschränkte Verfügungsgewalt des Menschen über Gottes Schöpfung. In Respekt gegenüber Gott dem Schöpfer nehmen wir unsere Schöpfungsverantwortung wahr. Wir vergegenwärtigen uns ihre biblische Grundlage stets aufs Neue und machen sie zum Leitbild unseres kirchlichen Handelns. Immer wieder neu wird diese Schöpfungsverantwortung in Gottesdienst, Predigt und Unterricht, in Bildungs- und Entwicklungsarbeit der Gemeinden und Kirchen eingeübt. Als Einzelne und als Institutionen nehmen wir aktiv an der gesellschaftlichen Debatte über Klimawandel und globale Gerechtigkeit teil.

3. Internationale Klimagerechtigkeit fördern

Der Klimawandel stellt uns vor die Gerechtigkeitsfrage. Seine Verursacher in den Industriestaaten leiden weniger unter seinen Folgen als arme Bevölkerungsgruppen mit niedrigerer Energienutzung in den Ländern des Südens oder zukünftige Generationen. Eine Lösung kann nur auf der Grundlage gesucht werden, dass jeder Mensch das gleiche Recht hat, Energie zu nutzen, um Leben verantwortlich zu gestalten. Das bedeutet, dass wir unseren Energieverbrauch senken müssen, damit andere ihre Entwicklungschancen wahrnehmen können. Als Teil der Gesellschaft sind wir auch als Kirche an systemischer Ungerechtigkeit beteiligt und brauchen einen Mentalitätswandel. Als Teil der ökumenischen Gemeinschaft sind wir aufgerufen, für Klimaschutzmaßnahmen, Katastrophenvorsorge und Anpassungsmaßnahmen, um die Folgen des Klimawandels abzumildern, einzutreten. Gemeinsam mit unseren ökumenischen Partnern sollten wir Programme zur nachhaltigen Nutzung von Ressourcen und zur Förderung von Klimagerechtigkeit entwickeln.

4. Umweltarbeit in den Landeskirchen ausreichend ausstatten

Alle kirchlichen Haushalte sollen mehr finanzielle und personelle Mittel zur Verfügung stellen, um die dringend notwendigen Maßnahmen zum Umweltschutz umzusetzen. Finanzielle Mittel sollten gezielt für den ökologischen Umbau auf allen kirchlichen Ebenen eingesetzt werden. Alle Landeskirchen sollten Programme auflegen, um ihre Gebäude, ihren Energiebedarf und Ressourcenverbrauch nachhaltig zu bewirtschaften. Dazu bedarf es überprüfbarer Kriterien. Im Konflikt zwischen Umweltschutz und Denkmalschutz sollten Umweltschutzaspekte stärker als bisher berücksichtigt werden. Jede Landeskirche ist aufgerufen, haupt- und ehrenamtliches Engagement im Umweltbereich zu fördern und finanziell auszustatten.

5. Klimaschonende Mobilität fördern

Das Verkehrssystem trägt wesentlich zur Erhöhung der Treibhausgas-Emissionen bei. Eine wirksame Reduktion der Emission von Klimagasen im Verkehr ist mit einer Veränderung des Mobilitätsverhaltens verknüpft: Öffentliche Verkehrsmittel sind gegenüber umweltbelastenden Verkehrsmitteln stärker zu fördern. Die Kirchengemeinden und Landeskirchen sind aufgerufen, Mitarbeitende und Gemeindemitglieder zu motivieren, möglichst klimaschonend unterwegs zu sein: Sie können Tickets des Öffentlichen Personennahverkehrs (ÖPNV) anbieten, zu Fahrgemeinschaften aufrufen, Dienstgänge mit Fahrrad oder ÖPNV unternehmen, Flugreisen reduzieren, möglichst

Pkws mit niedrigem CO_2-Ausstoß nutzen und gemeinsam darauf hinwirken, auf Autobahnen ein Tempolimit von höchstens 130 km/h einzuführen.

6. Wasser nachhaltig und verantwortlich nutzen

Im globalen Maßstab wird der Klimawandel zu regionalen Konflikten um Wassernutzung führen. Lokal darf im Sinne der Nachhaltigkeit nicht mehr Wasser dem Kreislauf entzogen werden als neu gebildet wird. Grundsätzlich muss mit Wasser sorgsam umgegangen werden. Dies erfordert auch eine Überprüfung unserer Konsumgewohnheiten, denn mit jeder importierten Ware verbrauchen wir das Wasser anderer Länder, das für deren Produktion eingesetzt wurde. Im Sinne eines vorbeugenden Gewässerschutzes darf Wasser nicht unnötig und nicht unwiederbringlich verunreinigt werden. Auf internationaler Ebene sind rechtliche Instrumente zu entwickeln, die das Menschenrecht auf Zugang zu Wasser und die Zusammenarbeit zwischen den Anliegerstaaten an einem Gewässer festschreiben. Auch Kirchengemeinden sind gefragt, über ihre Partnerschaften und die kirchlichen Entwicklungswerke Wasserversorgungsprojekte in anderen Regionen der Welt zu unterstützen und lokale Initiativen zur Reinhaltung des Wassers zu ergreifen.

7. Biologische Vielfalt erhalten

Mit dem Klimawandel und unserer Ernährungsweise gehen für zahlreiche Tier- und Pflanzenarten hohe Belastungen und damit die Gefahr der Verdrängung oder Ausrottung einher. Die Vielfalt der Lebensräume und die biologische Artenvielfalt müssen erhalten werden. Sie sind die entscheidende Lebensgrundlage für das ökologische Gleichgewicht der Erde und damit auch für das menschliche Wohlergehen künftiger Generationen. Die Kirchen und kirchlichen Einrichtungen nehmen ihre Schöpfungsverantwortung wahr, wenn sie ihre kirchlichen Außenanlagen und landwirtschaftlichen Flächen in Kirchenbesitz konsequent naturverträglich bewirtschaften; auch Pachtverträge mit Dritten sind daraufhin zu überprüfen.

8. Zukunftsfähig im Energiebereich handeln

Das heutige System der Energieversorgung und Energienutzung ist nicht zukunftsfähig. Energie muss nachhaltig genutzt werden. Strategien dafür sind: Energie einsparen, Energie effizient einsetzen sowie erneuerbare Energieträger nutzen, fördern und ausbauen. Im kirchlichen Bereich sollten das Umweltmanagement »Grüner Hahn/Gockel« oder eine Zertifizierung nach der

EMAS-Verordnung für alle kirchlichen Einrichtungen eingeführt, Energie effizient eingespart und vorhandene Gebäude mit Techniken zur Nutzung erneuerbarer Energien ausgestattet werden.

9. Am Ausstieg aus der Kernenergie festhalten

Kernenergie ist kein verantwortlicher Beitrag zum Klimaschutz und behindert den notwendigen Umbau der Energieversorgung. Vor allem sind ihre Risiken – insbesondere die nicht geklärte Endlagerung und das hohe Schadenspotential – nach wie vor ungelöst. Wir treten dafür ein, am Ausstieg aus der Nutzung der Kernenergie festzuhalten, dem Vertrieb dieser Technologie in Europa und weltweit eine Absage zu erteilen und den Ausstieg aus klimaschädlichen Energietechnologien weiter voranzutreiben. Es muss möglichst schnell ein vernünftiger Weg zur Lösung der Endlagerproblematik gefunden werden. Nach den negativen Erfahrungen mit Salz als Endlagermedium in der Asse und in Morsleben ist es zwingend notwendig, die Endlagersuche auf alternative Standorte auszudehnen. Zur Abwägung der Risiken bedarf es der gründlichen Prüfung mehrerer Optionen und der Transparenz des Verfahrens. Vorrangig müssen erneuerbare Energien gefördert werden. Solange Kernkraftwerke aber noch betrieben werden, sollten Forschungsvorhaben zur Sicherheit für die Restlaufzeit der Kernkraftwerke und zur Endlagerung (andere Standorte als Gorleben), die die Risiken der Kernkraft mindern, unterstützt werden.

10. Bewusst nachhaltig wirtschaften

Ein umfassender Mentalitätswandel ist unabdingbar: Nachhaltigkeit und Verteilungsgerechtigkeit müssen für den Umgang mit natürlichen Ressourcen handlungsleitend sein. Ein zukunftsfähiger Lebenswandel verlangt von uns Veränderungen in unserer Beziehung zur Natur, im Verbraucherverhalten, in den Produktionsbedingungen, in der Energieerzeugung, in der Wirtschaftspolitik, bei der Geldanlage und in vielen anderen Lebenswirklichkeiten. Wir als Christenmenschen und Kirchen müssen uns selbst in die Pflicht nehmen und uns dafür einsetzen, dass die Gesellschaft in all ihren Lebensbereichen umsteuert.«[1]

---

[1] www.ekd.de/synode2008/kundgebung/beschluss_kundgebung_klima_wasser_lebenswandel.html [Zugriff: 10.8.2012].

Die Global Marshall Plan Initiative
Impulse für eine Welt in Balance

Eine im Vergleich zu den bereits erwähnten Netzwerken und Initiativen weitaus bekanntere ist die »Global Marshall Plan Initiative«. Sie versteht sich als eine netzwerkartige Bewegung für eine Welt in Balance und versammelt in einer breiten Allianz positiv ausgerichtete Kräfte aus Politik, Wirtschaft, Wissenschaft und Zivilgesellschaft hinter Kernforderungen zu einer gerechteren Globalisierung.

Die Millenniumsziele der Vereinten Nationen

Im Jahr 2000 wurden die sogenannten »Millenniumsziele« von den Vereinten Nationen beschlossen und seither von 191 Staaten unterzeichnet. Bis zum Jahr 2015 und darüber hinaus sollen folgende Ziele erreicht werden:[1]
1. Extreme Armut und Hunger beseitigen
2. Grundschulbildung für alle Kinder gewährleisten
3. Gleichstellung der Frauen fördern
4. Kindersterblichkeit senken
5. Gesundheit der Mütter verbessern
6. HIV/Aids, Malaria und andere Krankheiten bekämpfen
7. Ökologische Nachhaltigkeit gewährleisten
8. Eine globale Partnerschaft für Entwicklung aufbauen[2]

Der Global Marshall Plan

Der Global Marshall Plan nimmt die Milleniumsziele der Vereinten Nationen auf. Zum Erreichen dieser Ziele formuliert er eine Gesamtvision: Es geht um eine »Welt in Balance«. Es müssen allererst die Strukturen dafür geschaffen werden, damit Globalisierung und weltökonomische Prozesse einen Mehrwert für alle Menschen schaffen. Die heutigen Globalisierungsbedingungen haben negative Folgen für die überwiegende Mehrheit der Menschen. Eine zukunftsfähige Entwicklung, an der alle Nationen teilhaben, wird immer schwerer erreichbar.

Um das Ziel einer weltweiten ökosozialen Marktwirtschaft zu erreichen, braucht es deshalb einen deutlich verbesserten Ordnungsrahmen für die Welt-

---

1| Vgl. www.globalmarshallplan.org/what/five_minutes/index_ger.html [Zugriff: 1.8.2012].
2| www.globalmarshallplan.org/what/five_minutes/index_ger.html [Zugriff: 1.8.2012].

wirtschaft, der die ökonomischen Prozesse mit ökologischen, gesellschaftlichen und kulturellen Anliegen in Einklang bringt. Wachsendes globales Bewusstsein und gemeinsame Lernprozesse über alle Grenzen hinweg bilden die Basis für faire globale Verträge – im Geiste einer »Weltinnenpolitik«.

Die Ziele des Global Marshall Plans

Die folgenden fünf Kernziele finden sich auch auf der deutschen Homepage:
1. Die Millenniumsziele der Vereinten Nationen weiterentwickeln und umsetzen, über das Jahr 2015 hinaus.
2. Das 0,7 % Ziel[3] verwirklichen und dadurch erforderliche zusätzliche Mittel verfügbar machen (100–150 Mrd. US-Dollar jährlich).
3. Faire Besteuerung globaler Wertschöpfungsprozesse, insbesondere im Finanzsektor.
4. Faire globale Partnerschaft und wirksame Mittelverwendung – basisorientiert und transparent.
5. Ein zukunftsfähiger Ordnungsrahmen für die Weltökonomie etablieren.

Eine weltweite Ökosoziale Marktwirtschaft[4]

Der Global Marshall Plan entwirft eine funktionsfähige Global Governance Struktur, geeignete Reformen und eine intelligente Kopplung der unterschiedlichen Organisationen, wie der Vereinten Nationen, der Welthandelsorganisation, Weltgesundheitsorganisation, Weltbank, sowie der Regelwerke von ILO- und UNEP. Über neue und globale Finanzmechanismen, wie einer Finanztransaktionssteuer, sollen zusätzliche 100 Mrd. US-Dollar pro Jahr für die Co-Finanzierung von Entwicklung aufgebracht werden.
Die Global Marshall Plan Initiative engagiert sich als Netzwerk von Einzelpersonen und Organisationen für die Verbreitung der Ziele.[5] Bewusstseinsbildung und Vernetzung sind dabei wichtige Instrumente. Unter dem Motto »Verändern Sie die Welt durch Lesen« wurden bereits tausende Titel im Rahmen eines Buchabonnements verschickt.[6] Durch die Realisierung der Impulstage und Multiplikatoren-Lehrgänge der Global Marshall Plan Academy vernetzen sich Menschen und werden dazu angeleitet, selbst andere für globalen Themen zu sensibilisieren, Vorträge zu halten oder eigene Projektideen zu realisieren.

---

3 | Staaten sollen 0,7 % des jeweiligen Brutto-Inlands-Produktes in Entwicklungspolitik investieren.
4 | Vgl. ebd.
5 | www.globalmarshallplan.org/formate-und-termine-der-academy [Zugriff: 1.10.2012].
6 | www.globalmarshallplanshop.org/de/foerderung [Zugriff: 1.10.2012].

Die Erd-Charta
Leitlinien für eine globale Partnerschaft

Zum Schluss soll noch ein gewichtiges Projekt, das auf einen Perspektivenwechsel hinwirkt, vorgestellt werden: Die Erd-Charta. Sie ist eine Deklaration grundlegender ethischer Prinzipien für eine nachhaltige Entwicklung im globalen Maßstab und soll letztendlich in einen völkerrechtlich verbindlichen Vertrag münden, der von der internationalen Staatengemeinschaft gemeinschaftlich ratifiziert wird. Auf UN-Ebene haben bislang das Umweltprogramm der Vereinten Nationen und die UNESCO die Erd-Charta unterzeichnet. Ihre Grundsätze, die auch auf der deutschen Homepage nachzulesen sind,[1] werden an dieser Stelle kurz vorgestellt:

I. Achtung vor dem Leben und Sorge für die Gemeinschaft des Lebens
1. Achtung haben vor der Erde und dem Leben in seiner ganzen Vielfalt.
2. Für die Gemeinschaft des Lebens in Verständnis, Mitgefühl und Liebe sorgen.
3. Gerechte, partizipatorische, nachhaltige und friedliche demokratische Gesellschaften aufbauen.
4. Die Fülle und Schönheit der Erde für heutige und zukünftige Generationen sichern.

Um diese vier weitreichenden Selbstverpflichtungen zu erfüllen, ist Folgendes notwendig:

II. Ökologische Integrität und Ganzheit
5. Die Ganzheit der Ökosysteme der Erde schützen und wiederherstellen, vor allem die biologische Vielfalt und die natürlichen Prozesse, die das Leben erhalten.
6. Schäden vermeiden, bevor sie entstehen, ist die beste Umweltschutzpolitik. Bei begrenztem Wissen gilt es, das Vorsorgeprinzip anzuwenden.
7. Produktion, Konsum und Reproduktion so gestalten, dass sie die Erneuerungskräfte der Erde, die Menschenrechte und das Gemeinwohl sichern.
8. Das Studium ökologischer Nachhaltigkeit vorantreiben und den offenen Austausch der erworbenen Erkenntnisse und deren weltweite Anwendung fördern.

[1] Weitere Informationen finden sich unter www.erdcharta.de.

III. Soziale und wirtschaftliche Gerechtigkeit

9. Armut beseitigen als ethisches, soziales und ökologisches Gebot.
10. Sicherstellen, dass wirtschaftliche Tätigkeiten und Einrichtungen auf allen Ebenen die gerechte und nachhaltige Entwicklung voranbringen.
11. Die Gleichberechtigung der Geschlechter als Voraussetzung für nachhaltige Entwicklung bejahen und den universellen Zugang zu Bildung, Gesundheitswesen und Wirtschaftsmöglichkeiten gewährleisten.
12. Am Recht aller – ohne Ausnahme – auf eine natürliche und soziale Umwelt festhalten, welche Menschenwürde, körperliche Gesundheit und spirituelles Wohlergehen unterstützt. Besondere Aufmerksamkeit gilt dabei den Rechten von indigenen Völkern und Minderheiten.

IV. Demokratie, Gewaltfreiheit und Frieden

13. Demokratische Einrichtungen auf allen Ebenen stärken, für Transparenz und Rechenschaftspflicht bei der Ausübung von Macht sorgen, einschließlich Mitbestimmung und rechtlichem Gehör.
14. In die formale Bildung und in das lebenslange Lernen das Wissen, die Werte und Fähigkeiten integrieren, die für eine nachhaltige Lebensweise nötig sind.
15. Alle Lebewesen rücksichtsvoll und mit Achtung behandeln.
16. Eine Kultur der Toleranz, der Gewaltlosigkeit und des Friedens fördern.

»Wie nie zuvor in der Geschichte der Menschheit fordert uns unser gemeinsames Schicksal dazu auf, einen neuen Anfang zu wagen. Die Grundsätze der Erd-Charta versprechen die notwendige Erneuerung. Um dieses Versprechen zu erfüllen, müssen wir uns selbst verpflichten, uns die Werte und Ziele der Charta zu eigen zu machen und diese zu fördern. Das erfordert einen Wandel in unserem Bewusstsein und in unseren Herzen. Es geht darum, weltweite gegenseitige Abhängigkeit und universale Verantwortung neu zu begreifen. Wir müssen die Vision eines nachhaltigen Lebensstils mit viel Fantasie entwickeln und anwenden, und zwar auf lokaler, nationaler, regionaler und globaler Ebene. Unsere kulturelle Vielfalt ist ein unschätzbares Erbe und die verschiedenen Kulturen werden auf eigenen, unterschiedlichen Wegen diese Vision verwirklichen. Wir müssen den globalen Dialog, aus dem die Erd-Charta entstanden ist, vertiefen und ausdehnen; denn wir können bei der andauernden gemeinsamen Suche nach Wahrheit und Weisheit viel voneinander lernen. Leben beinhaltet häufig Widersprüche zwischen wichtigen Werten. Das kann schwierige Entscheidungen bedeuten. Aber wir müssen Wege finden, um Vielfalt mit Einheit zu versöhnen, Freiheit mit Gemeinwohl und kurzfristige Anliegen mit langfristigen Zielen. Jeder Einzelne, jede Familie, Organisationen oder Gemeinschaften haben eine wichtige Rolle zu spielen. Kunst und Kultur, Wissenschaften, Religionen, Bildungseinrichtungen, Medien, Wirtschaft, Nichtregierungsorganisationen und Regierungen sind alle aufgerufen, bei diesem Prozess kreativ voranzugehen. Eine Partnerschaft von Regierungen, Zivilgesellschaft und Wirtschaft ist unabdingbar für eine wirkungsvolle Lenkung und Gestaltung unserer Geschicke.

Um eine nachhaltige globale Gemeinschaft aufzubauen, müssen die Nationen der Welt ihre Bindung an die UNO erneuern, ihre Verpflichtungen aufgrund bestehender internationaler Übereinkommen erfüllen, und die Umsetzung der Erd-Charta-Grundsätze zu einem internationalen, rechtlich verbindlichen Instrument für Umwelt und Entwicklung annehmen.

Lasst uns unsere Zeit so gestalten, dass man sich an sie erinnern wird als eine Zeit, in der eine neue Ehrfurcht vor dem Leben erwachte, als eine Zeit, in der nachhaltige Entwicklung entschlossen auf den Weg gebracht wurde, als eine Zeit, in der das Streben nach Gerechtigkeit und Frieden neuen Auftrieb bekam und als eine Zeit der freudigen Feier des Lebens.«[2]

---

2 | www.erdcharta.de/die-erd-charta/der-text-der-erd-charta/der-weg-der-vor-uns-liegt/[Zugriff 09.10.2012].

Die Herausgeberinnen

Enzner-Probst, Brigitte, PD Dr. theol., Privatdozentin für Praktische Theologie an der Theologischen Fakultät in Bern; Leiterin des Spirituellen Auszeithauses »Haus Herzblick« in Rimsting/Chiemsee. Publikationen zum Thema: Frauenliturgien als Performance. Die Bedeutung von Corporealität in der liturgischen Praxis von Frauen, Neukirchen 2008; Play Ecstasy, Leiblichkeit und Lust als verdrängte Erfahrungen in der Liturgie der Kirche, in: Diakonia 4, 33, (2002) 247–254; Leib Christi und Leib der Frauen-Überlegungen zur ekklesiologiochen Relevanz von Corporealität in der rituellen Praxis von Frauen, in: Susanne K. Roll/Annette Esser/Brigitte Enzner-Probst, ESWTR-Jahrbuch 9, Leuven 2004, 79–101; Wenn Himmel und Erde sich berühren, Texte, Lieder und Anregungen für Frauenliturgien, hrsg. von Brigitte Enzner-Probst/Andrea Felsenstein-Roßberg, Gütersloh 1993.

Moltmann-Wendel, Elisabeth, Dr. theol., geb. 1926 in Herne, promovierte 1951 mit einer Arbeit über Hermann Friedrich Kohlbrügge. Zahlreiche Bücher, Aufsätze und Vorträge zu Themen der Feministischen Theologie. Publikationen zum Thema: Wer die Erde nicht berührt, kann den Himmel nicht erreichen, Zürich 1997 (Autobiografie); Das Leben lieben – mehr als den Himmel, Gütersloh 2005; Mit allen Sinnen glauben, Gütersloh 1991; Natalität und die Liebe zur Welt. Hanna Arendts Beitrag zu einer immanenten Transzendenz, in: Evangelische Theologie 58 (1998) 4, 283–295.

Die Autorinnen und Autoren

Aus der Au, Christina, PD Dr. theol., Privatdozentin für Systematische Theologie an der Uni Basel, Theologische Geschäftsführerin am Zentrum für Kirchenentwicklung an der Uni Zürich, Lehrbeauftragte für Medizinethik an der Medizinischen Fakultät der Uni Fribourg. Publikationen zum Thema: Umweltbewusst leben. Vom Umgang mit der Umwelt jenseits moralischer Prinzipien, in: Georg Pfleiderer/Angelika Krebs/Kurt Seelmann (Hg.), Ethik des gelebten Lebens. Basler Beiträge zu einer Ethik der Lebensführung, Zürich 2011, 169–188.

Berlis, Angela, Professorin für die Geschichte des Altkatholizismus und Allgemeine Kirchengeschichte an der Theologischen Fakultät der Universität Bern, Vorsteherin des dortigen Departements für Christkatholische Theologie und Co-Leiterin des Kompetenzzentrums Liturgik. Publikationen zum Thema:

Lebendige Symbole leben. Eine Betrachtung aus der Genderperspektive, in: Ivana Noble/Ulrike Link-Wieczorek/Peter de Mey (Hg.), Religiöse Bindungen – neu reflektiert. Ökumenische Antworten auf Veränderungen der Religiosität in Europa/Re-Imagining Religious Belonging. Ecumenical Responses to Changing Religiosity in Europe, (Beihefte zur Ökumenischen Rundschau, 90) Leipzig 2011, 305–322.

Bieler, Andrea, Professorin für Praktische Theologie an der Kirchlichen Hochschule in Wuppertal. Publikationen zum Thema: Das Abendmahl, Essen, um zu leben, Gütersloh 2007 (gemeinsam mit Luise Schottroff).

Enzner, Martin, MSc in Geographie und Geographischer Entwicklungsforschung, Student, FU Berlin; Publikationen zum Thema: Hermann Kreutzmann, (Hg.) After the flood in Pakistan. Assessing Vulnerability in Rural Sindh. Berlin Geographical Papers 38, Centre for Development Studies (ZELF), Freie Universität Berlin, 2011; Dirk Brall/Martin Enzner, Ökosystem. Die Recycling Community der Zaballin in Kairo, Ägypten, in: FROH! Magazin 2 (2), Ausgabe Finale, 2010.

George, Martin, Ordentlicher Professor für Ältere Kirchen- und Dogmengeschichte an der Evangelisch-theologischen Fakultät der Universität Bern; Publikationen zum Thema: Vergöttlichung des Menschen. Von der platonischen Philosophie zur Soteriologie der griechischen Kirchenväter: Die Weltlichkeit des Glaubens in der Alten Kirche, FS U. Wickert, hrsg. von Dietmar Wyrwa, Berlin/New York 1997, 115–155; Art. Serafim von Sarov (1759–1833), in: TRE 30 (1999/2000) 306–309.

Küstenmacher Marion, evangelische Theologin und Germanistin, zert. Trainerin für Spiral Dynamics Integral, zert. Mentorin für Wertimagination©, eigene Beratungspraxis für integrale Persönlichkeitsbildung. Publikationen zum Thema: Der Seele einen Garten schenken. 66 Meditationen über die Natur, MensSana 2010; Gott 9.0. Wohin unsere Gesellschaft spirituell wachsen wird, Gütersloh 2010.

Marti, Andreas, Dr. theol., Organist, Cembalist und Chorleiter, Titularprofessor für Kirchenmusik an der Theologischen Fakultät Bern; Dozent in theologischen und kirchenmusikalischen Ausbildungen in Bern, Zürich, Lausanne und Graz. Publikationen zum Thema: Der Genfer Psalter – Kanonisierung als Grundprinzip des Singens. In: Peter Bubmann/Konrad Klek (Hg.), Davon ich singen und sagen will. Die Evangelischen und ihre Lieder, Leipzig 2012, 63–74.

Müller, Christoph, em. Prof. für Praktische Theologie an der Theologischen Fakultät Bern; Publikationen zum Thema: Taufe als Lebensperspektive. Empirisch-theologische Erkundungen eines Schlüsselrituals, Stuttgart 2010.

Moltmann, Jürgen, Prof. Dr. theol., geb. 1926, bekannt geworden durch seine »Theologie der Hoffnung«; Publikationen zum Thema: Gott in der Schöpfung. Ökologische Schöpfungslehre, (München 1985) Gütersloh 2002; Wissenschaft und Weisheit. Zum Gespräch zwischen Naturwissenschaft und Theologie, Gütersloh 2002; Ethik der Hoffnung, München 2010.

Probst, Hermann Martin, Dr. theol., Hochschulpfarrer an der Technischen Universität München. Publikationen zum Thema: Paulus und der Brief, Tübingen 1991, in: WUNT 2, 45.

Roll, Susan K., Dr. theol., Professorin für Liturgiewissenschaft an der St. Paul University, Ottawa, Kanada. Publikationen zum Thema: God, Godde, Goddess, in: Jahrbuch der Europäischen Gesellschaft für theologische Forschung von Frauen (ESWTR) 18/2010, 103–109; A Glimmer at the Edges.The Presence of the Spirit in Marginal Eucharistic Celebrations, Questions Liturgiques 89 (2008) 149–161.

Rotzetter, Anton, Mitglied bei AKUT-CH, lebt als Kapuziner im Kloster Altdorf am Vierwaldstetter See. Er ist als Autor und Herausgeber bekannt für seine franziskanisch und biblisch geprägte Spiritualität.

Schibler, Gina, Dr. theol., Pfarrerin in Erlenbach/Zürichsee; promovierte über Kreativ-emanzipierende Seelsorge, Konzepte der intermedialen Kunsttherapien und der feministischen Hermeneutik als Herausforderung an die kirchliche Praxis, Stuttgart 1999. 1999 Förderpreis des Vereins Berner Akademikerinnen. Von 1985–2000 Studienleiterin für theologische Erwachsenenbildung im Tagungszentrum Boldern; Publikationen zum Thema: Verspieltes Paradies, Zürich 2011; Ökologische Seelsorge, in: Isabelle Noth/Ralph Kunz, Nachdenkliche Seelsorge-seelsorgliches Nachdenken, Göttingen 2012 (FS Chr. Morgenthaler).

Schwarz, Martina, Schwarz, Martina, Pfarrerin in der Kirchgemeine Johannes, Bern; Publikationen zum Thema: Gedichte zur Taufe, in: getauft und gesegnet, ferment 1 (2007).

Stiefel, Marie Luise, Dr., Soz.wiss., freiberufliche Organisationsberaterin und Moderatorin von Großgruppen und bürgerschaftlichen Beteiligungsprozessen, Dialog- und Gemeinschaftsbildungsseminare. Seit September 2010 Teil der Gemeinschaft Tempelhof, Mitglied des Vorstandes des Vereins Schloss Tempelhof e. V., außerdem Projektleitung der Schule für freie Entfaltung Schloss Tempelhof.

Strack, Hanna, Pastorin i. R., Pinnow bei Schwerin; Publikationen zum Thema: Die Frau ist Mit-Schöpferin. Eine Theologie der Geburt, Rüsselsheim 2006; In jeder Geburt ist der Schöpfungsakt sichtbar: Die positiven Kräfte der Geburt, in: Margit Eckolt/Sabine Pemsel-Maier (Hg.), Unterwegs nach Eden. Zugänge zur Schöpfungsspiritualität, Mainz 2009, zus. mit Johanna Vogt.

Tschanz Cooke, Karin, Dr. theol., Pfarrerin, Leitung Palliative Care Reformierte Landeskirche Aargau, Spitalpfarrerin, Systemtherapeutin, Co-Studienleitung Systemische Seelsorge Universität Bern. Publikationen zum Thema: Hoffnungsorientierte Systemische Seelsorge. Die Familientherapie Virginia Satirs in der Seelsorgepraxis, Stuttgart 2013.

Vobbe, Joachim, von 1995 bis 2010 neunter Bischof des Katholischen Bistums der Alt-Katholiken in Deutschland. *Publikationen zum Thema*: Brot aus dem Steintal, Bischofsbriefe, Bonn 2005.

Textnachweis

Hilde Domin, Unterricht, aus: dies., Gesammelte Gedichte, © S. Fischer Verlag GmbH, Frankfurt am Main 1987, S. 193–194.

Neil Douglas-Klotz, Das Vaterunser. Meditationen und Körperübungen zum kosmischen Jesusgebet, © 1992 für die deutschsprachige Ausgabe. Knaur Taschenbuch. Ein Unternehmen der Droemrschen Verlagsanstalt TH. Knaur Nachf. GmbH & Co. KG, München, S. 251–252.